本书得到了黑龙江省双一流学科产业经济学科以及2021年
科高校中央支持地方高校改革发展资金：数字技术赋能黑龙
发展研究（高水平人才项目）的资助

中级产业经济学

模型及应用

INTERMEDIATE
INDUSTRIAL
ECONOMICS

主　编／韩　平
副主编／张　伟
　　　　孙　晴

经济管理出版社
ECONOMY & MANAGEMENT PUBLISHING HOUSE

图书在版编目（CIP）数据

中级产业经济学：模型及应用 / 韩平主编；张伟，孙晴副主编. —北京：经济管理出版社，2023.6

ISBN 978-7-5096-9080-2

Ⅰ. ①中… Ⅱ. ①韩… ②张… ③孙… Ⅲ. ①产业经济学 Ⅳ. ①F260

中国国家版本馆 CIP 数据核字（2023）第 105621 号

组稿编辑：杨　雪
责任编辑：杨　雪
助理编辑：付姝怡　王　蕾　王　慧
责任印制：黄章平
责任校对：张晓燕

出版发行：经济管理出版社
　　　　　（北京市海淀区北蜂窝 8 号中雅大厦 A 座 11 层　100038）
网　　　址：www. E-mp. com. cn
电　　　话：（010）51915602
印　　　刷：唐山昊达印刷有限公司
经　　　销：新华书店
开　　　本：787mm×1092mm /16
印　　　张：24.75
字　　　数：537 千字
版　　　次：2023 年 6 月第 1 版　　2023 年 6 月第 1 次印刷
书　　　号：ISBN 978-7-5096-9080-2
定　　　价：68.00 元

序 言
PREFACE

产业经济学是 20 世纪 30 年代发展起来的一个独特的应用经济学分支，它以产业为研究对象，研究产业的组织、结构、布局等经济活动及其规律。中国的产业经济学研究萌芽于 20 世纪 50 年代，诞生于 20 世纪 80 年代的改革开放初期并取得了一定的发展，成熟于 21 世纪初，此时国内的产业经济学研究达到了黄金期。中国产业经济学的飞速发展得益于"东西合璧"，既充分重视对产业组织理论的研究，也重视对产业结构、产业布局、产业关联等问题的研究，对研究当代中国的经济建设和中国式现代化建设具有深远的现实意义。

产业经济学以产业为研究逻辑起点，国内外学者致力于研究科技进步、劳动力等要素资源流动，空间发展与经济绩效以及产业动态演变规律。产业经济学以哲学中的矛盾对立统一思想、辩证法思想为基础，结合计量经济学工具，运用博弈论、均衡与非均衡分析等方法，构建来源于自然科学的经济模型，建立由微观开始、从中观层次到宏观层次的知识体系和逻辑大厦，试图寻求产业自身的发展规律，因此，产业经济学也是研究实体经济的一门实用性学科。

中级产业经济学课程是面向国内外硕士、博士研究生理论学习的基础课程和必修课程，是初级产业经济学理论体系的补充和升级。我们在多年硕博研究生的培养过程中发现，硕博研究生在入学阶段常常缺乏理论与模型运用知识，特别是缺乏在模型构建和实际案例分析的基础上对国家产业发展和经济发展规律的现实分析。源于此，本书以产业经济学思想渊源和基本理论为基础，重点围绕产业组织理论、市场竞争、产品差异策略、进入壁垒策略、产品定价策略、非价格竞争策略、合作策略性行为、产业结构演化、产业结构优化、产业关联、产业布局、产业发展与经济增长、数字经济与产业经济等模型与应用展开具体介绍，希望对应用经济学及其相关学科硕博研究生的培养提供更加扎实和丰富的教学素材，特别是为产业经济学专业培养优秀的硕博人才贡献力量。

本书共分为十四章，其中第一章是对初级产业经济学基础理论的回顾和总结，第二章至第十三章是中级产业经济学需要重点关注和学习的模型与方法应用，第十四章是数字经济与产业经济的融合，这一章节的设置，是考虑到数字经济已成为独立于三次产业之外的全球经济变革的重要组成部分，是推进产业数字化的重要动力，目前它对世界各国经济发展的稳定器、加速器作用凸显。

笔者讲授产业经济学课程已有三十余年，分别带过本科生、硕士生和博士生，笔者现在仍然奋战在产业经济学课程讲授的一线，深知产业经济学领域正在发生着从理论到方法、实践的深刻巨变，尤其是模型构建与应用方面。笔者和张伟博士、孙晴博士以及团队成员经过两年紧锣密鼓的组织筹划、章节设计，形成初稿、二稿、三稿，经过反复修改，最终形成了终稿的十四章内容，其间为控制篇幅而删掉了部分章节，后续将以更多的形式将不舍删除的部分章节呈现出来。

产业经济学的研究领域十分宽广，并且，随着数字经济的发展，其研究边界不断扩展，希冀中级产业经济学课程能带领硕博研究生深入了解产业经济发展的微观机制、产业结构优化升级的内在规律和产业政策体系的现实影响，并系统掌握产业经济理论、模型与实践应用知识。通过对该门课程的学习，希望硕博研究生能够对产业经济问题产生浓厚兴趣，并逐步培养出较强的实际分析能力，这正是笔者著作此书的初衷，与大家共勉！

目 录
CONTENTS

第一章

导　论

本章提要

　　产业经济学和其他任何一门学科类似。第一章作为本书的开头需要介绍产业经济学整个体系的框架：首先说明产业经济学的理论体系是什么，研究产业经济学的意义是什么；其次交代产业经济学的渊源，即产业经济学是如何形成与发展的；最后介绍产业经济学的研究方法是什么，如何才能将其研究得更加深入。相信读者通过系统学习产业经济学这门学科，会对产业经济学有全景式的了解。

第一节　产业经济学的理论体系

　　任何一门学科都有自己的理论体系，产业经济学也不例外。产业经济学的理论体系包括产业经济学的基本内容、基本理论。其中，产业经济学的基本内容包含产业及其分类、产业经济学的定义等，产业经济学的基本理论分为产业组织理论、产业结构理论、产业关联理论、产业布局理论等，这些都是产业经济学的主体部分。

一、产业经济学的基本内容

　　产业经济学是 20 世纪 30 年代发展起来的一个独特的应用经济学分支。最初的产业经济学家主要以制造业为研究对象，进行产业层面的研究；后来随着人们对产业经济学的认识越来越清晰，认为产业经济学以产业为研究对象，研究产业的组织、结构、布局等经济活动及其规律。所谓产业，是指具有某种同类属性的、相互作用的经济活动组成的集合或系统；在我国通常采取两大部类分类法、三次产业分类法和生产要素密集程度分类法等对产业进行专业化划分。

　　1. 产业的内涵

　　产业经济学是一门以产业及其发展规律为研究对象的经济学科。因此，在研究产业经济学之前，必须要理解和掌握产业的内涵。虽然学术界对产业的内涵尚未形成统一的标准，但大多数学者认为可以从社会分工角度和企业经济活动的属性特征两个方面来进行定义。

（1）产业是社会分工和社会生产力发展的结果。产业作为社会分工的产物，随着社会分工的深化不断向前发展。在原始社会时期，人们靠狩猎和采集野果为生，没有任何社会分工，生产部门自然也不存在，产业更是无从谈起。随着新石器时代的到来，人类拥有了更加完善的生产工具，生产力水平有了进一步的提升：人类凭借性能更好的生产工具，狩猎野兽和采集野果的数量也在逐步增多；他们开始饲养未吃完的野兽和种植未吃完的野果的种子，并通过饲养野兽和种植野果获得了越来越多的动物和果子。这时，人类的生产活动出现了重大变化——社会分工开始出现。农业成为那时人类最重要的生产部门。随着社会生产力水平的提升，生产工具也得到了进一步提高，人类社会相继发生了三次社会大分工。《马克思恩格斯文集》中写道：第一次社会大分工发生于原始社会野蛮时期的中级阶段，即人类从原始社会向奴隶社会过渡的时期，畜牧业从农业中分离出来；第二次社会大分工产生于奴隶社会的巩固时期，手工业从农业中分离出来；第三次社会大分工是指农业和手工业分工之后，社会上出现了不从事生产、只从事商品交换的商人，产生了专门从事商品交换的部门——商业。商业的发展和商人的出现，是人类历史上的第三次社会大分工。人类社会在经历三次社会大分工之后，生产力高度发展，已经形成了农业、手工业、商业等生产部门。

18世纪60年代，英国发起技术革命，随之爆发了第一次产业革命，英国国内各个产业部门开始用机器替代人工进行生产；此时，以机器生产为代表的工业开始慢慢取代了农业，成为社会生产发展的主导力量。第二次产业革命发生在19世纪末20世纪初，主要表现为工业在社会生产中的主导地位进一步加强，社会分工也得到了深化，出现了一大批新兴产业部门。20世纪50年代，信息技术的出现爆发了第三次产业革命，社会生产力也得到了极大的提升。信息技术与其他产业深度融合，产业边界变得越发模糊，同时衍生出一大批新兴产业部门。

产业的内涵是随着社会分工的变化和生产力水平的提升而不断发生变化的：在农业时期，农业是决定社会经济发展的主导部门，此时的产业就是指农业；进入资本主义时期，工业慢慢地取代了农业，成为社会生产的主导部门，此时的产业就是指工业；随着生产力的发展，服务业成为社会就业、经济增长的主导部门，此时的产业就是服务业。可见，随着生产力水平的提升，产业的内涵也得到了完善与拓展。现在那些涉及投入产出活动的产业与部门都可以列为产业的研究范畴，主要包括农业、工业、服务业三大产业。从产品全生命周期的视角来看，产业不仅包括制造环节，而且包括研发设计、流通、营销服务等环节；不仅包括物质资料部门，而且包括非物质资料的部门。

产业是社会分工形式的体现。随着生产力的不断发展，生产分工也不断深化，以适应不断发展的生产水平。可见，产业是一个动态变化的过程，其内涵也具有多层次性。我们知道，在社会生产力发展的不同阶段，其社会分工的主导形式也是发生变化的，随着社会分工主导形式的转变和社会分工向更深的层次发展形成了具有多层次性的产业内涵。通常来说，在生产力水平较低的时期，以一般分工的主导形式进行产业分类，将人类的生产活动按产业组织划分成较为简单笼统的大类，如农业、工业、服务业等产业为第一层次。随着生产力水平的提升，特殊分工成了产业分工的主导形式：产业也在第一层次的基础上进行了细分，例如将工业分为了建筑业、制造业、采掘业等，这些大类下的细分产业构成了第二层次的产业。随着社会分工越来越细，人类的生产活动越来越多，新兴产业不断出现，产业分工的主导方式也越来越复杂。产业在第二层次分工的基础上又进一步细分；比如，制造业分为轻纺工业、机械电子制造业等细分产业。

产业也是社会生产力发展的结果。工业化改变了整个世界的经济发展格局，欧美发达国家凭借早期的工业化跻身于世界发达国家，工业高度发展；正是由于工业化、产业革命、机器大生产才形成了产业这一概念，所以最开始的产业主要指工业，两者英文都是用 Industry 进行表示的。

（2）产业是具有某种同类属性的企业经济活动的集合。产业除了从产业分工的宏观角度进行定义外，还能从微观的角度进行定义。从微观上来看，产业是具有相同或相似性质的企业形成的一个整体集合，在这个集合里面的企业具有某种同类属性。一个产业中企业的数量既可以是无数个，也可以是一个；一个企业所从事的经济活动也可以分为多种类型，进行多产业经营。在现代经济活动中，我们把直接从自然界就能获取产品、直接依赖农作物栽培和牲畜饲养等生产活动称为农业；把采取自然资源制造生产资料，或对农产品、半成品等初级产品进行加工的生产活动称为工业。这些产业的生产活动各自具有共同的属性或特征。例如，农业的共同特征就是直接从自然界获取产品。

2. 产业的分类

从产业的内涵可以发现，产业是具有某种相同或相似属性的企业经济活动的集合，同时具有多层次的概念。为了进一步研究、分析、管理产业的相关经济活动，对产业进行分类是十分有必要的。产业研究的目的不同，因此产业的分类方法不可能完全一样：一般来说，产业分类是严格根据产业的分类标准来进行的；不同产业的研究目的决定了产业的分类标准，产业分类标准的不同决定了应该采用何种分类方法。产业的分类方法主要有以下四种：

（1）两大部类分类法。两大部类分类法是马克思为了揭露资本主义生产的本质和劳动者剩余价值的秘密而对社会再生产过程进行深入分析的一种分类方法。马克思根据产品在社会再生产过程中的作用，将社会生产部门分为两大部类，从实物形态上将社会总产品分为生产资料的生产和消费资料的生产两大部类，即将生产生产资料的部类划归第 I 部类，将生产消费资料的部类划归第 II 部类。两大部类分类法作为马克思研究资本主义再生产过程的理论基础，具有十分重要的作用；它也是分析产业结构理论的重要方法，对指导社会主义经济建设实践具有重要的理论意义。当前，运用马克思的两大部类分类法来研究现代市场经济条件下，如何通过政府的宏观调节来正确处理两大部类之间的关系，如何实现社会再生产的总量平衡和结构平衡，对保持国民经济持续、快速、健康发展具有重要的现实意义。

随着经济与产业的发展，产业结构变得越来越复杂，因此两大部类分类法在产业结构理论的实际应用中具有一定的局限性：第一，从分类范围来看，两大部类分类法未能将所有产业包括进去。两大部类分类法仅包括了物质生产部门中的生产资料和消费资料生产两个类别，它不仅没有包括教育、科学技术、卫生、商业等非物质生产部门，而且没有包括运输、生产性服务等其他物质生产部门。因此，两大部类分类法不利于对产业发展的整体情况进行分析。第二，从分类界限来看，有些产品本身具有多重性质，难以将其归类为哪种部类。产品使用价值的多样性、产品新的使用价值不断被发现，以及技术进步基础上的产品综合利用等使两大部类分类法难以直接应用于实际工作，这为产业分析研究带来了一定程度的局限性。

（2）农轻重产业分类法。农轻重产业分类法是以两大部类分类法为依据，按照物质生产的不同特点，将社会经济活动中的物质生产分成农业、轻工业和重工业三个产业部门的分类方法。这里所讲的物质生产的不同特点，主要指劳动对象、劳动资料、生产过程、加工方式和劳动产品的不同。

农轻重产业分类法的应用实践表明，它相比两大部类分类法具有直观、简便、易行的优点，特别是在研究工业化进程方面有较大的实用价值。该方法来源于苏联，我国在改革开放以前，曾经长期将它作为制定国家经济发展规划的产业分类工具。农轻重产业分类法是马克思两大部类分类法在经济实践中的应用，并在某些方面对两大部类分类法做了一些修正和改进。因此，农轻重产业分类法也被西方国家和世界组织所采用。例如，联合国工业发展组织认为按轻重工业所占比重来考察制造业产值，有助于说明制造业各部门总的发展情况。

尽管农轻重产业分类法在马克思两大部类分类法的基础上进行了完善和改进，但是其本身仍有一定的局限性：第一，农轻重产业分类法虽然包括了国民经济活动中的绝大部分物质生产部门，但和两大部类分类法一样，既没有把全部物质生产部门包括进去，也没有把非物质生产部门包括进去，因而这种分类法存在产业分类不全的缺点。第二，农轻重产业分类法中，"农轻重"三者的界限越发模糊，确定产业划分界限的标准日益困难；随着技术和经济的飞速发展，越来越多的产业出现了相互渗透的现象，特别是互联网技术的出现使互联互通成为产业发展的趋势。因此，农轻重产业分类法在分类界限上越来越模糊，划分界限的确定越来越困难。

（3）三次产业分类法。三次产业分类法是由英国经济学家费希尔创立的，他在《安全与进步的冲突》一书中系统地提出了三次产业的分类方法和分类依据。他认为，产业发展与人类经济活动的发展阶段相对应。费希尔将人类经济活动的发展分为三个阶段：第一阶段是初级生产发展阶段，此时人类的经济活动主要以农业和畜牧业为主；第二阶段是英国爆发的第一次工业革命，工业机器得到迅速普及，钢铁、纺织业等制造产业快速发展；第三阶段是 20 世纪初，商业、旅游、运输、贸易等非物质生产部门迅速发展，成为了就业和经济发展的重要驱动力。发达国家完成了工业革命，进入了以服务业为主的经济发展阶段，而发展中国家依旧以工业化作为经济发展的方向。每个阶段的"产业"对应着三次产业中的不同产业，第一阶段的产业对应第一产业，第二阶段的产业对应第二产业，第三阶段的产业对应第三产业。

三次产业分类法作为一种有效的产业分类方法，在经济学界得到了众多经济学家的青睐。英国经济学家、统计学家克拉克在继承费希尔的研究成果的基础上，将三次产业分类法与国家经济发展之间的关系进行了深入分析。克拉克发现，一个国家或地区经济发展水平的不同，产业结构的占比就不同；通常来说，一个国家的经济发展水平越高，第三产业在该国产业中的份额越大，反之越小。克拉克这一研究成果在当时的经济学界引起了巨大的轰动，同时开拓了产业结构理论的新领域。1971 年诺贝尔经济学奖获得者库兹涅茨运用三次产业分类法研究和解释产业结构变化规律后，三次产业分类法很快就在许多国家受到了欢迎，政府部门也将该方法应用于统计工作。三次产业分类法是在两大部类分类法基础上进行的进一步改进，反映的是产业结构演变规模与经济发展的关系。三次产业分类法成为研究产业结构演变理论的一个重要方法。

虽然三次产业分类法是目前产业分类较为实用的分析工具之一，但随着科技的发展和人类的经济活动复杂化，这种产业分类方法也存在一定的局限性：第一，三次产业分类法只把"全部的经济活动"进行了简单的分类，认为除家庭内部活动以外的一切经济活动都能成为创造国内生产总值的生产部门，这就会导致不计入经济活动的生产活动重复计算。第二，在具体划分产业的归类方面，三次产业分类法尚存在较多争议，例如将采矿业划分为第一产业还是第二产业存在矛盾：按三次产业分类法将采矿业归为第二产业，然而采矿业是取自于自然的产业，应当归为第一产业，将采矿业与农业、林业、畜牧业、渔业、狩猎业等农业产业归在一起，在认知上又显得很不协调，因为它具备很多与制造业相似的属性。又如，部分产业在第二产业与第三产业的归类上也十分模糊：煤气、供电、供水等行业无论是将其划入第二产业还是第三产业，均有道理。对此，不同的学者有各自的分类方法，还没有达成一致的意见，这给相关统计工作带来了麻烦。第三，第三产业的内容非常繁杂，难以较为完整地总结它们之间的相关规律和特点，这就不利于政府制定政策。一般而言，第三产业是指除了属于第一产业和第二产业以外的所有经济活动；然而第三产业中既有技术要求简单的餐饮业、旅游业等劳动密集型产业，也有技术要求复杂的信息业、高新技术服务业等知识密集型产业；因此，把技术要求相差悬殊的部门、行业混杂在一起，难以分析三次产业的变化实质，不应该简单地归为一类。

（4）生产要素分类法。产业生产过程中，需要投入劳动力、资本、技术、知识等生产要素组合进行生产。每个产业由于生产产品的复杂程度不一致，其所需要的生产要素种类和依赖程度也不一致。一般来说，产品生产过程越简单，对劳动力和资本的生产要素依赖越大；相反，产品生产过程越复杂，对技术和知识等生产要素依赖越强。像这种以生产要素的需求种类和依赖程度为标准的分类方法被称为生产要素分类法，按照生产要素分类法可以将产业划分为劳动密集型产业、资本密集型产业、技术密集型产业、知识密集型产业。

劳动密集型产业的特点是产业本身通常以简单加工生产为主，对劳动力要素的依赖程度高，而对资本要素、技术要素等生产要素依赖程度低。劳动分为体力劳动和脑力劳动，劳动密集型产业主要以出卖体力劳动的劳动力要素为主。我国作为世界人口大国，在改革开放过程中凭借人口红利获得了经济的飞速发展，当时发展的产业大多是劳动密集型产业。例如，食品、服装、纺织、零售等产业。

资本密集型产业是指钢铁、机械、石油化工等对资本要素要求高的产业。这类产业对劳动力要素和技术要素等生产要素的依赖度不高，但由于需要大型设备等资本投入，对资本的有机构成要求较高。资本密集型产业需要大量资本的投入才能产生规模经济效益，因此这类企业都有着雄厚的资金积累，其行业的进入壁垒也较大。

技术密集型产业是指生产过程中对技术生产要素的依赖程度大的产业，比如一些高端装备制造业、高新技术产业等。众所周知，一个产业的技术壁垒越高，其在市场中所占份额越大，附加值越高。

随着科技的高速发展，越来越多的产业开始加大研发投入、高技术人才培育力度。未来产业是知识、科技的竞争，哪个产业拥有这类高级生产要素，就能够获得持续发展的竞争能力。

生产要素分类法作为一种以生产要素所需种类和依赖程度为划分标准的产业分类法，具有独特的优点：第一，能够反映一个国家的经济发展水平和产业结构高度化发展趋势。从发达国家的经济发展变化历程可以看出，产业结构演变规律是从以劳动密集型为主的产业结构到以资本密集型为主的产业结构，再到以技术（知识）密集型为主的产业结构的发展过程。第二，有利于通过研究产业之间对生产要素的需求和依赖程度的不同来制定一个国家经济和产业发展的政策。

尽管生产要素分类法相较于之前的产业分类方法有了一定的改进，但还是存在一定的局限性：首先，任何知识和技术都是随着时间推移而不断发展的，比如原本属于知识密集型的产业可能随着知识的老化变为劳动密集型产业，而属于劳动密集型的产业随着科技的发展和人类需求的变化可能变为知识密集型产业。其次，各种生产要素在生产过程之中具备一定的替代性，就导致了在不同地区、不同时期，同一产业内部对生产要素依赖程度可能存在一定的差异，其结果是相同产业在不同地区可能会属于不同的生产要素种类。所以，依靠生产要素标准划分的产业类型是处于动态变化的。

3. 产业经济学的定义

产业经济学是一门国际公认的应用经济学学科，是微观经济学演化和发展的结果，也是 20 世纪以来经济学最为活跃、取得学术成果最为丰厚的领域之一。对产业经济学的定义，国内外学者有不同的看法：西方学者认为，产业经济学就是产业组织学，研究的是产业及其所处的企业的经济活动的理论和行为；产业组织学主要研究产业内部，而非产业之间的资源配置问题，发达国家的市场经济高度发达，可以通过"看不见的手"来调节产业之间的行为，使其达到资源最优配置的结果。而发展中国家由于市场经济相较于西方发达国家起步较晚，因此产业经济学除了研究产业内部的产业组织，还需要研究产业之间的产业结构、产业关联、产业布局等。

中国的产业经济学研究萌芽于 20 世纪 50 年代，诞生于 20 世纪 80 年代的改革开放时期并取得了一定的发展，成熟于 21 世纪初更加深入的改革开放时期，此时国内的产业经济学研究也达到了黄金期。国内最先引进的产业经济学理论是日本的产业经济学，其范围相较于西方国家的产业组织理论更加宽泛，将产业之间的结构和关联问题等也纳入研究。20 世纪 80 年代末，西方的产业组织理论传入中国，西方主流的产业组织理论开始在我国出现并逐渐占据主导地位。在国内，关于产业经济学的理解有两种观点：一种观点主张以西方成熟的产业组织理论作为我国产业经济学研究主流，对本土的产业经济学进行彻底的、规范化的改革；另一种观点强调中国较为特殊的制度环境和市场环境，主张以内容较为宽泛的产业经济学进行研究。

中国的产业经济学的飞速发展得益于"东西合璧"，既充分重视对产业组织理论的研究，也重视对产业结构、产业布局、产业关联等问题的研究。国内学者较为接受的产业经济学的定义应该是：以产业活动为研究目标，以微观经济学为理论基础，对企业在不同市场结构中的经济活动的特征进行总结得出的规律，也是制定产业政策的理论依据和实现资源在产业层面有效配置的一门经济学科。

二、产业经济学的基本理论

1. 产业组织理论

组织是现代社会极其重要的部分，是构成社会的细胞。广义的组织是指各种要素按照指定的目标而形成的相互联系的系统，具有协调能力；狭义的组织是为实现一定的目标而形成的结合体，如党团组织、工会、企业等。

产业组织理论研究对象是产业内部不同企业之间的组织或市场关系，其中市场竞争与规模经济的矛盾是产业组织理论研究的切入点；产业组织理论是经济学的一个重要分支，也是微观经济学的重要内容。微观经济学通常在假设完全竞争的市场条件下分析消费者和厂商的行为，而产业组织理论更贴近现实，分析的是在不完全竞争市场条件下的企业行为，主要包括交易行为、竞争行为、利益行为等。产业组织理论借助博弈论来分析企业之间的市场关系和策略性行为。传统的产业组织理论分析范式主要是哈佛学派 SCP 范式，即市场结构—市场行为—市场绩效分析范式。SCP 范式奠定了产业组织理论体系的基础，后面产业组织理论的创新也是建立在此基础上的。

资源的最优配置是经济学研究的目标。为实现不同层次的经济资源优化配置，经济学衍生出了宏观经济学、微观经济学、产业经济学等分支：宏观经济学研究地区或国家的资源优化配置问题；微观经济学研究消费者、厂商等微观视角的资源优化配置问题；产业经济学研究产业层面的资源优化配置问题。产业组织理论按照SCP 范式研究产业内部企业层面的资源优化配置问题；产业组织理论是产业经济学的重要组成部分，也是产业组织政策的理论依据。

2. 产业结构理论

通常来看，结构是指事物整体的各个部分的搭配组合及其相互关系，产业经济学中的产业结构就是指整个产业体系中各个产业的构成情况和产业之间的联系。产业结构和产业组织一样具有广义和狭义之分：广义的产业结构是指产业内部的企业构成及其相互联系；狭义的产业结构主要是指产业之间的相互联系，具体包括总体的产业类型、组合方式，各产业之间的本质联系，各产业的技术基础、发展程度及其在国民经济中的地位和作用。目前，产业经济学中的产业结构主要研究不同产业之间的产业关联、产业空间布局等理论，不包含产业内部企业构成。

产业结构的研究也是动态演变的，它随着经济的发展而不断变化：经济的发展方向是产业结构的演变方向，也是未来经济增长的基础；产业结构的演变规律是政府制定产业发展政策的理论依据，政府通过着重发展一批新兴产业，同时淘汰一批对生态环境造成破坏的产业，促进经济的健康可持续发展。产业结构理论的研究对发展中国家的指导尤为重要，发展中国家要想实现弯道超车，必须有选择地发展自己国家的特色产业。可见，产业结构理论研究是产业经济学的重要组成部分。

（1）产业结构类型的划分方法。产业结构是由不同产业所构成的，不同产业的现状和发展程度存在差异，每个经济发展阶段大力发展的先导产业也在发生变化，所以产业结构一定是不断发生变化的。因此，正确有效地划分产业结构的类型，是研究产业结构发展规律和经济发展关系的理论依据。产业结构类型的划分方法主要有以下四种：

1）不同的三次产业构成类型。根据前面的三次产业分类法，产业划分为第一产业、第二产业、第三产业。产业构成类型的分类方法也可以根据此方法进行延伸拓展。根据三次产业中各个产业在国民经济中的地位和比重进行排列，"1""2""3"分别表示第一产业、第二产业、第三产业，排在最前面的产业所占的比重和地位都高于排在后面的产业。按照这类方法，可以将三次产业结构划分为6种类型：分别是1—2—3型、1—3—2型、2—1—3型、2—3—1型、3—1—2型、3—2—1型，用图1-1表示可以分为金字塔形、橄榄形、哑铃形、倒金字塔形等。

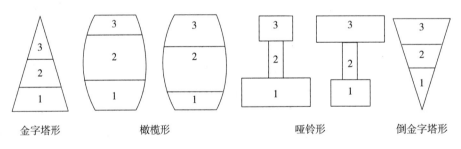

金字塔形　　　　　橄榄形　　　　　　　哑铃形　　　　倒金字塔形

图1-1　三次产业结构的图形表示

金字塔形结构即1—2—3型结构，是指第一产业在整个国民经济中所占的比重最大、地位最重要，第二产业和第三产业的比重都很小，以农业为主的产业结构。这是农业社会或农业国的产业结构。

橄榄形结构是指第二产业在国民经济中所占的比重最大，第一产业和第三产业所占的比重比较小，以工业为主的产业结构。这是工业社会或工业国的产业结构。橄榄形的产业结构有两种情况：一是第一产业的比重大于第三产业的2—1—3型结构，这是工业化前期的产业结构，农业的比重还比较大；二是第三产业的比重大于第一产业的2—3—1型结构，这是工业化后期的产业结构，服务业的比重已经超过农业。

哑铃形结构又称工字形结构，是指第二产业在国民经济中所占的比重比较小，第一产业、第三产业所占的比重比较大的特殊型结构。这是部分发展中国家或地区在特定条件下形成的产业结构。比如，以石油等矿产品出口为主，或者以旅游业等服务业为主而工业发展又比较落后的国家和地区往往会形成这种产业结构。哑铃形结构有两种情况：一是第一产业的比重比第三产业大的 1—3—2 型结构，二是第三产业的比重比第一产业大的 3—1—2 型结构。

倒金字塔形结构即 3—2—1 型结构，是指第三产业在国民经济中占的比重最大、第二产业其次、第一产业最小，以服务业为主的产业结构。这是后工业化社会或发达的工业化国家的产业结构。

2）不同的产业比例关系类型。只有各个产业之间的比例关系合理，才能保证产业结构的均衡性。按照产业之间数量比例关系的差异，可以将产业结构分为协调型和失衡型两大类。协调型产业结构也称均衡型产业结构，是指产业之间数量比例关系合理、投入产出均衡，没有过剩和短缺现象，或者过剩和短缺现象不严重，国民经济能够协调发展的产业结构；失衡型产业结构也称畸形产业结构，是指产业之间数量比例失调、投入产出失衡，某些产品严重过剩或严重短缺，对国民经济的长期发展和经济效益的提高产生不利影响的产业结构。

3）不同的农业、轻工业和重工业构成类型。根据农轻重产业分类法，物质生产部门划分为农业、轻工业、重工业，按照三者在产业结构中的地位不同，产业结构可分为重型产业结构、轻型产业结构、农业为主型产业结构三种类型。重型产业结构是以重工业为主的产业结构，这是处于工业化中、后期的大部分国家，或者片面强调发展重工业的国家的产业结构；轻型产业结构是以轻工业为主的产业结构，这一般是处于工业化初期的国家的产业结构；农业为主型产业结构则是没有实现工业化的国家的产业结构。重型产业结构又有两种不同类型：一是以原材料、燃料、动力、交通运输、基础设施等基础工业为核心的重型产业结构，这是重工业化前期的产业结构；二是以高加工度制造业为核心的重型产业结构，这是重工业化后期的产业结构。

4）不同的产业发展层次类型。按照产业发展程度、技术水平、生产要素密集度、加工程度和附加值的不同，产业结构可分为初级结构、中级结构、高级结构三个不同类型。初级结构是指以技术落后产业、劳动密集型产业、加工度较低和附加值较小的产业，以及第一产业为主的产业结构，这是发展水平最低的产业结构；中级结构是指以技术水平较高产业、资本密集型产业、加工度较高和附加值较大的产业，以及第二产业为主的产业结构，这是发展水平较高的产业结构；高级结构是指以高新技术产业、技术密集型产业、高加工度和高附加值的产业，以及第三产业为主的产业结构，这是发展水平最高的产业结构。所谓产业结构的高度化或高级化，主要就是指产业结构由初级结构向中级结构、高级结构发展的过程。

（2）产业结构与经济发展。产业结构理论之所以是产业经济学重要的组成部分，最根本的原因在于产业结构与经济发展的关系十分密切。产业结构与经济发展互为条件、互为因果，产业结构既是过去经济发展的产物，又是未来经济发展的基础、动力和关键因素；产业结构的状况及其演进对经济发展的影响和作用，主要表现在以下五个方面：

1）产业结构的改善是经济发展的重要组成部分。社会经济发展包括经济数量的增长、经济结构的改善和生活质量的提高，其中，经济结构主要是产业结构。由此可见，产业结构改进本身就包含在经济发展之中，因此产业结构的改善就意味着经济的发展，经济要发展就必须改善产业结构；而且，经济数量的增长、经济水平的提高，又有助于产业结构的优化升级，既创造了产业结构优化的有利条件，又提出了产业结构必须改善的要求。

2）产业结构的优化程度是经济发展水平的主要标志。衡量经济发展水平的标准，不是经济增长、规模扩张、数量增加，而是产业结构的优化程度，它是经济发展水平高低的主要标志，比如，经济发展水平不同的农业经济社会、工业经济社会、知识经济社会的界定和区分，都以产业结构的优化程度作为标志。之所以叫农业经济社会，是因为产业结构以农业为主；之所以叫工业经济社会，是因为产业结构以工业为主；之所以叫知识经济社会，是因为产业结构以生产和传播知识的产业为主。

3）产业结构的改进是经济协调和可持续发展的必要条件。经济发展要想协调，产业结构必须合理，数量比例必须恰当，投入产出关系必须均衡，社会再生产的实现条件必须满足；否则比例失调、结构失衡、短缺和积压并存，连简单再生产都难以维持。经济发展要想可持续，产业结构必须不断优化升级，必须发展环保产业、技术密集型产业，发展节约资源、保护资源、高效利用资源的产业；否则必然导致环境污染、自然资源破坏、生态失衡，不可能实现可持续发展。

4）产业结构的状况是经济效益高低的决定性因素。产业结构是决定资源在产业之间能否实现优化配置、高效利用的关键性因素。在产业层面，只有产业结构合理化，产业的资源才能被充分利用；只有产业结构高级化，产业的资源才能被高效利用。宏观资源的优化配置，主要体现为资源在产业之间的优化配置。产业结构优化带来的经济效益不仅是决定宏观经济效益的重要因素，而且其带来的产业效益比企业效益意义更大，即使单个企业效益再高，如果整个产业部门生产过剩，也等于无效益。

5）优化的产业结构是经济发展的强大动力。产业结构对经济发展具有双重作用。不合理的产业结构使国民经济比例失调、资源浪费，会严重妨碍经济发展；优化的产业结构会极大地推动经济发展。优化的产业结构，意味着产业技术先进、发展层次高，产业之间比例协调，能够实现产业资源的优化配置和高效利用，能够改善和增加有效供给、创造新的需求，带来经济快速、协调、高效的发展。

（3）产业结构效应。产业结构之所以能够对经济发展产生巨大的影响，主要原因在于产业结构的特殊功能，产业结构的特殊功能来自产业结构效应的作用。产业结构效应是指产业结构及其变化对经济发展产生影响的方式和效果，主要包括结构关联效应、结构弹性效应、结构成长效应、结构开放效应、结构供给效应、结构需求效应。

1）结构关联效应。产业结构不仅具有产业关联效应、扩散效应、辐射效应，即一种产业的发展可以带动前向、后向、旁向、环向产业的发展，一种产业的新技术能够广泛应用于其他产业，提高产业总体的技术水平；还存在结构关联效应，即产业结构的变动能够引起资源结构、就业结构、消费结构、分配结构等其他结构的变化，进而影响经济发展的作用和效果。

2）结构弹性效应。结构弹性效应是指作为供给结构的产业结构适应需求结构变动，促进经济增长效率提高的作用和效果。

3）结构成长效应。结构成长效应是指产业结构的变动能够重新配置资源，使资源流向生产率更高的部门，引起有效产出极大增长的作用和效果。

4）结构开放效应。结构开放效应是指利用国际产业结构变动的机遇，调整本国产业结构，促进经济增长的作用和效果。

5）结构供给效应。结构供给效应是指产业结构的改善能够提高供给能力，增加有效供给，减少无效供给的作用和效果。

6）结构需求效应。结构需求效应是指产业结构的改进能够更好地满足需求、引导需求、创造新的需求的作用和效果。

3. 产业关联理论

产业关联又称产业联系，是指产业之间在经济技术上的数量比例关系，主要包括产业之间投入产出、供给需求的数量关系。产业关联理论研究产业之间投入与产出的关系，因此产业关联理论也可以称为投入产出理论。通过编制投入产出表分析各个产业，可以得出不同产业之间存在何种联系，以及产业的波及效应程度、影响效应程度。20 世纪 30 年代美国经济学家里昂惕夫开创的投入产出经济学借助产业联系表（即投入产出表或里昂惕夫表）对产业之间在生产、交换和分配中发生的联系进行分析和研究，从而得出产业之间在数量比例上的规律性。

产业关联理论有助于了解和认识一国经济中各产业部门之间的比例关系以及这种比例关系的特征，进而能够为经济预测和经济计划服务。因此，投入产出理论受到了各国的普遍重视，包括美国、日本在内的许多国家都编制了投入产出表。不同国家在使用投入产出理论进行分析时，使用着不同的名称，如投入产出法在东欧国家被称为"部门联系平衡法"，在日本则被称为"产业关联法"，但是这并不能改变运用投入产出法和产业关联理论分析问题的实质。

产业关联理论的应用范围十分广泛，它不仅可以用于分析各种不同的经济问题，而且是制定和执行各种经济政策的指南针，尤其在反映各产业之间的中间投入和中间需求上，产业关联理论比产业结构理论更广泛、更细致、更精确和更量化：产业结构理论偏重以较粗的产业分类为出发点，寻求产业结构演变的规律；产业关联理论则运用投入产出表和投入产出数学模型，把一个国家在一定时期内的社会再生产过程中各个产业部门间通过一定的经济技术联系所发生的投入产出关系加以量化，以此分析该国在一定时期内社会再生产过程中各种比例关系及其特性。当前，无论是发达国家，还是发展中国家，都在采用投入产出分析法指导重要政策的制定。

产业关联的实质是经济活动过程中各产业之间存在的广泛、复杂和密切的经济技术联系。在一般经济活动中，每一个产业都需要其他产业为自身提供各种产出，以满足自身的要素需求；同时把自身的产出作为一种市场供给提供给其他产业，以满足其消费需求。正是由于这种错综复杂的供给与需求关系，各产业才得以在经济活动的过程中生存和发展；反之，若一个产业没有其他产业为其提供各种要素供给，或其产出不能满足其他产业的消费需求，该产业是不能长期生存下去的，是没有生命力的。因此，一般认为，产业关联的实质是各产业相互之间的供给与需求的关系。

产业关联有多种分类方法和多种不同的类型，通常有以下五种：

（1）产品或劳务联系。在社会再生产过程中，每一个产业部门都不能脱离其他产业部门而存在，产业部门间或多或少必须相互提供产品或劳务，这种联系就是产品或劳务联系，它是不同产业间发生联系的最广泛、最基本的情形。例如，棉花种植业向纺织业提供原材料，纺织业向服装加工业提供布料，煤炭业向电力工业提供原料，电力工业向钢铁工业提供电力，钢铁工业向机械制造业提供钢材，而机械制造业又分别为煤炭采掘业、电力工业、钢铁工业提供各种机械设备等，以上都属于产品或劳务联系。

（2）生产技术联系。在社会再生产过程中，每一个产业部门都有自己特定的生产技术要求，这种生产技术要求使该产业不是被动地接受其他相关产业部门的产品或劳务，而是依据本产业部门的生产技术特点和产品结构特性，对所有相关产业的产品和劳务提出各自产业部门的产品质量和技术性能要求。因此，这就造成了产业之间的生产工艺、操作技术等方面存在必然的联系。生产技术作为产业联系重要的依托，其发展变化不仅直接影响产业之间产品和劳务的供求比例关系，而且还会使某一产业在生产过程中与其他产业产品和劳务的依赖程度发生着变化，即依存度的变化。

（3）价格联系。产业之间的产品和劳务联系是通过一些产业部门提供产品供给，另一些产业部门将这些产品作为生产性消耗的投入形式而发生的。在商品经济社会中，这种产业之间的"投入""产出"联系，表现为以货币为媒介的等价交换关系，即产业之间的价格联系。产业之间的价格联系使不同产业产出的不同质的产品、劳务发生联系，用价格这种形式来进行统一度量和比较，从而为价值型投入产出模型的建立奠定了基础；产业之间的价格联系既为产业注入了竞争的因素，也为产业结构的变动分析、产业之间的比例关系分析等提供了有效的计量手段。

（4）劳动力就业联系。社会化大生产使产业间的发展相互制约、相互促进。一种产业的发展依赖于一些产业的发展，一些产业的发展也可能导致另一些产业的发展。相应地，一种产业发展时，会增加一定的劳动力就业机会；而该产业的发展则带动了相关产业的发展，也必然使相关产业增加劳动力就业机会。这种产业间的发展反映在就业上的"关联效应"是客观存在的。这样，产业间的劳动力就业机会也就有了必然联系。

（5）投资联系。一个产业和企业的发展必须依靠物质资本和人力资本。一方面，产业联系对人力资本提出要求，另一方面，产业之间在人力资本的配置上相互作用和影响，在投资上也是如此。加快一国经济的发展，不可能仅通过加快某一产业的发展来实现，必须通过相关产业部门的协调发展来实现。比如，为促进某一产业的发展，必然要有一定量的投资，但由于该产业发展受到相关产业发展的制约，因而就必然增加一定的投资来保证相关产业的发展。这种产业直接投资必然导致大量相关产业的投资，就是产业间投资联系的表现。

上述分类方式中，产品或劳务联系是产业之间一种最基本的联系，生产技术联系、价格联系和劳动力就业联系等其他方面的联系是在产品或劳务联系的基础上派生出来的联系。各个产业部门之间协调发展集中表现在产业之间相互提供产品或劳务数量比例的均衡；同时社会劳动生产率和经济效益的提高，最终都归结为产业之间提供的产品或劳务质量的提高和成本的节约。这些都综合反映出产品或劳务联系是产业间最基本的联系。

4. 产业布局理论

产业布局理论研究的是在区域发展过程中，各个地区如何根据自身的资源禀赋和产业特征进行合理的产业布局，实现区域的差异化发展以及产业结构的合理化和高级化。区位论是产业布局的核心理论，把握产业布局的关键就是利用区位论来指导各个产业的布局。

产业布局又称产业分布、产业配置，是指产业在一定地域空间上的分布与组合；具体来说，产业布局是指企业组织、生产要素和生产能力在地域空间上的集中和分散情况。产业布局的含义有狭义与广义之分。狭义的产业布局特指工业布局，广义的产业布局是指包括农业、工业、服务业在内的所有产业在地域空间上的分布与组合。

产业布局具有全面性、长远性和战略性，产业的地区结构分布反映着一个国家产业发展的规模和水平，是人类从事社会生产和经济活动的地域体现和空间体现。在社会化大生产的条件下，合理的产业布局不仅有利于发挥各地区的优势，合理地利用资源，而且有利于取得良好的社会效益、经济效益和生态效益。产业在地域空间的分布与组合是有规律的，产业布局理论的主要任务就是研究产业的空间分布规律，为产业的合理布局提供理论和政策指导。因此，研究产业布局理论和探讨产业布局的一般规律和基本原则，对了解产业布局的变化和战略具有十分重要的现实意义。

产业布局合理化的主要标志是适应区域分工的要求，发挥地域资源的比较优势，充分利用各地资源，提高各地区的经济效益，实现各地区经济的协调发展。产业布局合理化的重要意义表现为：有助于促进区域分工与加强区域经济协作。有助于发挥地区资源的比较优势和绝对优势，充分利用各地资源，提高各地区资源综合利用效率和经济效益，促进各地区经济社会的协调发展。有助于产业结构的调整和优化升级，促进整个国民经济的协调、持续、快速发展。

产业布局不合理会对经济发展造成极为不利的影响，其不良后果主要表现为：一是对区域分工与区域经济协作起阻碍或破坏作用。二是不利于发挥地区资源的比较优势和绝对优势，不能有效地利用各地资源，使地区资源综合利用效率较低，各地区经济难以协调发展，差距不断扩大。三是不利于产业结构的调整和优化升级，制约着整个国民经济协调、持续、快速发展。

不同的产业部门由于生产函数的差异和其他经济技术特点的差异，在空间分布过程中都具有一定的区域集中倾向，这种倾向就是产业区位导向。产业区位导向决定产业布局的形成，并进一步影响产业布局的调整。事实上，一系列因素决定着产业区位导向的形成和产业布局的调整，影响产业布局的导向性因素主要有自然因素、地理位置因素、技术因素、社会经济因素等。

第二节　产业经济学的研究意义

产业经济学作为一门研究产业层面的中观经济学科，具有重要的研究意义，其研究意义可以分为理论意义、实践意义、现实意义。

一、理论意义

1. 产业经济学完善了经济学体系的建立

长期以来，经济学家将经济学分为宏观经济学和微观经济学两大部分。宏观经济学是一门采用总量分析的经济学科，主要研究国民生产总值、国民收入、利率、汇率、就业率、通货膨胀率等总量指标变化规律，通过这些总量指标的变化规律来分析各指标之间的关系和对国民经济发展的影响。研究宏观经济学主要解决的是以下四个问题：第一，如何实现资源的合理配置，从而使经济总量保持较为平衡的水平；第二，如何在经济发展过程中降低失业率；第三，如何实现国内较低水平的通货膨胀率，形成"低通胀、高增长"的局面；第四，如何使本国的利率与汇率保持在较为稳定的状态，实现国民经济对外开放的较高水平。长期以来，经济学家对是否通过政府这只"有形的手"对市场进行干预产生了较大争议：凯恩斯主义主张采用宏观的财政政策和货币政策干预经济的运行，实现充分就业和经济增长。经济自由主义主张用市场机制来调节资源的合理配置，反对政府对经济运行的干预；政府应该降低税收和带头过"苦日子"，使财政收支保持平衡。微观经济学侧重个量分析，研究对象是单个经济主体的经济行为，研究问题主要为以下四个方面：第一，消费者在收入有限的条件下，如何实现自身效用最大化；第二，厂商在资源既定的条件下，如何实现生产成本最小化、利润最大化；第三，市场作为"无形的手"如何发挥作用，实现供给与需求平衡；第四，价格机制如何决定资源的有效配置。

从经济学发展的历史进程来看，宏观经济学和微观经济学都在各自的研究领域进行研究，产生了非常多的经典理论；都对解释经济现象和解决社会出现的经济问题作出了重大贡献，彼此配合得非常好。但随着经济和社会的不断发展，经济学家认为宏观经济学和微观经济学并不能覆盖社会经济活动的全部，其原因大致分为以下三个方面：一是在社会经济活动中，存在一种既不属于宏观经济学研究的总量，也不属于微观经济学研究的个量，而是由某种相似特征的经济活动组成的经济集合——产业，它的行为规律不能被传统的宏观经济学和微观经济学解释。二是一些经济总量的波动似乎与经济个量变动的规律是无关的，但经济总量肯定是由经济个量组成的，那么这种经济总量是如何由经济个量组合而成的呢？有些经济总量甚至找不到对应的经济个量，那么这些经济总量是如何从经济个量的相互作用中产生的呢？对此，无论是宏观经济学还是微观经济学都没有给出明确的答案。三是长期以来宏观经济学与微观经济学的彼此对立造成了经济学体系的不完整，经济学学科体系僵硬地被分为宏观经济学和微观经济学，缺少内在逻辑结构的一致性、完整性。正是为了解决这些问题，产业经济学诞生了。产业经济学通过分析经济个体之间的作用关系来研究整个产业的整体变化规律，可以较好地解决第一个方面的问题；产业经济学通过分析经济个体的相互作用，以及如何通过层次整合最终形成经济总量联系、变动的规律有助于回答第二个方面的问题；产业经济学通过研究各个层次产业本身的经济行为及其相互关系的作用规律，将微观的经济个量与宏观的经济总量通过产业的各个层次联系起来，则有望进一步发展经济学，为建立完整的经济学体系奠定基础。

2. 研究产业经济学有利于加强经济学与管理学的联系

长期以来，经济学与管理学的学科发展貌似相互独立、平行发展，但是在实践过程中发现，无论是专家学者，还是企业家都认为经济学与管理学之间是相互联系、相互促进的：就学科性质来说，经济学研究的是如何将资源进行合理配置以实现经济的发展，其解决方案是市场机制；管理学则主要研究如何将组织内的有限资源进行有效整合以实现既定目标，其解决方式是行政指挥。可以看出，传统经济学的研究范围是组织以外，将企业等组织内部视为管理学应用范畴；而传统管理学的研究范围是组织以内，组织以外的企业行为不属于其研究应用范畴。近年来，经济学出现了各种分支学科，随着制度经济学的兴起，经济学已经将研究应用范畴延伸到企业等组织内部，但管理学相关理论仍局限于组织内部；在实践中，经济学与管理学早已交织在一起，特别是在产业经济领域。20 世纪 80 年代，日本、韩国凭借政府制定合理的产业政策与严格管理执行措施，经济获得了飞速发展，引起了世界的强烈关注，很多发展中国家纷纷效仿它们。实际上，对产业经济学的广泛关注也是源于对日本等国经济腾飞过程中政府经济管理行为的研究。研究产业经济学的目的就是寻找管理产业发展的良好方法，以便能够在此基础上促进国民经济的增长。可见，研究产业经济学有利于加强经济学与管理学的联系。

因此，产业经济学是应用经济学的一个分支，也是融合经济学和管理学的应用型学科，其很大的组成部分是经济管理，包括宏观的国民经济管理、微观的企业经济管理以及产业经济管理。宏观经济的管理原理在宏观经济学中具有较为成熟的理论，主要有财政政策、货币政策等；企业经济的管理方法也有较为成熟的体系，主要有财务管理、会计理论等。对产业的经济管理属于产业经济学的研究领域，主要有产业政策的研究。对产业的经济管理现在已有大量的研究，但还未达到像宏观经济管理理论或企业经济管理方法一样的成熟程度，所以对产业经济学的进一步研究有助于完善应用经济学学科体系。

二、实践意义

1. 研究产业经济学有利于形成有效的产业组织结构

产业组织结构会影响产业内部企业间的市场结构，也会由此影响整个产业的发展进程。我国产业组织存在结构不合理的问题，如产业内部各个企业之间的联系不强，企业的规模整体不大。无论是产业还是企业，其规模大小都会影响其在市场的竞争能力。通过对产业经济学的深入研究，既可以从中找出形成垄断和竞争的原因，也可以发现不同的市场结构对产业组织的发展都有哪些不同的影响。通过对这些问题的分析，从中找出生产要素最优配置的市场秩序和产业组织结构，并根据这些理论分析制定相应的产业组织政策。例如，实施企业间的合并、兼并、发展集团企业等一系列企业内部组织政策，实现企业内部科层组织的合理性、有效性；发布反垄断政策，维护市场竞争，规范市场行为。因此，研究产业经济学有利于建立有效的产业组织结构。

2. 研究产业经济学有利于促进产业各方面的优化

产业经济学不仅需要研究产业组织的发展，也需要研究产业之间的产业结构、产业布局等方面的变化情况。产业结构是否合理关系到一国产业发展的好坏和经济增长的快慢。通过对产业结构的研究能够制定出更具有实践性的产业政策，这就是众多国家机构、学者热衷于研究产业结构的原因；同时对产业结构的研究进一步加深了产业经济学的深度。产业布局的优化是指通过结合各地区的自然资源禀赋和经济发展情况来布局产业的合理发展。产业布局的优化能够进一步将各个地区甚至国家的产业发展能力、经济建设能力释放出来，从而实现区域的均衡发展和国家经济的快速发展。因此，无论是产业结构优化还是产业布局优化，都能够促使产业经济学的进一步深入研究。所以，研究产业经济学的目的是寻找产业结构和产业布局等影响因素、一般规律，并据此来制定行之有效的产业发展政策，使产业之间的相互联系和产业协同效益都得到加强，从而实现产业国际竞争力的提升和经济的快速发展。

三、现实意义

研究产业经济学对当代中国的经济建设有着深刻的现实意义。当代中国的经济建设正处在计划经济向市场经济的转变，以及从粗放型增长向集约型增长的转变过程中，这一切无不对产业经济的研究提出了迫切的需求。产业发展的规模和水平对国家经济实力的增强、国际经济地位的提高有着决定性的影响，特别是对我国这样一个产业发展水平比较低的发展中国家。在计划经济体制下，财政收支、银行信贷、原材料分配、产品生产和分配、劳动用工等都通过国家计划来执行，国家利用计划对国民经济实行全面干预。生产过程中高投入、低产出，劳动生产力较低，利用粗放经营来实现经济增长。在市场经济体制下，市场机制充分发挥作用，国家直接干预主要作用于市场失灵的领域，在其他领域只利用间接调控手段和工具，以市场为中介，消除单纯依靠市场机制作用可能引起的盲目性，防止资源的浪费。生产者在市场机制的引导下，主动降低消耗、增加产出，以适销对路的高质量产品参与竞争，从而实现集约化经营，促进经济增长。因此，产业政策是一种有效的间接调控工具：产业政策作用于市场，通过市场机制的传导来影响产业的发展趋势。所以，研究产业经济学，正确地把握我国产业发展的现状、问题、成因、趋势，为产业政策的制定提供科学的理论依据，对我国经济的发展和转变具有特别的现实意义。

产业发展的速度和质量决定了一个国家或地区的发展水平。当下，中国正在面临产业转型升级的难题，转变产业的发展方向，避免陷入中等收入陷阱，同时保证经济健康可持续发展是我们国家最为紧迫的任务。研究产业经济学最大的现实意义就是为政府、企业等部门制定产业政策提供科学的理论依据。产业经济学的研究内容包括产业组织、产业结构、产业关联、产业布置等，在政府层面上，研究产业经济的目的是为促进经济的转型升级和区域的可持续发展提供依据。在企业层面上，研究产业经济学有利于企业正确选择投资领域，提高资本的收益率；建立一套有效分析产业发展的理论机制，有利于指导企业制定保持竞争优势的企业策略，提升企业的竞争力。

第三节　产业经济学理论的源和流

产业经济学相比传统的西方经济学成立的时间较晚，但其从诞生到现在一直处于不断发展和完善之中。产业经济学的理论体系主要包括产业组织理论、产业结构理论、产业关联理论、产业布局理论等，每一个理论从产生到发展、从源到流都经历了无数的经济学家的不断完善。为了方便读者对产业经济学的源流有清晰的理解，本书梳理了相关的理论（见表1-1）。

表1-1　产业经济学的理论源流

理论	起源	产生	发展
产业组织理论	亚当·斯密在《国富论》中提出市场竞争与分工理论	以梅森为创始人的哈佛学派首次提出SCP范式	芝加哥学派反对哈佛学派的SCP单向因果关系，提出了SCP范式中双向互动关系

续表

理论	起源	产生	发展
产业结构理论	英国古典经济学家威廉·配第在《政治算术》中提出的配第定理最先揭示了产业结构演变的规律和经济发展的基本方向	里昂惕夫于1936年发表的论文《美国经济制度中投入产出的数量关系》，标志着产业结构理论的诞生。克拉克在《经济进步的条件》中提出的配第—克拉克定理为产业结构理论的发展奠定了理论基础	罗斯托提出了经济成长阶段理论和主导产业扩散效应理论。发展经济学家刘易斯提出了二元经济模型，钱纳里提出了标准产业结构和工业化阶段理论
产业关联理论	法国重农学派的代表魁奈出版了《经济表》。马克思提出了两部门再生产理论，瓦尔拉斯提出了一般均衡理论	1941年，里昂惕夫出版的《1919~1939年美国经济结构：均衡分析的经验应用》标志着产业关联理论已经成为一门学科	计量经济学的快速发展使产业关联理论的发展得到了进一步提升
产业布局理论	德国经济学家杜能在《孤立国同农业和国民经济的关系》中提到了农业区位论	德国经济学家韦伯在农业区位论基础上系统地提出了工业区位论，认为工业区位使产业布局理论系统地形成	波特在《国家竞争优势》一书中首次提出产业集群，产业集群快速发展也促进了产业布局理论快速发展

一、产业组织理论的源和流

由于产业组织理论被用于研究不完全竞争市场的企业行为，一些学者认为产业组织理论起源应追溯至亚当·斯密的《国富论》的市场竞争与分工理论，他反对政府对市场的干预，崇尚自由竞争，他认为只有在充分竞争的状态下，社会的资源配置才能达到最有效的状态。最开始把产业组织概念引入经济学的是新古典经济学家马歇尔，他在《经济学原理》中首先提出：组织作为一种新的生产要素需要纳入企业的生产过程，同时把萨伊的生产三要素（劳动、资本和土地）拓展为生产的四要素（劳动、资本、土地和组织）。马歇尔也在该书中提到了关于规模经济与竞争的选择问题，被后来的学者称为"马歇尔冲突"，即大规模的生产必定会降低企业的生产成本，给企业带来产业竞争力，同时市场份额不断提高，其最终结果必定导致企业的垄断能力越来越强；而垄断会阻碍市场这只"看不见的手"，最终导致资源不能得到有效的合理配置，给社会带来低效率运行的弊端。

马歇尔冲突成为了后来产业组织理论研究的核心，如何才能在规模经济和竞争之间找到一个最佳的均衡点，既满足规模经济带来的规模效应，也能满足竞争活力？为此，20世纪30年代，英国经济学家罗宾逊的《不完全竞争经济学》和美国经济学家张伯伦的《垄断竞争理论》两本书的出版，标志着垄断竞争市场和寡占市场理论的形成，进一步对马歇尔冲突进行了深层次的探讨，打破了之前局限于完全垄断和完全竞争的市场分析，更加贴近现实社会中的市场结构。马歇尔、罗宾逊、张伯伦三位经济学家也因此被后人称为产业组织理论的创始人。

1. 产业组织理论的形成

20 世纪 30 年代，以哈佛大学梅森教授为中心组建了一个专门研究产业组织的小组，小组成员有垄断竞争市场理论研究鼻祖张伯伦和产业组织理论重要代表人物贝恩等，他们主要采用案例分析法和计量经济分析法进行了产业组织的研究，分析了具有垄断势力的大型企业对市场的定价影响和可竞争市场应该满足什么条件等问题，奠定了产业组织理论体系的理论基础。1959 年，贝恩出版的《产业组织》完整地提出了产业组织理论的分析范式（简称 SCP 分析范式），包括市场结构（Structure）、市场行为（Condact）、市场绩效（Performance），标志着产业组织理论体系的正式形成。哈佛学派的研究重点是市场结构，他们认为市场结构决定市场行为，市场行为决定市场绩效，主张政府应对市场结构进行干预，分析那些具有垄断势力的大企业的行为。为此，后来的产业组织研究者把哈佛学派称为"结构主义学派"。

2. 产业组织理论的发展

20 世纪 60 年代斯蒂格勒、布罗曾、波斯纳、德姆塞茨等成立芝加哥学派，该学派反对哈佛学派的政策主张和 SCP 范式中的单向因果关系。芝加哥学派主张政府应该放松对市场的监管，管制的重点在于协调大企业的价格行为；认为 SCP 分析范式中的市场结构、市场行为、市场绩效应该是双向互动关系。他们认为，企业的高利润不一定是垄断造成的，可能是由于企业在充满竞争的市场中提高了自身的效率而获得的。芝加哥学派注重效率优先的标准，所以芝加哥学派也被人们称为"效率学派"。

20 世纪 70 年代之后，由于信息技术的快速发展和博弈论被引入产业组织理论研究，产业组织理论的研究方法发生了巨大的变化，理论模型取代了统计分析，占据了主导地位，形成了以突出理论研究为特征的新产业组织理论。新产业组织理论对传统的产业组织理论的理论分析和研究方法进行了修订和补充，修订和补充的内容主要有三个方面：第一，在分析框架上，新产业组织理论改变了传统组织理论单向的、静态的研究范式，哈佛学派曾认为从市场结构到市场行为再到市场绩效是单向因果关系，只需要将可以观测的市场结构、市场绩效进行计量，建立相关模型来推测市场行为；芝加哥学派对此进行了抨击，认为 SCP 分析框架是一个周而复始、不断循环的过程。第二，在研究重心上，新产业组织理论从重视市场结构转为重点研究厂商行为，将产业组织理论与新古典微观经济学联系在一起，即芝加哥学派从厂商行为主义入手，认为厂商行为是厂商预期的函数，不需要政府插手市场机制的运行。新奥地利学派主张行为人决策——企业家才能。第三，在研究方法上，新产业组织理论突破了传统的统计分析，更加强调博弈论、计量经济学、信息经济学的分析方法，新产业组织理论的理论分析基础发生了质的飞跃，大大地推动了产业组织理论的发展。

综上所述，产业组织理论一直处于完善和发展之中，在中观层面上取得了丰富的理论成就，为各个国家的领导者在产业决策的过程中提供了理论依据，并且填补了西方经济学的中观层面的研究空白，让经济学更加贴近现实社会。产业组织理论都在垄断和竞争的层面进行了研究探讨，如何在更好地兼顾规模经济的同时保持市场活力，是产业经济学家们一生都为之投入的研究。

二、产业结构理论的源和流

关于产业结构理论的研究，最早要追溯到英国古典经济学家威廉·配第，他在出版的《政治算术》中写道"比起农业来，工业收入水平多，而商业的收入高于工业"，他把各个国家的国民收入水平和经济发展的阶段不同归因于产业结构的差异。配第发现，随着经济的发展，国家的产业发展会由有形资产的生产转向无形资产的生产，劳动力也会从第一产业向第二产业、第三产业转移。配第的这一发现被称为配第定理，最先揭示了产业结构演变的规律和经济发展的基本方向。

1. 产业结构理论的形成

20世纪30~40年代是产业结构理论的形成时期。这一时期，对产业结构理论的形成具有突出贡献的有美国经济学家库兹涅茨、里昂惕夫，英国经济学家克拉克等。

里昂惕夫是投入产出分析法的创始人和产业结构理论早期著名的研究者。1931年，他通过编制1919~1929年的投入产出表，来研究美国经济结构的数量关系和经济的均衡问题。里昂惕夫于1936年发表的论文《美国经济制度中投入产出的数量关系》，标志着产业结构理论的诞生。克拉克在1940年出版的《经济进步的条件》通过对40多个国家和地区的三次产业不同时期劳动力投入和产出资料的整理和比较，发现劳动力在三次产业中的转移是由于在经济发展中各个部门的收入水平差异造成的，通常来说，随着经济的发展和国民收入的提高，第一产业的劳动力数量就会出现下降，劳动力向第二产业、第三产业转移。这一发现和之前威廉·配第的发现被人们称为配第—克拉克定理，为后来的产业结构理论发展奠定了理论基础。1941年，美国经济学家库兹涅茨在其出版的《国民收入及其构成》一书中阐述了国民收入和产业经济的联系。

除了上述理论对产业结构理论的贡献，还有像日本经济学家赤松要提出的"雁行理论"等，对产业结构理论的形成也作出了巨大的贡献。

2. 产业结构理论的发展

产业结构理论的快速发展时期是20世纪50~60年代，除了里昂惕夫、克拉克、库兹涅茨等经济学家，还有一批经济学家对产业结构的发展也作出了巨大贡献。比如，经济史学家罗斯托，发展经济学家刘易斯、钱纳里等。

罗斯托的贡献是提出了两个重要的理论：经济成长阶段理论和主导产业扩散效应理论。在经济成长阶段理论中，他把人类社会发展分为六个阶段，即传统社会阶段、为起飞创造前提阶段、起飞阶段、向成熟推进阶段、群众消费阶段和追求生活质量阶段，其中，起飞阶段和追求生活质量阶段是最为重要的两个阶段。主导产业扩散效应理论也称为"罗斯托基准"。罗斯托认为，一个社会的经济增长是由于主导产业不断地扩散造成的，同时该主导产业应当具有较大的辐射能力，可以促进产业链上其他产业的发展。刘易斯的突出贡献在于提出了二元经济结构模型。刘易斯发现，在发展中国家，国家的经济普遍由强大的农业部门和落后的工业部门组成。因此，发展中国家要想促进经济的增长，就必须扩大工业的规模来吸收农业部门剩余的劳动力，促进工业的发展，消除工业、农业之间，以及工业、农业内部结构失衡。钱纳里在研究经济发展和制造业内部各产业部门地位和作用变动关系的基础上，揭示了制造业内部结构变动的原因是产业之间存在产业关联效应。钱纳里的贡献奠定了研究制造业内部结构变动趋势的基础。

三、产业关联理论的源和流

产业关联理论又称为投入产出理论，关于投入产出的思想最早可追溯到 18 世纪法国重农学派的代表魁奈出版的《经济表》，以及马克思研究社会再生产过程中提出的两部门再生理论和瓦尔拉斯的一般均衡理论。

1. 产业关联理论的产生

20 世纪 30 年代，美国经济学家里昂惕夫对产业之间的投入和产出进行了系统的研究，并用投入产出分析法分析了美国的经济结构。1941 年，里昂惕夫出版的《1919～1939 年美国经济结构：均衡分析的经验应用》完整地阐述了投入产出分析法的内容和原理。这本书的出版标志着产业关联理论已经是一种分析经济结构的全新方法，里昂惕夫也成了产业关联理论的创始人。

2. 产业关联理论的发展

自从里昂惕夫提出了投入产业分析法之后，产业关联理论成为了产业经济学的一种基本分析方法，广泛地运用于产业经济学的研究中。各个国家都会通过编制投入产出表来分析本国经济和产业的发展情况，因为投入产出表能很直观地表达出每个产业对其他产业的影响，为政策制定者提供了数据和理论依据。在学术研究上，计量经济学和投入产出分析法经常被经济学家一起用来分析经济现象和问题，计量经济学的快速发展使产业关联理论的发展得到了进一步提升。

四、产业布局理论的源和流

产业布局理论研究产业在空间上的分布和组合，关于产业布局的研究可追溯到德国经济学家杜能在《孤立国同农业和国民经济的关系》中提到的农业区位论。农业区位论主要研究农业和市场的关系，凭借不同产业合理的分布区位来实现总收益最大的效果，农业区位论也深深地影响了区位论的发展。

1. 产业布局理论的形成

在杜能提出农业区位论之后，1909 年德国经济学家韦伯在此基础上系统地分析了工业区位论，自此产业布局理论系统形成。工业区位论也是工业在进行区位选择时的理论依据，韦伯认为运输费用、劳动力费用、产业集聚程度这三个因素决定了工业区的区位选择。20 世纪 30 年代，德国地理学家克里斯塔勒（W. Christaller）和经济学家廖什（A. Losch）在研究区位论时引入了市场这个因素，他们认为产业布局不能只关注成本因素，也需要考虑市场因素。

2. 产业布局理论的发展

第二次世界大战结束后，有很多像中国一样刚刚从战火中走出来的发展中国家，它们的产业布局成为了产业经济学的研究热点。产业集群是产业布局的一种典型形式，产业集群的快速发展也促进了产业布局理论的快速发展。1990 年，波特在《国家竞争优势》一书中首次提出产业集群概念，认为产业集群是工业化过程中的普遍现象，也是地区经济发展的绝对力量。

第四节　产业经济学的研究方法

从前面关于产业经济学的介绍中，我们已经了解到关于产业经济学的研究范围既涉及产业组织、产业结构等产业层次方面，又涉及产业发展、产业布局、产业政策等时间、空间维度方面，所以整个产业经济学的研究对象是一个抽象的、高维时空的、复杂的社会经济系统。这就决定了产业经济学的研究方法不只是某一种或某一类单独的方法，而是综合使用的一整套研究方法。这套方法必须考虑产业经济学的研究对象、研究目的、研究意义等方面。

一、产业经济学的基本研究方法

1. 唯物辩证法

唯物辩证法是建立在唯物论基础上的辩证法，是揭示自然、人类社会和思维发展的一般规律的科学理论和方法，是研究和认识世界上任何事物的根本方法，也是研究产业经济学的基本方法。唯物辩证法认为世界是运动、变化、发展的，对立统一规律、质量互变规律、否定之否定规律是事物发展的普遍规律，事物之间存在本质与现象、内容与形式、原因和结果、必然和偶然等多方面的联系。产业本身、产业之间、产业内部的企业之间也存在复杂多变的经济技术联系，也是不断变化和发展的，因此只有运用唯物辩证法研究产业，才能全面正确地认识产业的各个方面，把握产业经济发展的规律性。比如，在研究产业结构、产业布局、产业关联时，我们不能盲目地、孤立地、静止地研究某个产业、某个地区的产业分布，必须要动态地、发展地、以全面的眼光去联系其他产业、其他地区的产业分布进行动态研究，这样才能正确认识产业的变动和趋势，我们的研究才能更有预见性、更有价值；在研究产业组织时，由于企业之间、竞争与垄断之间都是对立统一的矛盾关系，只有按照唯物辩证法揭示的事物变化的普遍规律去分析，才能正确认识这种矛盾关系及规律性；在产业选择中，必须运用主要矛盾和次要矛盾及矛盾转化的理论，既要正确确定主导产业、先导产业、支柱产业，又要不片面强调某些产业、防止产业结构畸形化；在研究产业结构调整时，必须实事求是，不能仅从主观愿望出发，不考虑本国的实际情况和国际经济环境。

2. 实证研究法与规范研究法相结合

实证研究法和规范研究法是经济学研究的基本方法，也是产业经济学研究的基本方法。经济学的实证研究法是对社会经济的实际运行情况进行描述、分析和解释的方法，分析的是经济运行的实际过程及其规律，所要说明的是社会经济现象"实际是什么"，不涉及对经济运行实际状况和后果的评价。实证研究法又分为理论实证研究和经验实证研究两种类型：理论实证研究是先通过考察经济的实际运行情况，从中归纳出可能的经济运行规律，然后从一定的前提假设出发，按照严密的逻辑演绎证明或推断预测经济规律或预测结果。经验实证研究是分析社会经济应该怎样运行的方法，对社会经济运行的过程和结果做出伦理分析和价值判断，评价利弊得失、是非功过，回答社会经济现象"应该是什么"的问题。实证研究和规范研究的内容和作用不同，但两者并不是对立关系，而是互补关系；实证研究法是规范研究法的基础，规范研究法是实证研究法的升华。经济学的最终目的是要为经济发展服务的，是具有功利性的科学。因此，不能只进行实证研究，否则实证研究成果的价值就得不到体现了；当然，也不能只搞规范研究，不然规范研究就脱离了实际，会得出非科学的结论。产业经济学既要实事求是地分析产业现状、变化过程、实际结果和发展规律，又要研究产业结构、产业布局、产业组织的合理性，判断市场绩效的优劣，求得对产业应该如何发展的正确认识，提出合理的产业政策建议。所以，产业经济学必须把实证研究和规范研究紧密地结合起来，先进行实证研究，之后进行规范研究，真正发挥产业经济学揭示规律、促进发展的作用。

3. 定性分析法与定量分析法相结合

定性分析法与定量分析法是经济学研究常用的方法，也是产业经济学必须运用的研究方法。定性分析法就是质的分析，是分析事物的内涵、性质、特征、内在联系、因果关系等的方法，能解决事物"是什么"的问题；定量分析法就是量的分析，是分析事物的数量比例及其变动关系的方法，能解决事物"是多少"的问题，两者虽然是不同的研究方法，但并不是相互对立排斥的关系，而是相互补充、相辅相成的关系。定性分析法是定量分析法的前提，能够减少定量分析法的内容复杂度和实施难度；定量分析法加深定性分析法的结果，使定性分析法具体化、数量化、精确化、可操作化。产业之间、产业内部的企业之间都在质和量上存在极其复杂的经济技术联系，因此要准确地把握产业结构、产业布局、产业组织、产业政策的合理化，全面分析市场绩效、产业关联、产业资源的优化配置等。既要进行定量分析，又要进行定性分析，必须把两者有机地结合起来。只有这样，对产业的研究才能真正做到全面、准确。

4. 静态分析法与动态分析法相结合

静态分析法和动态分析法也是经济学研究的重要方法，研究产业经济学也必须结合使用这两种方法。静态分析法是分析事物在某一时间点和横截面上的状况和带有规律性的特征的方法，这种方法有助于认识事物的现状，有助于进行比较研究和进一步考察事物的变化情况；动态分析法是静态分析法的深化和发展，分析随着时间的推移而发生的变化和显现出的规律的方法，这种方法有利于揭示事物发展的规律。产业经济学需要运用静态分析法考察产业结构、产业关联、产业布局、产业组织的现状和特征，也需要采用动态分析法，引入时间变量，研究产业各层次、各方面变化和发展的规律。

5. 统计分析法与比较分析法相结合

产业经济学研究的是产业与产业之间的关系结构，以及产业内企业之间相互作用的发展规律；这些关系除遵循普遍的经济规律外，其表现形式都是寓于特定国家或地区的特定发展阶段之中的，必然包含自身特征，我们不能将某一国家、某一时期的产业及产业之间的联系发展和演化过程当作一切国家产业及产业之间联系的必然过程。从统计学角度来看，这仅仅是某一个体系的特征，所以必须选取较多地区、较多时间的样本；在此基础上利用统计方法消除单个样本的特殊特征，总结出具有代表性的一般产业及产业之间的联系和发展规律，从而使结论建立在科学的基础上。在产业经济学研究中，大部分研究成果是通过艰苦的统计分析总结出来的，统计分析法也是实证分析的基本工具；同时，在具体研究某一国、某一时段的产业问题时又必须考虑各个国家自身的特点，故又要运用比较分析法分析一国的产业及产业之间的关系并将其与该国的资源、人口、经济状况、文化传统等一系列特有的决定因素相联系，比较分析各个国家之间的这种联系，从而得出相关结论和经验教训，这对发展本国产业经济是非常有益的。

二、产业经济学的主要研究工具

1. 数学和统计学工具

数学和统计学工具是产业经济学不可缺少的常用工具。无论是定量分析还是实证研究，都需要运用包括概率论、线性代数、微积分，以及各种统计分析方法在内的许多数学和统计学工具，否则产业经济学的实证研究和定量分析就无法进行。比如，市场集中度的测度、市场竞争状态的分析、市场绩效的判断、产业关联度的衡量等，都离不开数学和统计学方法。

2. 案例研究法

案例研究法是以现实生活中实际发生的经济现象为案例，从中总结、归纳和推导出某一经济规律的方法；在无法进行精准定量分析的复杂经济问题中，它是最为适合的研究方法。案例研究法是 20 世纪 50 年代产业组织理论的主要研究方法，直到现在依旧被经济学家用来研究经济问题。哈佛学派在研究市场结构对企业行为和绩效的影响时，就是运用案例研究法，通过考察美国主流产业的市场结构，对行业的市场结构、企业行为进行分析。20 世纪 30 年代至 20 世纪 60 年代初，哈佛学派代表人物梅森创立了产业组织研究小组主要使用案例研究方法，后来芝加哥学派也常用该方法，由此产生了巨大的学术成果。案例研究法在分析样本数据少、难用计量经济学实证分析的情形下，成为了相对好用的实证研究方法；不过案例研究法也有一定的弊端，研究人员在对案例归纳时存在主观性、不严谨性而影响所得到的结论的客观性，同时在案例研究过程中存在消耗大量的人力、物力等局限性。

3. 计量经济学分析法

计量经济学分析法是以经济理论为基础，以真实的统计数据为依据，以计算机技术和软件分析为工具，以数理统计为方法，以建立计量经济学模型为手段，定量分析经济变量之间的关系的一种经济学研究方法。计量经济学分析法和案例研究法一样，都是实证分析的基本工具，但是计量经济学分析法一般适用于统计数据较多的实证分析。

计量经济学分析法起源于20世纪20年代，由于计算机和统计分析软件的普及，计量经济学分析法成为经济学分析的主流研究方法，在产业经济学研究方法中更是如此，广泛运用于产业经济学的经验研究之中，经济学家使用计量经济学分析方法进行验证。

经济学家通过建立计量经济学模型来实证检验经济理论、产业政策评价以及经济的预测分析。20世纪60年代以后，计量经济学分析法成了主流的产业经济学分析方法。计量经济学分析法在对产业组织理论和产业结构理论的实证检验方面得到了广泛运用，各国学者纷纷使用计量经济学分析法对不同产业的实际数据进行实证分析；在当时几乎所有的经济学研究中存在一个共同特征，就是通过政府及相关统计部门提供的数据，建立起研究变量之间的回归分析，很多产业经济学理论就是运用计量经济学分析法得出的。比如，库兹涅茨在研究经济增长与国家产业结构的关系时就运用了计量经济学分析法，他对57个国家1950~1965年的横截面数据进行了回归分析；钱纳里在其基础上增加了研究对象的数量，将样本容量扩展为101个国家，其中包括低收入的发展中国家，进一步探究了人均收入和产业结构变化的关系。

产业经济学中有关经济变量的指数都是利用计量经济学分析工具经过多次的实证分析得出的，如测量产业集聚水平的集中度指数、反映一个国家或地区贫富差距的基尼系数、反映市场绩效的勒纳指数等，这些量化的指数对分析经济活动的研究帮助非常大。

4. 博弈论

博弈论是20世纪70年代之后产业经济学的一项主要研究方法。博弈论又称为对策论，是20世纪经济学最伟大的发明，主要用来研究经济主体之间的行为及其相互作用过程中达到的均衡状态，它是研究具有斗争或竞争性质的数学理论和方法，也是用来预测具有竞争关系的企业行为，并通过优化企业的策略性行为来达到自身收益最大化的工具。

如果计量经济学分析法适用于产业经济学的实证分析，那么博弈论适用于产业经济学的理论分析。博弈论包括博弈的主体、博弈规则、行动策略和收益函数四个基本要素。按照信息的对称性和企业行为的顺序，博弈论分为完全信息静态博弈、完全信息动态博弈、不完全信息静态博弈、不完全信息动态博弈。

博弈论已经成为新产业组织理论研究的统一方法，其中非合作博弈理论及其分析方法又居于统领地位。博弈论对不同的市场结构的企业行为进行分析，为产业经济学创造了非常经典的理论模型，特别是在垄断竞争和寡头垄断市场状态下的厂商行为。例如，古诺的双寡头价格竞争模型、伯特兰德的双寡头数量竞争模型、斯塔克尔伯格的领导者博弈模型、纳什的博弈均衡模型和斯切尔林的地区竞争模型等，这些经典模型在填补产业经济学的理论中起到了至关重要的作用；并且博弈论成为了 20 世纪 70 年代之后产业组织理论的主流研究方法，产业经济学实现了质的飞跃。

5. 投入产出分析法

投入产出分析法是研究产业关联的主要方法，它把一个国家或地区看成一个有机整体，对一定时期内国民经济各部门、各种生产要素和产品投入产出关系进行数量分析，并从数量比例关系中得出各产业部门之间的技术联系、经济联系及其规律性。

投入产出分析法是美国经济学家里昂惕夫在研究美国产业体系中投入和产出的数量关系时提出的，该方法在 1973 年荣获诺贝尔经济学奖。政府通过编制投入产出表和建立投入产出模型对各产业之间的关联进行精确分析，这为产业政策的制定提供了重要的理论依据。全世界许多国家每年都会编制自己的投入产出表，中国也不例外，我国从 1987 年就开始编制全国投入产出表，每五年编基本表，中间编延长表，并在宏观经济分析和国民经济管理中广泛使用编表成果。投入产出分析法一般会与计量经济学研究方法相结合，用回归分析方法来确定各种经济指标的数量联系。

 思考题

1. 产业经济学的研究对象是什么？
2. 什么是产业？产业的分类方法包括哪些，它们之间的异同点是什么？
3. 简述产业经济学理论体系的主要内容。
4. 简述产业组织、产业结构和产业关联的理论渊源及其形成与发展过程。
5. 产业经济学有哪些主要研究方法？

 参考文献

[1] 李悦. 第四讲　第一、二、三次产业结构 [J]. 经济工作通讯，1988（4）：38-39.

[2] 马广奇. 产业经济学在西方的发展及其在我国的构建 [J]. 外国经济与管理，2000（10）：8-15.

[3] 吴建伟，楼永，张鑫. 产业经济学 [M]. 北京：清华大学出版社，2016.

［4］李孟刚，蒋志敏. 产业经济学理论发展综述［J］. 中国流通经济，2009，23（4）：30-32.

［5］唐晓华，王伟光. 产业经济学导论（第二版）［M］. 北京：经济管理出版社，2018.

［6］王俊豪. 产业经济学（第三版）［M］. 北京：高等教育出版社，2016.

［7］苏东水. 产业经济学（第四版）［M］. 北京：高等教育出版社，2015.

［8］威廉·配第. 政治算术［M］. 北京：商务印书馆，1978.

［9］杨晗，邱晖. 产业结构理论的演化和发展研究［J］. 商业经济，2012（10）：26-27.

［10］龚三乐，夏飞. 产业经济学［M］. 成都：西南财经大学出版社，2018.

［11］孙文平，刘志迎. 产业经济学研究方法综述［J］. 沈阳工程学院学报（社会科学版），2007（2）：206-208.

第二章

产业组织理论模型与应用

本章提要

本章第一节介绍了市场结构的含义、划分标准、影响因素以及市场结构的四种基本类型，接着介绍了市场行为的含义和分类，市场绩效的含义、市场绩效衡量以及综合评价准则与绩效研究范式。本章第二节介绍了衡量市场集中度的主要指标和市场绩效评价的主要指标。本章第三节介绍了产业组织的模型应用。

第一节 市场结构、行为与绩效研究范式

一、市场结构的基本内容

SCP 理论模型的前身是由哈佛学派研究权威贝恩（Bain）提出并建立的"市场结构—市场绩效"两段论，谢勒（Scherer）在此基础上进一步深入研究，把它发展成"市场结构—市场行为—市场绩效"三段论的分析框架。后来梅森（Mason）、科斯（Coase）、豪泰林（Hoteling）、兰开斯特等在此基础上进一步完善和创新，推动了产业组织经济学发展成独立的经济学分支。纵观国外产业组织发展领域的研究，SCP 分析范式的理论内核在产业经济学的演进中一度繁盛，但也经历过衰退；纵观国内产业组织发展领域的研究，SCP 分析范式一直保持着相当活跃的理论动力和应用空间。因此，SCP 分析范式经常作为人们分析某个特定产业的首选方法，并成为提高市场效率和维护市场秩序提供理论的依据和分析方法。

SCP 分析范式的理论内涵在不断完善和壮大，但发展过程并非一帆风顺，芝加哥大学的经济学家们，包括施蒂格勒（J-Stigler）、波斯纳（R-Posner）、麦吉（Y-McGee）、德姆塞茨（H-Demsetz）、布鲁曾（Brozen）等就对它进行了批判。芝加哥学派也是在对 SCP 分析范式批判的过程中崛起的，其在理论上皈依新古典经济学，

特别注重兼并集中或定价策略是否提高了市场效率，因此又被称为"效率学派"。鲍莫尔（W. J-Baumol）、帕恩查（JCPanzar）、韦利格（O-Willing）等创立并发展了可竞争性市场理论（the Theory of Contestable Markets），认为兼并集中不一定会破坏竞争市场，垄断企业的高利润也不一定都是垄断价格带来的，也完全有可能是生产效率的提高引起的，一个自然垄断的市场也有可能是可竞争性的。

SCP 模型中建立的市场结构—市场行为—市场绩效的三段论分析模型，通常是假定市场结构先决定市场行为，市场行为再影响市场绩效，大多数的分析都直接从效果到效果或从结构到行为、效果的组合。此模型十分强调市场结构对市场行为及市场绩效的决定作用，而忽视市场行为对市场绩效的影响。之后，经济学家们在三段论 SCP 模型的基础之上提出了完整的 SCP 模型，认为先是市场结构决定市场行为，市场行为又决定市场绩效，在看到市场结构对市场绩效的意义的同时，更强调了市场行为对市场绩效的作用。

完整的 SCP 模型的形成标志着产业组织理论已趋于完善，但对市场结构、市场行为和市场绩效三者之间关系的研究还在继续。目前，国内外学者认为市场结构决定市场行为，市场行为进而决定市场绩效，这三者之间的关系是双向的，更加复杂的关系。在短期，市场结构是一个既定变量，会影响市场行为，市场行为继而决定市场绩效；但在长期，市场结构也是一个随机变量，会因为市场行为的长期作用而发生相应的变化，有时市场绩效的变化也会直接导致市场结构的变化。

1. 市场结构的含义

市场结构（Market Structure）有广义和狭义之分，广义的市场结构是指一个行业内部买方和卖方的数量及其规模分布、产品差别化的程度和新企业进入该行业的难易程度等综合状态，也可以说是某一市场中各种要素之间的内在联系及其特征，包括市场供给者之间（包括替代品）、需求者之间、供给者和需求者之间的关系以及市场上现有的供给者、需求者与正在进入该市场的供给者、需求者之间的关系；狭义的市场结构指相互竞争的厂商之间的规模分布，其主要内容是市场（或行业）的集中度和规模。

市场结构是构成一定系统的诸要素之间的内在联系方式及其特征。在产业组织理论中，产业的市场结构是指企业市场关系（交易关系、竞争关系、合作关系）的特征和形式。作为市场构成主体的买卖双方相互间发生市场关系的情形包括四种：卖方（企业）之间的关系，买方（企业或消费者）之间的关系，买卖双方相互间的关系，市场内已有的买方和卖方与正在进入或可能进入市场的买方、卖方之间的关系；上述关系在现实市场中的综合反映就是市场的竞争和垄断关系。市场结构是一个反映市场竞争和垄断关系的概念，它决定着市场的价格形成方式，从而决定着产业组织的竞争性质的基本因素。

在西方微观经济学发展的过程中，自张伯伦、罗宾逊提出垄断竞争理论并根据不同产业的市场垄断与竞争程度划分出四种不同类型的市场结构后，贝恩、植草益等著名学者在对本国产业市场不同的生产集中度进行实证分析研究的过程中，将不同垄断程度和竞争程度的市场结构分类进一步具体化为实用性更强的、不同等级的竞争型市场结构和寡占型市场结构。

在市场上，市场主体是具有独立经济利益的企业或个人，它们在市场上的地位、数量、规模以及它们的生产技术特点等组成不同的市场结构。不同的市场结构体现着不同的竞争内容、竞争特点和竞争强度。

2. 市场结构的划分标准

划分一个行业属于什么类型的市场结构，主要依据有以下三个方面：第一，本行业内部的生产者数目或企业数目。一个行业内企业数目越多，其竞争程度就越激烈；反之，一个行业内企业数目越少，其垄断程度就越高。如果本行业仅有一家企业，那就可以划入完全垄断市场；如果只有少数几家大企业，那就属于寡头垄断市场；如果企业数目很多，则可以划入完全竞争市场或垄断竞争市场。第二，本行业内部各企业或生产者的产品差别程度。这是区分垄断竞争市场和完全竞争市场的主要区别。第三，进入障碍的大小。所谓进入障碍，是指一个新的企业要进入某一行业所遇到的阻力，也可以说是资源流动的难易程度。一个行业的进入障碍越小，其竞争程度越高；反之，一个行业的进入障碍越大，其垄断程度就越高。根据这三个方面因素的不同，将市场划分为完全竞争市场、垄断竞争市场、寡头垄断市场和完全垄断市场四种类型；四种市场结构中，完全竞争市场竞争最为充分，完全垄断市场不存在竞争，垄断竞争和寡头垄断具有竞争但竞争不充分。

3. 影响市场结构的主要因素

（1）市场集中度。市场集中度是指产业市场上大企业的数量，以及它们的规模分布。在一个产业内，企业规模的大小和企业数量的多少，对企业间的竞争关系有着直接影响。企业规模大，在市场上销售产品的数量多、市场占有率高，企业对市场价格的影响作用就大；且高集中度的市场上企业数量少，企业之间就比较容易达成协议，也相对容易形成对市场的控制；如果企业规模小且数量多，企业之间往往难以达成协议，即使达成了也很难维持，竞争较为激烈。

（2）产品差别化的程度。产品差别化的程度是指产业市场上不同企业生产的产品之间是否存在差别及其差别化的程度。产业是提供同类产品和同类劳务的企业集合，产业内部不同企业的产品具有相同的使用功能。有的产业内部不同企业生产的产品之间存在着较大的差别，有的产业内部不同企业生产的产品之间差别较小。产业内部不同企业生产的产品有无差别，以及差别的大小，对产业市场上的竞争内容和竞争方式都会产生较大的影响。

（3）进入条件。进入条件是指当新企业准备进入某一产业时，与产业内的原有企业相比，其开始生产经营的难易程度。由于经济资源的有限性和市场规模的有限性，当新企业进入某一产业开始生产经营时，必然与产业内的原有企业在经济资源、市场占有率等方面展开竞争。新企业能否顺利进入产业并步入正常的生产经营过程，取决于产业市场的进入条件：有的产业新企业进入比较容易，有的产业则难以进入；不同产业中，新企业进入的条件有所不同，从而决定了新企业与原有企业相互竞争的条件均等与否，以及新企业能否成功进入产业。产业的进入条件对产业的集中度和产业市场的竞争性有直接影响。

（4）产品市场需求成长率。产品市场需求成长率是在一定时期内，市场对产品需求量的扩大比率。市场需求成长率对市场构成存在影响。一般来讲，当一定时期内的产品市场需求成长率较高时，产品供不应求，价格也会提高，产业内出现超额利润，从而吸引新的企业大量进入产业，改变产业集中度；当产品的市场需求成长率较低时，市场价格稳定或趋于下降，新企业在低价格的条件下很难进入产业市场，原有企业之间的竞争也更加激烈。

（5）生产一体化。如果产品市场上存在大型纵向生产一体化企业，大企业既大量生产上游产品，又生产下游产品，当企业拥有上游产品的技术优势时，往往通过提高向其他下游企业销售上游产品的价格，制造下游市场竞争的不均衡。

（6）多元化程度。产品市场上较大规模的多元化企业在向技术相关的其他市场挺进时，可以利用原有的技术向相关市场扩散，使新产品在减少投入的条件下进入市场，所以，多元化大企业不仅较容易地克服进入障碍，而且有利于获得竞争优势。

（7）政府介入的强度和企业制度。政府介入的程度不同，对市场结构的影响程度也不同。政府介入某一产业市场的程度愈深、范围愈大、强度愈高，企业组织受市场影响的程度就愈低，企业组织间的关系就更多地转为行政组织关系而非市场组织关系；反之，企业间的市场关系就较为活跃，市场对企业行为的调节作用就较显著。

影响市场结构的主要因素中，前三项是最重要的。上述因素相互影响，当决定市场结构的某一因素发生变化时，就会导致市场结构中其他因素的变化，从而使该产业整个市场结构的特征发生变化。例如，当市场需求增长率大幅下降时，如果其他条件相同，则会使新企业的进入壁垒提高，卖者的集中程度上升，从而使整个市场结构缺乏竞争，垄断的性质更强。

4. 市场结构的四种基本类型

市场结构分为完全竞争、完全垄断、寡头垄断、垄断竞争四种基本类型。

（1）完全竞争的市场结构。完全竞争也称纯粹竞争，是一种不受任何阻碍和干扰的市场结构，在其中同质的商品有很多卖者（即厂商），没有一个卖者或买者能控制价格，卖者和买者进入很容易，并且资源可以随时从一个使用者转向另一个使用者。例如，许多农产品市场就具有完全竞争市场的特征。因此，完全竞争市场指那些不存在足以影响价格的企业或消费者的市场，也就是说市场上不存在任何垄断因素，没有任何支配力量存在，企业之间是纯粹竞争关系。其主要特征有：

1）产业集中度很低。完全竞争市场中的企业数目众多且规模小，市场价格完全是由供求关系决定的。完全竞争市场拥有众多的购买者和销售者，每个销售者提供的产品数量与每个购买者购进的产品数量在市场总量中所占的比例很小，因此市场集中度很低，没有一个购买者或销售者对市场价格有显著的影响力。价格是由市场总供给和总需求决定的，因此每个购买者或销售者都只能是价格的接受者，而不是影响者。

2）产品的同一性很高。完全竞争市场的产业内部，各企业提供的产品之间不存在任何差别，完全均质的产品具有完全的替代性。产业市场内每个企业生产的产品几乎是同质的，产品之间具有完全的可替代性，因此如果其中一个企业提高产品价格（无论幅度多大），所有的消费者都会转而购买其他企业的产品。用微观经济学的术语描述就是该产品的需求价格弹性趋于无穷大。

3）不存在任何进入与退出的壁垒。完全竞争市场不存在任何进入与退出障碍，新企业进入产业或原有企业退出产业有充分的自由，生产要素在产业间的转移没有任何阻力。完全竞争的产业市场中不存在资金、技术或法律的进入和退出壁垒，新的企业进入该市场或原有企业退出这个市场都是完全自由的。换句话说，在该产业的预期利润率很高的情况下，就会有许多企业试图进入；而如果产业的利润率下降到低于正常水平时，原有企业也会不断退出。

4）信息具有完备性。在完全竞争市场中，生产者和消费者掌握市场的全部信息，既能了解市场上每个生产者的产品、技术和成本，也能了解消费者的偏好和支付能力，企业生产销售活动与消费者的购买活动的信息完全对称。例如，顾客和生产企业全都知道各个企业的价格，企业不仅知道自身的销售收入和成本函数，而且也知道其他企业的销售状况和成本函数等。完全信息使交易双方能够充分比较，择优汰劣，促进竞争；也能使买卖双方都作出最优的决策。

（2）完全垄断的市场结构。与完全竞争相对的另一个极端的市场结构是完全垄断，即只有一个买者或卖者的市场。垄断分为卖方垄断和买方垄断，但是在经济学中通常只分析卖方垄断；并且总是假设买方是价格接受者，毫无市场力量，这样可以把注意力全部集中在垄断方的行为上。完全垄断的市场结构中，只有唯一的供给者，一个产业中可能会有多个生产企业，但是向市场提供产品的企业只有一家，它所提供的产品就是市场上的全部产品；且没有密切替代的其他产品，因此唯一的供给者在制定价格时不必考虑其他的替代因素，进入障碍非常高，新企业很难进入或者不能进入该产业。例如，汽车加油站集团、快餐食品集团、理发店集团等。但是，在单一买方对单一卖方的双边垄断的情况下，双方均会施展策略，可以用博弈论分析其中的行为。完全垄断的市场结构的特点是：

1）产业的绝对集中度为100%，因为市场上只有一个提供产品的企业。

2）没有替代产品。完全垄断企业出售的产品没有直接替代产品，所以它的产品需求交叉弹性为零。

3）进入壁垒非常高。如果某个行业市场的进入壁垒高不可越，它就成了垄断市场：首先是资本壁垒，即完全垄断企业的起始资本量很大，因此一般的企业难以进入。其次是技术性壁垒，即垄断企业掌握了某种生产技术和诀窍，其他企业则没有，这个市场也就自然成了垄断市场。规模经济是一种被研究得最多的技术性壁垒。再次是法律壁垒，有些独家经营的特权是由法律规定并受到法律保护的，专利和版权就是法律特许的垄断。最后是策略性壁垒，垄断企业即使没有上述三种壁垒，也可以通过其他方式高筑壁垒，例如巨额的广告投入。

完全垄断和完全竞争一样，是一种罕见的市场结构，在市场经济中尤其如此。一种产品往往有多种替代品，这些替代品也将构成竞争威胁。例如，在美国，邮政业是联邦政府经营的仅有的几项商业服务之一。法律规定任何私营企业不得从事一等邮件的传递业务（即平信业务）；但不少私营企业开办了不受法律限制的快件邮递、包裹邮递等业务，由于服务质量较高，这些业务发展很快，从而给联邦政府对邮政业的垄断造成了相当大的竞争压力。

（3）寡头垄断的市场结构。寡头垄断市场又称寡头、寡占，是一种由少数卖方（寡头）主导市场的市场状态。英语中这个词（oligopoly）来源于希腊语"很少的卖者"。寡头垄断是同时包含垄断因素和竞争因素，而更接近于完全垄断的一种市场结构。它的显著特点是少数几家厂商垄断了某一行业的市场，这些厂商的产量占全行业总产量中很高的比例，从而控制着该行业的产品供给；这是一种介于完全竞争和完全垄断之间、以垄断因素为主，同时又具有竞争因素的市场结构。寡头垄断的市场结构主要特征是：

1）产业集中度高。寡头垄断市场被少数大企业控制，它们生产和销售的产品在产业的总生产量和总销量中占据了很高的比例，因此产业的集中度很高。产品基本同质或差别较大，这存在两种情况：一种是几个大企业提供的产品基本同质，没有大的差别，相互之间依存度很高；另一种是产品有较大差别，彼此相关度较低。

2）进入和退出壁垒较高。在寡头垄断市场的产业内部，少数大企业在资金、技术、生产和销售规模、产品知名度和美誉度、销售渠道等方面占有绝对优势，因此新企业很难进入这个行业市场与之抗衡；同时，由于垄断企业的生产规模大、投入资本量也很大，垄断企业退出市场的壁垒也很高。寡头垄断是一种很普遍的市场结构，也是产业组织理论重点研究的市场结构。例如，许多国家的汽车、钢铁、铝业、石油化工、电子设备和计算机行业都属于寡头垄断的市场结构。

（4）垄断竞争的市场结构。垄断竞争是一种比较接近现实经济状况的市场结构，它介于完全竞争和完全垄断之间，且偏向完全竞争。垄断竞争的市场结构主要特点是：

1）产业集中度较低。产业市场内企业数量较多，因此每个企业的市场占有率较低，没有市场力量。这是垄断竞争市场和完全竞争市场的共同点。

2）产品有差别。这是垄断竞争市场与完全竞争市场结构的主要差别。产业市场内不同企业生产的产品是不同质的，不同企业销售在质量、外观、商标、售后服务和声誉等方面有差异的品牌产品，并且各个企业是它自己品牌的唯一生产者。由于这些产品差异的存在，使各企业能够在一定程度上排斥其他产品，享有一定的定价自主权，企业所具有的垄断势力的大小取决于它在将自己的产品区别其他竞争企业的产品方面获得的成功。因为实际上不同企业的差别产品之间仍具有较高的替代性（需求的交叉弹性大，但不是无穷大），所以这种垄断性非常有限。

3）进入和退出壁垒较低。新企业带着某种新品牌的产品进入市场，以及原有企业在其产品无利可图时退出市场都比较容易，这一点可以说是垄断竞争市场和寡头垄断市场结构一个很重要的差异。垄断竞争市场内企业的规模都不大，原始投入资本也比较低，因而新企业进入或原有企业退出的资本壁垒和技术性壁垒都比较低，寡头垄断市场则与此相反。

二、市场行为的基本内容

1. 市场行为的含义

市场行为是指企业在市场上为实现其目标（如利润最大化、更高的市场占有率等）而采取的适应市场要求不断调整其自身行为的行为。企业的市场行为（也可以简称为企业行为）受到市场结构状态和特征的制约；反过来，市场行为也作用于市场结构，影响和改变市场结构的状态和特征。市场行为四要素是价格、成交量、参与人、时间，其中，价格是核心。

2. 市场行为的分类

市场行为通常主要包括三个方面的内容：价格行为、非价格行为、组织调整行为。

（1）价格行为。价格行为包括价格竞争和价格协调两个方面，它们以控制和影响价格为基本特征和直接目标。价格竞争包括降价竞争和旨在限制新企业进入市场的阻止进入定价，价格协调主要指价格卡特尔和价格暗中配合。

1）阻止进入定价。阻止进入定价有时被称为限制性定价，它是指寡头垄断市场上的卖主采取适度降低利润和降低产品价格的手段，将价格定在足以获得经济利润，但又不至于引起新企业进入的水平上。一方面，阻止进入价格与市场进入壁垒高低密切相关：市场进入壁垒高导致阻止进入价格高，新企业难以进入；市场进入壁垒低，新企业容易进入，为阻止其进入，寡头垄断企业只能按平均的，甚至更低的利润水平来定价，故阻止进入价格低。另一方面，阻止进入价格与经济规模密切相关：当经济规模是主要的进入壁垒时，产业内原有企业制定阻止进入价格的原则：第一，使非规模经济条件下生产的新企业无利可图，迫使其退出市场；第二，适当增加产量，减少新企业可能获得的市场份额，迫使其成本上升，最终退出市场。

2）价格协调。所谓的价格协调，就是企业间关于价格调整相互协调而采取的共同行为。在寡头垄断市场上，企业间竞相降价的价格竞争会导致两败俱伤；因而实现价格协调、共谋利润最大化成为企业的主要价格行为之一。

（2）非价格行为。价格行为考虑如何通过降价和涨价或协调价格获得较高的利润，而非价格行为考虑如何通过开发和销售产品获得较高的利润。企业有两种最基本的非价格行为：一是产品和技术开发。二是销售活动，包括销售策略、销售渠道、服务、广告等。两者旨在通过扩大产品的差别程度增强企业的竞争力，从这个意义上说，产品差别策略的制定和实施是企业非价格行为的核心。因此，即使在寡头垄断市场上，非价格竞争也是十分激烈的；随着经济发展和技术进步，对企业来说，非价格行为，尤其是产品开发行为和策略，比价格行为和策略更加重要。

此外，非价格行为还包括排挤行为。排挤行为分为两种：一种是合理的排挤行为，例如由于竞争，一些企业被挤出市场或被兼并，这是竞争的应有之义；另一种是不合理的排挤行为，即一些企业采取过度的，甚至违法的限制竞争和不公平竞争手段，排挤、压制和控制交易方或竞争对手，如通过降价倾销法扩大已有市场占有率等。

（3）组织调整行为。组织调整行为是指企业的合并、兼并、联合等行为。它是对产业集中度、经济集中度、市场效果影响颇大的一种市场行为，因而受到经济理论研究者的普遍重视。

企业兼并是指两个以上的企业在自愿基础上，依据法律通过订立契约而结合成一个企业的组织调整行为，其特点是伴有产权关系的转移。企业兼并，兼并前的一家或多家企业不复存在，原有企业的业务集中到兼并后的新企业中；多家企业的财产变成一家企业的财产，多个法人变成一个法人。根据企业与兼并企业产品之间的关系，企业兼并一般可以分为水平兼并、垂直兼并和混合兼并：水平兼并又称为横向兼并，是指生产、经营同一产品或相似产品的企业间的兼并，例如两个钢铁厂之间的兼并就是一种横向兼并，其兼并的目的是迅速扩大生产规模，提高规模效益和市场占有率。横向兼并有两个明显的效果，即实现规模经济和提高行业集中度；横向兼并对市场权力的影响主要是通过提升行业的集中度进行的，通过提升行业集中度，企业的市场权力得到扩大。垂直兼并又称为纵向兼并，是指处于生产经营不同阶段，但具有前后联系的两个以上企业的合并。例如，汽车制造公司合并零配件企业、橡胶轮胎企业，钢铁冶炼企业合并煤炭企业、矿石开采企业以及运输企业等，均属于纵向兼并。纵向兼并推行不同生产经营阶段纵向一体化的原因很多，诸如节约再加工成本、运输成本，减少价格磋商、合同签订、货款收取、广告发布等成本，促进企业集团内部成员企业"产供销"的良性循环等。当然，纵向兼并也可能会使一体化企业在经营的某个阶段拥有垄断力量，从而对那些独立的企业提高投入要素的价格，并对最终产品市场实行掠夺性定价，以压榨独立的企业。这种反竞争的效应在一些国家也得到了重视。混合兼并是指一个企业对那些与自己生产的产品不同性质和种类的企业进行的并购行为，其中目标公司与并购企业既不是同一行业，又没有纵向关系。混合兼并对市场占有率的影响，多数是以隐蔽的方式来实现的；在大多数情况下，企业通过混合兼并进入的往往是同其原有产品相关联的经营领域。

企业集团是一种拥有共同利益和特殊密切关系的企业群，其成员一般有相互参股或控股的关系，但一般都是独立的法人公司和企业，产品和经营方向既可以相互关联，也可以相去甚远。现代企业集团是生产和资本集中的一种基本形式，是最重要的产业市场行为，对企业的发展和地位影响很大，直接影响经济的一般集中程度。企业兼并、企业集团的组织协调行为，只要不产生垄断行为或能有效防止、控制其垄断行为，就对产业组织的合理化所起的积极作用是显而易见的。例如，有利于实现规模经济，组织大批量生产；有利于企业系列和流通系列的生成，形成有效竞争态势；有利于加快企业发展，迅速扩大市场；企业合并、企业兼并有利于实现资源在产业内部各企业间，以及产业间的优化配置等。

三、市场绩效的基本内容

1. 市场绩效的含义

市场绩效是在一定的市场结构中，由一定的市场行为所形成的价格、产量、成本、利润、产品质量和品种，以及技术进步等方面的最终经济成果。市场绩效反映了在特定的市场结构和市场行为条件下，市场运行的效果。

产业组织理论对市场绩效的研究主要从两个方面进行：一是对市场绩效本身进

行直接的描述和评价，主要从资源配置效率、产业的规模结构效率、技术进步和 X 非效率等方面，描述市场绩效的基本情况，评价市场绩效的优劣。二是研究市场结构、市场行为和市场绩效之间的关系，并从中寻找影响市场绩效的因素，以便对导致某种市场绩效的原因作出解释。

市场结构、市场行为与市场绩效是相互关联的一个整体：市场结构是产业内部组织关系的表现形式，市场行为是产业组织状态与结构形成与变动的推动力量，市场绩效是产业组织合理化的基本判别标准，市场结构和一定市场结构下的市场行为是决定市场绩效的基础。市场绩效受市场结构和市场行为的共同制约，是市场关系或资源配置合理与否的最终成果标志，反映着市场运行的效率；同时，市场绩效的状况及变化，反过来又会影响市场结构和市场行为。

2. 市场绩效的衡量

市场绩效是指在特定市场结构下，通过一定的市场行为使某一产业在价格、成本、产量、利润、产品质量、品种及技术进步等方面达到的最终经济成果，它实质上反映的是在特定的市场结构和市场行为条件下市场运行的效率。这里的市场行为既包括产业内的企业行为（微观经济行为），也包括政府对产业进行组织管理与调节引导的行为（宏观经济管理行为及宏观政策微观化）；企业间的价格竞争及非价格竞争行为、政府对产业的规制及各种经济性监管行为等，无不影响着产业的市场绩效。研究市场绩效就是要通过对市场结构及企业行为的分析，来评价市场结构和市场行为的合理性及有效性程度，评价产业政策与经济运行的契合程度，以期通过政策调整求得最佳的产业绩效。

市场绩效的评价主要是以社会福利水平的提高与否为主要依据，市场绩效评价的主要准则包括：一是价格对生产要素流动的导向作用。二是产业内企业的生产量是否达到规模经济的要求。三是产业内企业生产耗费和利润率的高低。四是产品的质量和品种规格是否能够满足消费者的需求，以及在多大程度上满足其需求。五是产业的技术进步是否在不断加快。同时，市场绩效状况既与市场结构和企业市场行为有关，也与政府的产业组织政策有关。

3. 市场绩效的综合评价准则

绩效的衡量同经济活动的目标密不可分。从经济学的角度来看，社会福利是最主要的、最具有综合性的目标。社会福利目标包括了经济活动的效率、公平、稳定和进步等多层次、多方面的内容，是一项规范性的概念。

市场绩效既反映了在特定的市场结构和市场行为条件下市场运行的实际效果，也体现了最终实现经济活动目标的程度。产业组织学研究的经济活动目标，主要不是企业层次上的，而是产业和整个国民经济层次上的。因此，在对市场绩效进行评价之前，我们应当首先了解产业和整个国民经济层次上的目标具体是什么。毫无疑问，这个目标本身是多元化的；但从经济学的角度看，社会福利是最主要的、最具综合性的目标，而社会福利本身又可分解为许多内容，包括社会经济活动的效率、公平、稳定与安全、进步等多层次、全方位的目标，这也决定了对市场绩效的测量与分析也必然是多层次和全方位的。下面从产业的资源配置效率、产业的规模结构效率、产业技术进步程度等方面进行分析；目前产业组织理论对市场绩效的研究，主要包括产业的资源配置效率、产业技术进步程度、产业组织的技术效率以及企业内部组织管理效率（或 X 非效率）等方面的内容。

（1）产业的资源配置效率。产业的资源配置效率是反映市场绩效最重要的、最基本的指标。市场机制的正常运行能保证资源的最佳分配，因为自由竞争的市场能决定价格，从长期看，如果价格处于趋向包括正常利润在内的最低费用水平，可以认为市场机制下的资源分配是合理的、正常的；但是，如果某产业存在长期的高额利润率，意味着该产业的过度垄断阻碍了资源的流入，这正是资源分配不合理、社会资源使用效率低的表现。一般情况下，市场竞争越充分，资源配置的效率就越高；相反，市场垄断程度越高，资源配置效率越低。贝恩等认为，可以用产业的长期利润率是否趋于平均化来测量产业的资源配置是否有效率；产业利润率与产业集中度，以及由此而来的市场行为有关，高集中度的产业利润率也高。

产业资源配置效率的评价准则主要体现在两个方面：一是价格对产业内资源流动的导向作用，以及产业内企业的生产成本和利润率；二是产品的质量、品种和规格是否满足消费者的要求。垄断与资源配置的关系如图 2-1 所示。

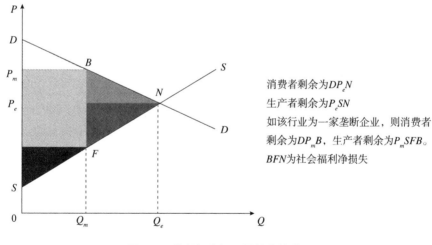

右侧说明文字：
消费者剩余为 DP_eN
生产者剩余为 P_eSN
如该行业为一家垄断企业，则消费者剩余为 DP_mB，生产者剩余为 P_mSFB。
BFN 为社会福利净损失

图 2-1　垄断与资源配置效率的关系

（2）产业技术进步程度。技术是人类认识自然和改造自然的劳动手段、知识、经验和方法，其本质是人类利用自然和改造自然的、有目的的动态实践过程。技术进步是指技术的发明、革新和技术转移，技术进步渗透于产业组织的市场结构、市场行为的各个方面。产品差别与产业的技术特点密切相关，经济规模和必要资本壁垒与大容量、高功率的技术发展有关，价格和非价格竞争的类型和程度、企业集团化和系列化的发展等都与产业的技术进步类型、技术进步程度和技术进步条件密切相关；但技术进步最终是通过经济增长的市场效果表现出来的。所以，技术进步是衡量市场绩效的一个重要指标。技术进步主要经历了三个阶段：

第一阶段：发明。熊彼特将创新赋予技术—经济学内涵，开创了一个自然技术创新时代。自然技术创新成为一种理论，这还是 20 世纪初的事情。1911 年，奥地利经济学家、哈佛大学教授熊彼特在其成名著作《经济发展理论》（此书于1934年由德文译成英文时使用 Innovation 一词）中将经济活动分为循环流转的均衡状态和动态的非均衡状态两种类型，认为后者是流转渠道中的自发的、间断的变化，是对均衡的干扰，它永远在改变和代替以前存在的均衡状态。

第二阶段：创新。技术创新理念的经济行为说同科技与经济之间的中介说、科技成果的首次应用说并存。熊彼特的"创新理论"是指经济系统中引入新的生产函数，并获得"企业家利润"的过程，故我们赋予它技术经济学内涵。

第三阶段：扩散。全面拓展技术创新的技术经济学内涵，创建全面创新学。长期以来，人们谈论的技术创新都是指自然技术，这是可以理解的，但这种观念并不是正确的；所谓"可以理解"，就是指它是时代局限性的产物；但我们知道，从人类进入工业社会之后，人们的关注点就从人文转向自然界，甚至还出现了"世界即自然界"的极端化观念。不幸的是，人类从关注自然最后演变成破坏自然，即为了追求最大利润，不惜浪费资源和破坏自然环境，这种片面的发展观已经遭到当今世界现实的否定。

硬技术进步包括八个方面：一是人的劳动技能的提高。二是采用新机械设备和对旧设备进行改进。三是采用新工艺和对旧工艺进行改进。四是采用新原料。五是采用新能源。六是生产前所未有的新产品和对原产品进行改造。七是采用新设计。八是降低生产消耗，提高投入产出率。

（3）产业组织的技术效率。产业组织的技术效率又称产业的规模结构效率，反映着产业经济规模和规模效益实现程度，也是市场效果的重要方面。产业组织的技术效率主要通过三个方面来分析：一是实现或接近经济规模的企业产量占全体企业产量的比例，反映着经济规模水平的实现程度；二是可用垂直结合的企业产量占各流程阶段产量的比例，反映着经济规模的纵向实现程度；三是产业内是否存在企业生产能力的剩余反映着规模能力的利用程度。产业内部企业规模经济性的实现可以分为以下三种状态：一是低效率状态，二是过度集中状态，三是理想状态。

（4）X非效率。所谓X非效率，是指由于企业内部组织层次多，关系复杂，结构庞大，加上所有权与经营权分离，使企业难以形成利润最大化和成本最小化的行为，导致企业内部资源配置效率低下的状态。美国哈佛大学教授莱宾斯坦（H. Leibenstein）首先提出这个概念，目的是要说明免受竞争压力保护的企业不仅会产生市场配置的低效率，而且会产生另外一种类型的低效率，即免受竞争压力的厂商明显存在超额的单位生产成本；因为这类低效率的性质当时尚不明了，所以称作X低效率；但对如何测量产业或企业的X非效率，他没有作深入研究。显然，X非效率也是反映市场效果优劣的一个指标，莱宾斯坦的X非效率理论主要涉及三个变量之间的关系：市场环境（ME）、企业组织（EO）和经济效率（EE），其中经济效率是市场环境和企业组织的函数，即：

$$EE = f(EO, ME)$$

经济效率函数如图2-2所示。

导致X非效率的具体原因有代理成本的增加、激励成本的增加、管理成本的增

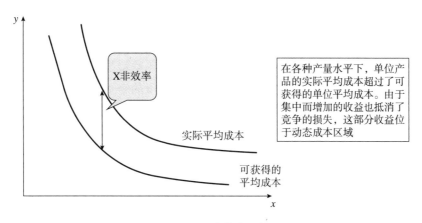

图 2-2 经济效率函数

加。勒纳指数（Lener Index）是衡量市场绩效的一个重要指标，其度量市场绩效是通过计算价格与边际成本的偏离率进行的。从勒纳指数的公式 L = (P - MC)/P（L 为勒纳指数，P 为价格，MC 为边际成本）可以看出，勒纳指数越小，市场竞争程度越高，垄断程度越低，市场绩效越好；勒纳指数越大，市场竞争程度越低，垄断性越强，市场绩效越差。

第二节 市场结构与市场绩效综合评价模型

一、衡量市场集中度的主要指标

市场集中度（Market Concentration Rate）是对整个行业的市场结构集中程度的测量指标，用来表示在特定产业或市场中，买者或卖者具有怎样的、相对的规模结构指标；是决定市场结构最基本、最重要的因素，集中体现了市场的竞争程度和垄断程度。市场是由买方和卖方组成的，所以市场集中度也可以分为卖方集中度和买方集中度，产业组织理论研究的主要是卖方集中度。衡量市场集中度的指标主要有以下六种：

1. 行业集中度

行业集中度指数（Concentration Ratio，CR）又称行业集中率，是指该行业的相关市场内前 n 家最大的企业所占市场份额（产值、产量、销售额、销售量、职工人数、资产总额等）的总和。行业集中度指数是最常用的测算方法，它以产业（行业）内规模最大的前 n 家企业的相关数值（销售额、增加值、职业人数、资产总额等）占整个产业（行业）的份额来表示产业（行业）的集中程度。例如，CR4 是指四个最大的企业占有该相关市场的份额；同理，五个企业的行业集中率（CR5）、八个企业的行业集中率（CR8）均可以计算出来。行业集中度指数一般以某一行业排名前四位的企业的销售额（或生产量等数据）占行业总体销售额的比例来度量。CR4 越大，说明这一行业的行业集中度越高，市场越趋向垄断；反之，行业集中度越低，市场越趋向竞争。行业集中度是衡量行业市场结构的一个重要指标，但其缺点是没有指出一个行业的相关市场中正在运营和竞争的企业总数。例如，具有同样高达 75% 的 CR4 在两个行业份额却可能是不相同的，因为一个行业可能仅有几个企业，而另一个行业则可能有许多企业。行业集中度计算公式为：

$$CRn = \sum_{i=1}^{n} x_i \ / \ \sum_{i=1}^{N} x_i \tag{2-1}$$

式 2-1 中，CR 表示行业中规模最大的前几位企业的行业集中度；x_i 表示产业中第 i 位企业的产值、产量、销售额、销售量等数值；n 表示产业内规模最大的企业数量；N 表示产业内的企业总数。n 通常取 4 或 8，此时，CRn（即行业集中度）就分别表示产业内规模最大的前四家或前八家企业的集中度。

根据美国经济学家贝恩和日本通商产业省对产业集中度的划分标准，将产业市场结构粗分为寡占型（CR8>40%）和竞争型（CR8<40%）两类。其中，寡占型又细分为极高寡占型（CR8>70%）和低集中寡占型（40%<CR8<70%）。贝恩是最早使用行业集中率指标研究行业垄断和竞争程度的学者，表 2-1 是贝恩根据绝对集中度对市场结构进行的划分。

表 2-1 贝恩对市场结构进行的分类

类型	规模最大的前四位企业市场占有率	规模最大的前八位企业市场占有率
一、极高寡占型	75% 及以上	70% 及以上
二、高集中寡占型	65%~75%	85% 及以上
三、中（上）集中寡占型	50%~65%	75%~85%
四、中（下）集中寡占型	35%~50%	45%~75%
五、低集中寡占型	30%~35%	40%~70%
六、竞争型	30% 以下	40% 以下

2. 洛伦兹曲线

洛伦兹曲线是由美国统计学家洛伦兹于 1905 年提出的用以反映国民收入分配平均程度的一种曲线，引用到产业组织理论中用于分析市场集中度，是一种表示相对集中度的指标，它表明市场占有率与市场中从小企业到大企业的累计百分比之间的关系，如图 2-3 所示。图中横轴表示按规模从小到大企业数量的累计百分比，纵轴表示这些企业的产值、产量、销售额、销售量等指标之和占市场总额的百分比，即市场占有率。图 2-3 中，对角线 OB 表示绝对平均线，折线 OAB 表示绝对不平均线；洛伦兹曲线是一条介于绝对平均线和绝对不平均线之间的曲线。一般来说，洛伦兹曲线越凸向右下角，表示企业规模分布越不均匀，即市场集中度越高；反之，市场集中度越低。

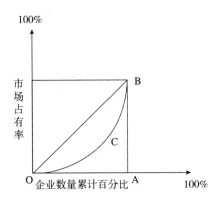

图 2-3　洛伦兹曲线

3. 基尼系数

（1）基尼系数是以洛伦兹曲线为基础推导出来的，其值等于洛伦兹曲线的绝对平均线与洛伦兹曲线的面积与对角线以下的三角形面积之比，计算公式为：

$$G = Sa / (Sa + Sb) \tag{2-2}$$

式 2-2 中，Sa 表示洛伦兹曲线与绝对平均线所围成的面积；Sb 表示洛伦兹曲线与绝对不平均线所围成的面积。洛伦兹曲线与绝对平均线重合时，S＝0 市场中企业的规模分布绝对平均，市场为完全竞争市场，G＝0；洛伦兹曲线与绝对不平均线重合时，S＝0 市场中企业的规模分布绝对不平均，市场为完全垄断市场，G＝1。基尼系数的值在 0～1 范围内变动，基尼系数的值越大，表示企业的规模分布越不均匀，即市场集中度越高；反之，市场集中度越低。

（2）基尼系数分类。

1）收入基尼系数。其具体含义是在全部居民收入中，用于进行不平均分配的那部分收入所占的比例。

基尼系数最大为 1，最小为 0。前者表示居民之间的收入分配绝对不平均，即 100% 的收入被一个单位的人全部占有了；而后者则表示居民之间的收入分配绝对平均，即人与人之间收入完全平等，没有任何差异；但这两种情况只是在理论上的绝对化形式，在实际生活中一般不会出现。因此，基尼系数的实际数值只能介于 0～1 之间，基尼系数越小，收入分配越平均，基尼系数越大，收入分配越不平均；国际上通常把 0.4 作为贫富差距的警戒线，大于这一数值容易引发社会动荡。

2）财富基尼系数。除了收入基尼系数（Income Gini），还有一种财富基尼系数（Wealth Gini），其大概算法与收入基尼系数相同，区别在于收入基尼系数的数据是来自某地区的家庭收入统计，财富基尼系数的数据是来自某地区的家庭总资产统计；而在基尼系数上的差别则是财富基尼系数往往要比收入基尼系数大，其原理也好理解，财富是收入的累计，所以财富基尼系数往往更加极端。

值得注意的是，财富基尼系数的实际数值只能介于 0～1 之间，但并不意味着任意部分人的财产之和都小于 100%，因为存在部分家庭的总资产为负，这一点很明显：欧洲多数国家前 88% 的人就已经占据 100% 的财富，在美国，后 14% 的人收入为负，后 36% 的人收入总和为零。

3）基尼系数的影响因素。基尼系数的影响因素包括经济发展水平、社会文化传统、政治经济制度等，其中的一个重要因素是政策制定者希望以收入分配制度达到何种目标，是注重分配政策的刺激激励作用，还是注重分配政策的调节保障作用？

日本是全球基尼系数最低的国家之一。据共同通信社 2013 年 10 月 11 日报道，日本厚生劳动省周五公布的 2011 年调查报告数据显示，日本国内基尼系数为 0.2708，较 2008 年的数据增加了 0.0218，创 1984 年以来历史新高。厚生劳动省认为，收入较低的老年人及单身者家庭的增加导致差距扩大。基尼系数是国际上用来综合考察一国或地区居民内部收入分配差异状况的一个重要分析指标，基尼系数越接近 1，就表示收入分配差距越大，在日本，基尼系数在 0.25 左右，德国在 0.3 左右，而美国的基尼系数已经超过 0.4 的警戒线。发展中国家的基尼系数一般较高，在 0.4 上下。日本基尼系数较低的一个重要原因是政府通过实行高额累进税制"劫富济贫"，高收入群体最高所得税的税率达到 75%，一般低收入群体只有 15%。美国普通中产阶级的税率大致为 15% 或 25%，比较富有的中产阶级可能要支付 35%。但由于超级富豪的投资收入适用的税率不超过 15%，比中产阶级投资收入应缴的税率低不少，因此很多富翁的收入适用的税率远低于一般中产阶级。在薪酬制度设计上注重薪酬保障作用的日本，薪酬收入差距较小；而注重激励作用的美国，薪酬收入差距往往达数十倍甚至上百倍。

4. 赫芬达尔—赫希曼指数

赫芬达尔—赫希曼指数（Herfindahl-Hirschman Index，HHI），简称赫芬达尔指数，是一种测量产业集中度的综合指数；它是指一个行业中各市场竞争主体所占行业总收入或总资产百分比的平方和，用来计量市场份额的变化，即市场中厂商规模的离散度。赫芬达尔指数是产业市场集中度测量指标中较好的一个，因此成为了经济学界和政府管制部门使用较多的指标，能区别以公司市场占有率为基础的市场结构。赫芬达尔指数的计算步骤为：

第一步：取得竞争对手的市场占有率，可忽略过小的竞争对手。

第二步：将市场占有率平方。

第三步：将这些平方值加总。

$$HHI = \sum_{i=1}^{n} (X_i / X)^2 = \sum_{i=1}^{n} S_i^2 \qquad (2-3)$$

式 2-3 中，X 表示产业市场的总规模；X_i 表示产业中第 i 位企业的规模；S_i 表示企业中第 i 位企业的市场占有率；n 表示行业内的企业总数。

HHI 越大，表示市场集中度越高；反之，市场集中度越低。HHI = 1 时，表示市场结构为完全垄断的市场结构；HHI 趋近 0 时，n 趋近无穷大，市场存在着无数个规模相同的小企业，此时的市场结构为完全竞争的市场结构。

赫芬达尔—赫希曼指数是计算某一市场上 50 家最大企业（如果少于 50 家企业

就是所有企业）每家的市场占有份额（取 100% 的分子）的平方之和。显然，HHI 越大，表示市场集中程度越高，垄断程度越高。该指数不仅能反映市场内大企业的市场份额，而且能反映大企业之外的市场结构，因此更能准确地反映大企业对市场的影响程度。

赫芬达尔指数是产业市场集中度测量指标中较好的一个，具有以下特点：第一，当独家企业垄断时，该指数等于 1；当所有企业规模相同时，该指数等于 $1/n$。故这一指标在 $1/n$ 和 1 之间变动，数值越大，表明企业规模分布的不均匀度越高。第二，赫芬达尔指数兼有绝对集中度和相对集中度指标的优点，并避免了它们的缺点。因为该值对规模较大的企业市场份额反应比较敏感，而对众多规模小的企业市场份额的变化反应很小。第三，赫芬达尔指数可以不受企业数量和规模分布的影响，较好地测量产业集中度的变化情况。因此，只要厂商合并，该指数值就会增加；只要厂商拆分，该指数值就会减少。

赫芬达尔—赫希曼指数的理论基础实际上源于贝恩的结构—经营—表现理论（structure-conduct-performance）。贝恩的这一产业组织理论表明，市场结构影响厂商的经营，并最终决定厂商的表现。随着市场份额的集中，厂商会倾向于采用相互勾结策略，最终制定的价格会偏离完全竞争价格。完全竞争市场中的厂商对自己生产的产品无定价权，它们是市场价格的接受者；因而从社会福利角度看，完全竞争的市场结构是最理想的市场结构。任何形式的厂商垄断，以及随之而产生的高于垄断价格的价格都意味着某种程度的消费者社会福利损失。结构—经营—表现理论认为，市场集中度与市场垄断力之间存在某种正相关关系，有些学者进而认为两者之间是非线性的正相关关系，也就是说在市场集中度较低时，厂商的行为更富有竞争色彩；随着市场集中化程度的提高，市场垄断将逐渐取代市场竞争。当市场集中度很高时，厂商的行为已经少有竞争色彩；在这种条件下再提高市场集中度，垄断力的提高将非常有限。

5. 克鲁格曼指数

克鲁格曼指数（Krugman Index，KI）主要衡量一个国家或地区的区域分工和专业化的程度，将这两类指标结合起来，可以看出该国家或地区经济专业化发展的程度和其在全国生产地域分工中所起的作用。一个国家的地区经济专业化发展水平与其商品经济的发达程度一致，其值越大，表示两区域之间的产业分工与专业化程度越高，反之越低。其计算公式为：

$$KI = \sum_{i}^{n} \left| \frac{q_{ji}}{q_j} - \frac{q_{ki}}{q_k} \right| = \sum_{i}^{n} |S_{ji} - S_{ki}| \tag{2-4}$$

式 2-4 中，q_{ji} 表示 j 城市中从事 i 产业的人数，q_j 表示 j 城市中从事所有产业的总人数；q_{ki} 表示 k 城市中从事 i 产业的人数，q_k 表示 k 城市中从事所有产业的总人数；S_{ji} 表示 j 城市中 i 产业的从业人数占 j 城市所有产业的从业人数的比值，S_{ki} 表示 k 城市中 i 产业的从业人数占 k 城市所有产业的从业人数的比值；n 表示全部产业数。理论研究证明，KI 越大，表明两区域之间的产业分工与专业化程度越高；反之则越低。

6. 熵指数

（1）熵指数的含义。熵指数（Entropy Index，EI）借用了信息理论汇总熵的概念，具有平均信息量的含义。熵指数的计算公式为：

$$EI = - \sum P_i \log P_i \tag{2-5}$$

式 2-5 中，P_i 表示产业中第 i 位企业的市场份额。

理论研究结果证明，熵值越大，产业分布越均衡，市场集中度越低；反之，市场集中度越高。

（2）熵指数与赫芬达尔指数的异同点。熵指数与赫芬达尔指数的共同点：两者均属综合指数，即都能反映市场中所有企业的情况；两者均为企业的市场份额之和。

熵指数与赫芬达尔指数的不同点：两者分配给各个企业市场份额的权数不同，赫芬达尔指数的权数是市场份额的平方，而熵指数的权数是市场份额的对数；二者都对大企业分配较重的权数，但重要程度有所区别。总的来说，赫芬达尔指数和熵指数都有较好的理论背景和实用性。

二、市场绩效评价主要指标

市场绩效是指在一定的市场结构中，由一定的市场行为形成的价格、产量、成本、利润、产品质量和品种以及技术进步等方面的最终经济成果，反映了在特定的市场结构和市场行为条件下市场运行的效果。以下主要介绍市场绩效常用的四个评级指标。

1. 利润率

利润率是一个较为常用的重要评价指标，可以用来描述企业利润计划的完成情况，即可以用来描述市场绩效。其计算公式为：

$$R = (\pi - T)/E \tag{2-6}$$

式 2-6 中，R 表示税后资本收益率，π 表示税前利润，T 表示税收总额，E 表示自有资本。之所以可以使用利润率指标来描述市场绩效，是因为微观经济学理论认为，在完全竞争的市场结构中，若资源配置实现最优，则该市场上的所有企业只能获得正常利润，且不同产业的利润率水平趋向一致；也就是说，产业间是否形成了平均利润率，是衡量社会资源配置效率达到最优的一个最基本的定量指标：利润率越高，市场越偏离完全竞争状态，即资源配置效率没有达到最优。

以贝恩为代表的产业组织学者相继对不同产业的长期利润率同市场结构的若干要素（如市场集中度）之间的相关关系进行了实证研究。贝恩的研究结果表明，随着市场集中度的提高，产业长期利润率也会有所提高，但是这两个指标之间的正相关程度并不显著（相关系数=0.28）。综上所述，所有这些研究都未能证实理论上关于市场集中度与行业长期利润率正相关的结论：有些研究发现了两者之间微弱的正相关关系，有些则根本没有发现；还有一些研究本身存在严重的数据缺陷和概念错误。

如何解释这些研究的结果呢？首先，不同行业、不同企业计算成本及利润的方法和口径常常存在不同，即使有很微弱的基础数据的偏差，都会使结论产生很大的偏差；其次，我们也必须认识到导致行业、企业利润率偏高的因素很多，不仅有垄断势力的形成；最后，引起超额利润的因素至少还有作为风险性投资报酬的风险利润、有不可预期的需求和费用变化形成的预料外的利润、因成功地开发和引入新技术而实现的创新利润。因此，在考察垄断因素引发的资源配置非效率的时候，必须从特定产业的利润中扣除上述利润才能作出判断。

2. 勒纳指数

勒纳指数（Lener Index，LI）通过对价格与边际成本偏离程度的度量，反映市场中垄断力量的强弱。其计算公式为：

$$LI = (P - MC)/P \tag{2-7}$$

式 2-7 中，LI 表示勒纳指数，P 表示价格，MC 表示边际成本。LI 在 0~1 变动，数值越大，表明垄断势力越大；LI 实际上计量的是价格偏离边际成本的程度，价格越是高于边际成本，垄断势力越强；在市场处于完全竞争状态时，价格等于边际成本，LI 等于 0。需要注意的是，勒纳指数反映的是当市场存在支配能力时，价格与边际成本的偏离程度，但是无法反映企业为了谋求或巩固垄断地位而采取的限制性定价和掠夺性定价行为。此外，在实际计算过程中，由于边际成本的数据很难获得，常常要用平均成本代替边际成本，从而可能使结论失真。

3. 贝恩指数

贝恩指数（Bain Index，BI）通过对企业超额利润的衡量来判断市场垄断或竞争的强度。其计算公式为：

$$\begin{cases} BI = \pi/V \\ \pi = (R - C - D) - i \cdot v \end{cases} \tag{2-8}$$

式 2-8 中，v 为投资总额，π 为超额利润。贝恩将 $(R-C-D)$ 定义为会计利润，其中 R 为总收益，C 为当期成本，D 为折旧，i 为从投资中可以获得的正常收益率，即资本的机会成本。

BI 表示的是市场的超额利润率，BI 指数越高，市场的垄断程度越高。与勒纳指数相比，贝恩指数所要求的基础数据相对容易取得，减少了产生系统偏差的可能性；但是，贝恩指数和勒纳指数与利润率指标一样，都是建立在不完全的理论假定基础上的，因为企业或行业所获得的高利润并不一定是通过垄断力量实现的，而确实存在垄断力量的市场的这些指标也不一定就表现得更高。因为，垄断企业往往会出于驱逐竞争对手和阻止新竞争者进入的目的而制定低价格，使行业市场显得无利可图。

4. 托宾 q 值

托宾 q 值表示的是一家企业目前的市场价值（通过公开发行的股票、债券进行计量）与这家企业目前需要重置的成本之比。其计算公式为：

$$q = P/C \tag{2-9}$$

如果式 2-9 中 $q>1$，且市场价值（P）超过重置成本（C）很多，则企业将会获得超额利润，也代表着市场的垄断程度很高。

SCP 模型在行业分析上的强有力之处在于要求一个更加严格的战略分析过程，而不仅是定性的和描述性的；着重把行为作为取得业绩的关键，有清晰的动态模式来解释为什么业绩随时间而改变，以及改变的方式。下面介绍两个学派的 SCP 模型：

哈佛学派提出了传统的产业组织理论，理论研究模型为 S—C—P，即市场结构决定市场行为，市场行为进而决定市场绩效。其核心是"集中度—利润率"假说，哈佛学派认为，集中的市场结构（如寡头垄断的市场结构）必然导致削弱市场竞争的行为（如少数企业间的共谋、协调行为等），使产业超额盈利，破坏资源的配置效率；进而提出应限制垄断、促进竞争的观点，但随着社会的发展，哈佛学派的观点不再适应经济的健康运行。因为其 SCP 模式的传导机制是一元单向的，如图 2-4 所示。

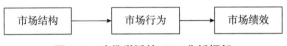

图 2-4　哈佛学派的 SCP 分析框架

20 世纪 70 年代迅速崛起的芝加哥学派批判了哈佛学派传统的产业组织理论，并在哈佛学派的基础上，提出自己的研究成果；芝加哥学派认为，市场结构、市场行为和市场绩效三者之间是双向关系，注重市场行为对市场绩效的影响及市场绩效对市场结构的作用；他们指出，只要市场是有效的，政府就不必采取反垄断政策，应该注重市场的作用，让经济自由发展。芝加哥学派 SCP 模型的传导机制是双向的，如图 2-5 所示。

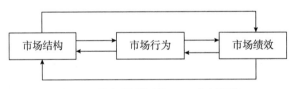

图 2-5　芝加哥学派的 SCP 分析框架

第三节　模型的应用

一、PR 模型的应用：中国银行业结构与竞争性的测度

1. 中国银行业结构与竞争性问题

当前我国的金融体系仍旧以间接融资为主导，在这样的经济体系中，银行部门作为金融运作的主要载体，其价值创造能力的高低对宏观上经济的运作效益和微观上企业的经营成果均有着决定性影响。因此，对中国银行业结构与竞争性的测度就

显得尤为重要。测试中国银行业结构和竞争性主要有结构法与非结构法两种方法：结构法缺乏微观经济基础，非结构化法则很好地弥补了这一缺陷。因此，这里综合采用结构法和非结构法测度中国银行业的市场结构和竞争性。

2. 实证分析

（1）结构法测度。

1）样本数据及来源。鉴于样本的代表性和数据的可得性，确定以 16 家上市银行作为样本，即中国工商银行、中国建设银行、中国农业银行、中国银行、交通银行、招商银行、兴业银行、中信银行、中国光大银行、华夏银行、中国民生银行、上海浦东发展银行、深圳发展银行、北京银行、南京银行和宁波银行；更为准确的测度应该包括所有全国性商业银行、区域性商业银行、城市商业银行、城市信用合作社、农村信用合作社和外资银行；但是由于数据获取难度较大，只能从中选取具有代表性的商业银行作为样本。相关数据主要根据 RESSET 数据库、BankScope 数据库及行管年份的银行年报整理而成。

2）市场集中度。市场集中度指标是用来反映市场寡头垄断程度的指标，将其应用到银行业时可以反映市场中最大几家银行的市场势力，进而体现银行业竞争或垄断的程度。若市场集中度指标偏高，少数大银行对市场的支配力就很大，就可以通过一定的市场合谋，采用控制产量、提高价格等垄断厂商的手段获得垄断利润。

市场集中度的计算公式如下：

$$CR_k = \left| \sum_{i=1}^{k} \frac{a_i}{a} \right| \times 100\% \qquad (2\text{-}10)$$

式 2-10 中，a_i 表示第 i 家银行的总资产、存款总额、贷款总额等；k 表示需要考察的前 k 家大银行；a 表示银行业的总资产、存款总额、贷款总额等。

下面分别对存款、贷款、资产、净利润、利息净收入、利润总额和利息收入的市场集中度进行测算，具体结果如表 2-2 所示。

表 2-2　2007~2011 年我国银行业市场集中度变化

年份	2007	2008	2009	2010	2011
存款	0.7623	0.7546	0.7415	0.7353	0.7153
贷款	0.7198	0.7035	0.6968	0.6914	0.6864
资产	0.7408	0.7291	0.7223	0.7060	0.6882
净利润	0.7635	0.7381	0.7532	0.7390	0.7141
利息净收入	0.7588	0.7341	0.7255	0.7061	0.6869
利润总额	0.7593	0.7346	0.7461	0.7331	0.7075
利息收入	0.7449	0.7173	0.7040	0.0619	0.6566

资料来源：笔者根据相关资料整理。

以上的计算实际上是把 16 家银行相关指标的加总作为我国银行业相关指标加总的代理变量；显然，上述数据高估了中国银行业的市场集中度。为此，我们针对资产的市场集中度，选取中国银行业保险监督管理委员会公布的中国银行业总资产数据，以更准确地测度中国银行业市场集中度的绝对水平。测度结果如表 2-3 所示。

表 2-3 2007~2011 年中国银行资产的 CR4 变动

年份	2007	2008	2009	2010	2011
CR4	0.5054	0.5014	0.4957	0.4781	0.4525

由表 2-3 可以看出，2007~2011 年中国银行业的 CR 基本上在 45%~50%，属于较低集中寡占型。

3）赫芬达尔指数。赫芬达尔指数实质上是所有银行市场份额的平方和，其计算公式如下：

$$HHI = \sum_{i=1}^{n} \left(\frac{X_i}{T} \right)^2 \times 10000 \tag{2-11}$$

基于经验研究，赫芬达尔指数与市场结构的对应关系如表 2-4 所示。

表 2-4 赫芬达尔指数与市场结构的对应关系

HHI 值	市场结构
HHI ≥ 3000	极高寡占型
1800 ≤ HHI < 3000	高集中寡占型
1400 ≤ HHI < 1800	较低集中寡占型
1000 ≤ HHI < 1400	低集中寡占型
1000 ≤ HHI < 1000	竞争型
HHI < 500	完全竞争型

笔者利用 16 家上市银行的存款、贷款、资产、净利润、利息净收入、利润总额和利息收入的数据测度了 2007~2011 年中国银行业的赫芬达尔指数，结果如表 2-5 所示。

表 2-5 2007~2011 年中国银行业赫芬达尔指数变化

年份	2007	2008	2009	2010	2011
存款	1560	1450	1484	1464	1395
贷款	1425	1375	1344	1330	1315

年份	2007	2008	2009	2010	2011
资产	1505	1449	1419	1364	1313
净利润	1606	1576	1585	1513	1434
利息净收入	1551	1476	1444	1381	1323
利润总额	1551	1589	1574	1492	1412
利息收入	1500	1417	1410	1334	1228

赫芬达尔指数基本介于1200～1600之间，表明2007～2011年我国银行业属于偏低集中寡占型，其寡占性趋弱，竞争性趋强。利息收入赫芬达尔指数的下降趋势最为明显，反映了我国银行业在存贷款等传统业务上市场地位的下降。

综上所述，采用市场集中度和赫芬达尔指数两种方法对我国银行业结构的分析得出了基本一致的结论：我国商业银行业在2007～2011年属于偏低集中寡占型，且寡占特征不断弱化，竞争性日趋增强。所以，这一结论是对我国商业银行市场结构的准确反映。

（2）基于PR模型的竞争性测度。为了弥补结构法下对市场竞争性的测度存在的诸多不足，要将市场结构内在化的非结构法逐渐发展起来，其对竞争性的度量注重银行的竞争性行为，而不是简单地使用关于银行业市场结构的外在信息。这里选用PR模型来测度2006～2011年中国银行业的竞争性。之所以将研究时间的起点改为2006年，主要是为了后面分别使用两年的数据测度银行业的竞争性水平的动态变化特征。

1）PR模型构建。测度我国银行业竞争的PR模型构建如下：

$$\ln(TRA_{it}) = \beta_0 + h_1\ln PL_{it} + h_2\ln PF_{it} + h_3\ln PK_{it} + \beta_1\ln LQ_{it} + \beta_2\ln EQ_{it} + \varepsilon_{it}$$

$$(2-12)$$

式2-12中，$i = 1, 2, \cdots, 16$ 代表16家银行个体，$t = 2006, 2007, \cdots, 2011$ 代表研究的时期，TRA 代表银行的收入情况，采用总营业收入/总资产来计算；PL 代表人力成本，采用业务费用+管理费/总资产来计算；PF 代表资金成本，采用利息支出/存款总额来计算；PK 代表资本成本，采用非利息支出/总资产来计算，LQ 和 EQ 是代表银行规模和风险状况的两个控制变量，分别采用贷款总额/总资产和所有者权益/总资产来计算。

2）PR模型中的 H 统计量：

$$H = h_1 + h_2 + h_3$$

$$(2-13)$$

式2-13中，h 为回归系数，当 $H \leq 0$ 时，市场结构为完全垄断市场或短期寡头垄断市场；当 $0 < H < 1$ 时，市场结构为垄断竞争市场；当 $H = 1$ 时，市场结构为完全竞争市场。PR模型的假设前提是市场处于长期均衡，因此在模型估计前应先验证样本银行是否处在长期均衡市场上。根据有关经济学理论，若样本银行处在长期均

衡市场上，则其资产收益率（ROA）应等于市场风险回报率，而与投入要素的价格无关。因此，均衡检验的回归方程如下：

$$\ln(ROA_{it}) = \alpha_0 + \gamma_1 \ln PL_{it} + \gamma_2 \ln PF_{it} + \gamma_3 \ln PK_{it} + \alpha_1 \ln LQ_{it} + \alpha_2 \ln EQ_{it} + \varepsilon_{it}$$

$$(2\text{-}14)$$

回归后计算 $H' = \gamma_1 + \gamma_2 + \gamma_3$，并对原假设进行检验，若不能拒绝，则表明样本银行处在长期均衡市场上。

3）总体竞争性水平测度。

首先，进行均衡性检验，经豪斯曼检验，确定使用固定效应模型。原假设的检验 F 值为 1.87，大于临界值 0.1752。显然，不能拒绝原假设，样本银行处于长期均衡市场上，满足 PR 模型的前提假设。

其次，对研究期间我国银行业的总体竞争性进行分析。同样需要在混合普通最小二乘模型、固定效应模型、随机效应模型中做出合理选择。具体计算步骤如下：

第一步：检验固定效应显著性的 F 值为 2.57，大于临界值 0.0103，所以拒绝固定效应不显著的原假设。

第二步：检验随机效应显著性的卡方值为 5.21，大于临界值 0.0225，所以拒绝随机效应不显著的原假设。

第三步：豪斯曼检验的卡方值为 83.68，大于临界值 0，所以拒绝固定效应和随机效应系数不存在系统差异的原假设。最终确定使用固定效应模型回归，结果如表 2-6 所示。

表 2-6　我国银行业竞争的 PR 模型固定效应模型回归结果

变量	系数	标准差	t 统计量	P 值
LnPL	0.4915	0.1233	3.99	0.008
LnPF	0.1431	0.0527	2.72	0.048
LnPK	0.1615	0.0805	2.01	0.878
LnLQ	0.0240	0.1553	0.15	0.673
LnEQ1	0.1630	0.3853	0.42	0.828
截距项	-0.0922	0.4236	-0.22	
WALD（$H=0$）	F = 75.91			0.0000
WALD（$H=1$）	F = 4.98			0.0286

由表 2-6 可知，人力投入价格、资金投入价格和资本投入价格的系数均为正，且均在 5% 的显著性水平下显著。

在相当低的显著性水平下拒绝了完全垄断和完全竞争的假设，且 $H = 0.7961$，表明我国银行业处于垄断竞争状态，且偏向竞争，这与我们使用结构法测度的结果基本一致。

4）竞争性水平动态变化测度。为了分析我国银行业的市场竞争度对其绩效的影响，我们需要测度不同时期的 H 统计量，也就是分年度测算 H 统计量。一般经验认为，只有当 $n \geq 30$ 或至少 $n \geq 3(k+1)$ 时，才能满足计量模型估计的基本要求。为了克服小样本对估计结果的影响，我们对每一次回归都使用两年数据，这样便满足了统计检验有效性的要求。此时使用计量软件 Stata11.0 依次采用两个年度的数据对模型进行回归，测度的 H 统计量结果如表 2-7 所示。

表 2-7 中国银行业年度竞争性水平

年度	2006~2007	2007~2008	2008~2009	2009~2010	2010~2011
H 统计量	0.8802	0.6808	1.0546	0.8382	1.0268

H 统计量的测算结果在 2008~2009 年和 2010~2011 年均出现了大于 1 的情况，超过了前述设定的完全竞争度，但运用该方法测度我国银行业市场竞争度的动态变化仍是可行的。

图 2-6 直观地反映了 2006~2011 年我国银行业竞争性的动态变化特征。

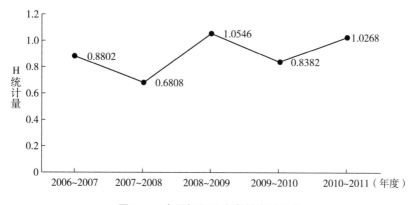

图 2-6 中国银行业竞争性变动趋势

综上所述，研究期间 H 统计量整体呈现出在波动中上升的趋势，表明我国银行业市场竞争度加剧的总体趋势。H 统计量在 2008~2009 年达到最高，我们认为这是金融危机的冲击作用造成的，金融危机的爆发在短期内加剧了我国商业银行间的竞争。

3. 研究结论

以上对中国银行业结构的测度结果表明：我国银行业的市场类型属于较低集中寡占型，且寡占性不断降低；大型国有银行布局的广泛性，导致存款在我国银行业的市场集中度最高；相比存款市场，股份制银行和城市商业银行在贷款市场上对大型国有银行的冲击更大。在研究期间，股份制银行和城市商业银行在存款市场所占份额上升趋势最为明显；在传统业务领域，股份制银行和城市商业银行展现了更加突出的盈利能力；而大型国有银行在该领域的市场地位下降十分明显，大型国有银行相对小的税负，加剧了我国银行业净利润的市场集中度。

二、SBM 模型的应用：中国经济效率分析

1. 中国经济发展的相关问题及研究背景

中国经济经过跨越式发展，实现了从"站起来"向"富起来"的阶段性转变；然而，多年来的粗放式经济增长方式导致很多问题一直被忽视，如自然资源浪费严重、经济效率不高、生态环境遭到破坏等。因此，中国经济建设面临大而不强和质量不高等问题，严重阻碍经济沿着健康轨道发展；只有通过不断提高供给体系的效率和质量，才能使经济稳步向前发展。学者们从时代背景、经济学定义、驱动转换、支撑要素和新发展理念等角度对如何实现经济高质量发展进行了阐述，不仅使经济高质量发展的内涵更为丰富，而且为实证研究奠定了坚实的理论基础。现有文献主要利用归纳推理法对经济高质量发展进行内涵界定、综合评价以及影响因素分析；通过梳理文献发现，关于经济高质量发展水平测度的问题，有学者建立多维指标评价方法，也有学者用全要素生产率来测度和评价经济发展质量。

2. 基于非期望产出的 SBM 模型对中国经济效率的测算

（1）SBM 模型介绍。本部分采用 Tone（2001）提出的 SBM 模型测算中国的经济效率，将经济效率作为评价经济高质量发展水平的指标。非期望产出的 SBM 模型在测算评价中应用比较广泛，克服了投入或产出同比例变化的问题。模型如下：

$$\text{s. t.} \begin{cases} \sum_{k=1}^{K} z_k^t y_{k,m}^t - s_m^y = y_{k,m}^t, & m = 1, \cdots, M \\ \sum_{k=1}^{K} z_k^t b_{k,i}^t + s_i^b = b_{k,m}^t, & i = 1, \cdots, I \\ \sum_{k=1}^{K} z_k^t y_{k,n}^t + s_n^x = x_{k,n}^t, & n = 1, \cdots, N \\ \sum_{k=1}^{K} z_k^t = 1, \ z_k^t > 0, \ s_m^y \geqslant 0, \ s_i^b \geqslant 0, \ s_n^x \geqslant 0, \ k = 1, \cdots, K \end{cases} \quad (2\text{-}15)$$

式 2-15 中，s_n^x 和 s_m^y 分别表示投入和产出；s_i^b 为非期望产出的松弛变量。

（2）指标选取与数据来源。

投入指标：物质资本（K）以永续盘存法为基础进行计算，人力资本（H）以各省份全社会年底从业人员数来衡量，能源投入（E）以各省份能源消费总量来衡量。

产出指标：选用地区生产总值作为期望产出指标，并以 2000 年为基期折算成实际值；考虑到环境因素的影响，以各省份二氧化硫排放量来表示非期望产出。

以上数据均来源于《中国统计年鉴》，以及各省份统计年鉴。

（3）结果分析。基于 2000~2019 年的中国省际面板数据，通过 SBM 模型测算

出考虑非期望产出的经济效率，结果如表 2-8 所示。从全国来看，2000~2011 年经济效率值达到 0.7 以上，且波动幅度不大，2011~2017 年呈下降态势，说明随着我国经济增速加快，能源消耗也相应增加，由于经济增长方式为粗放型，生态平衡遭到破坏，资源没有实现有效利用，因此经济效率并不高，呈直线下降态势。从东部、中部、西部三大地区来看，三大地区在整体上跟全国的走势基本一致，经济效率都从 2011 年开始呈直线下降态势。通过比较各地区经济效率后发现：东部地区经济最发达，其经济效率值也相对较高，这与优先发展东部沿海城市的战略紧密相关。中部地区次之。西部地区经济欠发达，经济效率值最低。由此可见，2008 年经济危机以后，国家实行的经济政策虽然刺激了经济的高速增长，但资源配置效率不高，经济增长的质量也不高。从 2018 年开始，全国和三大地区的经济效率开始呈上升态势，尤其是东部地区增长幅度较大，说明我国在转变经济发展方式上取得了一定成效。

表 2-8　2000~2019 年我国经济效率测算结果

年份	东部	中部	西部	全国
2000	0.8715	0.7957	0.6391	0.7079
2001	0.8649	0.7954	0.6354	0.7036
2002	0.8835	0.7603	0.6345	0.7002
2003	0.9015	0.7777	0.6358	0.7276
2004	0.9055	0.7737	0.6303	0.7289
2005	0.8891	0.7756	0.6324	0.7275
2006	0.8891	0.7756	0.6324	0.7275
2007	0.8893	0.7584	0.6192	0.7235
2008	0.8889	0.7557	0.6192	0.7219
2009	0.8856	0.7524	0.6180	0.7212
2010	0.8891	0.7560	0.6136	0.7303
2011	0.8547	0.7312	0.6018	0.7065
2012	0.8486	0.7241	0.5981	0.6970
2013	0.8472	0.6847	0.5874	0.6856
2014	0.8022	0.6679	0.5642	0.6687
2015	0.7980	0.6618	0.5562	0.6610
2016	0.8003	0.6543	0.5423	0.5420
2017	0.7273	0.6192	0.5210	0.6105
2018	0.7994	0.6356	0.5374	0.6537
2019	0.8324	0.6718	0.5427	0.6942

资料来源：笔者根据相关资料整理。

思考题

1. 简述产业结构的合理化及其判断标准。

2. 辨析市场集中度与产业集中度的区别和联系。

3. 企业改善市场绩效的市场行为主要有哪些，试举例说明企业能否通过某种市场行为达到期望中的市场绩效改善。

4. 简述新产业组织理论。

5. 试使用多种集中度指标计算某一产业的集中度。

 参考文献

［1］刘耀彬，姚成胜，白彩全. 产业经济学模型与案例分析［M］. 北京：中国书籍出版社，2016.

［2］苏东水. 产业经济学［M］. 北京：高等教育出版社，2015.

［3］杨欢进，刘华光. 产业经济学［M］. 石家庄：河北人民出版社，2005.

［4］唐晓华. 产业经济学导论［M］. 北京：经济管理出版社，2018.

［5］夏飞. 产业经济学［M］. 成都：西南财经大学出版社，2018.

［6］王俊豪. 产业经济学［M］. 北京：高等教育出版社，2016.

［7］李悦，李平. 产业经济学［M］. 大连：东北财经大学出版社，2002.

［8］吴建伟，楼永，张鑫. 产业经济学［M］. 北京：清华大学出版社，2016.

［9］Tone, K. A slacks-based measure of efficiency in data envelopment analysis ［J］. European Journal of Operational Research，2001，130（3）：498-509.

第三章

市场竞争模型与应用

本章提要

　　充分了解市场竞争的博弈是学习中级产业经济学的核心要点，本章从市场竞争的角度出发，阐述了市场竞争模型与应用：第一节介绍了市场竞争问题，包括古典竞争理论、均衡竞争理论、马克思的竞争理论和现代竞争理论；第二节介绍了静态竞争策略模型，包括古诺模型、伯特兰德模型；第三节介绍了动态竞争策略模型，包括斯塔克尔伯格模型、无限次重复古诺模型、张伯伦模型和米尔格罗姆—罗伯茨垄断限价模型；第四节介绍了古诺模型、伯特兰德模型、斯塔克尔伯格模型、无限次重复古诺模型和张伯伦模型的应用。

第一节　市场竞争问题

　　市场竞争是市场经济中企业从各自的利益出发，以增强自己的经济实力，排斥同类经济行为主体的相同行为的表现，通过市场竞争可以实现企业的优胜劣汰。市场竞争的方式多种多样，包括产品质量竞争、价格竞争、产品差异化竞争等，即通常所说的市场竞争策略。

　　竞争理论作为经济学的核心理论，经历了漫长而曲折的演变过程。古典竞争理论和均衡竞争理论都是从静态角度来分析市场竞争，因此可归类为古典竞争理论。克拉克实现了竞争理论由古典竞争理论向现代竞争理论的过渡，哈佛学派、芝加哥学派、新奥地利学派等现代竞争理论则是在动态环境下研究市场竞争。各项竞争理论主要内容如表 3-1 所示。

　　现代竞争理论的核心是认为竞争是一个动态变化的过程。研究的重点是现实市场竞争过程中的各种竞争要素的组合形式，以及在什么样的竞争形式下能够实现技术进步和创新。具体的现代竞争理论如表 3-2 所示。

表 3-1 各项竞争理论主要内容

竞争理论	主要观点	代表人物	理论特征	理论意义
古典竞争理论	"经济人假设""看不见的手"、自然秩序	亚当·斯密	以静态视角分析	竞争理论体系产生的起点
均衡竞争理论	市场均衡理论、价格理论	奈特、张伯伦、罗宾逊	以静态视角分析	
马克思的竞争理论	生产者之间的竞争，生产者与消费者之间的竞争	马克思	强调竞争在促进资源合理配置中起到关键作用	第一次揭示了竞争过程的动态性质
现代竞争理论	现实市场竞争过程中的各种竞争要素的组合形式，在什么样的竞争形式下能够实现技术进步和创新	熊彼特、克拉克、康岑巴赫、霍普曼等	以动态视角分析	抛弃了把完全竞争作为现实和理想的竞争模式的教条，不再把竞争看作静止的最终状态，而是看作动态变化的过程

表 3-2 具体的现代竞争理论

现代竞争理论	主要观点	代表人物	理论意义
创新理论与动态竞争理论	否定了传统的完全竞争理论，把资本主义经济和竞争看成动态演进的过程，而不是一个静止状态	熊彼特	不再把资本主义经济的变动看作是由外部环境条件决定的，也不将这种变动视为外生的既定参数，而是把它看作由竞争本身引发的内生变量
有效竞争理论	有效竞争是由"突起行动""追踪反应"构成的无止境的动态过程的竞争，其前提是竞争因素的不完全性，其结果是实现了技术进步与创新	克拉克	用动态的观点系统分析了竞争的过程，是现代竞争理论的真正开端
最佳竞争强度理论	最佳竞争强度应使潜在竞争强度和有效竞争强度同时达到最大，所在的市场结构区间位于宽松寡头市场，并且有适度产品差异和有限的市场透明度	康岑巴赫	在克拉克的有效竞争理论基础上提出，对原联邦德国竞争政策的制定与调整产生了重要影响
霍普曼的竞争自由理论	竞争的前提是形成自由的竞争和保持自由的竞争	霍普曼	在吸收古典自由竞争理论和哈耶克新自由主义的思想基础上提出，认为形成和保持竞争以竞争自由为前提条件

现代竞争理论	主要观点	代表人物	理论意义
哈佛学派的竞争理论	为了保持有效竞争，获得令人满意的市场成果，政府必须采取包括阻止卡特尔和协调行为方式、拆散市场中占统治地位的企业、控制合并、国家直接干预等各项政策，对市场结构和市场行为进行干预	梅森、贝恩、谢勒	从经验研究出发，具体分析了市场结构、市场行为和市场结果之间的关系，进一步发展了克拉克提出的有效竞争理论
芝加哥学派的竞争理论	竞争的唯一目标是保证消费者福利最大化，任务是保持能够保证消费者福利最大化，特别是国民经济资源最佳配置的市场机制的作用，强调反托拉斯法是保护竞争，而不是单纯地保护竞争者，应该允许竞争者之间的兼并	施蒂格勒、博克、德姆塞茨	理论基础是经济自由主义思想和社会达尔文主义，对20世纪80年代以来的美国竞争政策的转变起了很大的作用
新奥地利学派的竞争理论	以哈耶克的自由主义经济思想为基础，对市场的调整功能给予很高的评价；而对政府的介入抱有极强的不信任感，强调竞争是信息不完全条件下的知识的发现过程	米塞斯、哈耶克	全面否定了哈佛学派的结构主义政策，认为最有效促进竞争的方法是废除那些规制、政策和不必要的行政垄断
可竞争市场理论	以多元产品厂商为分析对象，所谓"可竞争市场"是指一个具有进出绝对自由且进出成本绝对小的市场；强调国家竞争政策的主要任务是最大可能地消除市场限制，以保证市场的可竞争性和多元产品厂商的收益稳定	鲍莫尔、帕恩查、韦利格	对欧美发达国家在20世纪80年代的规制政策思路转变及调整产生了重大影响
公司组织理论	以国民经济中占主导地位的现代大公司企业为分析对象，从企业内部组织结构上阐明有关市场竞争行为的特征及制约因素		

第二节　静态竞争策略模型

目前，关于市场竞争的分析方法主要是博弈论，即通过构建博弈模型对市场的竞合情况进行分析，比较具有代表性的有产量决策模型和价格领导模型等。由于在现实经济生活中，许多产业市场是寡头垄断市场，在该市场中，企业不再面对被动的环境；因此，我们就要将各种决策者之间的战略性相互作用纳入模型，运用非合作博弈进行分析。考虑到现实中不同的寡头垄断市场特性差别较大，受时间影响有不同反应，有的是短期市场，而有的市场则长期存在，竞争者之间除了要考虑当前的得益以外，还要考虑到未来的长远利益。因此，本部分考虑到这种差异，将博弈模型划分为静态博弈和动态博弈。

静态博弈，就是指在一种一次性的博弈中，一旦每个参与者的策略选定，整个博弈的均衡结局也就确定了，每个参与者不可能再对博弈的过程和结果产生影响；然而在现实经济生活中，更为常见的是动态博弈，即各个厂商依次采取行动，后行动者能够观察到先行动者所采取的策略，并且该博弈有可能会无限次地重复进行，但这并不一定意味着后行动者就一定能获得更大的收益。

一、古诺模型

古诺模型又称古诺双寡头模型或双寡头模型，是一个只有两个寡头厂商的简单模型。它是由法国经济学家古诺于 1838 年提出的，是早期的寡头模型。

古诺模型阐述了相互竞争而没有相互协调的厂商的产量决策如何相互作用，从而产生一个位于竞争均衡和垄断均衡之间的结果，是纳什均衡应用的最早版本，该模型通常被认为是寡头理论分析的出发点。

1. 模型假设

第一，双寡头垄断企业，两者不存在勾结，生产相同质量的产品，且双方对需求状况了如指掌，两者进行产量竞争；

第二，边际成本不变；

第三，两家企业同时决策，没有决策和行动的先后差别，两家企业先各自决定生产量，然后根据两家企业的需求（等于产出）制定各自的价格，以实现利润最大化；

第四，市场需求为线性需求曲线，即 $P = a - b \times Q = a - b \times (q_1 + q_2)$ 或 $P = P(q_1 + q_2)$；

第五，q_i：第 i 个企业的产量；

第六，C_i：成本函数；

第七，$P = P(q_1 + q_2)$：价格是两个企业产量的函数；

第八，第 i 个企业的利润函数为 $\pi_i(q_1, q_2) = q_i P(q_1 + q_2) - C_i(q_i)$，$i = 1, 2$。

2. 标准形式

第一，A、B 两个厂商销售相同的产品，它们的生产成本为零；

第二，两个厂商共同面临的市场的需求曲线是线性的，A、B 两个厂商都准确地了解市场的需求曲线；

第三，A、B 两个厂商都是在已知对方产量的情况下，各自确定能够给自己带来最大利润的产量，即每个厂商都是消极地以自己的产量去适应对方已确定的产量。

如图 3-1 所示，D 曲线为两个厂商共同面临的线性的市场需求曲线。由于生产成本为零，故图中无成本曲线。在第一轮决策中，A 厂商首先进入市场。假定 A 厂商是唯一的生产者，A 厂商面临 D 市场需求曲线，为使利润最大，将产量定为市场容量的 $\frac{1}{2}$，即产量 $OQ_1 = \frac{1}{2}O\overline{Q}$。

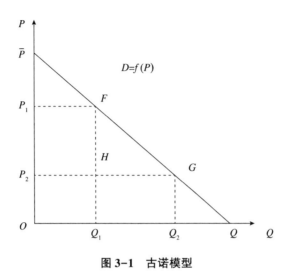

图 3-1　古诺模型

（在 Q_1 点实现 MR＝MC＝0，因为此时厂商的边际收益曲线是 $\overline{P}Q_1$），价格为 P_1，A 厂商利润量相当于图中矩形 OP_1FQ_1 的面积（由于假定生产成本为零，厂商的收益就等于利润）。当 B 厂商进入该行业时，B 厂商准确地知道 A 厂商留给自己的市场容量为 $Q_1\overline{Q} = \frac{1}{2}O\overline{Q}$；为追求利润最大化，B 厂商也将生产市场容量的 $\frac{1}{2}$，即产量为 $Q_1Q_2 = \frac{1}{2} \times \frac{1}{2}Q_1\overline{Q} = \frac{1}{4}OQ$（在 Q_2 点实现 MR＝MC＝0）。此时，市场价格下降为 P_2，B 厂商获得的利润相当于图中矩形 Q_1HGQ_2 的面积。而 A 厂商的利润因价格的下降而减少至矩形 OP_2HQ_1 的面积。

在第二轮决策中，B 厂商进入该行业后，A 厂商发现 B 厂商留给它的市场容量为 $\frac{3}{4}OQ$。为了实现利润最大化，A 厂商将产量定为自己所面临的市场容量的 $\frac{1}{2}$，即产量为 $\frac{3}{8}OQ$，与第一轮决策相比，A 厂商的产量减少了 $\frac{1}{8}OQ$。A 厂商调整产量后，B 厂商的市场容量扩大为 $\frac{5}{8}OQ$，于是，B 厂商将生产自己所面对的市场容量的 $\frac{1}{2}$ 的产量，即产量为 $\frac{5}{16}OQ$。与第一轮决策相比，B 厂商的产量增加了 $\frac{1}{16}OQ$。

很显然，在每一轮决策中，每个厂商都消极地以自己的产量去适应对方已经确定的产量，并据此来实现自己的最大利润。可以发现，在这样反复的过程中，A、B 两个厂商每次调整都是将产量定为对方产量确定后剩下的市场容量的 $\frac{1}{2}$，A 厂商的产量会逐渐减少，B 厂商的产量会逐渐增加。最后，根据无穷等比级数求和公式可知：

A 厂商的均衡产量：$A = O\overline{Q}\left(\dfrac{1}{2} - \dfrac{1}{8} - \dfrac{1}{32} - \cdots\right) = O\overline{Q}\left(1 - \dfrac{\frac{1}{2}}{1 - \frac{1}{2^2}}\right) = \dfrac{1}{3}O\overline{Q}$ 　　　(3-1)

B 厂商的均衡产量：$B = O\overline{Q}\left(\dfrac{1}{4} + \dfrac{1}{16} + \dfrac{1}{64} + \cdots\right) = O\overline{Q}\left(\dfrac{\frac{1}{2^2}}{1 - \frac{1}{2^2}}\right) = \dfrac{1}{3}O\overline{Q}$ 　　　(3-2)

行业的均衡总产量为：$\dfrac{1}{3}OQ + \dfrac{1}{3}OQ = \dfrac{2}{3}OQ$

古诺模型的以上结论可以推广。在以上假设条件下，令寡头厂商的数量为 m，则可以得到一般的结论如下：

每个厂商的产量 = 市场总容量 $\times \dfrac{1}{m+1}$ 　　　(3-3)

行业的均衡总产量 = 市场总容量 $\times \dfrac{m}{m+1}$ 　　　(3-4)

古诺模型也可以用建立寡头垄断厂商的反应函数的方法来说明。寡头垄断厂商根据对手的价格来决定自己的最优产量，自己的最优产量与对手产量的关系称为反应函数：$Q_1 \cdot (Q_2)$。

企业 1 预测企业 2 的产量为 Q_2，其对价格的估计是 $P_1(Q_1 + Q_2)$，每当企业 1 给出自己的产量，就会相应地决定产品的市场价格，进而确定自己的市场需求，也就是从总需求中减去对手的产量 $Q_1 = D(P_1) - Q_2$，称为剩余需求，它由企业 1 对 Q_2 的估计决定。根据剩余需求确定边际收益曲线 $R_1(Q_2) = \dfrac{\mathrm{d}(Q_1 \cdot P(Q_1))}{\mathrm{d}Q_1}$，按企业利润最大化要求，令 $R_1(Q_2) = C$（边际成本不变），由此确定的企业 1 的最优产量为 Q_1，它依赖于对企业 2 行动的预测，即 $Q_1 \cdot (Q_2)$，如图 3-2 所示。

具体地，需求函数 $P = a - bQ = a - b(Q_1 + Q_2)$，成本函数 $C(Q_1) = c$，企业 1 的利润 $L_1 = PQ_1 - C(Q_1) = [a - b(Q_1 + Q_2)] - Q_1 - cQ_1$，按最大利润化要求，对 Q_1 求导并令其为零，即 $\dfrac{\mathrm{d}L_1}{\mathrm{d}Q_1} = a - 2bQ_1 - bQ_2 - c = 0$，企业 1 的最优产量为 $Q_1^* = \dfrac{\frac{a-c}{2b} - Q_2}{2}$，即企业 1 的反应函数。同理可以推导出企业 2 的反应函数 $Q_2^* = \dfrac{\frac{a-c}{2b} - Q_1}{2}$。

如果企业 2 的产量很小（近似为零），市场需求全部为企业 1 所得，企业 1 可以按自己的全部垄断市场来决定产量，其最优产量是垄断产量 Q^M，此时企业 1 的利润为 $L = (a - bQ_1)Q_1 - cQ_1$，垄断产量为 $Q^M = \dfrac{a-c}{2b}$。

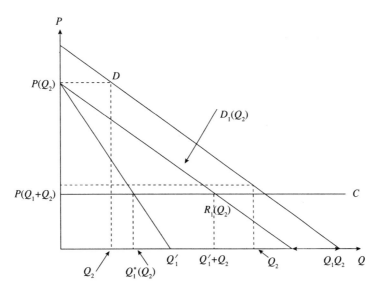

图 3-2　企业 1 的最优战略

如果企业 2 产量为完全竞争下的产量，即以边际成本来确定价格，则有 $Q_2 = Q^c$（由价格函数 $q_c = \dfrac{a - c}{b}$ 代表完全竞争下的产量），企业 1 将会被完全挤出市场，即剩余需求移动截距为边际成本处，企业 1 的最优产量只能为零，即 $Q_1(Q^c) = 0$。以上两种极端情况如图 3-3 所示。

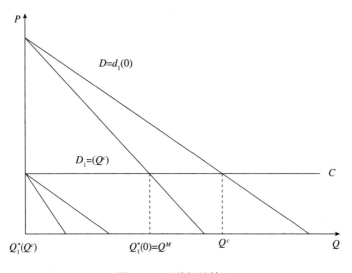

图 3-3　两种极端情况

企业 1 的产量选择：企业 1 最大产量应是在企业 2 做出决策以后在垄断产量与零产量之间进行选择。

企业 1 的最优产量取决于对企业 2 产量决策的预测，当企业 2 以完全竞争的价格获得市场时，企业 1 只能使自己的产量为零，当企业 2 的产量为零时，企业 1 可以根据自己最大利润目标确定自己的最大产量为 P^M，企业 1 的产量对企业 2 的产量反应介于 $0 \sim P^M$ 之间，由斜线来表示，如图 3-4 所示。

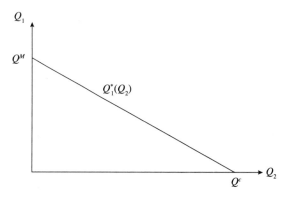

图 3-4　企业 1 的反应函数

3. 模型的应用：比较静态分析

比较静态分析是指把连续的市场变化分成若干种典型的状态，如两个均衡状态；与其所发生的外生条件进行对比，预测均衡结果的变化。

问题：

（1）投入成本变化会引起均衡结果如何变化？

（2）汇率变化会引起市场份额如何改变？

（3）技术变化会引起利润如何变化？

具体分析：

（1）投入成本变化会引起均衡结果如何变化？

例子：假设在美国航空市场上只有两家公司经营伦敦到纽约的航线，这两家公司都需要在预测对方公司要搭载多少乘客的基础上，确定自身搭载的乘客数量。其中，燃料成本占航空公司总成本的 50%。如果燃料成本上涨了 80%，伦敦到纽约的机票价格将如何变化？

边际成本变化：$\Delta MC = 50\% \times 80\% = 40\%$

在古诺模型中，每个企业反应函数都依赖边际成本，即 $L = TR(Q_1 + Q_2) - TC(Q_1)$，求导 $\dfrac{dL}{dQ_1} = 0$。

$MR(Q_1 + Q_2) = MC(Q_1)$，此时边际成本增加相当于 c 增加，由反应函数图形可知，曲线 $Q_1 = \dfrac{a-c}{2b} - \dfrac{Q_2}{2Q_1}$ 和 $Q_1 = \dfrac{a-c}{2b} - \dfrac{Q_1}{2}$ 下移。

含义：边际成本的增加使在同样的竞争对手产量下的本企业产量减少。

新的均衡产量 $Q_1 = Q_2 = \dfrac{a-c}{3b}$。

将均衡产量代入价格，有：$P = a - bQ = a - b(Q_1 + Q_2) = a - b\left[\dfrac{2(a-c)}{3b}\right]$。

观察成本变化对价格的影响：用价格对成本求导，分析成本变化对价格的影响，结果为 $\dfrac{\mathrm{d}p}{\mathrm{d}c} = \dfrac{2}{3}$，或写成 $\Delta P = \dfrac{2}{3}\Delta MC$，即成本上升 40%，价格随之上升 $\dfrac{2}{3} \times$ 40% = 26.6%。

（2）汇率变化会引起市场份额如何改变？

例子：日本与美国的两家芯片制造商，生产成本用本国货币计算，销售与结算均用美元计算。现在日元贬值 50%，市场份额如何变化？

设最初两家企业边际成本为 c，因此日元贬值后的边际成本为 c/e，货币贬值使汇率上升，导致边际成本变小，其反应函数将上移，如图 3-5 所示。

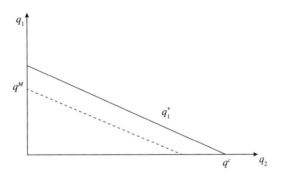

图 3-5　日本企业反应曲线的移动

美国的反应函数不变，新的均衡点将向日本倾斜，日本企业的产量大于美国企业的产量。

数学分析：如果两家企业的边际成本分别为 c_1 和 c_2，则反应函数为：$q_1^*(q_2) = \dfrac{a - c_1}{2b} - \dfrac{q_2}{2}$ 和 $q_2^*(q_1) = \dfrac{a - c_2}{2b} - \dfrac{q_1}{2}$。同时达到最优，即 $q_1^* = \dfrac{a - 2c_1 + c_2}{3b}$ 和 $q_2^* = \dfrac{a - 2c_2 + c_1}{3b}$。

据此计算市场份额：

$$S_1 = \frac{q_1}{q_1 + q_2} = \frac{a - 2c_1 + c_2}{2a - c_1 - c_2} \tag{3-5}$$

最初，边际成本相等，$c_1 = c_2$；汇率变化后，边际成本变成 $c_1 = \dfrac{c_2}{e}$。不对称的成本变化会引起均衡点向一侧倾斜，如图 3-6 所示。

校准与贬值评估：先推算有关参数，这一过程称为校准。

能够掌握的市场参数：售价、边际成本和汇率。

美元贬值前，售价 $P = 13.33$，边际成本 $MC = 10$，由 $P = \dfrac{a + 2c}{3}$，解出 $a = 20$，$c_1 = c_2 = 10$；美元贬值后，$c_1 = \dfrac{10}{1.5} = 6.66$，根据份额公式 $S_1 = 71\%$，即市场份额会分别从 50% 上升到 71%。这就是贬值的好处。

.

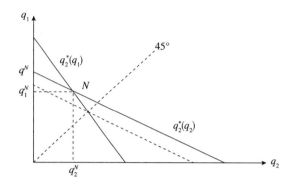

图 3-6 汇率下降后的古诺均衡

（3）技术变化会引起利润如何变化？

例子：生产化学品的两家企业，企业 1 使用旧技术，边际成本为 15 元；企业 2 使用新技术，边际成本为 10 元。目前市场的均衡价格为 16 元，需求量为 8.33。企业 1 面临着企业 2 的竞争压力。请问：企业 1 愿意为新技术支付多少费用？

企业 1 如果愿意支付新技术的费用，它一定能够从技术进步中用利润弥补投入。现在两家企业成本不同，即成本不对称，一般地：

总产量 $Q = q_1^* + q_2^* = \dfrac{a - 2c_1 + c_2}{3b} + \dfrac{a - 2c_2 + c_1}{3b} = \dfrac{2a - 2c_1 - c_2}{3b}$；

代入需求函数 $P = a - b \cdot Q = \dfrac{a + c_1 + c_2}{3}$；

利润：$L = pq_1 - c_1 q_1 = \dfrac{(a + c_2 - 2c_1)^2}{9b}$；

校准：由 $a = 3P - c_1 - c_2$ 和 $b = \dfrac{2a - c_1 - c_2}{3Q}$；

将数据代入，$P = 16.66$，$c_1 = 15$ 和 $c_2 = 10$，有 $a = 25$，$b = 1$；

将技术进步后的数据 $c_1 = c_2 = 10$ 代入；

前后的利润差为 $L_1 - L_2 = 25 - 2.77 = 22.23$。

也就是说，如果技术购买成本低于 22.23 万元，企业 1 可以有利润，会购买这一技术，否则不会采用新技术。

二、伯特兰德模型

1. 模型简介

伯特兰德模型是 1883 年由法国经济学家约瑟夫·伯特兰德建立的，是一种价格竞争模型，在实际的经济活动中也十分常见，其描述了生产同质化产品的寡头垄断厂商作为决策变量的竞争方式。

古诺模型把产量作为企业决策的变量，是一种产量竞争模型，从而无法明白地解释价格决定机制（事实上这个问题在完全竞争模型中也存在）；而在企业的实际竞争过程中，定价是企业决策更基本的战略，每个企业所面临的消费者需求往往取决于其定价；特别是当市场上企业的数量较少时，企业在定价策略上的差异对企业产品需求量的影响更为明显。因此，伯特兰德模型对研究寡头垄断企业的价格竞争行为的特征及其影响具有重要作用。

2. 问题提出

假定市场上只有 A、B 两家厂商，生产两种同质的产品，双方同时定价，边际成本分别为 $c_A = c_B = c$，c 为单位成本，且假设不存在固定成本，市场需求函数为线性函数。为了避免所谓的"伯特兰德悖论"[①]，这里我们考虑的 A、B 两家厂商生产的产品是有一定差别的产品，即消费者能够感受到产品的微小差别，且消费者具有一定的特殊偏好，不会将两种产品当作完全替代品，从而不会在两种产品的价格稍有差异时便会造成价格稍高的产品完全销售不出去；除此以外，假定两种产品大致是可替代的，比如两种产品是在品牌、质量、包装等方面有所不同的同类产品，标价分别为 p_A 和 p_B，其需求曲线分别为：

$$q_A = q_B(p_A,\ p_B) = \alpha_1 + \beta_1 p_A + \gamma_1 p_B \tag{3-6}$$

$$q_B = q_B(p_B,\ p_A) = \alpha_2 + \beta_2 p_A + \gamma_2 p_B \tag{3-7}$$

其中，γ_1 和 γ_2 是正数，代表两家厂商产品之间的可替代程度。

3. 模型假设

（1）各寡头厂商通过选择价格进行竞争；

（2）各寡头厂商生产的产品是同质的；

（3）寡头厂商之间没有正式或者非正式的串谋行为。

4. 模型求解

在这个博弈中，博弈双方的得益依旧是出售商品所得到的利润，根据定义有：

$$\mu_A = q_A(P_A - c_A) \tag{3-8}$$

$$\mu_B = q_B(P_B - c_B) \tag{3-9}$$

将式 3-6、式 3-7 代入式 3-8、式 3-9，可得：

$$\mu_A = q_A(P_A - c_A) = (\alpha_1 + \beta_1 p_A + \gamma_1 p_B)(P_A - c_A) \tag{3-10}$$

$$\mu_B = q_B(P_B - c_B) = (\alpha_2 + \beta_2 p_A + \gamma_2 p_B)(P_B - c_B) \tag{3-11}$$

分别求得两家厂商反应函数为：

$$p_A^* = -\frac{1}{2\beta_1}(\alpha_1 + \beta_1 c + \gamma_1 p_B) \tag{3-12}$$

$$p_B^* = -\frac{1}{2\beta_2}(\alpha_2 + \beta_2 c + \gamma_2 p_B) \tag{3-13}$$

为了能够更好地展示两家厂商之间的策略依存关系，在同一个坐标轴内联立上述两个反应函数，可得：

---

① 让·梯若尔. 产业组织理论 [M]. 北京：中国人民大学出版社，2018.

$$
\begin{cases}
p_A = -\dfrac{1}{2\beta_1}(\alpha_1 + \beta_1 c + \gamma_1 p_B) \\[3mm]
p_B = -\dfrac{1}{2\beta_2}(\alpha_2 + \beta_2 c + \gamma_2 p_B)
\end{cases}
\tag{3-14}
$$

可求得：

$$
p_A^* = \frac{\gamma_1(\alpha_2 + \beta_2 c) - 2\beta_2(\alpha_1 - \beta_1 c)}{4\beta_1\beta_2 - \gamma_1\gamma_2}
\tag{3-15}
$$

$$
p_B^* = \frac{\gamma_1(\alpha_1 + \beta_1 c) - 2\beta_1(\alpha_2 - \beta_2 c)}{4\beta_1\beta_2 - \gamma_1\gamma_2}
\tag{3-16}
$$

这样我们就得到了伯特兰德博弈的唯一纳什均衡解（p_A^*，p_B^*），将（p_A^*，p_B^*）代入两家企业的收益函数即可得到两家企业的均衡收益。

我们对此深入分析可知，价格较低的垄断厂商将得到整个市场，价格高的则会失去市场；所以，垄断厂商之间会不停地打价格战，直到达到双方的边际成本为止。

可以看出，伯特兰德模型的价格决策与古诺模型中的产量决策一样，其纳什均衡均不如各博弈方通过协商、合作所达到的最佳结果，不过这种合作同样是不能自动实施的，这也是囚徒困境的一种。

第三节 动态竞争策略模型

上一节我们讨论了寡头垄断市场上静态竞争策略的几个典型模型。在静态竞争的情况下，寡头们同时作出决策并且互相不知道对方的选择；实际上，更多情况是参与竞争者的行动是有先后的，且后行动者一般都能在自身行动之前或多或少地观察到竞争对手在此之前的行动信息，并以此为依据来修正自己的决策，所以这种竞争情况的模型与前一节静态竞争模型的结构是不同的，必须用动态博弈的模型来描述。在动态博弈中，各博弈方在关于博弈进程方面的信息是不对称的，后行动者有更多的信息来帮助自己作出选择。参与动态博弈的各竞争方既可以是具有完全信息的，也可以是不具有完全信息的。

一、斯塔克尔伯格模型

1. 模型简介

斯塔克尔伯格模型是由德国经济学家斯塔克尔伯格提出的，该模型提出了"领导者""追随者"的分析范式，反映了企业之间不对称的竞争。它是一个产量领导模型，厂商之间存在着行动次序的区别，产量的决定依据以下次序：领导者厂商决定一个产量，追随者厂商能够看到这个产量，并根据领导者厂商的产量来决定自己的产量。值得注意的是，领导者厂商在决定自己的产量的时候，能充分了解追随者厂商会怎么行动；这意味着领导者厂商可以知道跟随者厂商的反应函数，即领导者厂商肯定会预测到自己决定的产量对追随者厂商的影响。正是因为考虑到这一情况，领导者厂商所决定的产量是一个以追随者厂商的反应函数为约束的，例如利润最大化产量。在斯塔克尔伯格模型中，领导者厂商的决策不再需要自己的反应函数。

2. 问题提出

在双寡头垄断产业市场上，有两个垄断厂商 A、B，其中厂商 A 是领导者企业，首先决定产量决策 $q_A(q_A \geq 0)$；厂商 B 是追随者，在看到厂商 A 的产量之后选择自己的产量 $q_B(q_B \geq 0)$，市场均衡价格为 P，市场总产量 $Q = q_A + q_B$。

3. 模型假设

（1）A、B 两个厂商没有固定成本，变动成本 $c_A = c_B = 1$。

（2）厂商面临的市场的需求曲线是线性的，且厂商均准确地了解市场需求曲线，反需求函数存在以下线性关系：$P = P(Q) = A - Q(A > 0)$。

（3）在一个寡头行业中有两个厂商，它们生产相同的产品，厂商 A 处于支配地位，知道厂商 B 一定会对其产量做出反应，因此厂商 A 在确定产量的时候，也会考虑追随者厂商的反应，即厂商 B 明确知道厂商 A 的产量之后再作出自己的产量决策。

4. 模型求解

根据上述假设，可求得 A、B 厂商的收益函数为：

$$\mu_A = q_A P(Q) - c_A q_A = q_A(a - q_A - q_B) - q_A = -q_A^2 - (1 + q_B - a)q_A \tag{3-17}$$

$$\mu_B = q_B P(Q) - c_B q_B = q_B(a - q_B - q_A) - q_B = -q_B^2 - (1 + q_A - a)q_B \tag{3-18}$$

在厂商 A 首先决定了自身产量的情况下，对厂商 B 而言就是一个确定满足自身利益最大化的个体决策问题，可以通过求解目标函数的极大值找出其极大值点，因而确定了用领导者产量所表示的追随者的最优产量 $q_A^* = f(q_A)$；进而回到第一阶段，此时厂商 A 已经知道厂商 B 即将作出的产量决策是自身产量的一个函数，因此也是确定的，厂商 A 此时面临的也是一个确定使自身利益最大化的产量的个体决策问题。

此时分析厂商 B 的选择：

给定领导者的产量 q_A，厂商 B 的问题就是解得使自身利益最大化的产量值，即：

$$\max_{q_B \geq 0} \mu_B = q_B P(Q) - c_B q_B = q_B(a - q_B - q_A) - q_B = -q_B^2 - (1 + q_A - a)q_B \tag{3-19}$$

令其偏导数为 0，$\dfrac{\mathrm{d}\mu_B}{\mathrm{d}q_B} = -2q_B - (1 + q_A - a) = 0$

解得：

$$q_B = \frac{a - 1 - q_A}{2} \tag{3-20}$$

式 3-20 是厂商 B 针对厂商 A 产量的反应函数，从中能够发现厂商 B 的反应函数与其在古诺模型中的反应函数是一样的，而在这次博弈中厂商 A 是领导者，率先采取产量行动，所以不存在相对于厂商 B 而言的反应函数，现在回到第一阶段博弈方 A 的选择。

由上述分析可知，博弈方 B 在第二阶段产量必定为 $q_B = \dfrac{a-1-q_A}{2}$，因此，对博弈方 A 而言，其面临的问题就是求解最大值的问题：

$$\max_{q_A \geqslant 0} \mu_A = q_A P(Q) - c_A q_A = q_A(a - q_B - q_A) - q_A \tag{3-21}$$

将式 3-20 代入式 3-21，解得：

$$\max_{q_A \geqslant 0} \mu_A = q_A\left(a - \frac{a-1-q_A}{2} - q_A\right) - q_A = q_A \frac{a-1-q_A}{2} \tag{3-22}$$

令其一阶导数为 0，解得：

$$\frac{d\mu_B}{dq_B} = -\frac{1}{2} + \frac{a-1-q_A}{2} = 0$$

$$q_A = \frac{a-1}{2} \tag{3-23}$$

将式 3-23 代入式 3-20 可得厂商 B 的最优产量为 $q_B = \dfrac{a-1}{4}$，即为厂商 A 产量的一半，将 q_A 和 q_B 分别代入其收益函数，可得 $\mu_A = \dfrac{(a-1)^2}{8}$ 和 $\mu_B = \dfrac{(a-1)^2}{16}$，可见追随者的收益也为领导者的一半，此时，市场总产量为 $Q = \dfrac{3(a-1)}{4}$，市场价格为 $P = \dfrac{a+3}{4}$。

因此，这次博弈最终的子博弈完美纳什均衡解为：领导者 A 厂商首先生产 $\dfrac{a-1}{2}$ 单位产量，追随者 B 厂商随后生产 $\dfrac{a-1}{4}$ 单位产量，市场均衡时价格为 $\dfrac{a+3}{4}$，各自得益分别为 $\mu_A = \dfrac{(a-1)^2}{8}$ 和 $\mu_B = \dfrac{(a-1)^2}{16}$。

该模型说明了在博弈中，拥有信息优势的一方反而可能处于竞争劣势（前提是竞争对手知道其拥有该信息，而其也知道竞争对手是知道其拥有该信息的，即双方是完全理性的），而这在单人决策中是不可能的。这里厂商 B 之所以处于劣势，是由于它在决策前就已经知道了厂商 A 的产量；或者厂商 A 有意让厂商 B 知道或相信其产量的真实性，那么厂商 B 就只能回到古诺竞争了，此时厂商 A 的先动优势就不复存在。所以，我们从这里看到，在这种动态竞争中，企业发布能让人置信的有效信息是十分关键的。在斯塔尔克伯格模型中可以认为每一个企业都希望做领导者，至于哪一个企业能成为领导者，大概地依赖于历史因素，例如哪一个企业先进入市场。

二、无限次重复古诺模型[①②]

1. 模型简介

在实际中，寡头垄断市场往往是一种相当稳定、维持时间很长的市场类型。因此，寡头们年复一年地进行着有关产量、价格等相同的竞争，这种竞争不会在可预测的时期内结束；而且每次竞争似乎都十分相似，可以预计这样的长期竞争的最终结果与一次性竞争是不同的，这种竞争的格局需要用"重复博弈"来描述。

重复博弈指基本博弈重复进行构成的博弈过程。基本博弈也称原博弈，基本博弈一直重复的重复博弈称为无限次重复博弈。重复博弈需要结合静态博弈和动态博弈的分析方法，其路径是由每个阶段博弈方的行为组合串联而成的。重复博弈中博弈方的行为、策略选择必须考虑重复博弈过程得益的总体情况；重复博弈中，某博弈方的得益始终是常数，则该常数即平均得益。

2. 问题提出

我们来分析在无限次重复古诺模型下会出现什么新的情况，采用之前讨论过的古诺模型做原博弈。

3. 模型假设

（1）市场总产量 $Q = q_1 + q_2$，其中，q_1，q_2 分别是原模型中两家博弈企业，即企业 1 和企业 2 的产量；

（2）反需求函数为 $P(Q) = 8 - Q$（$Q < 8$，若 $Q \geq 8$，则 $P = 0$），两家企业无固定成本，边际成本都为 2，即 $C_1 = C_2 = 2$。

根据前一节所学的古诺模型求解方式和本部分假设可得，原模型的唯一纳什均衡策略组合为（2，2），即两家企业的产量都为 2，我们称为"古诺产量"，用 q_c 来表示。据此可得纳什均衡的总产量为 4，大于垄断产量 $q_m = 3$，因此如果两家企业都改为生产垄断产量的一半 1.5，则双方的收益都会增加；但从上节知识可知，（1.5，1.5）并不是纳什均衡，我们尝试能否在无限次重复古诺模型中实现。

4. 模型求解

我们考虑双方采用以下触发策略：第一，两家企业在第一阶段生产 1.5；第二，两家企业一直生产 1.5，直到有一方不生产 1.5，则以后两家企业一直生产古诺产量 2。用 δ 表示贴现率。给定企业 1 已采用触发策略，如果企业 2 也采用该触发策略，则每期得益为 4.5，无限次重复博弈的总得益限制为：

$$4.5(1 + \delta + \delta^2 + \cdots + \delta^n) = \frac{4.5}{1 - \delta} \tag{3-24}$$

式 3-24 中，如果企业 2 在某一期偏离上述触发策略，则其在背叛的第一阶段所选产量就是给定企业 1 产量为 1.5 的情况下，最大化自己利润的产量，即满足：

---

① 龙丽. 博弈论在企业竞争中的应用研究 [D]. 厦门大学硕士学位论文，2001.

② 王刚. 动态竞争的博弈分析 [D]. 沈阳工业大学，2007.

$$\max_{q_2} [(8 - 1.5 - q_2)q_2 - 2q^2] = \max_{q_2}(4.5 - q_2)q_2 \tag{3-25}$$

解式 3-25 得 $q_2 = 2.25$。此时其利润为 2.25^2，即 5.0625，高于不背叛的第一阶段所得 4.5；但是这也导致企业 1 从第二阶段开始的永久性生产古诺产量 $q_c = 2$，这样企业 2 也被迫选择古诺产量 q_c，其收益为 4。因此，第一阶段背叛的无限次重复古诺模型的总得益现值为：

$$5.0625 + 4(\delta + \delta^2 + \cdots + \delta^n) = \frac{5.0625 + 4\delta}{1 - \delta} \tag{3-26}$$

因此，只要当 $\frac{4.5}{1-\delta} \geqslant \frac{5.0625 + 4\delta}{1-\delta}$，$\delta \geqslant \frac{9}{17}$ 时，上述触发策略是企业 2 对企业 1 采用触发策略的最佳反应。实际上，在上述情况下，该博弈已经可以认为等于在两种产量 $\frac{q_m}{2} = 1.5$ 和 $q_c = 2$ 之间进行无限次重复博弈的囚徒困境。因此，根据已得到的结论，当 $\delta \geqslant \frac{9}{17}$ 时，双方都采用上述触发策略构成子博弈精炼纳什均衡。

当然，当 $\delta < \frac{9}{17}$ 时，偏离是企业 2 对企业 1 实行触发策略的最佳反应。这种情况说明，未来得益折现值太小，即博弈方相对不太看重未来利益，或出于某种原因未来同样大小的利益对现在影响太小，如恶性通货膨胀等，这样博弈方就会较多看重眼前利益而不会为长期利益打算，也不害怕对方在未来阶段的报复；在这种情况下，无限次重复博弈也不会提高原博弈的效率。

当 $\delta < \frac{9}{17}$ 时，上述触发策略不可能是无限重复古诺模型的纳什均衡；但这也并不是说当 $\delta < \frac{9}{17}$ 时，两家企业就一定要生产古诺产量。虽然 δ 较小时，长期利益的重要性不足使两家企业维持 $\frac{q_m}{2} = 1.5$ 这样低的产量；但长期利益毕竟还是存在的，对两家企业有一定影响，这时两家企业会维持介于古诺产量 q_c 和 $\frac{q_m}{2}$ 之间的产量 q^*，q^* 是与 δ 有关的。我们来求解 q^* 与 δ 的关系，考虑以下触发策略：在第一阶段生产 q^*；在 t 阶段，如果 $t-1$ 阶段两家企业都是生产 (q^*, q^*)，则继续生产 q^*，否则生产古诺产量 q_c。

如果采用该触发策略后双方都合作的话，每阶段大家都生产 (q^*, q^*)，企业 1、企业 2 都得益 $\pi = (8 - 2q^*)q^* - 2q^* = (6 - 2q^*)q^*$，那么该无限重复博弈的总得益现值为 $\frac{\pi^*}{1-\delta} = \frac{(6-2q^*)q^*}{1-\delta}$。如果有一家企业在某一阶段背叛，则此阶段它应生产 q_2 满足 $\max_{q_2}(8 - q_2 - q^*)q_2$。

解得：$q_2 = \frac{6-q^*}{2}$，相应得益为 $\pi_d = \frac{(6-q^*)^2}{4}$，但从背叛的第二阶段起，其只能

被迫永久性地选择古诺产量 q_c，每阶段得益为 4，这样无限阶段的总得益现值为：

$$\frac{6-q^*}{4} + \frac{\delta}{1-\delta}\pi_c = \frac{(6-q^*)^2}{4} + \frac{4\delta}{1-\delta} \tag{3-27}$$

故只有当 $\frac{(6-q^*)\,q^*}{1-\delta} \geqslant \frac{(6-q^*)^2}{4} + \frac{4\delta}{1-\delta}$ 时，各企业才会积极性采用触发策略，而不是先背叛。解式 3-27 得：$q^* \leqslant \frac{2(9-5\delta)}{9-\delta}$。

取一定的 δ 支持的最大的 q^* 值，即生产上式取等号的 q^* 产量，均衡结果为每阶段两家企业都生产 (q^*, q^*)。

这里我们看到，不同的 δ 支持不同的 q^*：当 δ 接近 $\frac{9}{17}$ 时，q^* 接近 $\frac{q_m}{2}$；当 δ 接近 0 时，q^* 接近古诺产量 2；当 $0<\delta<\frac{9}{17}$ 时，$\frac{q_m}{2} < q^* < q_c$。$\delta$ 接近于 0 的经济意义是将来的得益对参与人来讲几乎无意义，当然博弈者会只顾眼前利益；δ 越大，将来利益越重要，就越能支持较低的 q^*，当 $\delta \geqslant \frac{9}{17}$ 时，能支持最大效率的垄断产量。

在无限次重复古诺模型中，上述的分析还只是初步的，实际可以构造其他形式的策略，同样能达到高效率的子博弈精炼均衡，而且还可以考虑合作后背叛、背叛后又合作等复杂情况。从这个基本的分析出发，如果考虑更多的因素、不同的情况和条件，还能发展出更多有用的模型。

三、张伯伦模型

张伯伦模型是在古诺模型基础上发展起来的一个垄断竞争理论模型，其假设条件与古诺模型基本相同，两者均假定：市场上只存在两个生产相同产品的厂商，两个厂商具有相同的生产成本，不存在新厂商的进入；每个厂商都拥有相同的市场信息，且知道另一厂商具有相同的生产成本。尽管张伯伦模型的假设与古诺模型一致，但两个模型得出了不同的结论：张伯伦模型认为，虽然寡头之间不存在任何形式的勾结，但为了利润最大化，寡头竞争仍然有可能产生与完全垄断市场条件下相同的结果，即市场均衡表现为厂商按照完全垄断市场条件下的价格水平确定它们的总产量，因此寡头垄断市场的均衡价格水平与垄断价格水平相同。

张伯伦认为，只要厂商的生产成本与市场需求不变，寡头市场上的价格就是相对稳定的，几乎不可能发生目光短浅的两个寡头竞相削价的行为。

新张伯伦模型的运作机制如下：假设两个国家（甲国和乙国），两个产业（制造业、农业），甲国在制造业具有比较优势，乙国在农业具有比较优势。在完全竞争的市场结构下，甲国出口制成品，进口农产品；乙国出口农产品，进口制成品，两国间的贸易模式为产业间贸易，产业内贸易不会发生。现把垄断竞争引入制造业，但仍保持农业的完全竞争市场结构，即甲国仍是农产品的进口国。由于规模经济的存在，制造业内的所有厂商都要尽可能扩大规模，以达到本产业所允许的最小规模，否则厂商会被淘汰，因而厂商只能选择生产一种或几种风格或式样的产品。同理，任何一个国家都无法生产所有种类的产品。所以，国内外厂商同时生产制成品，只是两个国家的制成品在花色、特性上有差别。从需求上看，在制成品基本功能相同的前提下，消费者倾向多样化的选择，当本国制成品无法满足消费者多元化需求时，就需要从国外进口制成品，从而在制造业内出现产业内贸易。

四、米尔格罗姆—罗伯茨垄断限价模型

1. 模型简介

在我们之前所讨论的市场竞争模型中，都假设寡头企业均已在市场上，即在该产业市场上已经有了垄断势力相当的两个寡头之间竞争战略的相互作用。事实上，市场在位者会十分注意潜在进入者的威胁，他们会想方设法发出各种威胁，以遏制潜在进入者的进入；而潜在进入者也会迫切地想得到欲进入市场的真实情况，所以市场在位者与潜在进入者之间的竞争战略是十分重要和复杂的。市场在位者的成本函数等情况一般有很多种，只有其自己知道，而潜在进入者是不知道的；潜在进入者只能对之有大概的判断，同时可以观察市场在位者的市场行为来修正自己的判断。市场在位者预测到这一点，就要设法在自己的行为中掩饰自己的真实类型或者发出足够有力的威胁信息，遏制潜在进入者的进入。这可以用标准的信号传递博弈来描述，米尔格罗姆和罗伯茨的垄断限价模型是博弈在产业组织理论中的第一个应用，也是信号博弈中的一个经典例子。

该模型试图解释这样一个现象：在现实中，有些垄断企业实际上并未按微观经济学给出的最优垄断价（即由边际成本等于边际收益决定的价格）定价，而是低于这种垄断价格。人们对该现象的一种自然的可能解释是：垄断企业为了阻止其他企业进入，故意将价格定得偏低，利润少一些，使其他潜在企业看到无利可图，不进入该行业，从而避免竞争。这种解释存在的缺陷是：如果垄断企业的成本函数是潜在进入者已知的，那么，这种低价是不可置信的承诺，因为若市场在位者是高成本，对潜在进入者来说无论在位者如何制造假象，它也会进入（因它知道市场在位者是高成本）。米尔格罗姆—罗伯茨给出的解释是：可能是因为潜在进入者不知道市场在位者的成本情况，市场在位者就通过用低价来告诉潜在进入者自己是低成本（即使市场在位者可能实际上是高成本），进入是无利可图的。

2. 模型假设

（1）局中人：两阶段博弈，企业 1 为市场在位者，企业 2 为潜在进入者。

（2）企业 1 的战略空间：第一阶段选价格 P_1。第二阶段若潜在进入者不进入，则选择短期垄断价格；若进入，则选择古诺博弈均衡价格。

（3）企业 2 的战略空间：第二阶段决定是否进入，若进入，与市场在位者进行古诺博弈。

（4）不完全信息假定：企业 1 有两个可能类型：高成本 H，先验概率为 $\mu(H)$；低成本，先验概率为 $1-\mu(H)$。

（5）令企业 1 选价格 P_1 时的短期垄断利润为 $M_1^t(P_1)$，$t=H$，L。令 P_m^L 和 P_m^H 分别代表市场在位者是低成本和高成本时的垄断价格，明显应有 $P_m^L < P_m^H$，显然也有 $M_1^H < M_1^L$，假定 $M_1(P_1)$ 是严格凹函数。

3. 模型求解

我们用 D_1^t 和 D_2^t 分别代表当企业 1 为类型 t 时，企业 1 和企业 2 在第二阶段的寡头利润（如果有进入成本的话，D_2^t 是剔除进入成本后的利润）。为了使分析有意义，我们假定 $D_2^H > 0 > D_2^L$，即若企业 2 知道企业 1 是低成本的话，就不会进入；只有企业 2 在知道企业 1 是高成本时，才会进入。用 δ 代表共同贴现因子。在第一阶段，企业 1 知道自己的类型 t，企业 2 不知道类型 t，不影响讨论的主要结果。企业 1 若想保持垄断地位（$M_1^t > D_1^t$），就会想让企业 2 知道自己是低成本，但即使企业 1 真的是低成本，企业 1 也无法直接达到此目的；一个间接的办法就是定一个低价 P_1^L，但有时即使企业 1 是高成本的，也会定一个低价，将企业 2 阻止在市场外，以期望第一阶段的最优垄断利润的损失可能被第二阶段继续保持垄断地位的收益所弥补。我们希望找到这样一个 P_1^L，使高成本的企业 1 不敢选择它，因为选择 P_1^L 会使其掩饰成本太大。根据利润最大化原则，高成本的企业在第一阶段只有选择其垄断价格 P_m^H，这实际上就是一个分离均衡的问题，不同类型的发送者会发送不同的信号。

我们首先找出分离均衡的两个必要条件，即类型 H（高成本）的在位者不愿意选择类型 L（低成本）的均衡价格 P_1^L，类型 L 的在位者也不愿选择类型 H 的均衡价格 P_1^H；其次，我们描述潜在进入者在非均衡路径上的后验概率使没有任何类型的在位者有兴趣偏离均衡价格。我们看到，就相应的价格是均衡价格这一点而言，其必要条件也是充分条件。

在分离均衡中，高成本、低成本市场在位者的身份能被潜在进入者准确地知道，故高成本市场在位者一定会选 $P_1^H = P_m^H$（即短期垄断价格），且潜在进入者一定会进入，故高成本市场在位者的两阶段总利润为 $M_1^H + \delta D_1^H$。假定低成本市场在位者第一阶段选择 P_1^L，阻止潜在进入者的进入，那么如果高成本市场在位者也意图选择 P_1^L 去阻止潜在进入者，则它的总利润是 $M_1^H(P_1^L) + \delta M_1^H$。因此，只有当下列条件满足时，高成本市场在位者才不会选择低成本市场在位者的均衡价格 P_1^L：

$$M_1^H + \delta D_1^H \geqslant M_1^H(P_1^L) + \delta M_1^H \qquad \text{（条件 A）}$$

即：

$$M_1^H - M_1^H(P_1^L) \geqslant \delta(M_1^H - D_1^H) \qquad \text{（条件 A'）}$$

也就是说，高成本市场在位者选择 P_1^L 导致的第一阶段的利润减少额要大于第二阶段保持垄断地位得到的利润增加额的贴现值。

类似地，当低成本市场在位者选择 P_1^L 从而阻止进入时，它的总利润为 $M_1^L(P_1^L) + \delta M_1^L$；另外，如果它选择任何其他 $P_1 \neq P_1^L$，从而导致潜在进入者进入的话，那么低成本第一阶段的 P_1 定为 P_1^L 是最优的，故其总利润不会低于 $M_1^L + \delta D_1^L$。因此，只有当下列条件成立时，P_1^L 才是低成本市场在位者的均衡价格：

$$M_1^L(P_1^L) + \delta M_1^L \geqslant M_1^L + \delta D_1^L \qquad (条件\ B)$$

即：

$$M_1^L - M_1^L(P_1^L) \geqslant \delta(M_1^L - D_1^L) \qquad (条件\ B')$$

也就是说，选择短期垄断价格 P_m^L 从而促使低成本市场在位者进入时的第一阶段利润增加额小于选择均衡价格 P_1^L 从而阻止低成本市场在位者进入时的第二阶段利润增加额的贴现值。

为了使分析有意义，我们假定不存在 $P_1^L = P_m^L$ 的分离均衡，即：如果 $P_1^L = P_m^L$，高成本市场在位者也会选择 P_1^L，故要满足以下条件：

$$M_1^H - M_1^H(P_m^L) < \delta(M_1^H - D_1^H) \qquad (条件\ C)$$

现在我们可以来找满足条件 A 和条件 B 的 P_1^L 了。可以设想，在合理的条件下，条件 A 和条件 B 应定义了一个价格区间 $[\overline{\overline{P}}, \overline{P}]$，使任何该区间内的价格都满足条件 A 和条件 B 这两个分离均衡条件，即 $P_1^L \in [\overline{\overline{P}}, \overline{P}]$。条件 C 意味着 $\overline{P} < P_m^L$，即 P_1^L 不会高于低成本市场在位者的最优垄断价格，这与实际观察到的现象是一致的，也正是我们要解释的。因此，为了得到分离均衡，低成本市场在位者必须定一个足够低的价格（低于自己的垄断价格 P_m^L），使高成本市场在位者要模仿时成本太高。

可以证明，如果满足斯宾塞—莫里斯分离条件（SM），上述区间 $[\overline{\overline{P}}, \overline{P}]$ 一定存在：

$$\frac{\partial}{\partial P_1}[M_1^H(P_1) - M_1^L(P_1)] > 0 \qquad (SM)$$

即：

$$\frac{\partial M_1^H(P_1)}{\partial P_1} > \frac{\partial M_1^L(P_1)}{\partial P_1}$$

该条件说明，改变价格对不同类型的企业利润的影响是不同的。高成本企业比低成本企业更愿意选择高价，该条件一般是满足的。假如边际成本为常数，分别为 C_H 和 C_L，$C_H > C_L$，需求函数为 $Q(P_1)$，则：

$$\frac{\partial M_1^H(P_1)}{\partial P_1} = \frac{\partial}{\partial P_1}[(P_1 - C_H)Q(P_1)] = Q(P_1) + (P_1 - C_H)\frac{\partial Q(P_1)}{\partial P_1} \qquad (3-28)$$

$$\frac{\partial M_1^L(P_1)}{\partial P_1} = \frac{\partial}{\partial P_1}[(P_1 - C_L)Q(P_1)] = Q(P_1) + (P_1 - C_L)\frac{\partial Q(P_1)}{\partial P_1} \qquad (3-29)$$

因为 $C_H > C_L$，$\dfrac{\partial Q(P_1)}{\partial P_1} < 0$，所以 $\dfrac{\partial M_1^H(P_1)}{\partial P_1} > \dfrac{\partial M_1^L(P_1)}{\partial P_1}$，满足斯宾塞—莫里斯分离条件。

斯宾塞—莫里斯分离条件保证了曲线 $y = M_1^L - M_1^L(P_1^L)$ 和 $y = M_1^H - M_1^H(P_1^H)$ 在以 P_1^L 为横轴，以 y 为纵轴的坐标空间中只相交一次（所以又称单交叉条件），如图 3-7 所示。

在图 3-7 中，$\overline{P}$ 对应条件 A' 的等式，$\overline{\overline{P}}$ 对应条件 B' 的等式，$\overline{P} < P_m^L$ 对应条件 C，

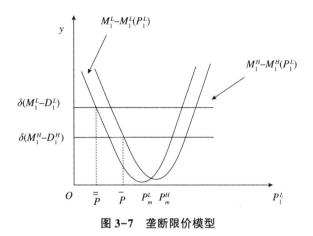

图 3-7　垄断限价模型

也是实际生活中观察到的现象。所有 $P_1^L \in [\overline{\overline{P}}, \overline{P}]$ 的价格都满足分离条件 A' 和条件 B'。其中 $\overline{\overline{P}}$ 是最低垄断限价，$\overline{P}$ 是最高垄断限价。当低成本企业在第一阶段将价格 P_1^L 定在 $\overline{P}$ 上时，既能阻止潜在进入者进入，又能使利润最大、付出成本最小，因此是最优点。

　　可以证明，上述条件 A、条件 B 也是分离均衡的充分条件。假定高成本市场在位者选择 P_m^H，低成本市场在位者选择 $P_1^L \in [\overline{\overline{P}}, \overline{P}]$，当潜在进入者观察到 P_m^H 时，可以认为市场在位者为高成本的概率是 1，选择进入；当观察到 P_1^L 时，认为市场在位者为高成本的概率为 0，选择不进入；当观察到的价格不属于这两个价格时（非均衡路径），潜在进入者关于市场在位者是高成本的后验概率可以是任意的，但其必须要保证所假定的策略组合 (P_1^L, P_m^H) 构成均衡。最简单的办法是令 $\overline{\mu}(H | P_1 \neq P_m^H, P_1 \neq P_1^L) = 1$，即当潜在进入者观察到价格不是 P_m^H 或 P_1^L 时，就认为市场在位者是高成本的，即选择进入。这样就使任何类型的市场在位者都没有兴趣偏离所假定的均衡策略。

　　这样，我们得到了在满足条件 A、条件 B、条件 C 和 SM 的情况下有连续的分离均衡（有无数个均衡），即高成本市场在位者选择 P_m^H，低成本市场在位者选择任何 $P_1^L \in [\overline{\overline{P}}, \overline{P}]$；潜在进入者观察到 P_1^L，就判断 $\overline{\mu}(H | P_1^L) = 0$，选择不进入；观察到任何 $P_1 \neq P_1^L$ 时就认为 $\overline{\mu}(H | P_1 \neq P_1^L) = 1$，选择进入。应该强调的是，对于任何先验概率 $\mu(H) > 0$，这样的连续均衡都是存在的。对比之下，假如 $\mu(H) = 0$，潜在进入者不管接收到什么信号，修正后的 $\overline{\mu}(H | P_1^L) = 0$，即始终不会进入，那么不管什么类型的市场在位者都乐于选择垄断价格 P_m^L。这一点表明，信息结构的大小变化会导致均衡结果的很大变动：只要进入者认为市场在位者是高成本的，先验概率 $\mu(H) > 0$，低成本市场在位者就不得不非连续地降低价格，直到高成本市场在位者吃不消（即 $\overline{P}$ 点），不能跟进继续模仿，以将自己与高成本者区分开，显示自己是低成本的，遏制潜在进入者的进入。可以看出，不完全信息博弈对信息结构是非常敏感的。

　　这样，我们就证明了在现实中观察到的以低价格（小于垄断价格）来阻止潜在进入者进入的策略的有效性，为潜在进入者决策是否进入市场提供了一个标准，即观察到低于垄断价格的定价，就最好不要进入；观察到等于垄断价格的定价，就大胆进入。这个博弈当然还有许多其他均衡，可达到不同市场进入与遏制策略。

第四节　模型的应用

一、古诺模型的应用：我国商业银行市场分析[1][2]

目前，我国银行市场改革和创新的效果已经十分明显，银行业在经济社会的进步中起着很明显的作用，对我国国民经济有着强有力的支撑和促进作用。在我国，银行业作为金融系统的绝对核心，对维持我国金融体系健康稳定非常重要；但国内银行业因为金融危机和经济结构的调整正面对众多挑战，且在后金融危机时代，格外复杂的外部环境也逐步改变着我国银行业的状况。

1. 我国商业银行市场现状分析

截止到 2021 年末，我国共拥有 6 家国有商业银行，12 家股份制商业银行，130 家城市商业银行，1569 家农村商业银行，银行体系特别庞大。其中，整个行业存款、贷款的大多数业务被六大国有商业银行和一些股份制商业银行占有。此外，不少全球性跨国银行正在逐步涉猎国内市场，但占比依然很小，且大多数网点都处于南方城市，例如上海、广州、深圳等。

在度量银行业集中度时，可以运用下面三种指标：

（1）市场份额：

$MS_i = X_i/X \times 100\%$

X 代表市场中所有银行的资产、存贷款、利润指标业务总和，其中 X_i 代表市场中银行 i 所对应的数额。市场占比与某一银行的业务量减去整个银行业的业务量得到的数据相等，代表了银行市场垄断势力的强弱，市场占比越大，该银行的垄断性就越强。

（2）市场集中度：

$$\mathrm{CR}(m) = \sum_{i=1}^{m} MS_i \times 100\%$$

该指标代表最大的 m 家银行的市场份额之和，指市场占比被少数大银行掌控的程度。市场集中度的份额越大，代表银行业的垄断性越强。

（3）赫芬达尔—赫希曼指数（HHI）：

---

①　仇荣国. 基于古诺模型的银行市场分析 [J]. 征信, 2014, 31 (1)：84-87.

②　向露. 商业银行小微金融供给与服务实体经济 [J]. 中国中小企业, 2021 (7)：201-202.

$$\mathrm{HHI} = \sum_{i=1}^{m} MS_i^{\ 2} \times 10000$$

赫芬达尔—赫希曼指数是市场中各个企业市场份额的平方和，可较综合地考察市场垄断的程度。HHI 指数不仅有着相对市场集中度的优势，而且填补了绝对市场集中度的缺陷，展现了企业规模的离散程度。HHI 越大，代表市场集中程度越高，垄断性越强。

当 HHI>1800 时，市场处于高度集中状态；当 HHI<1000 时，市场处于充分竞争状态；当 HHI 在 1000~1800 时，市场处于适度集中状态。只从四大国有银行存贷款业务为主体的 HHI 值来看，我国商业银行市场目前处在充分竞争的状况；但实际上，当前我国商业银行市场的集中程度用 HHI 值很难表现，银行业依然处在垄断阶段。首先，因为样本数选择的模糊，单一的 HHI 值并不能如实地将情况展现，因此计算 HHI 指数值时并未考虑大多数大型股份制银行，它们都在规模和市场有上有着不可替代的位置。其次，银行业相比其他行业有着不一样的特点——锁定效应。顾客因为交易地域、专业化、习惯、信息等和银行之间极易形成专用性投资，并将这一状态固定，客观地加强了银行业的垄断。

2. 商业银行之间的决策模型

（1）模型的假设。

在此假定市场上仅有 A、B 两家商业银行，商业银行 A 产量为 q_1，商业银行 B 产量为 q_2，其余服务均质量相同，则 $Q=q_1+q_2$。假定 P 为价格，是市场总产量的 Q 的函数，即 $P=P(Q)=P(q_1+q_2)$。A、B 两方自己控制产量规模，且互不了解对方的供给状态；两家商业银行的固定成本为 C_0，边际成本一样，即 $C_1=C_2=C$。市场上两家商业银行对服务的收费标准类似，两家银行相互竞争决定价格，市场出清价格为：$P=a-bQ$。边际成本决定成本函数，即 $C_1(q_1)=cq_1$，$C_2(q_2)=cq_2$，其中，$a>c$，$b>0$。

（2）模型的推算及求解分析。

根据上述假定，能够得到两家银行的利润函数为：

$$\pi_1 = q_1 P(Q) - Cq_1 - C_0 = -bq_1^2 + (a-c)q_1 - bq_1q_2 - C_0 \tag{3-30}$$

$$\pi_2 = q_2 P(Q) - Cq_2 - C_0 = -bq_2^2 + (a-c)q_2 - bq_1q_2 - C_0 \tag{3-31}$$

这个博弈中，(q_1^*, q_2^*) 的纳什均衡的充要条件为 q_1^* 和 q_2^* 的最大值问题，即需要求解：

$$\max q_1 \left[bq_1^2 + (a-c)q_1 - bq_1q_2 - C_0 \right] \tag{3-32}$$

$$\max q_2 \left[bq_2^2 + (a-c)q_2 - bq_1q_2 - C_0 \right] \tag{3-33}$$

由上述两个最值条件能得到反应函数：

$$q_1^* = \frac{a-c-bq_2}{2b} \tag{3-34}$$

$$q_2^* = \frac{a-c-bq_1}{2b} \tag{3-35}$$

联立式 3-34 和式 3-35 两个反应函数，可得古诺均衡解 $q_1^* = q_2^* = \dfrac{a-c}{3b}$，当前

A、B 两家银行的纳什均衡利润为 $\pi_1(q_1^*, q_2^*) = \pi_2(q_1^*, q_2^*) = \dfrac{(a-c)^2}{9b} - C_0$，而此时市场出清价格是 $p^* = \dfrac{a+2c}{3}$，$q_1^* = q_2^* = \dfrac{a-c}{3b}$。

由图 3-8 可知，在自由竞争市场机制下，两个市场力量状况相似的竞争体相互博弈的结果是对称的，所以，A、B 两家商业银行最后得到的利润也会相似，但当前的均衡还未到达帕累托最优，如果两家银行合作得到的利润大于不合作，"搭便车"的投机动机又会使这种合作波动。这就是双寡头博弈的囚徒困境。

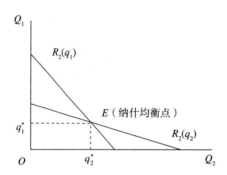

图 3-8　自由竞争市场机制下，两个市场力量相近的竞争体相互博弈的纳什均衡点

囚徒困境的博弈模型展现的是合作波动的特征和后果，囚徒困境使用在寡头市场中，用于解释共谋波动和与之相关的问题。

为了与垄断时银行的产量和利润进行对比，我们来计算垄断时期银行的最佳产量和均衡利润。垄断企业的利润函数为：$U = QP(Q) - CQ = -bQ^2 + (a-c)Q - C_0$，得到最优总收益的供给量 $Q = \dfrac{a-c}{2b}$，总利润为 $U = \dfrac{(a-c)^2}{4b} - C_0$，求得市场完全垄断时的最佳利润，它的供给模型较小，但是总利润相对较高。基于此，如果两寡头市场中可以构建有效联盟，双方提供使市场利润最大的总需求 Q^* 的 $1/2$，即 $q_1 = q_2 = \dfrac{Q^*}{2} = \dfrac{a-c}{4b}$，双方各占 $1/2$ 的垄断最佳利润，即 $\pi_1^* = \pi_2^* = \dfrac{(a-c)^2}{8b} - C_0 > \pi_1 = \pi_2 = \dfrac{(a-c)^2}{9b} - C_0$。A、B 两家银行博弈的收益矩阵如图 3-9 所示。

		银行B	
		不合作	合作
银行A	不合作	π_1, π_2	π_1, π_4
	合作	π_4, π_3	π_1^*, π_2^*

图 3-9　A、B 两家银行博弈的收益矩阵

其中，π_1、π_2 是两家银行间竞争时双方的利润，π_3、π_4 是一方不合作、另一方合作时两方的利润，π_1^*、π_2^* 是两家银行共同合作时两方的利润。$\pi_3 > \pi_1^* = \pi_2^* > \pi_1 = \pi_2 > \pi_4$。所以，此博弈可得最佳策略是（不合作，不合作），但从长远来看，合作的利润要大于不合作。这种囚徒困境在我国商业银行市场上表现为各个商业银行过度追求信贷规模，致其陷入两难的困境。

（3）模型的推广。

据上述分析可知，当市场上仅有 A、B 两个银行时，古诺模型下的均衡对银行市场发展既无利也无效。所以要将模型扩展到多个银行，再逐步探索银行出清价格。

在分析多家银行的古诺模型时，设市场上银行出清价格为：$P = P(Q) = P\left(\sum_{i=1}^{n} q_i\right) = a - b\sum_{i=1}^{n} q_i$，其中，$a > 0$，代表消费者愿意支付的最高出清价格，$\dfrac{\mathrm{d}P}{\mathrm{d}Q} = -b < 0(b > 1)$ 代表价格对数量的变化率。银行 i 的成本函数 $C_i(q_i) = cq_i$，所以得到的利润为 $\pi_i(q_i) = (P - c)q_i = (a - c)q_i - bq_1^2 - bq_i\sum_{j \neq i} q_j$。对利润函数求偏导，并令其为零，可得古诺均衡产量和银行最大利润选择为：$q_i^* = \dfrac{a - c}{b(n + 1)}$，$p^* = \dfrac{a - n(a - c)}{n + 1}$，$\pi_i^* = \dfrac{(a - c)^2}{b(n + 1)^2}$。

可以得到，若 n 开始变大，则市场上的银行数量开始变多时，各个银行的产量都不多，对市场没什么改变；但同时有 $\lim\limits_{n \to \infty} \sum_{i=1}^{n} \pi_i(q_i^*) = \lim\limits_{n \to \infty} \dfrac{(a - c)^2}{b(n + 1)^2} = 0$ 和 $\lim\limits_{n \to \infty} \pi_i(q_i^*) = 0$，即商业银行整个产业总利润和单个银行利润都趋近 0，可认为市场处于完全竞争状态。在 n 维古诺模型里，古诺均衡价格 $p^* = \dfrac{a - n(a - c)}{n + 1}$，与 b 独立，即和价格对数量的变化率独立，但产出 q_i^* 和利润 π^* 又都与 b 有关，且为减函数。所以，银行只需确保供应量就可以增加自身收益，同时出清价格不会受影响。就这个模型而言，a 仅为消费者自愿赋予的最高价格，但寡头银行才是价格的控制者。且由 $P = P(Q) = P\left(\sum_{i=1}^{n} q_i\right) = a - b\sum_{i=1}^{n} q_i$ 可得，若 a 足够大，而 b 足够小，银行就可以得到很大的收益。

3. 结论

我国的银行市场是不完全竞争的市场，又有着垄断力量。通过分析论证得知，我国银行市场的垄断竞争的格局出现逐渐加强的趋势；根据垄断情形下的银行定价模型可知，市场出清价格一定会因为垄断竞争格局下银行采取的隐性联盟措施而居高不下。

二、伯特兰德模型的应用：航空企业与高铁的博弈分析[①]

1. 客运企业竞争与合作模型

在图 3-10 的运输网络中，a、b 为国内城市，c 为国外城市，b 为交通枢纽城市。a 与 b 之间为国内客运市场，记作市场 1，运输距离为 L_1；b 与 c 之间为国际客运市场，记作市场 2，运输距离为 L_2；a 与 c 之间为国内、国际联运市场，记作市场 3，运输距离为 L_3；假定市场 3 中，a、c 之间并无直达线路，需在城市 b 进行转乘，且 a、b 之间和 b、c 之间的客运服务都仅由一家客运公司承运。A_1 和 A_2 表示两家航空公司，R 表示高速铁路公司，其中 A_1 经营市场 1、市场 2 和市场 3，R 仅经营市场 1，A_2 仅经营市场 2。推导过程中所用符号具体说明如表 3-3 所示。

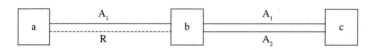

图 3-10　运输网络结构

表 3-3　符号说明

符号	含义
i	市场类型（包含 1，2，3 三种）
j	客运企业（市场 1 与市场 2 包含 A_1、A_2、R 三类，市场 3 包含 RA_2、RA_1、A_1A_2 三类）
$q_1^{A_1}$，q_1^R	航空公司 A_1 与高速铁路 R 在市场 1 中的需求量
$q_2^{A_1}$，$q_2^{A_2}$	航空公司 A_1 与 A_2 在市场 2 中的需求量
$q_3^{A_1A_1}$，$q_3^{RA_2}$，$q_3^{RA_1}$	航空公司 A_1 独立客运，高速铁路 R 与航空企业 A_2 组合客运，高速铁路公司 R 与航空公司 A_1 组合客运在市场 3 中的需求量
$P_1^{A_1}$，P_1^R	市场 1 中旅客选择航空公司 A_1 与高速铁路公司 R 的广义旅行成本
$P_2^{A_1}$，$P_2^{A_2}$	市场 2 中旅客选择航空公司 A_1 与 A_2 的广义旅行成本
P_3^j	市场 3 中旅客选择两家客运企业组合客运的广义旅行成本
$T_1^{A_1}$，T_1^R	航空公司 A_1 与高速铁路公司 R 在市场 1 中的旅行总时间
$T_2^{A_1}$，$T_2^{A_2}$	航空公司 A_1 与 A_2 在市场 2 中的旅行总时间
$T_3^{A_1}$，$T_3^{RA_2}$	航空公司 A_1，高速铁路公司 R 与航空公司 A_2 合作在市场 3 中的旅行总时间
$T_3^{RA_1}$，$T_3^{A_1A_2}$	高速铁路公司 R 与航空公司 A_1 合作，航空公司 A_1 与航空公司 A_2 合作在市场 3 中的旅行总时间

① 林贵华，裴红波，邹远洋. 基于伯特兰德模型的航空企业与高铁的博弈分析［J］. 系统工程学报，2020，35（3）：39-53.

市场 1 中，航空公司 A_1 和高速铁路 R 的需求函数分别为：

$$q_1^{A_1} = \alpha_1 - P_1^{A_1} + \gamma_1 P_1^R \tag{3-36}$$

$$q_1^R = \alpha_1 - P_1^R + \gamma_1 P_1^{A_1} \tag{3-37}$$

市场 2 中，航空公司 A_1 和 A_2 的需求函数分别为：

$$q_2^{A_1} = \alpha_2 - P_2^{A_1} + \gamma_2 P_2^{A_2} \tag{3-38}$$

$$q_2^{A_2} = \alpha_2 - P_2^{A_2} + \gamma_2 P_2^{A_1} \tag{3-39}$$

市场 3 中，各个客运公司的需求函数分别为：

$$q_3^{A_1 A_1} = \alpha_3 - P_3^{A_1 A_1} + \gamma_3 P_3^* \tag{3-40}$$

$$q_3^{R A_2} = \alpha_3 - P_3^{R A_2} + \gamma_3 P_3^{A_1 A_1} \tag{3-41}$$

$$q_3^{R A_1} = \alpha_3 - P_3^{R A_1} + \gamma_3 P_3^{A_1 A_1} \tag{3-42}$$

$$q_3^{A_1 A_2} = \alpha_3 - P_3^{A_1 A_2} + \gamma_3 P_3^{A_1 A_1} \tag{3-43}$$

式 3-36~式 3-43 中，α_1，α_2，α_3 分别代表市场 1、市场 2 和市场 3 的规模，数值越大就代表市场规模越大，γ_1，γ_2，$\gamma_3 \in (0，1)$ 分别代表市场 1、市场 2 和市场 3 中，不同客运公司间可相互代替的程度，其值越大表明两客运公司越可相互替代；市场 3 中可以满足客运需求的公司组合分别为 RA_2，RA_1，A_1，A_2。

对一般游客而言，旅游的花费除了票价，还有时间成本。所以，把广义旅游定义为客运服务价格和旅游成本的和，即 $P_i^j = p_i^j + v T_i^j$，其中 i 代表市场类别，j 代表客运公司，P_i^j 代表市场 i 中客运公司 j 的客运服务价格，V 是游客的时间价值，T_i^j 代表市场 i 中游客在客运公司 j 完成客运要花费的旅游总时间。将旅游总时间用 $T_i^j = e^j + L_i / S^j + g$ 表示，e^j 代表进出机场或者火车站需要的时间，S^j 表示交通工具速度，g 表示联运衔接时间。

一般来说，从始发地到进出机场所需的时间要长于进出高铁站，飞机要比高铁快得多。所以，假如 $e^A \geqslant e^R$，$S^A \geqslant S^R$，且在合作联运时 $g = 0$，就不同市场和客运公司而言，旅游总时间也不一样，具体如表 3-4 所示。

表 3-4　旅行总时间

市场类型	客运企业	旅行总时间
市场 1	航空公司 A_1	$T_1^{A_1} = e^A + L_1 / S^A$
市场 1	高速铁路公司 R	$T_1^R = e^R + L_1 / S^R$
市场 2	航空公司 A_1	$T_2^{A_1} = e^A + L_2 / S^A$
市场 2	航空公司 A_2	$T_2^{A_2} = e^A + L_2 / S^A$
市场 3	航空公司 A_1	$T_3^{A_1 A_1} = e^A + L_3 / S^A$
市场 3	A_2 与 R 合作	$T_3^{A_2 R} = e^A + e^R + L_2 / S^A + L_1 / S^R$
市场 3	A_1 与 R 合作	$T_3^{A_1 R} = e^A + e^R + L_2 / S^A + L_1 / S^R$
市场 3	A_1 与 A_2 合作	$T_3^{A_1 A_2} = e^A + L_3 / S^A$

由图 3-10 可知，客运公司的竞争和合作大致有四种情形：

情形 1：多方相互竞争。

考虑到航空公司 A_1、航空公司 A_2 和高速铁路公司 R 之间都没有合作的情况。客运公司在市场 1 和市场 2 的需求函数分别是式 3-36~式 3-39，市场 3 中的游客可以只选航空公司 A_1 或高速铁路公司 R、航空公司 A_2 共同客运，由式 3-40、式 3-41 得到市场 3 的需求函数：

$$q_3^{A_1A_1} = \alpha_3 - P_3^{A_1A_1} + \gamma_3(P_1^R + P_2^{A_2} + vg) \tag{3-44}$$

$$q_3^{RA_1} = \alpha_3 - (P_1^R + P_2^{A_2} + vg) + \gamma_3 P_3^{A_1A_1} \tag{3-45}$$

为了方便，假定航空客运和铁路客运的单位游客成本恒定，没有固定成本，所以可以得到航空公司和高速铁路公司的客运成本：

$$G(q_i^j) = c^j q_i^j \tag{3-46}$$

c^j 代表单位游客成本，c^A 和 c^B 代表航空公司和高速铁路公司的单位游客成本。

由式 3-36~式 3-39 和式 3-44~式 3-46，得到航空公司 A_1 和 A_2 的目标函数分别是：

$$Z^{A_1} = \pi^{A_1} = (p_1^{A_1} - c^A)(q_1^{A_1} + q_3^{A_1A_1}) + (p_2^{A_1} - c^A)(q_2^{A_1} + q_3^{A_1A_1}) \tag{3-47}$$

$$Z^{A_2} = \pi^{A_2} = (p_2^{A_2} - c^A)(q_2^{A_2} + q_3^{RA_2}) \tag{3-48}$$

p_i^j 是各个客运公司的决策变量，代表市场 i 中，客运公司 j 的客运服务价格。

由于高速铁路投资额较大，一般是政府出资或政府和社会资本一起出资建设，公益性很强，因此不仅要考虑高速铁路公司的利润，还应该考虑社会福利，由此可以得出高速铁路公司的目标函数为：

$$Z^R = \theta\pi^R + (1 - \theta)W^R = \theta(p_1^R - c^R)(q_1^R + q_3^{RA_2}) + (1 - \theta)W^R \tag{3-49}$$

其中，$\theta \in [0, 1]$，$(1 - \theta)$ 代表高速铁路公司承担消费者福利的比重，W^R 代表高速铁路系统里的社会福利。

在式 3-37 中，令 $P_1^R = \alpha + \gamma_1 p_1^{A_1} = \alpha + \gamma_1(p_1^{A_1} + vT_1^{A_1})$，消费者的消费者剩余为

$$CS = \int_{p_1^R}^{\bar{p}_1^R} (\alpha - z + \gamma_1 p_1^{A_1})\mathrm{d}z$$

此时，航空公司 A_1 的价格决策模型为：

$$\underset{p_1^{A_1}, \; p_2^{A_1}}{\text{Max}} Z^{A_1} = (P_1^{A_1} - c^A)(q_1^{A_1} + q_3^{A_1A_1}) + (p_2^{A_1} - c^A)(q_2^{A_1} + q_3^{A_1A_1}) \tag{3-50}$$

航空公司 A_2 的价格决策模型为：

$$\underset{p_2^{A_2}}{\text{Max}} Z^{A_2} = (P_2^{A_2} - c^A)(q_2^{A_2} + q_3^{RA_1}) \tag{3-51}$$

高速铁路公司 R 的价格决策模型为：

$$\underset{p_1^R}{\text{Max}} Z^R = \theta(P_1^R - c^R)(q_1^R + q_3^{RA_2}) + (1 - \theta)W^R \tag{3-52}$$

由式 3-50 可得一阶条件：

$$\alpha_1 + \alpha_3 + 3c^A + \gamma_3(\gamma_3 v(T_1^{A_1} + T_2^{A_2} + g) + p_2^{A_2} + \gamma_3 p_1^R) - 2(2p_1^{A_2} + p_2^{A_1}) - v((T_3^{A_1})^2 + T_1^{A_1}) + \gamma_1(p_1^R + vT_1^R) = 0 \tag{3-53}$$

$$\alpha_2 + \alpha_3 + 3c^A + \gamma_3(v(T_1^{A_1} + T_2^{A_2} + g) + p_2^{A_2} + p_1^R) - 2p_1^{A_2} - 4p_2^{A_1} + \gamma_2(vT_2^{A_2} + p_2^{A_1}) -$$
$$v(T_3^{A_1})^2 - vT_2^{A_1} = 0 \tag{3-54}$$

由式 3-51 可得一阶条件：

$$\alpha_2 + \alpha_3 + 2c^A + \gamma_2(p_2^{A_1} + vT_2^{A_1}) + \gamma_3(p_1^{A_1} + p_2^{A_1} + v(T_3^{A_1})^2) - 4p_1^{A_2} - vT_1^{A_2} - vT_2^{A_2} - p_1^R -$$
$$vT_1^R = 0 \tag{3-55}$$

由式 3-52 可得一阶条件：

$$\alpha_3 + \theta(\alpha_1 + \gamma p_1^{A_1}) + \gamma_3(p_2^{A_1} + p_2^{A_1}) - p_2^{A_2} + \gamma_3 v(T_3^{A_1})^2 + (\gamma_1\theta - 1)vT_1^{A_1} + 2c^R - (\theta +$$
$$3)p_1^R - (\theta + 1)vT_1^R \tag{3-56}$$

联立式 3-53~式 3-56，可得客运公司的均衡客运服务价格分别为：

$$p_2^{A_2} = \frac{-64(2\gamma_1^2\theta + \gamma_3\gamma_1(\theta+1) + 2\gamma_3^2 - 6(\theta+3))(-\gamma_2(f_1 - 2f_2) + \gamma_3(f_1 + f_2) + 6f_4)}{-8(\gamma_1(\gamma_3 - \gamma_2) + \gamma_3(\gamma_2 + 2\gamma_3) - 6)} +$$
$$\frac{64(\gamma_1(\gamma_3 - \gamma_2) + (\gamma_3\gamma_2 + 2\gamma_3 - 6))(\gamma_1(2f_1 - f_2) + \gamma_3(f_1 + f_2) + 6f_3)}{-8(\gamma_1(\gamma_3 - \gamma_2) + \gamma_3(\gamma_2 + 2\gamma_3) - 6)}$$

$$p_1^R = \frac{\gamma_1(f_2 - 2f_1)\theta - \gamma_3(f_1 + f_2) - 6f_3 + p_2^{A_2}(\gamma_1(\gamma_3 - \gamma_2)\theta - \gamma_3(\gamma_2 + 2\gamma_3) + 6)}{2\gamma_1^2\theta + \gamma_3\gamma_1(\theta+1) + 2\gamma_3^2 - 6(\theta+3)}$$

$$p_2^{A_1} = \frac{1}{12}(4(f_2 - 2f_1) - (2(\gamma_1 - \gamma_3))p_1^R - (-2(2\gamma_2 + 2\gamma_3))p_2^{A_2})$$

$$p_1^{A_1} = \frac{1}{4}(f_1 + \gamma_3 p_2^{A_2} + (\gamma_1 + \gamma_3)p_1^R - 2p_2^{A_1})$$

其中：

$$f_1 = 3c^A - v(T_3^{A_1})^2 + \alpha_1 + \alpha_3 + (\gamma_3 - 1)vT_1^{A_1} + \gamma_3 gv + \gamma_1 vT_1^R\gamma_3 + vT_2^{A_2}$$
$$f_2 = 3c^A - vT_2^{A_1} - v(T_3^{A_1})^2 + \alpha_2 + \alpha_3 + \gamma_2 vT_2^{A_2}\gamma_3 + v(T_2^{A_2} + T_1^{A_1} + g)$$
$$f_3 = \alpha_1\theta + \alpha_3 + \gamma_3 v(T_3^{A_1})^2 + (\gamma_1 - 1)vT_1^{A_1} + \gamma_1(\theta - 1)vT_1^{A_1} + 2c^R - (\theta + 1)vT_1^R$$
$$f_4 = \alpha_2 + \alpha_3 + 2c^A + \gamma_2 vT_2^{A_1} - vT_2^{A_2} + \gamma_3 v(T_3^{A_1})^2 - vT_1^{A_1} - vT_1^R$$

一般而言，相同市场下，航空旅行距离要比高速铁路旅行距离小，所以高速铁路旅游距离与航空旅游距离和绕路距离之和相等，即 $L^R = L^A + \varphi$，其中 φ 为绕路距离，令 $y = T_1^{A_1} - T_1^R \geq 0$，可得结论 1。

结论 1：当客运距离 $L \geq \dfrac{(e^A - e^R)S^RS^A - S^A\varphi}{S^A - S^R}$ 时，航空旅游比高速铁路旅游时间优势更大，旅游距离也较长。

双寡头垄断状况下，只考虑市场 1 时，通过式 3-36、式 3-37 和式 3-46，能得到航空公司 A_1 和高速铁路公司 R 在市场 1 中的目标函数分别为：

$$Z^{A_1} = \pi^{A_1} = (p_1^{A_1} - c^A)(\alpha_1 - (p_1^{A_1} + vT_1^{A_1}) + \gamma_1(p_1^R + vT_1^R)) \tag{3-57}$$

$$Z^R = \theta\pi^R + (1-\theta)W^R = \theta(p_1^R - c^R)(\alpha_1 - (p_1^{A_1} + vT_1^{A_1}) + \gamma_1(p_1^R + vT_1^R)) + (1-\theta)\left(\frac{(q_1^R)^2}{2} + \pi^R\right) \tag{3-58}$$

将式 3-57 和式 3-58 分别对 $p_1^{A_1}$，p_1^R 求一阶偏导数，得到均衡条件下各自的客运服务价格分别为：

$$p_1^{A_1} = \frac{\alpha_1(\gamma_1\theta + \theta + 1) + (\theta + 1)c^A + vT_1^{A_1}(\gamma_1^2\theta - \theta - 1) + \gamma_1 c^R + \gamma_1 vT_1^R}{2(\theta + 1) - \gamma_1^2\theta} \quad (3-59)$$

$$p_1^R = \frac{2c^R + \theta(2\alpha_1 + \gamma_1(\alpha_1 + c^A) + \gamma_1 vT_1^{A_1} + (\gamma_1^2 - 2)vT_1^R)}{2(\theta + 1) - \gamma_1^2\theta} \quad (3-60)$$

将式 3-59、式 3-60 代入需求函数式 3-36 和式 3-37，能得到两客运公司的均衡需求量分别为：

$$q_1^{A_1} = \frac{-\alpha_1(\gamma_1\theta + \theta + 1) - c^A(\gamma_1^2(-\theta) + \theta + 1) + vT_1^{A_1}(\gamma_1^2(-\theta) + \theta + 1) - \gamma_1 c^R - \gamma_1 vT_1^R}{\gamma_1^2\theta - 2(\theta + 1)} \quad (3-61)$$

$$q_1^R = -\frac{2\alpha_1 + \gamma_1(\alpha_1 + c^A) + \gamma_1 vT_1^{A_1} + (\gamma_1^2 - 2)vT_1^R}{\gamma_1^2\theta - 2(\theta + 1)} \quad (3-62)$$

将式 3-59~式 3-62 分别对 v 求一阶偏导数可得：

$$\frac{\partial p_1^{A_1}}{\partial v} = \frac{T_1^{A_1}(\gamma_1^2\theta - (\theta + 1)) + \gamma_1 T_1^R}{2(\theta + 1) - \gamma_1^2\theta} \quad (3-63)$$

$$\frac{\partial p_1^{A_1}}{\partial v} = \frac{\theta(T_1^R(\gamma_1^2 - 2) + \gamma_1 T_1^{A_1})}{2(\theta + 1) - \gamma_1^2\theta} \quad (3-64)$$

$$\frac{\partial q_1^{A_1}}{\partial v} = \frac{T_1^{A_1}(\gamma_1^2\theta - (\theta + 1)) + \gamma_1 T_1^R}{2(\theta + 1) - \gamma_1^2\theta} \quad (3-65)$$

$$\frac{\partial q_1^{A_1}}{\partial v} = \frac{\theta(T_1^R(\gamma_1^2 - 2) + \gamma_1 T_1^{A_1})}{2(\theta + 1) - \gamma_1^2\theta} \quad (3-66)$$

由式 3-63~式 3-66 可得结论 2。

结论 2：当 $\dfrac{T_1^{A_1}}{T_1^R} \leqslant \dfrac{\gamma_1}{(\theta + 1) - \gamma_1^2\theta}$ 时，游客的时间价值增加，所以航空旅游的客运服务价格增高，乘坐飞机的时间价值更高的游客变多；当 $\dfrac{T_1^{A_1}}{T_1^R} \geqslant \dfrac{2 - \gamma_1^2}{\gamma_1}$ 时，高速铁路客运服务价格随游客的时间价值增加而提高，坐高速铁路的时间价值更高的游客变多。

将式 3-59 和式 3-60 分别对 $T_1^{A_1}$，T_1^R 求一阶偏导数可得：

$$\frac{\partial p_1^{A_1}}{\partial T_1^{A_1}} = -\frac{v((\theta + 1) - \gamma_1^2\theta)}{2(\theta + 1) - \gamma_1^2\theta} \quad (3-67)$$

$$\frac{\partial p_1^{A_1}}{\partial T_1^R} = -\frac{\gamma_1 v}{2(\theta + 1) - \gamma_1^2\theta} \quad (3-68)$$

$$\frac{\partial p_1^R}{\partial T_1^{A_1}} = -\frac{\gamma_1 v\theta}{2(\theta + 1) - \gamma_1^2\theta} \quad (3-69)$$

$$\frac{\partial p_1^{A_1}}{\partial T_1^{A_1}} = -\frac{v\theta(2 - \gamma_1^2)}{2(\theta + 1) - \gamma_1^2\theta} \quad (3-70)$$

由式 3-67~式 3-70 可得结论 3。

结论 3：当 $\theta \neq 0$ 时，客运服务价格随客运企业本身旅游总时间增加而减少或随对方旅行总时间增加而增加，但高速铁路有一定特殊性；当 $\theta=0$ 时，高速铁路的客运服务价格与旅客自身旅游总时间和航空公司旅游总时间都没有关系。

在市场 2 中，航空公司 A_1、A_2 相互竞争的状况下，运用相同的办法可得相似结论。

情形 2：A_2 与 R 合作。

在市场 3 中，航空公司 A_2 和高速铁路公司 R 共同构成互补的空铁联运，其中 R 和 A_2 分别负责 a，b 和 b，c 的客运服务，并在市场 3 中和 A_1 的独立客运构成竞争，但在其他市场类型中，各个客运公司还在竞争。市场 2 和市场 3 的需求函数恒定，从式 3-40 和式 3-41 中可得市场 3 的需求函数：

$$q_3^{A_1A_1} = \alpha_3 - P_3^{A_1A_1} + \gamma_3 P_3^{RA_1}, \quad q_3^{RA_2} = \alpha_3 - P_3^{RA_1} + \gamma_3 P_3^{A_1A_1} \tag{3-71}$$

由式 3-71 可得目标函数为：

$$\begin{cases} Z^{RA_2} = \pi^{A_2} + \theta\pi^R + (1-\theta) W^R = (p_2^{A_2} - c^A)(q_2^{A_2} + q_3^{RA_2}) + \theta(p_1^R - c^R)(q_1^R + q_3^{RA_2}) + (1-\theta) W^R \\ Z^{A_1} = \pi^{A_1} = (p_1^{A_1} - c^A)(q_1^{A_1} + q_3^{A_1A_1}) + (p_2^{A_1} - c^A)(q_2^{A_1} + q_3^{A_1A_1}) \end{cases}$$

$$\tag{3-72}$$

此时，合作公司 A_2、R 的价格决策模型为：

$$\underset{p_2^{A_2},\ p_1^R}{\text{Max}} Z^{RA_2} = (P_2^{A_2} - c^A)(q_2^{A_2} + q_3^{RA_1}) + \theta(p_2^R - c^R)(q_1^R + q_3^{RA_2}) + (1-\theta) W^R$$

航空公司 A_1 的价格决策模型为：

$$\underset{p_1^{A_1},\ p_2^{A_1}}{\text{Max}} Z^{A_1} = (P_1^{A_1} - c^A)(q_1^{A_1} + q_3^{A_1A_1}) + (p_2^{A_1} - c^A)(q_2^{A_1} + q_3^{A_1A_1})$$

情形 3：A_1 与 R 合作。

在市场 3 中，航空公司 A_1 与高速铁路公司 R 合作构成互补的空铁联运，其中 R 和 A_1 分别负责 a，b 和 b，c 的客运服务，在市场 3 中和 A_1 的独立客运构成竞争，但是其他市场类型内各个客运公司还保持竞争。市场 2 和市场 3 的需求函数恒定，由式 3-40 和式 3-42 可得，市场 3 的需求函数为：

$$q_3^{A_1A_1} = \alpha_3 - P_3^{A_1A_1} + \gamma_3 P_3^{RA_1}, \quad q_3^{RA_2} = \alpha_3 - P_3^{RA_1} + \gamma_3 P_3^{A_1A_1} \tag{3-73}$$

由式 3-73 可得目标函数为：

$$Z^{RA_1} = \pi^{A_1} + \theta\pi^R + (1-\theta) W^R$$
$$= (p_1^{A_1} - c^A)(q_1^{A_1} + q_3^{A_1A_1}) + (p_2^{A_1} - c^A) \times (q_2^{A_1} + q_3^{A_1A_1} + q_3^{RA_1}) + (1-\theta) W^R$$
$$Z^{A_2} = \pi^{A_2} = (p_2^{A_2} - c^A) q_2^{A_2} \tag{3-74}$$

此时，合作公司 A_1、R 的价格决策模型为：

$$\underset{p_1^{A_1}, p_2^{A_1}, p_1^R}{\text{Max}} Z^{A_1R} = (P_1^{A_1} - c^A)(q_1^{A_1} + q_3^{A_1A_1}) + (p_2^{A_1} - c^A)(q_2^{A_1} + q_3^{A_1A_1} + q_3^{RA_1}) +$$
$$\theta(p_1^R - c^R)(q_1^R + q_3^{RA_1}) + (1-\theta) W^R$$

航空公司 A_1 的价格决策模型为：

$$\underset{p_2^{A_2}}{\text{Max}} Z^{A_1} = (P_2^{A_2} - c^A) q_2^{A_2}$$

情形 4：A_1 与 A_2 合作。

在市场3中，航空公司 A_1 与 A_2 合作构成互补的航线联运，其中 A_1 和 A_2 分别负责 a，b 和 b，c 的客运服务，在市场3中和 A_1 的独立客运构成竞争，在其他市场类型内还保持竞争状态。市场2和市场3的需求函数恒定，由式3-40和式3-43可得市场3的需求函数为：

$$q_3^{A_1A_1} = \alpha_3 - P_3^{A_1A_1} + \gamma_3 P_3^{A_1A_2}, \quad q_3^{A_1A_2} = \alpha_3 - P_3^{A_1A_2} + \gamma_3 P_3^{A_1A_1} \tag{3-75}$$

由需求函数可得目标函数为：

$$\begin{cases} Z^{A_1A_2} = \pi^{A_1} + \pi^{A_2} = (p_1^{A_1} - c^A)(q_1^{A_1} + q_3^{A_1A_2} + q_3^{A_1A_1}) + (p_2^{A_1} - c^A)(q_2^{A_1} + q_3^{A_1A_1}) + \\ \qquad (p_2^{A_2} - c^A)(q_2^{A_2} + q_3^{A_1A_2}) \\ Z^R = \theta\pi^R + (1-\theta)W^R = \theta(p_1^R - c^R)(q_1^R + q_3^{RA_2}) + (1-\theta)W^R \end{cases} \tag{3-76}$$

此时，合作公司 A_1，A_2 的价格决策模型为：

$$\underset{p_1^{A_1}, p_2^{A_1}, p_2^{A_2}}{\text{Max}} Z^{A_1A_2} = (p_1^{A_1} - c^A)(q_1^{A_1} + q_3^{A_1A_2} + q_3^{A_1A_1}) + (P_2^{A_1} - c^A)(q_2^{A_1} + q_3^{A_1A_1}) +$$

$$(p_2^{A_2} - c^A)(q_2^{A_2} + q_3^{A_1A_2})$$

高速铁路公司 R 的价格决策模型：$\underset{p_1^R}{\text{Max}} Z^R = \theta(P_1^R - c^R)(q_1^R + q_3^{RA_1}) + (1-\theta)W^R$

在情形2、情形3和情形4中，各客运公司的均衡客运服务价格和情形1的解析形式类似。

2. 客运企业相互竞争的动态博弈模型

伯特兰德模型在完全信息的基础上假设。生活中大多数情况下，公司对市场和其他公司的信息不能完全获得，但能够参照当前价格信息和盈利情况决定下一期价格，慢慢地使目标函数最大化。我们以情形1为例，运用有限理性假设构建动态伯特兰德模型，分析各均衡点的稳定性。

通过分析各条件下客运公司的目标函数式3-47~式3-49，能够得到 t 时期的边际函数分别为 $\frac{\partial Z^{A_1}(t)}{\partial p_1^{A_1}}$，$\frac{\partial Z^{A_1}(t)}{\partial p_2^{A_2}}$，$\frac{\partial Z^{A_2}(t)}{\partial p_2^{A_2}}$，$\frac{\partial Z^R(t)}{\partial p_1^R}$，其中 $p_i^j(t)$ 表示 t 时期客运公司 j 在市场 i 中的价格，$Z^j(t)$ 表示 t 时期客运公司 j 的目标函数。

由此能够得出各客运公司在有限理性假设下的伯特兰德博弈系统为：

$$\begin{cases} p_1^{A_1}(t+1) = p_1^{A_1}(t) + \varepsilon_1 p_1^{A_1}(t) \dfrac{\partial Z^{A_1}(t)}{\partial p_1^{A_1}} \\[3mm] p_2^{A_1}(t+1) = p_2^{A_1}(t) + \varepsilon_2 p_2^{A_1}(t) \dfrac{\partial Z^{A_1}(t)}{\partial p_2^{A_1}} \\[3mm] p_2^{A_2}(t+1) = p_2^{A_2}(t) + \varepsilon_3 p_2^{A_2}(t) \dfrac{\partial Z^{A_2}(t)}{\partial p_2^{A_2}} \\[3mm] p_1^R(t+1) = p_1^R(t) + \varepsilon_4 p_1^R(t) \dfrac{\partial Z^R(t)}{\partial p_1^R} \end{cases} \tag{3-77}$$

式3-77中，ε_1，ε_2，ε_3，ε_4 都是正参数，分别表示各客运公司在不同情况下客运服务价格的调整强度。

　　公司对 $t+1$ 时期的价格决策和 t 时期的边际目标函数影响表现为有限理性，就是当期客运公司边际目标为正数时，公司为了提高收益在下一期将价格变大，但是如果当期边际目标为负数，公司在下一期将价格减少，利用市场需求量的改变来改变目标函数。

　　上述有限理性假设情况下，在伯特兰德博弈系统内，令 $p_i^j(t+1)=p_i^j(t)$，能在系统中得到 16 个均衡点，这中间有 15 个边界均衡点，1 个纳什均衡点，我们令 $\theta=1$，其他参数如表 3-5 所示。

　　经计算得：

$E_1(0,\ 0,\ 0,\ 0)$，$E_2(0,\ 390.35,\ 0,\ 364.63)$，

$E_3(405.54,\ 0,\ 376.65,\ 0)$，$E_4(464.56,\ 0,\ 0,\ 423.76)$，

$E_5(0,\ 486.52,\ 457.71,\ 0)$，$E_6(257.46,\ 261.62,\ 0,\ 0)$，

$E_7(0,\ 0,\ 264.91,\ 254.45)$，$E_8(557.90,\ 0,\ 309.54,\ 410.66)$，

$E_9(0,\ 546.55,\ 403.37,\ 301.81)$，$E_{10}(401.58,\ 261.62,\ 0,\ 480.39)$，

$E_{11}(232.12,\ 371.96,\ 455.28,\ 0)$，$E_{12}(0,\ 0,\ 0,\ 320.67)$，

$E_{13}(0,\ 0,\ 328.52,\ 0)$，$E_{14}(388.27,\ 0,\ 0,\ 0)$，

$E_{15}(0,\ 364.39,\ 0,\ 0)$，$E^*(381.82,\ 365.07,\ 387.94,\ 393.04)$

其中 E_1，$E_2\cdots$，E_{15} 为边界均衡点，E^* 为唯一的纳什均衡点。

由式 3-77 可求得各公司有限理性的雅可比矩阵：

$$J=\begin{bmatrix} J_{11} & -1.90\varepsilon_1 p_1^{A_1} & 0.45\varepsilon_1 p_1^{A_1} & 0.94\varepsilon_1 p_1^{A_1} \\ -1.90\varepsilon_2 p_2^{A_1} & J_{22} & 1.04\varepsilon_2 p_2^{A_1} & 0.45\varepsilon_2 p_2^{A_1} \\ 0.48\varepsilon_3 p_2^{A_2} & 1.04\varepsilon_3 p_2^{A_2} & J_{33} & -0.95\varepsilon_3 p_2^{A_2} \\ 0.95\varepsilon_4 p_1^{R} & 0.47\varepsilon_4 p_1^{R} & -0.95\varepsilon_4 p_1^{R} & J_{44} \end{bmatrix} \quad (3\text{-}78)$$

其中 $J_{11}=1-3.88\varepsilon_1 p_1^{A_1}+\varepsilon_1(1404.14+0.45p_1^{A_1}+0.94p_1^{A_1}-3.88p_1^{A_1}-1.90p_1^{A_1})$

$J_{22}=1-3.88\varepsilon_2 p_2^{A_1}+\varepsilon_2(1413.83+1.04p_2^{A_2}+0.45p_1^{R}-1.90p_1^{A_1}-3.88p_2^{A_1})$

$J_{33}=1-3.90\varepsilon_3 p_2^{A_2}+\varepsilon_3(1277.42-3.90p_2^{A_2}-0.95p_1^{A_1}+0.48p_1^{A_1}+1.05p_2^{A_1})$

$J_{44}=1-3.89\varepsilon_4 p_1^{R}+\varepsilon_4(1209.81-0.95p_2^{A_2}-3.89p_1^{R}+0.95p_1^{A_1}+0.47p_1^{A_1})$

　　将上述 15 个边界均衡点和 1 个纳什均衡点代入式 3-78 中，求得矩阵的特征值，将特征值与 1 比较大小，可了解均衡点的稳定性。若这个矩阵的非零特征值比 1 大，说明这个均衡点不稳定。

　　结论 4：边界均衡点 E_1，$E_2\cdots$，E_{15} 都不稳定，但是纳什均衡点 E^* 在特定情况下是稳定的。

　　以 E_1 为例，代入雅可比矩阵中得到：

$$J=\begin{bmatrix} 1+1404.14\varepsilon_1 & 0 & 0 & 0 \\ 0 & 1+1404.14\varepsilon_1 & 0 & 0 \\ 0 & 0 & 1+1404.14\varepsilon_1 & 0 \\ 0 & 0 & 0 & 1+1404.14\varepsilon_1 \end{bmatrix}$$

　　因为这个矩阵的非零特征值都比 1 大，所以 E_1 是不稳定均衡点。同样方法可得，

剩下的边界均衡点都是稳定均衡点，所以在竞争中会出现客运公司退出市场的状况。

把 E^* 代入式 3-78 中，得到相应的特征多项式：

$$P(\lambda) = \lambda^4 + \mu_1 \lambda^3 + \mu_2 \lambda^2 + \mu_3 \lambda + \mu_4$$

$$\mu_1 = 1224.26\varepsilon_1 + 1342.57\varepsilon_2 + 1463.04\varepsilon_3 + 1321.60\varepsilon_4 - 4$$

$$\mu_2 = 1.35\times10^6\varepsilon_1\varepsilon_2 + 1.78\times10^6\varepsilon_1\varepsilon_3 + 1.52\times10^6\varepsilon_4 + 13673.07\varepsilon_1 + 1.86\times10^6\varepsilon_2\varepsilon_3 +$$
$$1.66\times10^6\varepsilon_2\varepsilon_4 - 4057.72\varepsilon_2 + 1.83\times10^6\varepsilon_3\varepsilon_4 - 4419.11\varepsilon_3 - 3964.80\varepsilon_4 + 6$$

$$\mu_3 = 1.73\times10^9\varepsilon_1\varepsilon_2\varepsilon_3 + 1.52\times10^9\varepsilon_1\varepsilon_2\varepsilon_4 - 2.51\times10^6\varepsilon_1\varepsilon_2 + 2.11\times10^9\varepsilon_1\varepsilon_3\varepsilon_4 -$$
$$3.56\times10^6\varepsilon_1\varepsilon_3 - 3.05\times10^6\varepsilon_1\varepsilon_4 + 3673.07\varepsilon_1 + 2.29\times10^9\varepsilon_2\varepsilon_3\varepsilon_4 - 3.70\times10^6\varepsilon_2\varepsilon_3 -$$
$$3.53\times10^6\varepsilon_2\varepsilon_4 + 4057.72\varepsilon_2 - 3.65\times10^6\varepsilon_3\varepsilon_4 + 4419.11\varepsilon_3 + 3964.80\varepsilon_4 - 4$$

$$\mu_4 = 2.02\times10^{12}\varepsilon_1\varepsilon_2\varepsilon_3\varepsilon_4 - 1.73\times10^9\varepsilon_1\varepsilon_2\varepsilon_3 - 1.56\times10^9\varepsilon_1\varepsilon_2\varepsilon_4 + 1.26\times10^6\varepsilon_1\varepsilon_2 -$$
$$2.10\times10^9\varepsilon_1\varepsilon_3\varepsilon_4 + 1.78\times10^6\varepsilon_1\varepsilon_3 + 1.52\times10^6\varepsilon_1\varepsilon_4 - 1234.36\varepsilon_1 -$$
$$2.29\times10^9\varepsilon_2\varepsilon_3\varepsilon_4 + 1.85\times10^6\varepsilon_2\varepsilon_3 + 1.76\times10^6\varepsilon_2\varepsilon_4 - 1352.57\varepsilon_2 +$$
$$1.83\times10^6\varepsilon_3\varepsilon_4 - 1473.04\varepsilon_3 - 1321.60\varepsilon_4 + 1$$

令 $\psi_1 = 1 - \mu_4^2$，$\psi_2 = \mu_1 - \mu_3\mu_4$，$\psi_3 = \mu_2 - \mu_2\mu_4$，$\psi_4 = \mu_3 - \mu_1\mu_4$，$\xi_1 = \psi_4^2 - \psi_1^2$，$\xi_2 = \psi_3\psi_4 - \psi_1\psi_2$，$\xi_3 = \psi_2\psi_4 - \psi_1\psi_3$，由朱利稳定判据可得，$E^*$ 稳定的充分必要条件为：

$$\begin{cases} 1 + \mu_1 + \mu_2 + \mu_3 + \mu_4 > 0 \\ 1 + \mu_1 - \mu_2 + \mu_3 - \mu_4 < 0 \\ |\mu_4| < 1, \quad |\psi_4| < |\psi_3|, \quad |\xi_1| < |\xi_3| \end{cases}$$

所以，当伯特兰德博弈系统满足 E^* 稳定的充分必要条件时，纳什均衡点 E^* 是稳定的。

综上可得，E^* 的稳定性由系统参数决定。因为客运公司都是在有限理性假设的条件下，所以很难立刻到达纳什均衡状态，要经过多次博弈，最后才可以达到纳什均衡；但一旦一家客运公司的服务价格改变过多，使 ε_1，ε_2，ε_3，ε_4 超出该条件定义的范围，就会致使博弈系统变成不稳定状态。ε_1，ε_2，ε_3，ε_4 的取值不会使纳什均衡点 E^* 变动。

3. 数值分析

我们在确保各个航线客运需求和价格、利润都是正数，且不影响问题本身的前提下假设相应参数值，如表 3-5 所示。并基于此分析对比各个公司对竞争和合作四种状况下的偏好和相应情况下的社会福利。

表 3-5　参数值

参数	α	γ_1	γ_2	γ_3	e^A	e^R	g	v	c^R	c^A	L_1	S^A	S^R
数值	600	0.5	0.6	0.6	3	1	2	12	90	120	600km	720km/h	290km/h

（1）各个客运公司对竞争和合作状况的偏好。作为理性个体的客运公司，对不同竞争和合作状况的偏好由不同状况下自身利润所决定；客运公司利润不只和该客运公司本身的选择相关，剩下的客运公司对不同状况的选择也影响着该客运公司的

本身利润。不同状况下各客运公司的利润具体如图 3-11 所示。

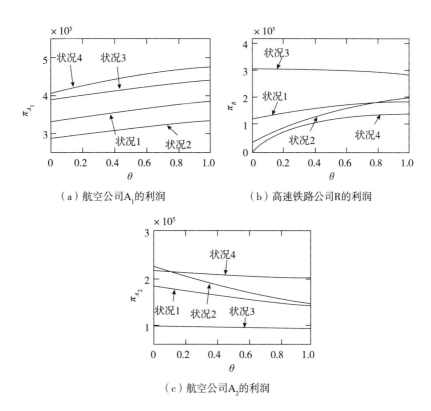

（a）航空公司 A_1 的利润　　　（b）高速铁路公司 R 的利润

（c）航空公司 A_2 的利润

图 3-11　四种状况下各客运公司的利润

由图 3-11 可知，航空公司 A_1 在四种状况下的利润均随 θ 的提高而提高，且伴随高速铁路在社会福利中占比的减少而提高，在状况 4 时利润提高速度和幅度最大，特别是当航空公司 A_1 和航空公司 A_2 合作时对航空公司 A_1 的利润影响最大。

高速铁路公司 R 在状况 1、状况 2 和状况 4 的利润随 θ 的提高而提高，在状况 2 下利润提高幅度最大，且随着高速铁路在社会福利中占比的减少而提高，在与航空公司 A_2 合作时对高速铁路公司 R 的利润影响最大。但在状况 3，即航空公司 A_1 和高速铁路公司 R 合作构成空铁联运时，高速铁路公司 R 的利润随 θ 的提高而减少，且随着承担社会福利占比的减少而减少。

航空公司 A_2 在四种状况下的利润随 θ 的提高而减少，在状况 2 下的利润减少的速度和幅度最大，且随着高速铁路在社会福利中占比的减少而减少。当航空公司 A_2 和高速铁路公司 R 合作时对航空公司 A_2 的利润影响最大。

用 $<_j$ 代表客运公司 j 在 θ 不一样取值时对不同状况的偏好顺序。比如，$1 <_j 2$ 代表在状况 1 和状况 2 的对比中客运公司 j 更偏好状况 2。客运公司作为理性个体，它的偏好顺序由不同状况下的利润决定，即 $1 <_j 2 \Leftrightarrow \pi_1^j < \pi_2^j$，其中 π_x^j 代表公司 j 在状况 x 的利润（$x = 1, 2, 3, 4$），通过上述准则和图 3-11 能得各客运公司的偏好顺序如下：

航空公司 A_1：当 $\theta \in [0, 1]$ 时，$2 <_{A_1} 1 <_{A_1} 3 <_{A_1} 4$。

高速铁路公司 R：当 $\theta \in [0, 0.75)$ 时，$4 <_R 2 <_R 1 <_R 3$；当 $\theta \in [0.75, 1]$ 时，$4 <_R 1 <_R 2 <_R 3$。

航空公司 A_2：当 $\theta \in [0, 0.10)$ 时，$3 <_{A_2} 1 <_{A_2} 4 <_{A_2} 2$；当 $\theta \in [0.10, 1]$ 时，$3 <_{A_2} 1 <_{A_2} 2 <_{A_2} 4$。

在合作公司利润不能再分配的状况下，由以上偏好关系能够得到三家客运公司对竞争和合作状况的抉择：当 $\theta \in [0.10, 1]$ 时，航空公司 A_1、A_2 均偏好状况 4；当 $\theta \in [0, 0.10)$ 时，各公司间没有同时偏好的状况。由此可得结论 5。

结论 5：在合作公司利润不能再分配的状况下，当 $\theta \in [0, 0.10)$ 时，最可能发生竞争和合作状况模糊；当 $\theta \in [0.10, 1]$ 时，最可能出现的竞争和合作状况为状况 4，即航空公司 A_1、A_2 合作组成互补的航线联营。

在合作公司间利润可再分配状态下，因为利润能够在合作公司间转移，所以合作公司间各自的利润和合作公司的总利润很大程度上决定了公司对各种竞争和合作状况的偏好。定义公司利润的总增益为：

$$NG_1 = \frac{\pi_x^{j_1} + \pi_x^{j_2}}{\overline{\pi^{j_1}} + \overline{\pi^{j_2}}}$$

其中 j_1，j_2 分别表示状况 x 中的合作公司，$\overline{\pi^{j_1}}$，$\overline{\pi^{j_2}}$ 分别代表客运公司 j_1，j_2 在四种状况下的平均利润。当 $x = 1$ 时，有 $NG_1 = \dfrac{\sum\limits_{j = A_1, A_2, R} \pi_1^j}{\sum\limits_{j = A_1, A_2, R} \overline{\pi^{j_1}}}$。

公司利润总增益的改变决定了不同竞争和合作状况出现的可能性。比如，$NG_1 < NG_2$ 代表状况 1 比状况 2 更有可能发生。当 $NG > 1$ 时，两公司有着合作积极性；且 NG 越大，两公司越有可能合作。通过计算可得四种状况下两公司利润总增益，如图 3-12 所示。

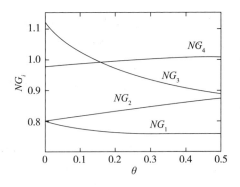

图 3-12　四种状况下两公司利润总增益

由图 3-12 可知，在状况 2 和状况 4 时，两公司利润总增益随 θ 的提高而提高，即航空公司 A_2 和高速铁路公司 R 合作构成的空铁联运和航空公司 A_1、A_2 合作构成互补的航线联营的利润总增益随高速铁路在社会福利中占比的减少而提高。在状况 1 和状况 3 时，公司利润总增益随 θ 的提高而减少，即在各公司相互竞争时，航空

公司 A_1 与高速铁路公司 R 合作构成半互补空铁联运的利润总增益随高速铁路在社会福利中的占比的减少而减少。对比四种状况下公司利润总增益的大小可得：

当 $\theta \in [0, 0.0075]$ 时，$NG_3 > NG_4 > NG_1 > NG_2$；

当 $\theta \in [0.0075, 0.3094]$ 时，$NG_3 > NG_4 > NG_2 > NG_1$；

当 $\theta \in [0.3094, 1]$ 时，$NG_4 > NG_3 > NG_2 > NG_1$。

由上述两公司利润总增益大小关系，可得结论 6：

结论 6：在合作公司间利润可再分配的状况下，当 $\theta \in [0, 0.3094)$ 时，最可能出现的竞争和合作状况为状况 3，即航空公司 A_1 和高速铁路公司 R 合作构成半互补的空铁联运；当 $\theta \in [0.3094, 1]$ 时，最可能发生的竞争和合作状况为状况 4，即航空公司 A_1，A_2 合作构成互补的航线联营。

（2）社会总福利的分析。社会总福利由市场中游客的消费者剩余和客运公司利润构成，这中间消费者剩余是旅客效用去除票价，而客运公司利润是公司的票价收入去除客运成本，社会总福利是旅客效用去除客运成本，即：

$$W_x = U_1 + U_2 + U_3 - G^{A_1} - G^{A_2} - G^R \tag{3-79}$$

其中，x 代表不同的竞争和合作状况，U_1、U_2、U_3 分别为市场 1、市场 2 和市场 3 中的游客效用，G^j 是客运公司 j 在状况 x 的客运成本，根据航空客运市场中游客的效用函数，可得：

$$U_1 = \frac{\alpha_1(q_1^{A_1} + q_1^R)}{1 - \gamma_1} - \frac{2\gamma_1 q_1^{A_1} q_1^R + (q_1^{A_1})^2 + (q_1^R)^2}{2(1 - \gamma_1^2)}$$

$$U_2 = \frac{\alpha_2(q_2^{A_1} + q_2^{A_2})}{1 - \gamma_2} - \frac{2\gamma_2 q_2^{A_1} q_2^{A_2} + (q_2^{A_1})^2 + (q_2^{A_2})^2}{2(1 - \gamma_1^2)}$$

$$U_3 = \frac{\alpha_3(q_3^{A_1 A_1} + q_3^*)}{1 - \gamma_2} - \frac{2\gamma_2 q_3^{A_1 A_1} q_3^* + (q_3^{A_1 A_1})^2 + (q_3^*)^2}{2(1 - \gamma_1^2)}$$

其中，在状况 1 和状况 2 下，$*$ 都是 RA_2，而在状况 3 和状况 4 下，$*$ 分别是 RA_1、$A_1 A_2$。通过计算能够得到四种状况的社会总福利，如图 3-13 所示。

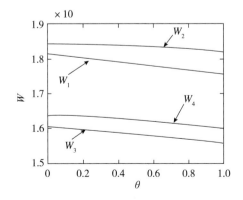

图 3-13 四种状况下 θ 对总社会福利的影响

由图 3-13 可知，当 $\theta \in [0, 1]$ 时有 $W_3 < W_4 < W_1 < W_2$。在状况 2 下，当 $\theta \in [0, 0.0982]$ 时，社会总福利随 θ 的提高而提高；当 $\theta \in [0, 0.0982]$ 时，社会总福利随 θ 的提高而减少。剩下三种状况下，社会总福利随 θ 的提高而减少，社会福利随高速铁路在社会福利中占比的减少而减少。在航空公司 A_2 和高速铁路公司 R 共同构成互补的空铁联运，且 $\theta = 0.0982$ 时，社会总福利达到最大值。

通过上述分析和对四种竞争和合作状况下的偏好和社会总福利最大化偏好的对比可得，社会利益和客运公司利益有矛盾。

我们在图 3-13 的运输网络基础上构建了两个航空公司之间和航空公司和高速铁路公司之间的竞争和合作模型。通过静态分析可得，短期旅行中，高速铁路有着更多的时间成本优势。航空公司和高速铁路公司竞争时，航空公司应将资源多用在长途客运线路中，从而在长途路线当中充分发挥其时间成本优势；游客时间价值和旅游总时间的改变对不同公司的均衡价格和需求量的影响均有不同，航空公司应对各个旅客群体（商务旅客、休闲旅客等）定制差异化策略，从而发挥各自的优势。利用动态分析可得，当客运公司价格改变过多时，系统就会变得不稳定，政府应就寡头客运公司的价格改变幅度做出相应的制约，从而预防客运服务价格发生较大变动。当高速铁路在社会福利中占比较少时，航空公司之间共同构成互补的航线联营的可能性最大；当高速铁路在社会福利中占比更多时，且合作公司利润可再分配的情况下，航空公司和高速铁路公司构成半互补的空铁联运是最可能出现的。此外，社会总福利最大化和各公司利润最大化所致使的偏好不同，这时政府应制定相应政策，协调各方利益和社会总福利最大化，并根据状况制约市场中寡头公司间合作、合并等行为，以限制寡头公司损害公共利益的事件发生。

三、斯塔克尔伯格模型的应用：闭环供应链的定价策略[①②]

1. 基于成本信息不对称下闭环供应链的定价策略分析

闭环供应链是在供应链的基础上考虑到构建资源节约型、环境友好型的社会愿景而构建的一个循环系统，也是通过产品正向交付和逆向回收再利用的资源—生产—消费—再生资源的一个封闭的、循环的、反馈式的生产过程。在市场行为中，供应链上的各方并不是透明体，企业为了自身的利益，通常会将本身的成本等信息当作商业机密而严格保密，其他公司要想知道这些信息很难，因此对非对称信息下这种问题的探索有很大的实际意义。

（1）模型分析。在成本信息不对称的状况下探索闭环供应链的定价策略可得以下情况：一是在制造商信息不对称的情况下，即制造商隐瞒其生产成本时，各成员的定价策略和对最后各自利润的影响；二是在零售商信息不对称的情况下，即零售

① 康晨阳，戴更新. 信息不对称时混合销售和回收下闭环供应链的定价策略 [J]. 物流科技，2018，41 (5)：117-120，124.

② 罗甸，刘小冬，陈胜利. 基于成本信息不对称下闭环供应链的定价策略分析 [J]. 西安财经学院学报，2013，26 (2)：54-58.

商隐瞒其回收成本时，各成员的定价策略及定价策略对最后各自利润的影响。

（2）模型假设。

假设1：产品的市场需求是非线性的，回收品的供给是线性的。

假设2：制造商和零售商都为处于非对称信息之下的独立决策者，其中制造商是斯塔克尔伯格博弈的领导者。

假设3：再造品和新产品不存在质的差异，市场认可度一致，且仅生产再造品不能满足市场的需求，必须生产一定量的新产品。

（3）参数设置。

P：产品零售价格（假设新产品与再造品售价一样）。

P_r：零售商回收消费者废旧品时支付的单位回收价格。

W：产品的批发价格。

P_m：制造商从零售商处回收废旧品的转移支付价格。

C_m：制造商用新鲜原材料生产新产品的边际生产成本。

C_r：制造商以回收品为原料生产新产品的边际生产成本，其中 $C_r < C_m$，同时令 $\Delta = C_m - C_r$。

C_{rr}：零售商回收废旧品的边际运营成本（与回收价格不一样）。

Q：市场需求，其中 $Q = \dfrac{\beta}{P^{\alpha}}$，$\alpha$ 为市场对价格的需求弹性。

G：废旧品的供给量，其中 $G = K + hP_r$。K，$h > 0$，K 代表消费者的环保意识，表示社会上存在 K 数量的志愿者愿意无偿归还废旧品，K 越大代表社会环保意识越强烈，h 为消费者对回收价格 P_r 的敏感程度。

δ：再造率，即一定数量的废旧品中，能再生产为再造品的废旧品所占的比例。

制造商的利润 $\pi_m = (W - C_r - P_m)(\delta K + \delta h P_r) + (W - C_m)\left(\dfrac{\beta}{P^{\alpha}} - \delta K - \delta h P_r\right)$

零售商的利润 $\pi_r = (P - W)\dfrac{\beta}{P^{\alpha}} + (P_m - P_r - C_{rr})(\varepsilon K + \delta h P_r)$

闭环供应链的总利润 $\pi = (P - C_m)\dfrac{\beta}{P^{\alpha}} + (C_m - C_r - P_r - C_{rr})(\varepsilon K + \delta h P_r)$

其中参数满足 $P_r + C_{rr} < P_m \leqslant C_r + P_m \leqslant C_m < W < P$。

2. 制造商隐瞒生产成本时的斯塔克尔伯格博弈均衡分析

在制造商和零售商处在非对称信息状况下探索的决策两方将自身利润最大化作为决策目的。在该斯塔克尔伯格均衡中，制造商为主导者，零售商为追随者。

（1）制造商不隐瞒生产成本时的均衡解。

根据逆向归纳法，先对零售商表达式求一阶导，即令 $\dfrac{\partial \pi_r}{\partial p} = 0$，$\dfrac{\partial \pi_r}{\partial p_r} = 0$，得到：

$$\begin{cases} P = \dfrac{\alpha}{\alpha - 1}W \\ P_r = \dfrac{P_m - C_{rr} - K}{2h} \end{cases} \tag{3-80}$$

将零售商的反应函数，即式 3-80 代入制造商的利润函数，则有：

$$\pi_m = (W - C_r - P_m)\left(\frac{\delta K}{2} + \frac{\delta h P_m}{2} - \frac{\delta h C_{rr}}{2}\right) +$$

$$(W - C_m)\left(\frac{\beta(1-\alpha)^\alpha}{\alpha^\alpha W^\alpha} - \frac{\delta h P_m}{2} + \frac{\delta h C_{rr}}{2} - \frac{\delta K}{2}\right) \tag{3-81}$$

由式 3-81，再令 $\frac{\partial \pi_m}{\partial w} = 0$，$\frac{\partial \pi_m}{\partial p_m} = 0$，得到：

$$\begin{cases} W = \dfrac{\alpha}{\alpha - 1} C_m \\[3mm] P_m = \dfrac{C_m h - C_{rr} h - C_r h - K}{2h} \end{cases} \tag{3-82}$$

据此，可以得到以下结论：制造商不隐瞒生产成本、信息对称条件下，闭环供应链中斯塔克尔伯格均衡下制造商和零售商的最优定价策略如下：

$$\begin{cases} P^s = \left(\dfrac{\alpha}{\alpha - 1}\right)^2 C_m \\[3mm] P_r^s = \dfrac{C_m h - C_{rr} h - C_r h - 3K}{4h} \\[3mm] W^s = \dfrac{\alpha}{\alpha - 1} C_m \\[3mm] P_m^s = \dfrac{C_m h - C_{rr} h - C_r h - K}{2h} \end{cases} \tag{3-83}$$

此时各节点成员的利润为：

$$\pi_m^s = (W^s - C_r - P_m^s)(\delta K + \delta h P_r^s) + (W^s - C_m)\left(\frac{\beta}{P^{s\alpha}} - \delta K - \delta h P_r^s\right) \tag{3-84}$$

$$\pi_r^s = (P^s - W^s)\frac{\beta}{P^{s\alpha}} + (P_m^s - P_r^s - C_{rr})(\delta K + \delta h P_r^s) \tag{3-85}$$

$$\pi^s = (P^s - C_m)\frac{\beta}{P^{s\alpha}} + (C_m - C_r - P_r^s - C_{rr})(\delta K + \delta h P_r^s) \tag{3-86}$$

（2）制造商隐瞒生产成本时的斯塔克尔伯格博弈均衡分析。

在实际的经济行为中，在非对称信息下，假定制造商知道某一新研发的技术减少了某一商品的单位生产成本，而零售商在合作时并不知道这一信息，制造商还是报出了以往的成本，致使成本虚高；或者因为制造商在商城中占优势，零售商是他的跟随者，制造商隐瞒这一真实的成本而报出一个虚假的声明成本，从而为自己得到更多的利润。

接下来研究制造商隐瞒生产成本时的斯塔克尔伯格博弈均衡：假设制造商的真

实成本为我们提到的 C_m、C_r，其声明成本为 C_m^*、C_r^*，则制造商公开的利润函数为：

$$\pi_m^s = (W - C_r^* - P_m)(\delta K + \delta h P_r) + (W - C_m^*)\left(\frac{\beta}{P^\alpha} - \delta K - \delta h P_r\right)$$

此时，零售商的利润函数为：

$$\pi_r^* = (P - W)\frac{\beta}{P^\alpha} + (P_m - P_r - C_{rr})(\delta K + \delta h P_r)$$

同样，我们用逆向归纳法求解制造商隐瞒生产成本时的斯塔克尔伯格均衡，令 $\frac{\partial \pi_r^*}{\partial_p} = 0$，$\frac{\partial \pi_r^*}{\partial_{P_r}} = 0$，可以得到制造商隐瞒生产成本时零售商的反应函数为：

$$\begin{cases} P^* = \dfrac{\alpha}{\alpha - 1}W \\[3mm] P_r^* = \dfrac{P_m h - C_{rr}h - K}{2h} \end{cases} \tag{3-87}$$

同理，我们将式 3-87 代入制造商公开的利润函数中，令 $\frac{\partial \pi_m^*}{\partial_W} = 0$，$\frac{\partial \pi_m^*}{\partial_{P_m}} = 0$，则有：

$$\begin{cases} W^* = \dfrac{\alpha}{\alpha - 1}C_m^* \\[3mm] P_m^* = \dfrac{C_m^* h - C_{rr}h - C_r^* h - K}{2h} \end{cases} \tag{3-88}$$

此时，得到制造商隐瞒生产成本时的最优零售价和最优市场回收价格为：

$$\begin{cases} P^* = \left(\dfrac{\alpha}{\alpha - 1}\right)^2 C_m^* \\[3mm] P_r^* = \dfrac{C_m^* h - C_{rr}h - C_r^* h - 3K}{4h} \end{cases} \tag{3-89}$$

则得到制造商隐瞒生产成本情况下的斯塔克尔伯格博弈均衡为：

$$\begin{cases} P^* = \left(\dfrac{\alpha}{\alpha - 1}\right)^2 C_m^* \\[3mm] W^* = \dfrac{\alpha}{\alpha - 1}C_m^* \\[3mm] P_r^* = \dfrac{C_m^* h - C_{rr}h - C_r^* h - 3K}{4h} \\[3mm] P_m^* = \dfrac{C_m^* h - C_{rr}h - C_r^* h - K}{2h} \end{cases} \tag{3-90}$$

在此种均衡结果下，制造商真实的利润为：

$$\pi_m^\alpha = (W^* - C_r - P_m^*)(\delta K + \delta h P_r^*) + (W^* - C_m)\left(\frac{\beta}{P^{*\alpha}} - \delta K - \delta h P_r^*\right)$$

此时，制造商会根据真实的利润函数得出一个最优隐瞒成本，从而收获更大的利润。

令 $\dfrac{\partial \pi_m^\alpha}{\partial_{C_m^*}} = 0$，$\dfrac{\partial \pi_m^\alpha}{\partial_{C_r^*}} = 0$，则有：

$$\frac{\delta h}{4}(C_r^* - C_r) + \frac{\delta h}{4}(C_m - C_m^*) + \frac{\beta(\alpha - 1)^{2\alpha}(C_m - C_m^*)}{\alpha^{2\alpha - 1} C_m^{*\alpha}} = 0$$

$$\frac{\delta h}{4}(C_r^* - C_r) + \frac{\delta h}{4}(C_m - C_m^*) = 0$$

联立上面两式，我们得到制造商最优隐瞒成本为：

$$\begin{cases} C_m^{*\alpha} = C_m \\ C_m^{*\alpha} = C_r \end{cases} \tag{3-91}$$

在制造商最优隐瞒成本的情况下，我们得到的博弈均衡结果为：

$$P^\alpha = P^s,\ P_r^\alpha = P_r^s,\ W^\alpha = W^s,\ P_m^\alpha = P_m^s$$

据此得到制造商最优隐瞒时的利润为：

$$\pi_m^\alpha = \pi_m^s,\ \pi_r^\alpha = \pi_r^s,\ \pi^\alpha = \pi^s$$

结论证明，在非线性需求下，非对称信息时，制造商的定价策略和在对称信息下是一样的。即制造商隐瞒生产成本有可能实现增加利润的效果。将上述结果代入利润函数，可以发现制造商和零售商的利润都没有发生改变，供应链整体的利润也没有改变。

3. 零售商瞒报回收成本时的斯塔克尔伯格博弈均衡分析

零售商负责废旧产品的回收，不存在第三方。回收废旧品是一个十分烦琐的过程，制造商常常不知道零售商回收废旧品的信息，因此不了解其成本，仅可以接受零售商提供的成本，而零售商能够隐瞒成本来扩大本身的利润。研究零售商不隐瞒回收成本时的均衡结果，此时两方都是信息对称的情况；其过程与制造商不隐瞒生产成本的情况相同，均衡结果也一样。在双方处于非对称信息的情况下，制造商不知道零售商的回收成本，只有零售商才准确知道其回收成本 C_{rr}，所以零售商或许会隐瞒其回收成本以赚取更多利润。

下面我们研究零售商隐瞒回收成本时的斯塔克尔伯格均衡。假定零售商对外声明的回收成本为 C_{rr}^*，其真实成本为 C_{rr}，则零售商对外公开的利润函数为：

$$\pi_r^* = (P - W)\frac{\beta}{P^\alpha} + (P_m - P_r - C_{rr}^*)(\delta K + \delta h P_r) \tag{3-92}$$

此时，相应制造商的利润函数为：

$$\pi_m^* = (W - C_r - P_m)(\delta K + \delta h P_r) + (W - C_m)\left(\frac{\beta}{P^\alpha} - \delta K - \delta h P_r\right) \tag{3-93}$$

同理，用逆向归纳法求解，令 $\dfrac{\partial \pi_r^*}{\partial_P} = 0$，$\dfrac{\partial \pi_r^*}{\partial_{P_r}} = 0$，则有：

$$\begin{cases} P^* = \dfrac{\alpha}{\alpha-1}W \\[3mm] P_r^* = \dfrac{P_m h - C_{rr}{}^* h - K}{2h} \end{cases} \tag{3-94}$$

代入制造商的利润函数，并令 $\dfrac{\partial \pi_m^*}{\partial_W}=0$，$\dfrac{\partial \pi_m^*}{\partial_{P_m}}=0$，则有：

$$\begin{cases} W^* = \dfrac{\alpha}{\alpha-1}C_m \\[3mm] P_m^* = \dfrac{C_m h - C_{rr}{}^* h - C_r h - K}{2h} \end{cases} \tag{3-95}$$

根据式 3-95，零售商隐瞒情况下的最佳零售价和最佳市场回收价格的最终表达式为：

$$\begin{cases} P^* = \left(\dfrac{\alpha}{\alpha-1}\right)^2 C_m \\[3mm] P_r^* = \dfrac{C_m h - C_{rr}{}^* h - C_r h - 3K}{4h} \end{cases} \tag{3-96}$$

而此时零售商真实的收益为：

$$\pi_r^\alpha = (P^* - W^*)\frac{\beta}{P^{*\alpha}} + (P_m^* - P_r^* - C_{rr})(\delta K + \delta h P_r^*)$$

$$= \left[\left(\frac{\alpha}{\alpha-1}\right)^2 C_m - \frac{\alpha}{\alpha-1}C_m\right]\left[\frac{\beta(\alpha-1)^{2\alpha}}{\alpha^{2\alpha}C_m^\alpha}\right] +$$

$$\left(\frac{C_m h - C_{rr}{}^* h - C_r h - K}{2h} - \frac{C_m h - C_{rr}{}^* h - C_r h - 3K}{4h} - C_{rr}\right)$$

$$\left(\delta K + \delta h\frac{C_m h - C_{rr}{}^* h - C_r h - 3K}{4h}\right)$$

此时，零售商可以做一个最佳的隐瞒决策，以使其利润最大化。令 $\dfrac{\partial \pi_m^\alpha}{\partial_{C_{rr}^*}}=0$，得到零售商的最优隐瞒成本为：

$$C_{rr}^{*\,\alpha} = \frac{K + C_m h - C_r h + 2hC_{rr}}{3h}$$

我们可证 $C_{rr}^{*\,\alpha} > C_{rr}$，利用作差法：

$$C_{rr}^{*\,\alpha} - C_{rr} = \frac{K + C_m h - C_r h + 2hC_{rr}}{3h} - C_{rr} = \frac{K + h(\Delta - C_{rr})}{3h} > 0$$

据此，得出以下结论：当零售商具有私人回收成本信息时，零售商会扩大其回收成本，以得到更多的利润，其最佳的隐瞒成本为：

$$C_{rr}^{*\,\alpha} = \frac{K + C_m h - C_r h + 2hC_{rr}}{3h}$$

将最佳隐瞒成本代入式 3-95、式 3-96 中，我们得到以下结论：

在信息不对称的情况下，零售商隐瞒回收成本时，闭环供应链中斯塔克尔伯格均衡下制造商和零售商的最优定价策略为：

$$\begin{cases} P^\alpha = \left(\dfrac{\alpha}{\alpha - 1} \right)^2 C_m \\[3mm] P_r^\alpha = \dfrac{2C_m h - 2C_{rr} h - 2C_r h - 10K}{12h} \\[3mm] W^\alpha = \dfrac{\alpha}{\alpha - 1} C_m \\[3mm] P_m^\alpha = \dfrac{2C_m h - C_{rr} h - 2C_r h - K}{3h} \end{cases} \tag{3-97}$$

在零售商隐瞒回收成本时，在如式 3-97 所示的上述最优策略下，我们得到闭环供应链上各方的利润如下：

$$\pi_m^\alpha = (W^\alpha - C_r - P_m^\alpha)(\delta K + \delta h P_r^\alpha) + (W^\alpha - C_m) \left(\dfrac{\beta}{P^{\alpha\alpha}} - \delta K - \delta h P_r^\alpha \right) \tag{3-98}$$

$$\pi_r^\alpha = (P^\alpha - W^\alpha) \dfrac{\beta}{P^{\alpha\alpha}} + (P_m^\alpha - P_r^\alpha - C_{rr})(\delta K + \delta h P_r^\alpha)$$

$$\pi^\alpha = \pi_m^\alpha + \pi_r^\alpha$$

通过比较非对称信息下与对称信息下的零售价、回收价、批发价和利润表达式可知：

$$P^\alpha = P^s, \ P_r^\alpha < P_r^s, \ W^\alpha = W^s, \ P_m^\alpha > P_m^s$$

证明如下：因为 $P^\alpha = P^s$，$W^\alpha = W^s$，由 $P_r^\alpha - P_r^s = \dfrac{-(\Delta - C_{rr}) - K}{12h} < 0$，可得 $P_r^\alpha < P_r^s$，由 $P_m^\alpha - P_m^s = \dfrac{(\Delta - C_{rr}) + K}{6h} > 0$，可得 $P_m^\alpha > P_m^s$。

在非对称信息的最佳定价策略对比信息对称的情形下，零售价和批发价没发生改变，零售商支付给顾客的单位回收价格 P_r 变小，而制造商支付给零售商的转移回收价格 P_m 变大。同时，在零售商隐瞒回收成本的情况下，根据制造商和零售商表达式和各参数的变化趋势，很明显可以看出：$\pi_m^\alpha < \pi_m^s$，$\pi_r^\alpha < \pi_r^s$，即在该闭环供应链系统中，零售商隐瞒回收成本有利于提升自己的利润，而降低制造商的利润。

同时，由 $\pi^\alpha - \pi^s = \dfrac{\delta}{12}(P_r^\alpha - P_r^s)(7K + 7\Delta h - 10hC_{rr})$ 可知当 $7K+7\Delta h-10hC_{rr}>0$ 时，$\pi^\alpha<\pi^s$，此时零售商隐瞒回收成本使系统利润减少；当 $7K+7\Delta h-10hC_{rr}<0$ 时，$\pi^\alpha>\pi^s$，此时零售商隐瞒回收成本使系统利润增加。总的来说，零售商隐瞒回收成本有利于增加本身的利润，在多周期的博弈中，零售商更具有瞒报其信息的内在动力。

应用博弈理论在研究了单周期情况下，非线性市场需求的基础上，由制造商和零售商构成的闭环供应链系统中，链上成员隐瞒其自身成本时，两者的最优定价策略和对其自身利润的影响。制造商隐瞒生产成本有可能能够达到提高自身利润的目的，而零售商则能够通过隐瞒回收成本实现这一目的。

结论：在单周期的情况下，由于受利益左右，零售商有更多对制造商隐瞒回收成本的内在动力。在此假设了新产品和再造品不存在质的差异，而除去这一假设进行更为贴近实际的研究则是下一步研究的方向之一，闭环供应链整体如何设计激励机制以鼓励零售商公开信息，使两方的利润都有所提高，进而增加闭环供应链整体的利润也是有待进一步研究的问题。

四、无限次重复古诺模型的应用：微信小程序与APP的博弈分析[①]

1. APP 市场类型定位

（1）厂商与消费者数量很多，分发商分布集中。越来越多的消费者和厂商为了增强市场的竞争性，使供需两间的潜在市场得到扩大。根据《2018~2019中国移动应用商店市场监测报告》，2018年中国第三方应用市场活跃用户达4.72亿人，庞大的市场规模吸引了大量的APP开发商，使APP市场竞争异常激烈。同时，仅在AppStore中，来自中国的"僵尸应用"约为110万，占比约为81.3%。据艾媒咨询数据表明，85%的电子商户会在30天内将自己下载的APP卸载，五个月左右，已上线应用的存活率低至5%，即在市场竞争中，APP的长期卸载率约为95%。此外，由于APP的流量特征明显，市场用户资源在一定程度上得到集中，因此汇聚成由多个应用商店组成的分发商集群。分发商间的并购和竞争，让整个应用市场在产品销售方面拥有了很强的垄断性。

（2）信息不对称，产品后验性特征明显。经济社会中消费者一般仅能知道部分消息，所以消息增多能够一定程度上增强市场效率。信息搜集对消费者有两种影响：一是消费者的决策质量能被更加完备的有效消息提高；二是信息搜集和处理的边际成本进一步增强。所以，消费者信息搜集的动力和在充分信息下的决策能力会相互制约。这种制约关系如图3-14所示。

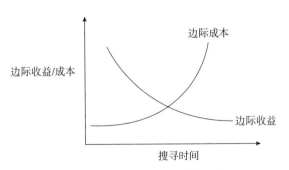

图3-14 信息搜寻边际分析示意

---

① 韩玉坤. 微信小程序对APP市场扰动的博弈论分析 [J]. 商业经济, 2020 (1): 75-78.

信息搜寻的边际成本与边际收益相等时，信息搜索时间达到最优，整个市场在信息配置上完成效率最大化。在这里需要指出的是，信息搜索中边际成本和边际收益曲线的形状和斜率受搜索形式的影响而变化。与二元市场比较，应用市场上的分发商作为中间商带来了更加方便的信息搜集办法。这么看来，应用平台的使用清除了信息不对称，提高了市场效率，使社会福利增多；但在应用市场中，与消费者比较，生产者对自身商品还有着不少信息优势。信息不对称使生产者在供需竞争中依然处在优势地位，所以将整个 APP 市场的竞争性降低了。

（3）网络外部性使 APP 市场的垄断性提高。当移动市场前一消费者从后一消费者购买的某一产品里收益或受害时，就有了网络外部性。网络外部性也许会使应用市场的模范竞争发生变动，从而发生坏结果；就像市场竞争中假若某一应用处于临界点，即市场商品被进一步拓展而变成行业准则，那么剩下的同一竞争者或许会消失，则这一生产商就会收获稳定的垄断收益，就是在网络外部性里得到利润。例如，社交应用被微信的挤压、股票应用被同花顺的挤压。

（4）生产成本中沉没成本占比较高，市场进入和退出壁垒较严。应用生产的成本主要包括三种沉没成本：研发成本、宣传成本和流量成本。在应用平台中心化流量扩散模式下，使用者竞争使流量成本长期变多，产生了较为严格的进退限制，增强了应用市场的垄断特性。综上所述，从当前市场状态来看，整体应用市场在分发商那边表现出了不一样的垄断性。从目前国内应用平台竞争情况来看，能够暂时将应用分发市场定位于寡头垄断市场。事实上，应用分发市场在小程序上线前就表现出了显著的寡头垄断特性。比如，除了苹果独立的应用商城外，腾讯有应用宝，阿里有豌豆荚和 PP 助手，百度旗下有 91 无线，另外 360 手机助手、安卓市场应用平台也均活跃。

2. 微信小程序自身竞争优势分析

对于波动较小的寡头垄断应用市场，微信小程序处于应用平台与应用工具中，以社交、轻型、长尾等优势使当前市场状态改变。小程序用户运用扫一扫或搜一搜就可以使用应用。微信小程序作为在线轻型应用平台在创新中表现出不少显著优点。

（1）小程序增强了搭载 APP 产品的社交属性。小程序可以在微信群和朋友圈中转发，进一步利用人们的交互和联动，提供社交化服务。据腾讯公开数据显示，如今微信有数亿积极使用者。庞大的消费者数量会使社交化发展的小程序收获更多空间。

（2）小程序以低频长尾应用市场为切入点。小程序的优点是无须安装和卸载。就像在公积金查询、航班查询、餐厅点餐等低频刚性应用场景中，下载 APP 占用手机空间，使用次数较少。当前微信小程序的线上功能就能够改善以上瑕疵，运用微信本身的大数据，长尾应用的低频刚性功能会得到更好的展现。

（3）小程序将推动应用市场竞争"去中心化"。微信在演化过程中一直保持"去中心化"的准则。使用小程序对流量竞争公平化有着促进作用。现在国内应用商店都运用中心化的流量分发模式。用户面对的应用排名仅仅为流量竞价排名。与之不同，小程序对用户推荐应用会逐步综合用户实际使用量、重复使用率、活跃度等多项指标。

3. 小程序与传统 APP 分发商各自决策的博弈论分析

小程序与其他 APP 寡头的博弈论分析——引入无限次重复古诺模型。

在小程序搅动应用市场的博弈论分析中，百度、阿里等 APP 寡头会引发其他情况。事实上，91 无线很久前就展开过线上应用平台的运营，360 浏览器也有了不少"轻应用"的功能。与中等规模 APP 分发商有异，百度、阿里等 APP 寡头有着和腾讯一起创新、共同竞争的技术实力与流量入口。在腾讯、百度、阿里等相同处境的 APP 分发商的博弈斗争中，利用实力相似的寡头同时竞争的古诺模型，可以更好地与现实综合，成为研究工具。据分析，当前 APP 分发市场属于寡头垄断类型。经济生活中，寡头垄断市场是一种状态稳定、续航时间长的市场类型。因此，各寡头会在长期内重复进行同样的竞争，而且每次的竞争模式都很相似。但可知，这样长期竞争的最终结果与一次性竞争不同。在使用无限次重复古诺模型研究 APP 寡头长期竞争策略前，要明白：什么时候分析适合完全信息动态博弈？完全信息动态博弈的条件表现在：博弈两方先后行动，且后者知道先者要如何做，并且博弈两方对这种策略组合下的对应收益完全了解。动态博弈中，博弈方的整个策略包含在一段时间上的很多可能性，就是一个策略往往会含有很多可能性。假如应用市场上有 A、B 两家平台运营商，进行用户流量分发并得到利润。假定 A 分发商当前用户流量为 q_1，B 分发商当前用户流量为 q_2，应用市场总用户流量为 $Q = q_1 + q_2$，假定用户流量被全部分销时的价格 $P = 10 - Q$，固定成本为零。A、B 两家平台运营商技术创新后引流 q_1、q_2 单位用户流量的非固定成本为 $3q_1$、$3q_2$。在完全信息静态博弈模型中，有以下结果：

A 分发商在平台创新中获利为：

$$t_1 = q_1 [10 - (q_1 + q_2)] - 3q_1 = 7q_1 - q_1 q_2 - q_1^2$$

B 分发商在平台创新中获利为：

$$t_2 = q_2 [10 - (q_1 + q_2)] - 3q_2 = 7q_2 - q_1 q_2 - q_2^2$$

求解纳什均衡 (q_1^*, q_2^*)，即求解 $\max[t_1]$，$\max[t_2]$。

分别求偏导得：

$$\frac{\partial t_1}{\partial q_1} = 7 - q_2 - 2q_1 = 0$$

$$\frac{\partial t_2}{\partial q_2} = 7 - q_1 - 2q_2 = 0$$

上述一阶条件分别定义了 A、B 分发商的反应函数：

$$q_1^* = \frac{7}{2} - \frac{q_2}{2}$$

$$q_2^* = \frac{7}{2} - \frac{q_1}{2}$$

则可得反应函数图像，如图 3-15、图 3-16 所示。

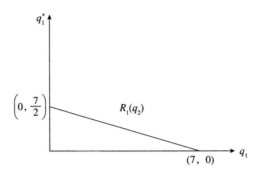

图 3-15 q_1^* 反应曲线

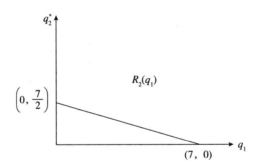

图 3-16 q_2^* 反应曲线

反应函数表明，各分发商的最佳策略是另一分发商行动的函数。两反应曲线交点即为纳什均衡，即 $q^* = (q_1^*, q_2^*)$，如图 3-17 所示。

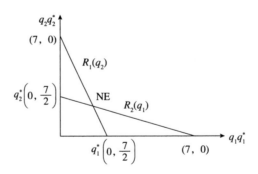

图 3-17 古诺模型的纳什均衡

求解两个反应函数，得纳什均衡为 $q_1^* = q_2^* = \dfrac{7}{3}$，即此博弈的唯一纳什均衡组合是 $\left(\dfrac{7}{3}, \dfrac{7}{3}\right)$。

此时，A 分发商革新得到的利润 $t_1 = B$ 分发商革新得到的利润 $t_2 = \dfrac{49}{9}$。

上述为古诺模型一次性博弈，我们构建无限次重复古诺模型，考察动态博弈下的市场均衡。首先求出使原完全信息静态博弈中 A、B 两家分发商创新总收益最佳的用户流量 Q，创新总利润 $TR = Q(10-Q) - 3Q = -\left(Q, \dfrac{7}{2}\right)^2 + \dfrac{49}{4}$，得到创新总利润最大化用户流量 $Q = \dfrac{7}{2}$，此时 A、B 两家分发商创新总利润 $TR = \dfrac{49}{4}$，在引进贴现系数 δ $\left(\delta = \dfrac{1}{1+r}\right)$ 后，无限次重复古诺模型各博弈方总得益的现值计算公式为：

$$\pi = \pi_1 + \delta \pi_2 + \delta^2 \pi_3 + \cdots + \sum_{t=1}^{\infty} \delta^{t-1} = \pi_1$$

其中 π_1，$\delta \pi_2$，$\delta^2 \pi_3 \cdots$ 为博弈双方各阶段得益。假设 A、B 两家分发商运用如下策略：第一阶段两者都进行平台创新，各得到用户流量 $\dfrac{Q}{2} = \dfrac{7}{4}$。

在第 n 阶段前的 $n-1$ 阶段的博弈结果都是 $\left(\dfrac{7}{4}, \dfrac{7}{4}\right)$，那么双方会重复竞争，继续平台创新，两方都会得到 $\dfrac{7}{4}$ 的用户流量。如果一方放弃平台创新，那么另一方就获得更好的策略，会得到上面完全信息静态博弈下 $\dfrac{7}{3}$ 的用户流量。

以 A 分发商使用以上方法为例，我们对 B 分发商博弈策略展开讨论。B 分发商运用以上策略，持续平台创新，进行重复博弈。则 B 分发商在该无限次重复古诺模型中创新总利润的现值为：

$$(1 + \delta + \delta^2 + \cdots) = \dfrac{49}{8(1+\delta)}$$

B 分发商还没使用上面的方法。A 分发商创新平台刚开始上线时，新兴市场依旧波动，先前市场投资变少。B 分发商借此将平台创新的机会成本投入其他领域，就像营销推广和市场维护，以扩大本身市场占有率。此时，B 分发商在博弈的第一阶段单独决策，得到的用户流量要符合自身利润最大化条件：

$$\max\{t_2'\} = \max\left\{q_2\left(10 - \dfrac{7}{4} - q_2\right) - 3q_2\right\} = -q_2^2 + \dfrac{21}{4}q_2 = -\left(q_2 - \dfrac{21}{8}\right)^2 + \dfrac{441}{64}$$

解得 $q_2 = \dfrac{21}{8}$，B 分发商在博弈的第一阶段获利为 $\dfrac{441}{64}$。

从第二阶段开始，A 分发商创新平台逐渐成型，市场占有率回升。如前所述，A 分发商平台创新后，所得用户流量将趋近并稳定在 $\dfrac{7}{3}$；B 分发商第一阶段放弃创新策略后，所获用户流量为 $\dfrac{441}{64}$，此时将受到 A 分发商挤占难以持续。因此 B 分发商必须跟进平台创新，以获取 $\dfrac{7}{3}$ 的用户流量。

该种情况下，B 分发商在无限次重复古诺模型中创新总利润的现值为：

$$\frac{441}{64}+\frac{49}{9}(\delta+\delta^2+\cdots)=\frac{441}{64}+\frac{49\delta}{9(1-\delta)}$$

令 $\dfrac{49}{8(1+\delta)}\geqslant\dfrac{441}{64}+\dfrac{49\delta}{9(1-\delta)}$，即 $81\delta^2-584\delta-521\geqslant 0$，解得 $\delta\geqslant\dfrac{2540}{317}$。

所以当 $\delta\geqslant\dfrac{2540}{317}$ 时，B 分发商对 A 分发商平台创新的最佳反应策略是继续创新，重复博弈来抢夺市场份额。这种博弈结果的出现是因为当贴现系数较大时，未来收益折算的现值较大，即博弈各方相对看重未来收益，或者出于某种原因未来的等额收益对现在有更大的影响。与获得当前利益比较，博弈双方会更加看重避免未来市场份额缩减带来的不利局面。综上所述，小程序上线搅动了应用市场产生后，腾讯、百度、阿里等寡头的长期竞争策略在无限次重复古诺模型下得到验证。当贴现系数较大时，各寡头都使用有着试探性质的"触发策略"，形成一个子博弈纳什均衡。就是在腾讯研发小程序后，百度、阿里等 APP 寡头都有很大可能跟进创新，上线类似轻型应用平台。对于 $\delta\geqslant\dfrac{2540}{317}$ 可以在更严格的数学证明中得到更大精度，但博弈双方在重复博弈中的策略组合是基本类似的。

4. 结语

微信小程序借助"社交化""去中心化"方面的优势，引发整个应用市场的新的博弈。厂商与消费者数量众多；但分发商分布集中，信息不对称与产品后验性特征显著，网络外部性强化垄断性，沉没成本的高占比导致市场进入退出壁垒较严。基于 APP 市场的上述特点，我们可以在分发层面将 APP 市场定位寡头垄断类型，进行寡头博弈分析。在对百度、阿里等其他 APP 寡头的博弈论分析中，我们使用了完全信息动态博弈下的无限次重复古诺模型。进行初步数理论证后，结果表明：当贴现系数 $\delta\geqslant\dfrac{2540}{317}$ 时，APP 寡头的博弈各方将对另一方的创新策略采取跟进，开展重复博弈以争夺市场份额。在对无限次重复古诺模型下双寡头情况进行推广后，可以认为：百度、阿里等 APP 寡头都有很大可能跟进创新在线应用平台。

五、张伯伦模型的应用：供应链利润分配对比分析[①]

近年来，随着信息技术的进步、经济全球化和管理思想的创新，公司之间的竞争慢慢变成供应链之间的竞争，市场的高度相融、商品生命周期的骤减、顾客期望值的进一步增加迫使供应链变成 21 世纪公司适应全球竞争的一条有效途径，所以商

---

① 孟庆春. 两种不同合作方式的供应链利润分配对比研究 [J]. 现代管理科学, 2008 (4): 45-46, 90.

业界和学术界都高度注意供应链管理。供应链管理包含很多问题，这里最核心的问题之一是利润分配，供应链的运作是否成功很大范围取决于它。供应链以核心企业（制造商、分销商或零售商）为中心，张伯伦模型分析上下游公司间的利润分配问题，这对充分体现和揭示供应链"合作"的本质特征有着很大的意义。本案例将针对一个上游企业主导的二级供应链运用两种不同的博弈思想研究它的利润分配问题，并对所得结果进行对比分析，从而为供应链上节点公司在竞争地位不对等的条件下怎么开展合作提供理论支持。

两种不同合作方式的供应链利润分配：

为了方便，假定企业 A 是制造商，企业 B 是销售商并且直接面对消费者。制造商只生产一种产品并提供给销售商，销售商再把商品卖给消费者，消费者的需求行为通过市场需求函数赋予。在此二级供应链上，制造商是主导地位，而销售商是从属地位，如图 3-18 所示。

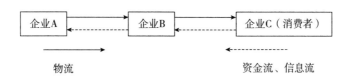

图 3-18　二级供应链结构

1. 合作方式 1 下的利润分配

设制造商单位产品生产成本为 C_1，产品售价为 p_1，利润为 π_1，假设 C_1 为常数，p_1 为制造商的决策变量。销售商单位产品的销售成本为 C_2（不包含进货成本），销售价格为 p_2，利润为 π_2，这里假定 C_2 为常数，p_2 为销售商的决策变量。市场需求函数为 $Q=d-kp_2$，其中 $d>0$，$k>0$ 且均为常数。不考虑制造商和销售商的存货，市场的需求量就是销售商的订货量，也是制造商的生产量。制造商因为自身优势，不仅可以得到生产领域的利润，还将尽可能占据销售渠道中的部分利润，设其分成系数为 λ，$0<\lambda<1$，这里 λ 是一变量，但它由模型外生决定。

由此制造商和销售商得到利润最大化的基本模型为：

$$\begin{cases} \pi_1 = (p_1 - C_1)Q + \lambda(p_2 - p_1 - C_2)Q \\ \pi_2 = (\lambda - 1)(p_2 - p_1 - C_2)Q \end{cases} \tag{3-99}$$

根据斯塔克尔伯格模型的思想，其决策过程是：制造商首先根据自身利润最大化准则对 p_1 进行决策，然后销售商在 p_1 给定的情况下，再以自身利润最大化准则对 p_2 进行决策，但在制造商作出决定前，能先看出销售商可能的定价反应。

当销售商达到利润最大化时，其一阶必要条件为 0，即有 $\dfrac{\mathrm{d}\pi_2}{\mathrm{d}\pi_2} = (1-\lambda)$ $[d-2kp_2+k(p_1+C_2)]=0$，由此可解得：

$$p_2 = \frac{d + k(p_1 + C_2)}{2k} \tag{3-100}$$

式 3-100 是销售商对制造商的反应函数,将其代入式 3-99,当制造商达到利润最大时,其一阶必要条件为 0,即有:

$$\frac{\mathrm{d}\pi_2}{\mathrm{d}\pi_2} = \frac{d(1-\lambda) + k[C_1 - (1-\lambda)C_2]}{2} - \frac{k(2-\lambda)p_1}{2} = 0 \qquad (3-101)$$

由式 3-101 可以解得制造商的最优价格为:

$$p_1^* = \frac{d(1-\lambda) + k[C_1 - (1-\lambda)C_2]}{k(2-\lambda)} \qquad (3-102)$$

将式 3-102 代入式 3-101 可得销售商的最优价格为:

$$p_2^* = \frac{d(3-2\lambda) + k(C_1 + C_2)}{2k(2-\lambda)} \qquad (3-103)$$

进一步可求得两家企业所获得的利润分别为:

$$\pi_1^* = \frac{[d - k(C_1 + C_2)]^2}{4k(2-\lambda)} \qquad (3-104)$$

$$\pi_2^* = \frac{(1-\lambda)[d - k(C_1 + C_2)]^2}{4k(2-\lambda)^2} \qquad (3-105)$$

显然它们都是模型外生变量 λ 的函数。

现在重点考察 λ 的变化对 p_2^*、π_1^* 和 π_2^* 产生的影响。

由式 3-103~式 3-105 可求得:

$$\frac{\mathrm{d}p_2^*}{\mathrm{d}\lambda} = \frac{d - k(C_1 + C_2)}{2k(2-\lambda)^2} \qquad (3-106)$$

$$\frac{\mathrm{d}\pi_1^*}{\mathrm{d}\lambda} = \frac{[d - k(C_1 + C_2)]^2}{4k(2-\lambda)^2} \qquad (3-107)$$

$$\frac{\mathrm{d}\pi_2^*}{\mathrm{d}\lambda} = \frac{\lambda[d - k(C_1 + C_2)]^2}{4k(2-\lambda)^3} \qquad (3-108)$$

不失一般性地,假定供应链上的总利润大于零(这是供应链上所有节点企业进行生产经营活动所需的基本条件),即有 $p_2^* - C_1 - C_2 > 0$,$Q^* > 0$,从而有

$$d - k(C_1 + C_2) > d - kp_2^* = Q^* > 0$$

根据上述不等式,由式 3-106~式 3-108 可以得出:

$$\frac{\mathrm{d}p_2^*}{\mathrm{d}\lambda} < 0, \quad \frac{\mathrm{d}\pi_1^*}{\mathrm{d}\lambda} > 0, \quad \frac{\mathrm{d}\pi_2^*}{\mathrm{d}\lambda} < 0$$

由以上结果对供应链的利润分配进行分析得出以下三条结论:

第一,当 λ 趋于 0,即制造商与销售渠道利润分配无关时,制造商利润最小,销售商利润最大,消费者得到商品的价格最高,此时利润分配对制造商和消费者最不利,而对销售商最有利。但是,这种状况很少出现,因为作为理性经济人,制造商借助地理优势,内在地要求增加利润,占有销售渠道内的部分利润会成为其自然的想法并付诸实施。

第二，当 λ 逐渐增加时，制造商的利润进一步提高，而销售商的利润逐步变小，消费者面对的商品价格一直降低，这时对制造商和消费者有利，而对销售商不利。换句话说，两家公司一起工作是以牺牲销售商的利益为代价的，对销售商来说是一种被动合作，当 λ 超过一定限度时，销售商很难与制造商进行合作，供应链将消失。

第三，当 λ 趋于 1 时，即制造商完全占有销售渠道利润时，制造商利润达到最大，销售商利润为零，消费者得到商品的价格最低，这时对制造商和消费者最有利，而对销售商最不利。就算制造商势力很大，因为销售商利润消失，它也不会与制造商进行任何合作，在现实中，这种情形不可能出现。

综上可得，在制造商处于主导地位的情形下，供应链利润分配的一般情况是制造商除了占用生产领域的利润外，还需用某种分析得出，在制造商处于主导地位的情况下，供应链利润分配的一般是制造商除了占用生产领域的利润外，还需以某一 λ 的比例占有销售渠道利润，λ 的最优取值主要取决于两点：一是制造商和销售商的实力是否差得多；二是制造商是否具有与销售商讨价还价的能力，但有可能不是六四分成比例。我们把两家公司在斯塔克尔伯格模型思想基础上的合作方式称为合作方式 1。

2. 合作方式 2 下的利润分配

记制造商与销售商的利润之和为 π，由式 3-104、式 3-105 可得到：

$$\pi^* = \pi_1^* + \pi_2^* = \frac{(3 - 2\lambda)\,[d - k(C_1 + C_2)]^2}{4k\,(2 - \lambda)^2}，\text{进一步有：}$$

$$\frac{\mathrm{d}\pi^*}{\mathrm{d}\lambda} = \frac{(1 - \lambda)\,[d - k(C_1 + C_2)]^2}{2k\,(2 - \lambda)^3} > 0$$

这说明，随着 λ 的不断增加，制造商和销售商的利润之和也在不断变多。当 λ 趋于 1，即制造商完全占有销售渠道利润时，双方的利润之和达到最大。若换个角度分析，与张伯伦模型的描述相似，此时两个寡头追求"联合利润最大"的决策行为，制造商先不用优势去瓜分销售渠道的部分利润，而是先与销售商共同努力得到最大供应链利润，之后再进行利润分配，这样两家公司的利润都可以提高。这相当于制造商和销售商结成真正意义的战略联盟，促使供应链整体利润最大，从而展现供应链合作的本质属性，我们把两家公司在张伯伦模型思想基础上的合作方式叫做合作方式 2。

下面讨论在合作方式 2 下供应链的利润分配。

设供应链的整体利润为 π_c，则有：

$$\pi_c = (p_2 - C_1 - C_2)(d - kp_2)$$

当整体利润达到最大时，其一阶必要条件为 0，即

$$\frac{\mathrm{d}\pi_c}{\mathrm{d}p_2} = d + k(C_1 + C_2) - 2kp_2 = 0$$

由此可解得最优价格和最大整体利润分别为

$$p_2^* = \frac{d + k(C_1 + C_2)}{2k}, \quad \pi_c^* = \frac{[d - k(C_1 + C_2)]^2}{4k}$$

假定制造商和销售商间关于整体利润的分成系数为 α，α 主要取决于两个方面：一是双方实力的悬殊程度；二是双方讨价还价的能力。在这里，对应合作方式 1 下的最优分成比例 λ^*，在合作方式 2 下，是否也相应地存在一个最优分成比例 α^*，使两家公司的利润均都得以增加？显然，这个问题相当于寻找一个 α^*，有：

$$\begin{cases} \alpha^* \pi_c^* > \pi_1^* \\ (1 - \alpha^*) \pi_c^* > \pi_2^* \end{cases} \tag{3-109}$$

易得出式 3-109 等价于式 3-110：

$$\begin{cases} \alpha^* > \dfrac{1}{2 - \lambda^*} \\ \alpha^* < \dfrac{\lambda^{*2} - 3\lambda^* + 3}{(2 - \lambda^*)^2} \end{cases} \tag{3-110}$$

容易证明，满足式 3-110 中关于 λ^* 的函数 α^* 有无数个，这里不妨取

$$\alpha^* = f(\lambda^*) = \frac{1}{4}, \quad \frac{\lambda^{*2} - 3\lambda^* + 3}{(2 - \lambda^*)^2} + \frac{3}{4} \times \frac{1}{2 - \lambda^*} = \frac{(3 - \lambda^*)^2}{4(2 - \lambda^*)^2}$$

此时，制造商获得的利润为

$$\pi_{c1}^* = \frac{(3 - \lambda^*)^2 [d - k(C_1 + C_2)]^2}{16k(2 - \lambda^*)^2}$$

销售商获得的利润为

$$\pi_{c2}^* = \frac{(7 - 3\lambda^*)(1 - \lambda^*)[d - k(C_1 + C_2)]^2}{16k(2 - \lambda^*)^2}$$

当然，还可根据制造商的利润最大化模型求得制造商向销售商的产品转移价格。

3. 两种不同合作方式的利润分配对比

假定在合作方式 1 下的最优分成比例为某一确定的 λ^*，在合作方式 2 下相应的最优分成比例为 $\alpha^* = f(\lambda^*)$，比较两种不同合作方式下两家企业的利润、消费者获得产品的价格以及供应链的整体利润如表 3-6 所示。

表 3-6　两种不同合作方式下各方利润分配对比

	制造商利润	销售商利润	消费者面对的价格	供应链总利润
合作方式 1	低	低	高	低
合作方式 2	高	高	低	高

由此可得，在合作方式 2 下，制造商和销售商都能得到更多利润；另外，在合作方式 2 下，尽管是从两家公司追求整体利润最大化的角度而不是消费者利益最大化的角度展开分析，但与合作方式 1 比较，消费者是以更便宜的价格得到了更多的商品，增强了社会福利，合作方式 1 有着无谓的效率损失。这足以解释合作方式 2

比合作方式 1 更优，在供应链上节点公司竞争地位不对等的情况下，这种合作方式应该是各个公司，特别是居于主导地位的公司最先要考虑的。

本案例基于斯塔克尔伯格模型和张伯伦模型两种不同的博弈思想，研究了一个上游公司主导的二级供应链的利润分配问题，结论表明：无论是对上游公司、下游公司还是下游公司的面向对象（公司或消费者），合作方式 2 都优于合作方式 1。这一差别产生的主要原因是：合作方式 2 摒弃了上下游公司竞争地位的不对等，使供应链变成一个真正意义的战略联盟，然后把利润分配放在战略联盟内部加以解决。可以说合作方式 2 是一种更深层次、更加全面的合作，能够更好体现供应链合作的本质特征。

思考题

1. 为什么完全竞争厂商的需求曲线、平均收益曲线和边际收益曲线是重叠的？

2. 厂商的边际成本曲线在产量增加时常是向下倾斜然后向上倾斜，而市场的供给曲线是在单个厂商的边际成本曲线基础上做出的，为什么产量增加时市场供给曲线不是先向下倾斜再向上倾斜？

3. 在完全竞争市场上，为什么厂商的需求曲线是一条和横轴平行的线，而行业需求曲线是一条自左上向右倾斜的曲线？为什么厂商和行业的短期供给曲线都是一条向右上倾斜的曲线？行业长期供给曲线是否也一定是向右上倾斜的？

4. 试比较分析完全竞争和完全垄断条件下的价格决定及其效率的优劣。

5. 试比较垄断竞争市场与完全竞争市场实现长期均衡时的经济效果。

参考文献

［1］苏东水. 产业经济学（第四版）［M］. 北京：高等教育出版社，2015.

［2］刘耀彬，姚成胜，白彩全. 产业经济学模型与案例分析［M］. 北京：科学出版社，2016.

［3］林贵华，裴红波，邹远洋. 基于伯特兰德模型的航空企业与高铁的博弈分析［J］. 系统工程学，2020（3）：39-53.

［4］罗甸，刘小冬，陈胜利. 基于成本信息不对称下闭环供应链的定价策略分析［J］. 西安财经学院学报，2013（2）：54-58.

［5］韩玉坤. 微信小程序对 APP 的扰动的博弈论分析［J］. 商业经济，2020（1）：75-78.

［6］孟庆春. 两种不同合作方式的供应链利润分配对比研究［J］. 现代管理科学，2008（4）：45-46，90.

［7］李秀芝，王振锋. 对竞争理论演变的分析与评述［J］. 学术交流，2006

（9）：70-73.

［8］让·梯若尔. 产业组织理论［M］. 北京：中国人民大学出版社，2018.

［9］龙丽. 博弈论在企业竞争中的应用研究［D］. 厦门大学硕士学位论文，2001.

［10］王刚. 动态竞争的博弈分析［D］. 沈阳工业大学，2007.

［11］仇荣国. 基于古诺模型的银行市场分析［J］. 征信，2014，31（1）：84-87.

［12］向露. 商业银行小微金融供给与服务实体经济［J］. 中国中小企业，2021（7）：201-202.

［13］康晨阳，戴更新. 信息不对称时混合销售和回收下闭环供应链的定价策略［J］. 物流科技，2018，41（5）：117-120，124.

第四章

产品差异策略模型与应用

本章提要　第一节主要介绍产品差异策略的定义、分类及溯源，第二节主要介绍豪泰林模型和斯宾塞信号传递模型，第三节主要举例豪泰林模型的具体应用。通过本章的学习，学生应了解产品差异的含义，理解产品差异的类型及各种类型的特点，能够阐述产品差异的历史，能够理解豪泰林模型及斯宾塞信号传递模型，并在现实中进行应用。

第一节　产品差异策略

竞争的手段是多种多样的，企业要想在激烈的市场竞争中占有一席之地，必须通过研发创新、产品选择、广告信息等标新立异，努力使自己的产品或服务产生强烈的消费者偏好。产品存在差异，是由于消费者认为它们是不同的，即使两种产品从外表或使用功能来看完全相同，但只要消费者在心理上认为不同并相应地进行购买，那么这两种产品实际上就存在差异。

一、产品差异的定义

关于产品差异的定义有众多版本，但核心思想基本相同：所谓产品差异是指同一产业内不同企业生产的同类商品，由于产品质量、款式、性能、售后服务、消费者偏好等方面存在差异，从而导致产品之间无法完全替代的情况。对同一行业的竞争对手来说，产品的核心价值是基本相同的，不同的是性能和质量；产品差异是企业的主要竞争手段之一，也是一种非价格壁垒，其本质是由于消费者认为它们不同。产品的差异化战略可以为企业带来竞争优势。

差异产品可以更好地满足消费者需求，同时能促使企业提高销售量或允许企业制定更高的价格。企业提供差异产品，无形中也为潜在进入者设置了一道进入壁垒。现有产品的特色、种类以及所建立的商品信誉可以减少该产品市场的切入点，使潜在进入者难以介入。差异化战略可以缓解公司所面临的竞争压力。差异产品要求设计、原材料、生产过程有所不同，当差异性增加时，这些产品间的协调难度增大，还会增加一些常用开支。企业为生产多种产品，在购买原材料时不能充分利用规模效益，部分丧失与供应商讨价还价的能力，使生产成本增加；企业还必须储存多种不同的原材料，因此也将会导致库存成本的增加。

二、产品差异的分类

在经验研究和理论研究中，研究人员关注的是一小部分特性以及特定的偏好描述，常见的产品差异有以下四种类型。

1. 水平差异

水平差异也叫横向差异或空间差异，源自豪泰林 1929 年对分布在一条直线上的消费者（更确切地说，是消费者最偏好的产品种类）的形象比喻。对某些特性而言，最优选择（给定价格相同）与特定消费有关。人们的消费偏好是不同的，一个明显的例子是对于颜色，另一个是对地点。例如，消费者一般会更偏好去附近的商店或超市，在这种横向或"空间"差异的情况下，不存在"好""坏"的区别。

严格来说，水平差异是指产品在空间上的差异，表现为以下形式：两种产品之间的一些特征增加了，而其他的一些特征却减少了，如汽车的式样（称之为品牌）。对水平差异而言，在给定价格相同的情况下，消费者的最优选择与特定消费者有关。因为消费者的偏好不尽相同，比如不同的消费者喜欢不同的款式和功能，描述水平差异时，不存在"好""坏"的评判，因为消费者的偏好是一种价值判断。

即使对同一种商品，消费者的偏好也是多种多样的。以洗发水为例，有人认为味道更重要，有人认为去屑更重要，还有人认为使用后头发柔顺更重要，等等。很多洗化公司正是抓住了消费者这些不同的偏好，开发出多种品牌的洗发水，占领了很大一部分市场。

2. 垂直差异

垂直差异也可以理解为质量差异，是指在产品空间中，所有消费者对所提及的大多数特性组合的偏好次序是一致的。即在价格相等的条件下，消费者对特性空间有一种自然的排序。最典型的例子就是质量，消费者对质量的偏好次序是一致的，大多数人都偏好较高质量的商品。

在现实市场中，很多企业也采用产品质量的差异化战略，即企业为向市场提供竞争对手不可比拟的高质量产品所采取的战略。产品质量优异，能产生较高的产品价值，进而提高销售收入，获得比竞争对手更高的利润；此外，产品可靠性的差异化战略也是与质量差异化相关的一种战略，其含义是企业产品具有绝对的可靠性，甚至出现意外故障时，也不会丧失使用价值。

3. 信息差异

所谓信息差异，是指由于消费者和企业之间存在信息不对称，从而导致消费者对产品的认识产生了差异。解决这种信息不对称最常见的方法即是广告，企业利用广告向消费者传递产品信息，影响消费者偏好。广告根据其传播内容可分为两类：一类广告传递产品的"硬"信息，包括产品的存在、价格和产品的物质形态等，这类广告被称为信息性广告；另一类广告传递产品的"软"信息，即除了传递产品存在的信息以外，不传递任何其他信息，这类广告被称为非信息性广告，大多数电视广告都属于这一类。一般认为，搜寻品的生产者更有可能使用信息性广告，而经验品的生产者更有可能使用劝说性广告。

搜寻品是指消费者在购买商品之前通过自己的检查就可以知道商品质量的商品，经验品是指消费者在购买使用商品以后才知道其质量的商品。对搜寻品而言，广告可以告诉消费者产品存在、销售地点、价格和产品特征等信息，但是由于广告费用高昂，因而不能告知所有消费者关于所有产品的信息，从而产生了信息差异；对经验品而言，根据经验了解一种产品效用的消费者，一般只知道一个或几个品牌，因为试用是费钱的；所以消费者不把使用过和没有使用过的产品视同一样，即使这两种产品事实上是一样的，这样也产生了信息差异。

4. 商品组合法

商品被定义为各种特性的组合，消费者对各种特性具有不同的偏好，在水平差异和垂直差异的分析方法中，假定消费者只购买一种商品，换言之，这些消费者并不是从消费各种商品中获得更多的效用。如果我们假定消费者能够消费几种商品，他们所关心的是每种商品的特性。例如，假定消费者关心的是食物的蛋白质和维生素；如果 1 单位食物 A 能提供 2 单位蛋白质和 1 单位维生素，1 单位食物 B 能提供 1 单位蛋白质和 2 单位维生素，1 单位食物 C 能提供 1 单位蛋白质和 1 单位维生素，则对消费者来说 1 单位食物 A 和食物 B 和 3 单位食物 C 之间是无差异的；换言之，消费者最终所关心的仅仅是商品组合的特性，即这一组合中商品特性的总和。现实中，很多企业也都在想方设法增加产品特性，使企业生产的产品别具一格，如果产品中具有顾客需要而其他产品不具备的某些特性，就会获得超额利润，例如服务差异。

服务差异是指企业在售前、售中和售后提供的服务内容和服务质量方面的差异。服务是产品完全价值的一部分，对于结构比较复杂、知识含量比较高的产品，小到智能家用电器、电脑及其配件，大到飞机、轮船等，消费者往往不能很快熟练使用，而且使用中还经常由于操作不当而出现故障。在此情况下，如果企业的售前、售中及售后的服务都很到位，那么消费者就会倾向于选择这类企业的产品。

三、产品差异溯源

产品差异最早指的是水平差异，其他差异都是在其基础上发展起来的。

对水平差异的研究始于 20 世纪 30 年代关于垄断竞争问题的讨论，主要包括非选址模型和选址模型两条主线。非选址模型从一般竞争方面研究产品差异，而选址模型从局部竞争方面研究产品差异。

非选址模型始于马歇尔的完全竞争理论，在马歇尔去世后不久，斯拉法于1926年指出，现实的许多制造业没有耗尽规模经济的现象与马歇尔的完全竞争理论不相一致。张伯伦和罗宾逊于1933年对此进行了解释，从而产生了垄断竞争理论。罗宾逊假定每个行业存在一个垄断者，尽管他的工作澄清了垄断理论，但并没有解释清楚斯拉法的观点。张伯伦假定市场存在大量的竞争厂商，每个厂商生产一种差异产品，并且厂商进入自由，均衡结果是每个厂商的均衡产量都低于最小有效规模。张伯伦理论对马歇尔的完全竞争理论进行了修正，即引入产品差异，并且能够用竞争理论解释没有耗尽规模经济的现象。但其"过度生产能力理论"意味着自由市场经济的无效率，这引发了无数的争论。人们最终意识到，在重视产品差异的社会里存在着一种权衡：厂商通过减少生产成本节约资源和增加产品品种满足消费者的差异需求，导致最优的产品差异小于最小有效规模，因此，过度生产能力并不一定意味着社会无效率。这样，对过度生产能力的争论才有所减弱。

选址模型可以这样形象化地理解：消费者以密度1均匀分布在长度为1的线段上，厂商要在这条线段上根据利润最大化进行选址；这就是豪泰林模型。豪泰林对生产差异产品的寡占厂商竞争理论作出了开创性贡献。豪泰林当时的出发点是解决伯特兰德悖论。

伯特兰德假定：竞争厂商无生产能力约束，厂商只进行一次竞争，厂商生产同质产品。在这样的假定条件下，伯特兰德认为，竞争厂商按边际成本定价，即使只有两家企业的垄断也足以达到完全竞争的水平。这显然有悖常理。因为即使在一个行业中只有几个企业，企业也不能永远成功地操纵市场价格，故称之为伯特兰德悖论。

为了解释伯特兰德悖论，豪泰林对伯特兰德的假设进行了关键性修改，允许厂商生产差异产品而不是同质产品。两个厂商的差异可以表现为不同的地理位置，也可以表现为一维特征空间的不同产品。差异产品的价格竞争将使价格高于边际成本。具体而言，豪泰林在单一产品特性维度上引入产品差异——消费者和厂商之间的距离，他认为在一个有限的线性市场中，两个在价格和定位上竞争的厂商会在市场的中心以"背靠背"的方式进行竞争，称为最小差异化原理。

随后，学者们对豪泰林模型进行了拓展，将豪泰林模型的线性运输成本拓展为二次运输成本，从而得出了最大差异化原理；为解决豪泰林模型中存在市场边界问题，又将线性城市转换为圆形城市（因为圆没有边界），其中消费者在圆周上均匀分布，每个厂商都来自相邻厂商的直接竞争。

20世纪70年代以后，随着博弈论的不断发展及其在经济学领域应用的不断深入，鉴于与垄断竞争理论、技术创新、进入壁垒、不确定性以及广告等内容的密切联系，产品差异成为经济学领域中涉及范围最广、成长速度最快、近期成果最丰富的研究前沿之一。

第二节　产品差异的市场势力分析模型

产品差异使得厂商即使将价格定在边际成本上，也不会失去其所有顾客，也就是说，产品差异的引入使厂商面临的需求曲线不再是一条水平直线，而是一条向右下方倾斜的直线。这表明厂商具有了一定的市场势力，即使价格高于别的厂商产品，消费者也会偏好其产品，予以购买。通常采用价格成本差 $P-MC$ 或者 $\dfrac{(P-MC)}{P}$ 衡量厂商的市场势力。显然，产品差异越大，厂商的市场势力越大。下面将运用经典的豪泰林线性城市模型对产品差异厂商的市场势力予以分析。

一、豪泰林模型[①]

1. 模型简介

豪泰林模型是指产品在物质性能上是相同的，但是在空间位置上有差异。不同位置上的消费者要支付不同的运输成本，他们关心的是价格的运输成本之和，而不单是价格。

2. 问题提出

居民均匀住在一条 1 单位长的街道上，分布密度是 1。在街道两头分别有厂商 A、B，如图 4-1 所示。

图 4-1　豪泰林模型

假设厂商 A、B 销售的商品同质，只是在两个方位，位于不同位置的顾客到商店买东西要花费不同的交通费用，和到商店的距离成正比，单位距离的运输成本是 t。假定某一顾客住在 s 处，那么，他就要支付 ts 的交通费用，若到 B 处买，那么就是 $t(1-s)$。现在考虑两个厂商之间的价格竞争博弈，就是厂商 A 和厂商 B 同时独立地确定一个价格 p_A 和 p_B，从而让自己的收益 μ_A 和 μ_B 达到最大。

3. 前提假设

（1）只考虑两个卖家销售某一同质商品。

（2）每一个居民都一定会购买 1 单位这种商品。

---

① 祝思民，徐丽艳. 基于 Hotelling 模型的双寡头百货商场价格竞争分析［J］. 商业经济，2021（8）：78-81.

（3）卖家之间没有相互沟通、协作，两者独立行动。

4. 模型求解

我们假定卖家卖出单位商品的成本都是 C，客户对于卖家 A 和 B 的需求量分别是 D_A 和 D_B，那么他的利润函数可表示为：

$$\mu_A = D_A(p_A, p_B)(p_A - C) \tag{4-1}$$

$$\mu_B = D_B(p_A, p_B)(p_B - C) \tag{4-2}$$

现在，我们需要找到居民对于卖家 A、B 的需求量的表达式。考虑处于特定位置 s 处的居民，要使其到 A、B 两个卖家那里买同一同质商品，即在 A 商店买 1 单位商品花费的和到 B 商店买 1 单位产品相同，那么应该满足：

$$p_A + ts = p_B + t(1 - s) \tag{4-3}$$

而对于 s 点左侧的居民而言，很明显到 A 商店买更加便宜，右侧的居民正好反过来，由假定知，该街道居民分布密度是 1，并且任一居民都要买 1 单位的商品，所以卖家 A 的需求函数 $D_A = x$，同理可知卖家 B 的需求函数 $D_B = 1 - x$。我们可得函数 D_A、D_B：

$$D_A(p_A, p_B) = \frac{p_B - p_A + t}{2t} \tag{4-4}$$

$$D_B(p_A, p_B) = \frac{p_A - p_B + t}{2t} \tag{4-5}$$

进而可以得到卖家的收益函数：

$$\mu_A(p_A, p_B) = \frac{1}{2t}(p_A - c)(p_B - p_A + t) \tag{4-6}$$

$$\mu_B(p_A, p_B) = \frac{1}{2t}(p_B - c)(p_A - p_B + t) \tag{4-7}$$

要使其利润最大化，令上式一阶偏导数为 0，可以得到以下方程组：

$$\begin{cases} \dfrac{\mathrm{d}\mu_A}{\mathrm{d}p_A} = p_B - 2p_A + t + c = 0 \\ \dfrac{\mathrm{d}\mu_B}{\mathrm{d}p_B} = p_A - 2p_B + t + c = 0 \end{cases} \tag{4-8}$$

解得卖家最佳定价：

$$p_A^* = p_B^* = c + t \tag{4-9}$$

此时，卖家 A 和 B 的收益都是 $\frac{t}{2}$，这个豪泰林模型博弈最后的纳什均衡结果是：卖家 A 和 B 都会把价格定为 $c+t$，博弈的均衡收益是 $\frac{t}{2}$。

这里我们将消费者所处的位置差异解释为产品差异，这个差异可以进一步解释为消费者购买产品的旅行成本。旅行成本越高，产品的差异性就越大，均衡价格越高从而均衡利润也就越高。原因在于，随着旅行成本的上升，不同商店出售的产品之间的替代性下降，每个商店对附近消费者的垄断力加强，商店之间的竞争越来越弱，消费者对价格的敏感度下降，从而每个商店的最优价格更接近于垄断价格。另外，当旅行成本为 0 时，不同商店的产品之间具有完全替代性，没有一个商店可以把价格定得高于成本。

豪泰林模型是一个抽象的例子，但在实际应用中有很强的实用性。我们可以将两商店之间的距离解释为任何一类产品中，不同消费者关心的某一特性的差异程度。

二、斯宾塞信号传递模型①

1. 模型简介

信号传递模型最早由经济学家斯宾塞建立，他由于在信息经济学研究方面作出了开创性的贡献而荣获 2001 年的诺贝尔经济学奖。该模型用于研究教育水平作为"信号传递"的手段在劳动力市场上的作用。在该模型中，劳动力市场上存在着有关雇员能力的信息不对称，雇员知道自己的能力，但雇主不知道。如果雇主没有办法区分雇员能力的高低，则在竞争均衡时，雇主只愿意按市场上雇员预期的平均能力支付工资，雇员只能得到平均工资，于是高能力的雇员得到的报酬少于其预期收入，而低能力的雇员得到的报酬高于其预期收入。斯宾塞证明，在此情形下，如果高能力的雇员能够主动向雇主发出可信的信号，比如向雇主展示自己的教育水平，使自己与低能力的雇员分离开来，从而使自己得到与自身能力相当的报酬。需要特别指出的是，在这里教育水平能够作为传递雇员能力的信号是因为模型假定不同能力的人获得相同的教育水平所付出的成本不同，即高能力的人接受教育的成本低，而低能力的人接受教育的成本高，此条件被称为斯宾塞—莫里斯条件，是分离均衡的一个关键假设。此后该模型被不断地拓展，并被广泛用于分析市场中具有信息优势的个体如何通过"信号传递"将信息可信地传递给处于信息劣势的个体以实现有效率的市场均衡。

斯宾塞信号传递模型应用到产品的垂直差异策略上的意义是：如果高质量的生产者使用始销价格或浪费性花费这种方法的成本（得到的收益）比低质量的生产者更低（更高），那么高质量的生产者就会使用这种方法来显示其质量。

2. 问题提出

我们考虑一个例子，其中，始销价格与浪费性花费在实质上是等价的，因而垄断者只用其中的一种方法来显示质量。

---

① 涂传清，王爱虎. 农产品区域公共品牌的经济学解释：一个基于声誉的信号传递模型 ［J］. 商业经济与管理，2012（11）：15-23+32.

3. 模型假设

假定所有消费者都是相同的（即都有相同的偏好参数 θ）。如果产品是高质量的，总剩余是 θ；如果产品是低质量的，总剩余为 0。为简单起见，假设只有在时期 1 消费的消费者才能在时期 2 消费。假设 $x\theta < C_0$，$C_0(C_1)$ 表示生产一件低质量（高质量）产品的单位成本；x 表示产品属于高质量的先验概率。这即意味着，如果高质量的生产者不能显示其产品质量，就会被低质量的生产者驱逐出市场（在没有新信息的情况下，消费者愿意支付 $x\theta$）。用 A 表示第一期的浪费性花费的水平，第二期不需要进行浪费性花费。消费者可以观察到这些花费是夸耀性的。如果所有消费者购买该产品，垄断者第一期的利润是 $P_1 - C - A$。因此，A 的提高等价于 P_1 的下降。下面集中讨论价格信号，假定 $A = 0$。

4. 模型求解

假定消费者在第一期进行购买。在第二期，如果质量低，他们就不会再购买；如果质量高而且第二期的价格 P_2 不超过 θ，他们就会再次购买。于是，在第二期，高质量的垄断者索取价格 $P_2 = \theta$。

第一期的价格能否显示（揭示）质量呢？假定能够显示质量。低质量的垄断者就无法销售，利润为 0。高质量的垄断者索取价格 P_1，获得的利润为 $\Pi_1 = (P_1 - C_1) + \delta(\theta - C_1)$。

要使这成为一个均衡，低质量的垄断者一定不愿意模仿这种策略（否则，P_1 不传递信息），此时其所获得的利润是 $P_1 - C_0$，因为不能导致重复购买。因此，我们要求 $P_1 \leqslant C_0$。这意味着 $\Pi_1 \leqslant \delta(\theta - C_1) - (C_1 - C_0)$。

因而有两种情况：

第一，$\delta(\theta - C_1) < C_1 - C_0$。在这种情况下，$\Pi_1 < 0$。不存在显示性均衡（也称分离均衡）。在均衡条件下，垄断者索取相同的价格，不论产品质量如何，价格是不传递信息的。如果 x 表示产品有高质量的先验概率，在第一期能索取的最高价格是 $P_1 = x\theta$。只有当 $x\theta C_1 + \delta(\theta - C_1) \geqslant 0$ 时，高质量的垄断者才进行生产；如果这一条件得不到满足，高质量的垄断者就不生产。在这一模型中，低质量的垄断者也不生产。因此，像"劣币驱逐良币"一样，低质量的生产者可能会将高质量的生产者驱逐出市场。

第二，$\delta(\theta - C_1) > C_1 - C_0$。在这种情况下，高质量存在显示性均衡，其中，高质量的垄断者索取价格 $P_1 = C_0$。无论怎样解释其行为，高质量的垄断者实际上并不需要索取低于 C_0 的价格来显示高质量，因为低质量的垄断者绝不会索取低于 C_0 的价格。低质量的垄断者不进行销售。

因此，显示性均衡可能存在，也可能不存在。显示质量的成本信号与质量无关（价格的降低同样会减少所有质量的垄断者的垄断利润），但是，信号的收益却依赖于价格。显示性均衡的存在取决于两种效应的比较：第一种是纳尔逊效应，高质量的生产者导致重复购买，价值为 $\delta(\theta - C_1)$。第二种是施马兰西（Schimalensee）效应，给定的需求产生有利于低质量的生产者的成本差（$C_1 - C_0$）（假定 $C_1 \geqslant C_0$；如果 $C_1 < C_0$，显示性均衡总是存在的）。只有当纳尔逊效应大于施马兰西效应时，价格

才能显示质量。

在显示性均衡中，高质量的垄断者在第一期索取低于边际成本的价格并提供始销优惠（在上述特定意义上）。

如果用浪费性花费作为可替代的信号工具，令 P_1 表示高质量的垄断者的价格，在显示性均衡中，有 $P_1 - A = C_0$。消费者的效用是 $\theta - P_1 = \theta - C_0 - A$。为了使消费者购买，必须有 $\theta > C_0 + A$。只有同时满足 $P_1 - A = C_0$ 和 $A \leqslant \theta - C_0$ 的 $\{P_1, A\}$ 才能形成显示性均衡。因此，只要 A 不超过 $\theta - C_0$，浪费性花费和始销价格就是完全可替代的。当然，消费者更喜欢始销价格而不是浪费性花费。所以，如果认定一个帕累托优于所有其他均衡的均衡状态是"正确的"或"聚点均衡"，在均衡条件下就不应该存在浪费性花费。

得出的结论为：只有当成本差别相对于高质量产品的重复购买盈利空间足够小时，低价格（或浪费性花费）才能显示高质量。

高质量必须通过低价格来显示的结论关键依赖如下假设：即在完全信息条件下，低质量无利可图（单位生产成本 C_0 超过 θS_0，这里等于0）。在这样的假设之下，低质量的垄断者最多只能在一个时期销售，即必须采取不可靠的策略。因为在任何给定的第一期价格下，低质量的垄断者都比高质量的垄断者赚取更多的垄断利润，只有当高质量的垄断者索取的价格使低质量的垄断者无利可图的时候，才能显示其高质量的产品特征。

如果低质量的垄断者能够在完全信息条件下获得利润，即如果 $\theta S_0 > C_0$，情况就大有改变。如果我们假定或者所有消费者都购买或者没有消费者购买（消费者具有相同的偏好），并且 $(\theta S_0 - C_0) + \delta(\theta S_0 - C_1) > 0$（即使高质量的垄断者最初被消费者认为是低质量的垄断者，高质量的垄断者仍然是有利可图的），第一期的价格就完全不提供信息。因此，该厂商索取的价格与其产品的价格无关。为说明原因，首先要注意的是，在均衡中高质量、低质量两种类型都销售。特别是，他们总是能以 $P_1 = \theta S_0$ 的价格出售，因而有正的利润。其次，根据假定，所有消费者都接受所有均衡价格，两种类型都应该索取最高的均衡价格，这意味着价格不传递信息。

如果低质量的垄断者能在完全信息条件下获取利润，如果消费者是不同的（这与先前的模型相反），那么高质量的垄断者可以通过高价或低价来显示其产品质量，取决于参数值——这一结果与生产者力图使消费者相信，在消费者了解情况之后他仍不会离开产业所得到的结果相反。关键是，在消费者各不相同的情况下，高价格产品比低价格产品的销售量要少。与低质量的生产者相比，对高质量的生产者而言，商誉的价值可能更高，也可能更低：可能更高，是因为高质量能使制造商在第二期获取更多消费者剩余；可能更低，是因为高质量的生产者成本更高，因而高质量的制造商可能只想提供较少的消费者。如果要价格确实显示质量（这要求有一些严格的条件），如果第一种（或第二种）效应占主导，低（高）价格就能显示高质量。

第三节　模型的应用

豪泰林模型的应用：零售商圈的吸引力分析[①]

零售业是一种地利性产业，地理位置好能让商家收获更多利润，地理位置不好也会很大改变商家的利润。因此，零售公司网点开发首先要对商圈进行分析，商圈一般是指能够更好吸引顾客的地理位置，是商店对顾客吸引力的所及范围或地域，它以店面为原点向周围扩展，然后形成一定的辐射区域。知道商圈在哪对商业公司的进步非常有用，它能够明确公司市场涉及的空间区域和已有市场的销售机会，测算出公司的销售能力，以此做出公司应该实行的营销战略。

1. 商圈的内涵

商圈理论，最初由德国地理学家克里斯泰勒指出，即商品和服务中心地理论。这一理论的核心是以中心地为圆点，半径为最大的商品销售和餐饮服务辐射能力，构成商品销售和餐饮服务的中心地。案例中的商圈以商店为圆心，按一定原则使吸引顾客的区域扩大，也就是商店到消费者家的地理范围。商店的销售活动区域一般有一定的范围，就是有相对稳定的商圈。不同的零售店因为其经营规模、所在地区、经营品种、经营方式、经营条件的不同，令商圈规模和形态有着不少区别。一个零售店由于不同因素的影响和干预，商圈也有可能是变动的，商圈规模波动不变，商圈形态体现为多种有差异的多角形。为方便起见，我们把商圈看作以零售店为圆点，向周围扩散。商圈有三个层次，即中心商业圈、次级商业圈和边缘商业圈。中心商圈占比55%~70%，是离店铺最近的地方，消费者占比最高，每个消费者的平均购货额也最大，一般不会与其他商圈有集合；次级商业圈占比15%~25%，处在中心商业圈的外部，消费者不集中；边缘商业圈包含了剩余部分的顾客，最分散。

2. 零售商圈吸引力模型

分析零售商圈的吸引力主要使用引力模型，是根据物理学上万有引力定律的定理提出来的。目前主要的引力模型有：

（1）赖利法则。

1929年赖利指出的商圈描绘办法就是零售引力的赖利法则，即

$$A = \frac{\sqrt{S}}{T} \tag{4-10}$$

其中：A 为购物中心对顾客的吸引力，S 为购物中心对于某一商品的总销售面积，T 为消费者到购物中心的距离。

① 冯旭，鲁若愚，刘德文. 零售商圈的吸引力分析 [J]. 商业研究，2004（24）：119-122.

消费者决定前往两个城镇（或购物中心）的时候，会对距离进行思考，顾客被购物中心吸引的程度随着可用销售面积的平方根的增加而增加，每个城镇（或购物中心）的相对吸引力与销售面积的平方根除以消费者到购物中心的距离相等。

赖利法则有下面两个假定：一是两个竞争性的购物中心的交通同样便利，即单位交通成本相同；二是两个购物中心的竞争力一样，即商品售价相同。

（2）哈夫概率法则。

美国加利福尼亚大学的经济学者哈夫博士提出了哈夫概率法则，其显著特点是与实际更相似，他将以往以都市为单位的商圈理论具体到以商业街、百货店、超级市场为单位，综合考虑人口、距离、零售面积规模等多种因素，将各个商圈地带间的引力强弱、购物比率高低发展成概率模型理论。其内容是：在整个商业聚集区集中于一地的场合，消费者使用哪一商业聚集区的概率，系由商业聚集区的规模和居民到商业聚集区的距离决定的。其公式为

$$p_{ij} = \frac{\dfrac{S_j}{(T_{ij})^\lambda}}{\sum_{j=1}^{n} \dfrac{S_j}{(T_{ij})^\lambda}} \tag{4-11}$$

其中：p_{ij} 为居住在 i 地区顾客到 j 商业街购物的概率；n 为全部零售商业的总数；S_j 为 j 商业街的卖场面积；T_{ij} 为居住在 i 地区消费者至 j 商业街购物所需要的时间；λ 为指数，用来衡量消费者因购物类型的不同而对路途时间的重视程度不同。

3. 引入价格分析的重要性

以前主要用赖利法则和哈夫概率法则对商圈大小展开探索，能够知道不管是赖利法则，还是哈夫概率法则，在确定商圈区域或商店吸引力原因总结为顾客到商店的距离和商店的销售面积，将零售店间的价格竞争力视为相同的；但当前价格竞争已然变成零售店竞争的一种主要策略，沃尔玛正是凭借"天天平价"的策略一鸣惊人的，获得了数亿美元的年销售额。同样，中国的国美电器，借助低价进一步扩展商圈的区域，扩大商店的吸引力，赖利法则、哈夫概率法则很难解释这些。价格已然是影响商圈吸引力的一个重要原因。

商圈本质上是由消费者选择商店的行为产生的，消费者作为"经济人"，在买卖中总是使自身利益最大化，具体体现在所买商品效用固定的状况下，消费者想要花费最少，这种代价由商品的价格和购物的成本构成。所以，若商品价格相同，消费者会去购物成本较低的店铺购买；相反，若购物成本相同，消费者就会到价格低的店铺购买，这是顾客选择时最基础的原则。因此商店无非是通过降低商品价格或者降低购物成本来吸引消费者。对于消费者来说，如果价格和购物成本的和最小的话，消费者就会在这里消费。

（1）豪泰林模型的基本假设。

①假定有一个长度为 1 的线性城市，消费者均匀分布在 [0，1] 区间里，分布密度为 1。

②假设有两个商场分别位于城市两端，商场 1 位于 $x=0$ 处，商场 2 位 $x=1$ 处，

两个商场可以无成本地改变位置。

③假定消费者购买商品的旅行成本为一次性，t 是单位距离的旅行成本，消费者到商场 1 的距离为 x，旅行成本为 xt；到商场 2 的旅行成本为 $t(1-x)$。

④假定两个商场经营的产品在使用功能上是同质的。

⑤假定两个商场同时选择自己的价格策略。

⑥假定消费者具有单位需求，消费者剩余 s 相对总成本（价格加旅行费用）而言足够大，消费者在一定时期内都将购买 1 个单位的商品。

（2）豪泰林模型的构建。

令 p_i 为商场 i 的价格，$D_i(p_1, p_2)$ 为需求函数，$i=1, 2$。如果住在 x 的消费者在两个商场之间是无差异的，那么所有住在 x 左边的消费者将都在商场 1 购买，住在 x 右边的消费者将都在商场 2 购买；住在 x 左边的消费者、住在 x 右边的消费者的需求分别为 $D_1 = x$，$D_2 = 1 - x$，其中 x 满足：

$$p_1 + tx = p_2 + t(1 - x)$$

解上式的需求函数，消费者的需求分别为：

$$D_1(p_1, p_2) = x = \frac{p_2 - p_1 + t}{2t} \tag{4-12}$$

$$D_2(p_1, p_2) = 1 - x = \frac{p_1 - p_2 + t}{2t} \tag{4-13}$$

利润函数分别为：

$$\pi_1(p_1, p_2) = (p_1 - c) D_1(p_1, p_2) = \frac{1}{2t}(p_1 - c)(p_2 - p_1 + t) \tag{4-14}$$

$$\pi_2(p_1, p_2) = (p_2 - c) D_2(p_1, p_2) = \frac{1}{2t}(p_2 - c)(p_1 - p_2 + t) \tag{4-15}$$

商场 i 选择自己的价格 p_i 使自己的利润 π_i 最大化，给定 p_i，两个一阶条件分别为：

$$\frac{\partial \pi_1}{\partial p_1} = p_2 + c + t - 2 p_1 = 0$$

$$\frac{\partial \pi_2}{\partial p_2} = p_1 + c + t - 2 p_2 = 0$$

其二阶条件是满足的，解上述一阶条件，得最优解为：

$$p_1^{\cdot} = p_2^{\cdot} = c + t$$

每个商场的均衡利润为：

$$\pi_1 = \pi_2 = \frac{t}{2}$$

以上模型假设两个商场位于城市的两端，经营的商品是同质的，把消费者距离商场位置的差异解释为商品差异，这个商品差异又可以解释为消费者购买商品的旅行成本。旅行成本越高，产品的差异就越大，均衡价格越高，从而均衡利润也就越高。这是因为随着旅行成本的上升，每个商场对两边的消费者的垄断力加强，两个商场商品的替代性下降，消费者对价格的敏感度下降，每个商场的价格更接近垄断价格。

（3）基于豪泰林模型的深层拓展。

1）商场经营同质商品，且位于城市任一位置的情况分析。

将上述模型的前提假设②、③替换掉，假设商场 1 位于 a，商场 2 位于 $1-b$，a，$b \geqslant 0$ 且商场 1 位于商场 2 的左边（商场 1 与 $x=0$ 的距离为 a，商场 2 与 $x=1$ 的距离为 b）；假设旅行成本为二次性的，即旅行成本为 td^2，是消费者到商场的距离，那么，消费者的需求函数分别为：

$$D_1(p_1,\ p_2) = \frac{1}{2}\left(1 + a - b + \frac{p_2 - p_1}{t(1 + a - b)}\right) \tag{4-16}$$

$$D_2(p_1,\ p_2) = \frac{1}{2}\left(1 - a + b + \frac{p_1 - p_2}{t(1 - a + b)}\right) \tag{4-17}$$

利润为：

$$\pi_i = (p_i - c)\, D_1 - F \tag{4-18}$$

因而商场 1 的均衡价格由一阶条件 $\dfrac{\partial \pi_1}{\partial p_1}$ 推出，即：

$$p_1^* = c + t(1 - a - b)\left(1 + \frac{a - b}{3}\right) \tag{4-19}$$

同理可推出商场 2 的均衡价格。由于 $\dfrac{\partial D_1}{\partial a} > 0$，$\dfrac{\partial p_1^*}{\partial a} > 0$，显然有 $\dfrac{\partial \pi_1}{\partial a} > 0$。同理可以证明 $\dfrac{\partial \pi_2}{\partial b} > 0$。

由此可见，两个商场在经营产品同质、转变商场位置不改变固定成本等假设前提下，两个商场都尽可能地向市中心靠近。

考虑另一种极端情况，假设两个商场位于同一位置 x，或都在市中心，消费者到两个商场的旅行费用相同，而两个商场的商品又是同质的，消费者关心的只是价格，那么，伯特兰德均衡是唯一的均衡：

$$p_1 = p_2 = c \qquad \pi_1 = \pi_2 = 0$$

现实中许多商场集中在市中心，在商品经营类别相似的情况下，价格竞争不可避免。通过以上推论过程发现，两个商场存在两阶段静态博弈：

第一阶段，两个商场通过非合作性地选择空间位置来实现自身利润的最大化；

第二阶段，根据既定的空间位置，两个商场非合作性地设定价格来实现自身利润的最大化。

2）两个商场集中于一个地点，经营相同商品的情况分析。

在上述情况下，通过价格大战，其中一个商场能否把另一个商场赶跑呢？为分析这个问题，我们先做一个假设，即假设相邻两个商场有能力按高于边际成本的价格销售商品。商场1如果要把商场2赶出局，它就必须做到：

$$p_2 > p_1 + x_1 t \geq c$$

但是商场2会发现，只要 $p_2 > c$，就有潜力迫使商场1的 $p_1 < c$，那么留在该地点继续经营比退出更有利可图。在这种假设前提下，某商场把另一家商场赶出该地点是不合情理的。

进一步分析，上述假设如果不能满足，则会出现"零利润"均衡的局面。商场要想获得更多的利润，要么搬走，要么错位经营。

豪泰林模型的假设前提是商场移动不增加固定成本，商场可以任意调动位置，这种情况与小商店的情况比较接近，但是不适合大商场的情况。现实中，大商场的位置移动会极大地增加其固定成本，如果商场退出，前期投入都会转化为沉没成本。

大商场选址时首先考虑该地址有没有足够的市场空间，其次是该地址有没有其他商场存在，自己与之相比有无核心竞争力；选址的一般原则是避免与其他大商场正面冲突，因为"两虎相争必有一伤"。小商场选址的最佳战略是在大商场附近经营，寻找大商场的市场空缺，因为消费者需求具有多层次性，大商场不可能全部满足消费者的需求。小商场在大商场周边选址节约了自己的选址调查成本，并利用了大商场的聚集效应。

3）两个商场集中于一点，商家实施物质差异战略的情况分析。

在豪泰林模型中，假设商品的差异仅仅是距离的差异，消费者仅根据旅行成本的不同选择商场购买。如果两个商场在同一位置，商品则不存在空间差异，而消费者在没有旅行成本差异的情况下，仅对商品的价格敏感，两个商场为争取顾客将面临残酷的价格竞争，最后的结果只能是伯特兰德均衡。如何沿着豪泰林模型的逻辑打破伯特兰德均衡：只有有产品差异，才有利润；产品差异越大，则商家垄断性越强，利润越高。因此，商家为了生存，必须在经营中寻求差异，要么是空间差异，要么是商品功能性差异。

那么，什么程度的商品功能性差异才会吸引消费者购买，下面做一简单分析：

假设产品的功能性差异可以用距离 x_i 来表示，满足消费者需求的商品性能为 r，商家需要对商品 i 进行决策，以使

$$\max_i [U(l_i, r) - p_i] \geq s \tag{4-20}$$

式4-20中，l_i 为商品功能；s 为消费者剩余，即从消费同质商品中获取的剩余，如果同质商品可以获得更大的效用，消费者会选择购买，现在假设消费者偏好由下式给定：

$$U(l_i, r) = \frac{l_i - r}{t} = \frac{x_i}{t} \tag{4-21}$$

将式4-20代入式4-22可得：

$$\max_i \left(\frac{x_i}{t} - s - p_i \right) \geq 0 \tag{4-22}$$

式 4-22 表明，商品的功能性差异能否促使消费者购买，取决于以下因素：第一，商家商品功能性差异必须是"有价值"差异，也就是该差异能带来消费者真实效用的增加；否则，就是"无意义"的差异。第二，消费者对商场提供的物质差异效用，随着距离的增加而减少。第三，消费差异商品的消费者剩余要大于消费同质商品剩余 s。最后一点可以做如下理解：例如不同服装都是高档面料，时尚、富有个性化的高档服装可以视为差异商品，其他的则视为同质商品。

即使商家能够做到上述条件，商家是否愿意提供差异化产品呢？笔者认为这取决于差异化商品是否有足够的市场空间。差异化经营实际上是一种商家之间的分工，而分工的出现必须有一定的市场空间。亚当·斯密在《国富论》中就提到，分工受市场范围的限制。根据《国富论》"分工受市场范围的限制"中对斯密定理的解释，只有当对某一产品或服务的需求随市场范围的扩大增长到一定程度时，专业化的生产者才能实际出现和存在。

通过对豪泰林模型的拓展分析，我们得出以下结论：现代化城市中，在消费者均匀分布的情况下，商业布局大多倾向于市中心；在各商家经营的商品无差异（既无空间差异，又无功能性差异）的情况下，必然出现价格竞争，出现"零利润均衡"局面；由于退出成本的障碍或都有能力高于边际成本销售，谁也不能将另一方淘汰出局，即"优不胜劣不汰"，采用差异化经营或错位经营战略是打破这一僵局的有效途径。在消费者非均匀分布的情况下，商场布局应向该区域集中，经营定位要与该区域市场需求结构相适应，并采用错位经营战略。错位经营战略的成功至少取决于以下三点：一是商家的差异化商品要带来消费者效用的真实增加。二是消费差异化商品的消费者剩余要大于或等于消费增加量和消费相似商品的消费者剩余之和。三是商家经营的差异化商品要有足够的市场空间。

随着城市的空心化，市场经济下商业的自然选择应该是"一大多小"的布局结构和"一全多专"的商品定位格局，即一个商品相对齐全的大商场和多个错位经营的专业化小商场，郑州的丹尼斯百货以及西安的好又多超市与其周围的小商场的布局就是很好的例证。商场过分集中不符合经济发展规律，必然出现恶性价格竞争和资源浪费现象。

思考题

1. 产品差异可以分为哪几种类型？分别有何特点？
2. 豪泰林模型如何在现实中应用？
3. 请简述斯宾塞信号传递模型。

参考文献

[1] 刘耀彬，姚成胜，白彩全. 产业经济学模型与案例分析［M］. 北京：科学

出版社，2015.

[2] 冯旭，鲁若愚，刘德文. 零售商圈的吸引力分析 [J]. 商业研究，2004 (24)：119-122.

[3] 涂传清，王爱虎. 农产品区域公共品牌的经济学解释：一个基于声誉的信号传递模型 [J]. 商业经济与管理，2012 (11)：15-23+32.

[4] 祝思民，徐丽艳. 基于 Hotelling 模型的双寡头百货商场价格竞争分析 [J]. 商业经济，2021 (8)：79-81.

第五章

进入壁垒策略模型与应用

本章提要

本章主要分为三节：第一节为进入壁垒策略概述，对进入壁垒策略进行介绍，其中涵盖企业的进入、结构性进入壁垒以及策略性进入壁垒；第二节为进入壁垒的策略模型，解释了包括进入阻挠的一般模型、斯宾塞过度生产能力投资模型、迪克塞特模型、干中学模型等部分策略模型；第三节为模型的应用，引用案例对模型进行了解析。

第一节　进入壁垒策略概述

一、进入

进入是指一个企业进入新的业务领域，即开始生产或提供某一特定市场上原有产品或服务的充分替代品。决定一个企业成本收益关系的基本因素是企业进入该产业的难易程度。企业进入某一市场或某一产业领域至少包含两个要素，即进入的程度和进入的速度。进入的程度是指该行业中企业所占市场份额的变化，即在同一时间内新进入者获得的市场份额减去退出企业放弃的份额；进入的速度是指进入一旦发生，企业要以什么样的速度进入，即该行业企业规模的变化。

在完全竞争市场结构中，决定企业进入某一行业的关键是利润。虽然完全竞争市场并不存在于现实经济生活中，但在市场经济比较成熟的条件下，企业的利润是企业能否进入某一行业或产业的推动力，特别是在位者的高额利润将吸引大批新企业的进入，而微利或亏损则会给希望或计划进入的企业以警告，甚至会有在位企业从该行业或产业中主动退出。此外，关乎国计民生的行业或产业也会受制度因素等影响；有时，即使在位企业已经处于亏损点上，但政府还会要求新企业进入；同样，即使在位企业有着高额的利润，但政府也会因为需要而要求部分或全部在位者从该行业或产业中退出。

新企业可通过技术的模仿或创新，以及创建新企业这两种方式进入某一行业或产业。模仿进入是指部分或全部复制在位企业的活动。当进入壁垒不高、生产技术较成熟、消费者偏好基本稳定时，一般采用模仿进入的方式。模仿进入会对价格产生直接或间接的影响，但对市场结构及其演进不会产生深远的革命性影响。创新方式的进入是指进入者一开始就在以产品差异化为特征的基础上，通过市场竞争的自然选择过程，不断向消费者提供新的、具有不同特点的产品，并与在位者展开竞争。当市场处于上升期，消费者相较价格，更倾向于产品差异化时，选择创新方式的进入较好；创新方式的进入对未来市场发展的方向、发展的速度、市场结构的演进和消费者的选择领域都会产生实质性的影响。

新进入企业通过创立企业的方式进入通常有三种方法：第一，全新进入，这种进入方法相当于白手起家，进入的成功率会相对较低。第二，收购进入，新进入企业可以通过购买一家企业从而进入某一新的行业或产业。第三，内部发展，企业进行多元化经营并涉及新的业务实体的创立，其中包括新的生产能力、分销关系以及销售网络。在实际市场竞争中，新进入企业往往采取多种方式进入。高的进入率通常与高的技术创新率和高的效率改进率相关联。

企业进入某一行业或产业也会分为不同的四个时期，即准备期、进入期、持续期和后进入期。准备期是市场考察、市场调研、产品技术开发以及与银行等金融机构接触的时期，也是企业进入某一新行业或产业的前期准备阶段。进入期是指新进入企业投资以确立自己在市场中的位置，在这个时期，企业除了需要继续进行市场调研、产品技术开发等以外，还需要筹建销售力量，并着手组建工厂。持续期是新进入企业的战略由进入转向企业长期目标、着手战略发展的时期，在这个时期，企业要着重广告宣传，改进产品设计，提高产品质量，增加产品种类，同时要及时改进服务等。在后进入期，企业需维持或防守已占领的市场位置，并保持企业盈利的持续增长。

二、进入壁垒

进入壁垒是一种障碍，指相对于企图进入的新企业，市场中现存企业所具有的竞争优势，或者说新企业在准备或刚刚进入某一产业时，与在位企业在竞争过程中遇到的不利因素。产业经济学理论中对进入壁垒存在着不同的理解，不同的学者从各自的研究视角给出了不同的定义：贝恩认为，进入壁垒是指在一个产业中在位企业拥有的相对于进入企业的优势，可以使在位企业持续地把价格提高到最小平均生产和销售成本以上。斯蒂格勒在 1968 年提出了一个在位者与进入者之间基于成本不对称基础上的进入壁垒概念，他认为进入壁垒是一种生产成本，是由新进入企业负担，而在位企业不需要负担的成本。规模经济、资本需要量、产品差异均不会构成进入壁垒。自 20 世纪 70 年代起，进入壁垒的研究重心从消费者需求偏好和生产技术特点等外生因素的分析，转为在位企业为减少未来的竞争、通过自身的策略性行为影响市场结构而形成的内生性壁垒。冯·维茨塞克认为进入壁垒作为一种生产成本应由进入企业承担，而不是由已处于该行业中的在位企业承担，但是这会影响资源配置，使其变得扭曲。

进入壁垒是产业重要的结构性特征，影响着产业或市场的竞争程度和企业的绩效。市场的竞争程度是由成本需求特性、厂商数量和类型、买者的特性以及投入要素供给市场状况决定；而进入壁垒在决定厂商数量和厂商规模分布中起着"中枢作用"，反映了新进入企业与在位企业之间竞争条件的差异，影响着企业所在市场的垄断竞争状况，也是影响市场结构的重要因素。因此，进入壁垒的大小既反映了市场内在位企业的优势大小，也反映了潜在企业或新进入企业所面临的劣势程度。最基本的进入壁垒产生于市场自身的基础条件，不同时期、不同产业的进入壁垒差异很大，但进入壁垒的判断标准主要为超额利润和高集中度。在市场经济条件下，吸引新企业进入某一产业的唯一经济因素是超额利润的存在。若在某个产业中，企业数量大且集中度低，则意味着限制企业进入的结构因素几乎是不存在的，因为企业数量大，企业之间存在竞争，单个企业很难使用策略性行为阻止新企业进入产业。若高利润和高集中度长期存在于某一产业中，那么这个产业必然有进入壁垒存在。

进入壁垒一般分为两类，即结构性进入壁垒和策略性进入壁垒。结构性进入壁垒又叫作经济性的进入壁垒，产生于企业欲进入的产业本身的基本特性，即进入某一特定产业时遇到的经济障碍以及克服这些障碍所导致的生产成本的提高，包括技术、成本、消费者偏好、规模经济和市场容量等方面的障碍。规模经济、绝对成本优势、必要资本量、产品差别化、网络效应和政府管制均是构成结构性进入壁垒的主要因素。规模经济源于企业生产的随着产量的增加而下降的平均成本[①]。企业的最小有效规模是其长期平均成本最小时企业能生产的最小量。当产业存在规模经济且市场需求有限时，少数几个企业在最小有效规模经济进行生产并获得经济利润；但如果再有新企业以相同产量进入，所有企业均可能出现亏损。

绝对成本优势是指在位企业在任一产量水平下的平均成本均低于潜在进入者。如果在位企业通过专利或技术秘诀控制了最新的生产工艺，那么它们就拥有相对新进入企业的绝对成本优势，在位企业还可以控制高质量或低成本投入物的供应渠道。如果新进入企业的破产概率大于在位企业，那么新进入企业可能需要支付更高的资金进入成本，且在生产过程中，资本密集性越高，在位企业最终的绝对成本优势将越大。

必要资本量是指新企业进入市场必须投入的资本。在生产过程中，资本密集程度越高，必要资本量就会越大，新企业筹集资金会越困难，相比在位企业的资本费用越高，进入市场的难度也会越大。原因在于金融市场的不完全性以及信息的不对称性都会对必要资本量产生影响。

网络效应又称网络外部性，是指购买某种商品的消费者数量的增加将提高消费者的效用水平，从而增加消费者对该商品的需求，即消费的外部性。网络效应可分为直接网络效应与间接网络效应。消费某一产品的用户数量增加而直接导致的网络

---

① 斯蒂芬·马丁. 高级产业经济学［M］. 上海：上海财经大学出版社，2003.

价值的增大就是直接网络效应。间接网络效应是随着某一产品使用者数量增加，该产品的价格下降、互补品增多而产生的价值，它的形成是基础产品与辅助产品之间的技术互补。

产品差异化是指产业内相互竞争的厂商所生产的产品之间替代程度的不完全性，它主要源自市场中消费者对相关企业产品在长期中形成的消费者偏好的差异，并通过广告宣传以及相关法律（如专利法、知识产权法等）得以加强。因此，在位企业的产品差异化优势有四种可能的来源：第一，在位企业通过拥有优良产品的有效控制权，使消费者将优良产品与控制权等同化，将企业塑造成高品质产品的象征。第二，在长期营销过程中，在位企业通过定价和销售服务等，在市场上树立良好的声誉。第三，在广告宣传上，在位企业建立消费者忠诚度并对销售渠道加以控制，增加新进入企业的营销成本并使其处于劣势。第四，由于产品质量信息对消费者的不对称性，为吸引消费者试用新产品，新进入企业相比在位企业必须支付更高的单位营销费或提供更高的销售折扣，从而增加了新企业的生产成本和营销成本。这些方法会提升消费者对在位企业产品的偏好度，增加新进入企业的进入成本，实现在位企业在产品差异化上的优势，限制新企业的进入。

如果政府认为一个产业只适合少数几个企业生存，为了避免过多的企业进入而导致过度竞争，政府会限制新企业的进入，如实行许可证制度。这种方式被称为政策法律制度壁垒。对企业来说，政府的政策和法律都是其无法控制的外生变量，所以由政策法律制度导致的进入壁垒是结构性进入壁垒。

策略性进入壁垒又叫作行为性的进入壁垒，产生于在位企业的行为，特别是在位者可以采取行动提高结构性壁垒，或者扬言一旦进入就采取报复行动。策略性行为是寡占市场中企业通过对影响竞争对手选择的资源进行投资，从而改变竞争环境的行为。策略性进入壁垒的分析建立在非合作博弈理论和信息经济学基础之上，而进入和进入阻挠则可作为在位企业与潜在进入企业的博弈过程。色罗普（Salop, 1979）提出，如果在位企业采取某项行动，目的是想把潜在的竞争对手排挤在市场之外，从而使自己免受进入者的进入威胁，那么由此形成的进入壁垒就是"策略性的"进入壁垒。也就是说，由于在位企业拥有信息优势和首先行动的优势，它可以通过不可回收或不可逆的投资，以及自己的行动向潜在进入企业传递对自己有利的信息，改变潜在进入者对进入后获得经济利润的预期，从而主动放弃进入。

根据在位企业的策略性行为影响未来收入预期的方式，可以把进入壁垒分为影响未来成本结构的进入壁垒、影响未来市场需求结构的进入壁垒和影响潜在进入者对未来事件估计信念的进入壁垒。

在位企业通过策略性行为对进入后的新企业的相对成本结构产生影响，使进入者在寡占市场结构中处于成本劣势。利用这种成本上的不对称，在位企业发动的价格战很容易使新进入企业遭受亏损；当新进入企业预期到在位企业的价格战是可信威胁时，就不会进入。这就是影响未来成本结构的进入壁垒。

在位企业除了利用策略性行动来获取未来竞争的成本优势外，也可通过策略性行为增强消费者对自己产品的忠诚度，从而使未来的市场需求有利于己，即可能通过锁定消费者偏好或市场需求，最终使新进入企业在寡占市场中的需求处于不利地位，这就是影响未来市场需求结构的进入壁垒。在位企业影响未来需求结构的策略性行为主要有三种，分别为产品扩散策略、提高转换成本以及利用长期契约锁定产品需求。

影响进入者信念的进入壁垒则是由于在寡占市场上，总是存在企业难以准确观察或预测的变量信息，而这些信息在潜在进入企业与在位企业之间的分布上存在着明显的不对称，潜在进入企业利用这些信息对进入后的市场竞争态势、进入后的利润做出预期，进而决定是否进入市场。

第二节　进入壁垒的策略模型

一、进入壁垒的一般模型①②

市场进入壁垒作为产业经济学中的经典例子是假设有一个垄断企业（即在位者）已在市场上处于优势地位，另一个企业（即进入者）虎视眈眈地谋求进入。想要保持自己垄断优势的在位者企业会想方设法阻挠进入者进入市场。

1. 完全信息静态博弈

假设参与博弈的有 m 个人，给定其他人战略的情况下，每个人选择自己的最优战略，则 m 个参与人所选择的战略会组成一个战略组合。纳什均衡所代表的战略组合就是由所有参与人的最优战略组成的。在市场进入壁垒博弈中，进入者有两种选择——进入或是不进入，在位者也同样有两种战略选择——默许和斗争。假定进入者进入之前在位者的垄断利润为 300，进入之后寡头利润总和为 100 且各得 50，进入者的进入成本为 10。各种战略组合下支付矩阵如表 5-1 所示。

表 5-1　市场进入阻挠博弈：完全信息静态博弈

		在位者	
		默许	斗争
进入者	进入	40, 50	-10, 0
	不进入	0, 300	0, 300

在这个博弈中有两个纳什均衡，即（进入，默许）和（不进入，斗争）。当进入者选择进入，在位者若选择默许可得 50 单位利润，若选择斗争则利润为零，所以

---

① 张维迎. 博弈论与信息经济学［M］. 上海：上海三联书店，上海人民出版社，2004.

② 翁丽君. "市场进入阻挠"的博弈分析［J］. 内蒙古科技与经济，2008（7）：65-66.

在位者的最优战略是默许。同理，假设在位者选择默许，进入者的最优战略是进入。尽管在进入者选择不进入时，默许和斗争对在位者来说所获利润相同；但只有当在位者选择斗争战略时，不进入才是进入者的最优选择，所以，（进入，默许）和（不进入，斗争）是完全信息静态博弈下的两个纳什均衡。

2. 完全信息动态博弈

泽尔腾 1965 年提出的动态博弈完善了纳什均衡的概念，并指出了纳什均衡中存在的三个问题：第一，一个博弈可能不止存在一个纳什均衡。第二，在纳什均衡中，参与者在选择自己的战略时，不考虑自己的选择对对手战略的影响，而是把其他参与者战略的选择当作给定的。在静态博弈中这个假设是成立的，但在动态博弈中，当一个人先行动时，后行动者会根据先行动者的选择而调整自己的策略，而先行动者可以通过理性的预期到这一点，所以需要同时考虑自己的选择对后行动者的影响。第三，由于纳什均衡不考虑自己的选择对别人选择所造成的影响，所以会存在不可置信威胁。泽尔腾将纳什均衡中包含的不可置信的威胁剔除掉，从而定义了"子博弈精炼纳什均衡"，且动态博弈通常用博弈树表示，如图 5-1 所示。

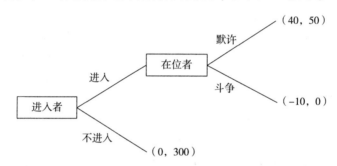

图 5-1　市场进入阻挠博弈：完全信息动态博弈

进入者先做进入或不进的行动选择，随后在位者选择默许或斗争，最后的数字是支付水平。即如果进入者选择进入，而在位者的决策是默许，则最后的支付水平分别为 40 和 50。

在博弈过程中，如果在位者让进入者不敢进入，从而获得 300 的垄断利润，那么在位者就需要通过某种承诺行动使自己的"斗争"威胁变得可置信，承诺行动有多种存在形式。一种简单的办法是在位者与某个第三者打赌：如果进入者进入后在位者不斗争，在位者就付给那个第三者 100。这就使斗争成为了一种可置信的威胁。因为若进入者进入后，在位者不选择斗争而是默许其进入，在位者可以得到 50 的寡头利润，去掉与第三者打赌的 100 赌注，最终净得垄断利润−50，若在位者选择斗争，则净得垄断利润为 0。根据最后的净得垄断利润可知，斗争比合作好。因此可以通过打赌设置可置信的威胁来阻止进入者进入。在位者在博弈过程中，可以得到 300 的垄断利润，且无须支付 100 的赌注。一般来说，越高的承诺行动成本，威胁就越会变得可置信。

3. 不完全信息静态博弈

在完全信息博弈中，不管是静态博弈还是动态博弈，都含有的假设前提是"所有参与者都知道博弈的结构、规则及支付函数"。若是不完全信息博弈，则不满足这个假设。给定别人的战略选择，每个参与者的最优战略均依赖于自己的类型。由于参与者在静态不完全信息博弈中同时行动，没有机会观察到别的参与者的选择。每个参与者仅知道其他参与者的类型的概率分布而不知道其真实类型，他无法准确地了解其他参与者实际上的战略选择；但是他可以准确地预测到其他参与者的选择是如何依赖其各自的类型的。在依从战略的情况下，这个参与者就会在给定自己和别人的类型的条件下，最大化自己的期望效用。达到贝叶斯纳什均衡就是给定自己和别人的类型的概率分布的情况下，最大化每个参与者的期望效用。若进入者只存在一种类型，而在位者有高成本和低成本两种类型，那么进入者拥有不完全信息，而在位者则拥有完全信息。在给定进入者选择进入的情况下，在位者选择默许还是斗争将依赖于进入者属于高成本或低成本的不同类型：如果是高成本类型，就选择默许；如果是低成本，则选择斗争。进入者不知道在位者的真实类型，但是若知道高成本的可能性为 p，那么低成本的可能性为 $(1-p)$。进入者选择进入得到的期望利润为 $40p+(-10)(1-p)$，选择不进入的期望利润为零。当 $p>0.2$ 时，进入得到的期望利润会大于不进入的期望利润，最优的选择是进入。即当高成本的可能性 $p>0.2$，进入者选择进入，高成本在位者选择默许，低成本在位者选择斗争就是贝叶斯纳什均衡，具体结果如表 5-2、表 5-3 所示。

表 5-2　市场进入阻挠博弈：市场进入（高成本情况）

		在位者	
		默许	斗争
进入者	进入	40, 50	-10, 0
	不进入	0, 300	0, 300

表 5-3　市场进入阻挠博弈：市场进入（低成本情况）

		在位者	
		默许	斗争
进入者	进入	40, 50	-10, 0
	不进入	0, 300	0, 300

4. 不完全信息动态博弈

精炼贝叶斯纳什均衡是完全信息动态博弈的精炼纳什均衡和不完全信息静态博弈的贝叶斯纳什均衡的结合，是不完全信息动态博弈的均衡。精炼贝叶斯纳什均衡要求参与者根据所观察到的他人的行为来修正自己有关后者类型的主观概率，并由此选择自己的行动。修正过程中，每个参与者都假定其他参与者选择的是均衡战略（贝叶斯法则）。在市场进入过程中，进入者无法得知在位者是低成本还是高成本。在静态博弈中，进入者只能根据先验判断选择进入还是不进入。假设在位者先行动，

用 P 表示其价格，那么 P 本身可能包含有关在位者成本函数的信息，这是因为不同成本函数下的最优价格是不一样的。假定存在一个价格 P^*，只有低成本企业才能获得利润，高成本企业无法模仿这个价格。那么，精炼贝叶斯均衡是低成本在位者选择 P^*，高成本企业选择一个较高的垄断价格；如果进入者观察到在位者选择了 P^*，就会推断其为低成本，选择不进入；否则，就认为在位者是高成本，选择进入。

二、斯宾塞过度生产能力投资模型①②

过度生产能力投资是基于贝恩—索罗斯限制性定价模型提出的，且与限制性定价同属于遏制进入型策略性行为。贝恩—索罗斯假定一般用于早期的进入遏制模型分析，即假设潜在进入者相信在位厂商的产量水平在其进入前后保持不变。然而，在面对不可改变的进入事实时，在位厂商发现自己最好的选择是适量减少产出；另外，在位厂商又想以掠夺性增产对进入者的这种进入进行威胁。但是，此时在位厂商面临的问题是，在潜在厂商了解上述情况下，如何让潜在厂商相信它的威胁是可置信的。而关于可置信威胁问题，谢林认为可以通过花费一定执行成本，通过进行事先的承诺而使威胁变得可信。

谢林初步提出的思想，被斯宾塞运用于进入问题的研究。斯宾塞将生产能力变量引入了限制性定价模型中，且认为在位厂商先前不可改变的生产能力投资决定也属于这种承诺。他假定潜在进入厂商会相信，在位厂商在潜在进入厂商进入发生时，将生产与进入前的生产能力相同的产量，由此，潜在进入者进入与否就在于当在位厂商把产量水平扩大到生产能力水平之上时，进入者能否获得利润。为了遏制潜在进入厂商进入，在位厂商可能会设置一个很高水平的生产能力，而且它不会在潜在厂商进入前使用全部生产能力。在早期过度投资生产能力必然会产生大量的沉没成本，由于这会影响到以后的需求和成本结构，所以在遏制进入的策略性行为选择上同样具有极强的承诺作用。当进入威胁发生时，在位厂商会有很高的可能性采取提高产量、降低价格的策略。由于行业总供给超过总需求基础上的破坏性竞争会发生在潜在进入者进入后，那么潜在进入者很有可能就因此而放弃进入。

斯宾塞（1977）阐述了一个在位厂商通过策略性选择利用扩张产量和降低价格来改变供需关系以遏制潜在厂商进入的情形。在位厂商在没有进入威胁时不会采用这种策略，但是在面临潜在厂商的进入威胁时，它能够利用过度生产能力使潜在进入厂商的预期进入后利润降为 0 或负数。此时，在位厂商在这种预先设置的生产能力上选择进入前价格和产量使其利润最大化。

k 为生产能力，r 是单位生产能力的成本（利息或机会成本），x 为产量。可变成本表示为 $c(x, k)$，假定 $C_{xk} \equiv 0$，即生产能力不影响边际成本。反向的市场需求

函数为 $P(q)$，收入函数为 $R(x) = qP(x)$，利润可表示为 $n(x, k)$，即：

$$\pi(x, k) = R(x) - c(x) - rk$$

$a(x, k) = [c(x)/x] + (rk/x)$ 为平均总成本。当 $k = x$ 时，由于此时的成本最小，厂商或产业是有效率的，假定产出水平为 x，则 $a(x, x) = (c(x)/x) + r$。

是否存在进入威胁总体有以下两种情况：

（1）没有进入威胁。在没有进入威胁情况下，假定 k 不影响边际成本，$x \leqslant k$ 是在位厂商的最优产出，$n(q, k)$ 关于 x 和 k 在 $x = k$ 时为最优，取值最大。因此，利润最大化条件使等式成立：

$$R'(x) = c'(x) + r$$

（2）存在进入威胁。当潜在厂商进入发生时，在位厂商能够在降低价格的同时将产量扩张至 k。如果 y 是进入厂商提供的产出，则产业的总产出为 $k+y$，市场价格则为 $P(k+y)$。如果对于所有的 y，进入厂商的利润都是非正的，则进入被遏制，也就是说，对于所有的 y，有

$$P(k + y) \leqslant a(y, y) = \frac{c(y)}{y} + r \tag{5-1}$$

由式 5-1 可知，对于进入厂商所有的产量 y，价格都低于平均成本。对于任何 y，当 k 增加时，$P(k+y)$ 会随之下降。对于充分大的 k 而言，进入厂商的剩余需求为 0。因此，有一个最小的 k，记为 $\bar{k}$，使得式 5-1 的等号成立。当在位厂商以 $\bar{k}$ 维持生产能力时，进入会被遏制。

由此可见，在位厂商的最大化利润问题可表述为

$$\max_{q, k} R(x) - c(x) - rk, \quad x \leqslant k \text{ 且 } k \geqslant \bar{k}$$

该最大化问题的拉格朗日函数为：

$$L = R(x) - c(x) - rk + \lambda(k - x) + \mu(k - \bar{k}) \tag{5-2}$$

根据库恩—塔克条件（其中 λ 和 μ 为拉格朗日乘子），可得到：

$$\frac{\partial L}{\partial x} = R'(x) - c'(x) - \lambda = 0 \iff R'(x) - c'(x) = \lambda \tag{5-3}$$

$$\frac{\partial L}{\partial k} = -r + \lambda + \mu = 0 \iff r = \lambda + \mu \tag{5-4}$$

$$\frac{\partial L}{\partial \lambda} = k - x \geqslant 0 \quad \lambda(k - x) = 0 \quad \lambda \geqslant 0 \tag{5-5}$$

$$\frac{\partial L}{\partial \mu} = k - \bar{k} \geqslant 0 \quad \mu(k - \bar{k}) = 0 \quad \mu \geqslant 0 \tag{5-6}$$

第一种情况：$\mu = 0$，$\lambda = r$。如果 $\mu = 0$，于是 $\lambda = r$ 且 $R' = c' + r$。这种情况下，需求为高度无弹性且价格接近边际成本，在位厂商的无约束利润最大化产出位于进入

被自然遏制的水平。

第二种情况：$\lambda = 0$，$\mu = r$。如果 $\lambda = 0$ 且 $\mu = r$，$k = \bar{k}$ 是在位厂商设置的生产能力水平，然后选择产出水平为 $x < \bar{k}$，使其利润最大化，条件 $x \leqslant k$ 是无约束力的。更重要的是，在给定实际提供的产出水平下，成本并不是最小的。为了遏制进入，在给定产出的条件下，所设置的生产能力超出了有效率的水平。

第三种情况：$\lambda \neq 0$，$\mu \neq 0$。乘数 λ 和 μ 均不为 0，两个条件都是有约束力的：为了遏制进入，生产能力 $k = \bar{k}$，同时，在给定生产能力 $\bar{k}$ 下，利润最大化的产出水平 $x = \bar{k}$。这不像第二种情况，如果不存在进入威胁的话，生产能力和产出都将下降，当存在进入威胁时，在位厂商的总成本曲线 $C(x)$ 有如下两种可能：

$$C(x) = c(x) + r\bar{k}, \ x \leqslant \bar{k}$$

$$C(x) = c(x) + rx, \ x > k$$

在斯宾塞过度生产能力投资模型中，生产能力的选择是固定的，因此潜在进入者是否进入依赖于在位厂商把产量水平扩大到生产能力水平之上，进入者能否获利。过度生产能力投资是一种有效的进入遏制策略，这主要是因为在位厂商的过度生产能力投资是一种不可逆的事先承诺。该结论是建立在严格的假定基础之上的，即潜在进入厂商预期在位厂商对于进入的反应是将产出维持在进入前的生产能力水平，而不管这种生产能力水平的高低。

过度生产能力理论表明，当价格超出限制性价格，而产量低于限制性产出，在给定产出的条件下，在位厂商拥有过度生产能力时的产出是无效率的。从这个层面上讲，进入威胁影响了在位厂商的价格，这种影响的实现是通过生产能力对成本函数的结构的影响。但在某些情况下，在位厂商拥有过度生产能力来遏制进入时的利润最大化价格也可能等于限制性价格。

三、迪克塞特模型①②

在放弃了斯宾塞模型中生产能力不变的假定后，迪克塞特在其模型中认为在位厂商是一个斯塔克尔伯格领导者，潜在进入者进入之后的古诺双头垄断利润是进入决策的基础。在位厂商充当斯塔克尔伯格领导者的角色是因为在位厂商具有先动优势，因此潜在厂商认为，当进入发生，在位厂商将维持进入前后的产出不变，这又回到了贝恩—索罗斯的基本假定。此外，他放弃了斯宾塞模型中短期内生产能力向上刚性的假定。虽然产出需小于生产能力，但生产能力可按在位厂商的意愿进行扩张，生产能力不能对产出施加向上的限制。在其模型中，在位厂商是一个斯塔克尔伯格领导者，进入决策依赖于潜在进入者进入之后的特定博弈规则下的双头垄断利润。这些博弈规则包括，进入发生后，纳什均衡是建立在产量竞争中的古诺均衡，

① 干春晖. 过度生产能力投资模型 [EB/OL]. [2021-9-23]. 产业经济与创业，https://doc.mbalib.com/view/dd01d6eb2a128a42bb5880e06b038cd8.html.

② 干春晖. 产业经济学：教程与案例（第2版）[M]. 北京：机械工业出版社，2015.

还是价格竞争中的伯德兰德均衡之上。在产量竞争中，在位厂商和潜在厂商谁获得了斯塔克尔伯格领导权。

与斯宾塞模型的生产成本类似，迪克塞特模型的总成本分为形成生产能力成本和可变成本。但是，为了讨论方便，迪克塞特模型进一步把形成生产能力成本分解为设置成本，即进入某一行业时所必须发生的一些固定成本和生产能力扩张成本，即具有单位生产能力的必要固定成本。在位厂商和潜在进入厂商分别用 1 和 2 表示，如果 k_i 表示厂商 i 的生产能力，$x_i(x_i < k_i)$ 为产出，那么它在每一时期的成本可表示为：

$$C_1 = f_i + w_i x_i + r_i k_i \tag{5-7}$$

其中，固定的设置成本为 f_i，不变的单位生产能力成本为 r_i，不变的平均产出可变成本为 w_i。

$R^i(x_i, x_2)$ 是两个厂商在每一时期的收益函数。每一个厂商的收益表现是其自身产出的单调递增凹函数，同时，随着另一厂商的产出增加其总收益和边际收益都会不断下降。

博弈的规则如下：在位厂商选择一进入前的生产能力水平 $\overline{k}_1$，这一水平随后不会减少，但可能会增加。如果另一厂商决定进入，两厂商在产量竞争中将达到双头垄断的古诺—纳什均衡。如果不进入，在位厂商将会作为垄断者独占市场。

首先，假定厂商 1 设计的生产能力为 $\overline{k}_1$，如果它在这一范围内进行生产，即 $x_1 < k_1$，那么它的总成本是 $C_1 = f_1 + r_1 \overline{k}_1 + w_1 x_1$。

如果希望生产产量更大，厂商 1 必须要获得额外的生产能力。若 $x_1 > k_1$，那么 $C_1 = f_1 + (w_1 + r_1) x_1$。

因此，当厂商 1 的产出 x_1 不超过 $\overline{k}_1$ 时，边际成本为 w_1；当产量 x_1 大于 $\overline{k}_1$ 时，$w_1 + r_1$ 是它的边际成本。对于厂商 2 而言，在进入前不存在生产能力方面的承诺，因此，对于任何产出水平 $x_2(x_2 > 0)$，都有生产能力 k_2 与之相应，于是 $C_2 = f_2 + (w_2 + r_2) x_2$。

厂商 2 的边际成本为 $w_2 + r_2$。从上述成本函数的表达式可以发现，$\overline{k}_1$ 的选择会影响厂商 1 边际成本曲线的形状，从而影响其反应曲线。当两厂商相互作用时，$\overline{k}_1$ 将决定最终的双头垄断均衡，因此 $\overline{k}_1$ 也决定了两厂商的利润。如果厂商 2 的利润是正数，它会选择进入，反之则不进入。在考虑到上述因素后，厂商 1 会选择 $\overline{k}_1$ 使其利润最大化。虽然现在无法确定在位厂商的最大化利润策略的实现方法是通过遏制厂商进入还是接纳进入者，但如果假定在位厂商的最大利润为正值，那么退出策略不是最优的，如图 5-2、图 5-3 所示。

对于给定的生产能力 $\overline{k}_1$，图 5-2 中粗线（拐折线）表示在位厂商的边际成本曲线，MC_1 为在位厂商的边际成本。相对于产出水平 $\overline{k}_1$，当在位厂商存在剩余的生产能力时，边际成本 MC_1 是 w_1 线段上粗线部分；当生产能力扩张成本包括在内时，$w_1 + r_1$ 线段上粗线部分为在位厂商的边际成本。当把边际收益曲线与边际成本曲线相加之后，另一厂商假定的产出水平将决定边际收益曲线的位置。对于充分低的 x_2，厂商 1 的边际收益曲线是 MR_1，厂商 1 的利润最大化产出 x_1 位于先前固定的生

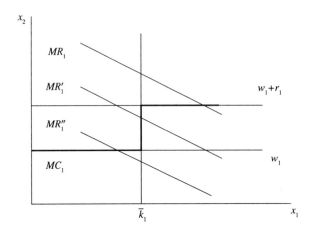

图 5-2　在位厂商和潜在进入厂商的产出、成本与收益

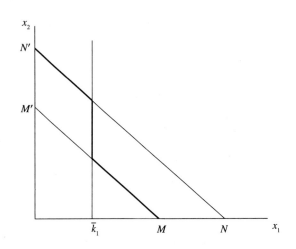

图 5-3　在位厂商和潜在进入厂商产出曲线

产能力水平的右边；对于依次更高水平的 x_2，边际收益曲线向下移至 MR_1' 和 MR_1''，x_1 的产出选择是位于或者低于生产能力的水平。x_1 对 x_2 的这种反应就是在位厂商对进入者产出的反应函数。

图 5-3 两条"参照"曲线 MM' 和 NN'。MM' 是生产能力扩张时的反应曲线，NN' 是存在闲置生产能力时的反应曲线。因此，第一个函数就与高于 $\bar{k}_1$ 的产出相关，第二个函数与低于 $\bar{k}_1$ 的产出相关。对于固定的 $\bar{k}_1$，在图 5-3 中用粗线表示的拐折部分就是厂商 1 的反应曲线。设点 M 的坐标是 $(M_1, 0)$，N 的坐标是 $(N_1, 0)$。当厂商 2 的产出水平固定为 0 时，不存在厂商 2 进入的可能性，M_1 和 N_1 都是厂商 1 利润最大化时的产量选择。然而，M_1 是生产能力扩张成本存在时的选择，N_1 是生产能力尚未被充分利用、仅有可变成本存在时的选择。

既然在生产能力方面厂商 2 没有事先承诺，因此它的反应曲线 RR' 就是一条直线。假定 RR' 分别与 MM' 和 NN' 相交，并形成通常"稳定"的古诺解，如图 5-4 所示。

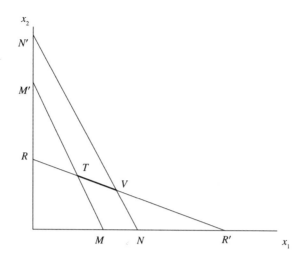

图 5-4　存在稳定古诺解时，在位厂商和潜在进入厂商产出曲线

对于给定的生产能力 $\bar{k}_1$，双头垄断的纳什均衡可在两条反应曲线的交点得到。然而，由于在位厂商有权力提前选择 $\bar{k}_1$，因此在位厂商可以决定双头垄断情况下，进入者进入后的反应函数。根据图 5-4，假定厂商 2 的反应曲线 RR' 在 T（T_1，T_2）点与 MM' 相交，在 V（V_1，V_2）点与 NN' 点相交。T 和 V 可分别视为在不同极端情况下的纳什均衡，T 是厂商 1 存在生产能力扩张成本时的均衡，V 是不存在时的均衡。因此，对比图 5-3 和图 5-4 可知，如果厂商 1 选择 $\bar{k}_1 \leq T_1$，则 T 为进入后的纳什均衡点；如果选择 $\bar{k}_1 \geq T_1$，V 是纳什均衡点。如果 $T_1 \leq \bar{k}_1 \leq V_1$，均衡点将出现在进入者反应曲线 TV 粗线段部分的某一最优点。在这一均衡点上，$x_1 = \bar{k}_1$ 是厂商 1 的产出，厂商 2 在面对 x_1 的情况下，生产的产量将等同于与斯塔克伯格追随者的产量。从这种意义上讲，即使进入后的博弈接受纳什均衡规则，在位厂商也可通过生产能力的选择控制博弈的初始条件而在有限的范围内行使领导权。

然而，这个有限范围的条件至关重要，它意味着高于 V_1 的生产能力水平作为遏制进入的威胁是不可置信的。如果潜在进入厂商相信纳什均衡在进入后的博弈中可以实现，这种过度的生产能力水平就不会威胁到它；如果在位厂商知道潜在进入厂商无惧过度的生产能力的威胁，它也就不会试图运用这种代价高且没有置信的策略。

当 $N_1 > V_1$ 时，在位厂商用高于 N_1 的生产能力水平设置来遏制潜在进入厂商进入是无效的。即使考虑到进入前的产出，这种生产能力水平也被证明是不合理的。事实上，如果生产能力高于 N_1，垄断者宁愿选择闲置过剩的生产能力，也不愿生产与生产能力相等的产量。因此，在这种博弈规则下，在位厂商将生产能力安排在 N_1 之上这种现象是会出现的。

同样，在位厂商将进入前的生产能力水平设置在 T_1 之下这种现象也不会出现。因为在位厂商在进入发生时，将想获得更多的生产能力；但是如果进入不发生，在位厂商至少想将生产能力水平维持在 $M_1 > T_1$。

在位厂商的产量选择和潜在进入厂商的进入决策问题上，潜在进入厂商能否进入的决策由它的预期净利润决定。根据前面的结论，在位厂商的产出水平等同于进入前选择的生产能力，因此两个厂商的利润可以看成是它们产出的函数，即 $\pi_i(x_1, x_2) = R_1(x_1, x_2) - f_i - (w_i + r_i)x_i$。

假定 π_1 的最大值总是为正。π_2 的符号决定了不同情况的产生。当沿着厂商2的反应曲线由 T 向 V 方向移动时，厂商2的利润会单调递减，那么会出现以下三种可能的情况：

第一种情况：$\pi_2(T) < 0$。在任一均衡点，潜在进入厂商都不能在进入发生后获得利润，因此，潜在进入厂商根本不会考虑进入该行业。由于没有进入发生，在位厂商将独享垄断利润且会将生产能力和产出设置在 M_1 水平上。

第二种情况：$\pi_2(V) > 0$。在任一均衡点，潜在厂商均可以在进入发生后获得利润，因此，在位厂商无法遏制潜在进入厂商的进入，它会寻求双头垄断地位以取得最优的利润。既然所有这些选择的产出都和生产能力相等，沿着 TV 线段中不同均衡点的利润都会被计算，并通过等高线的方法来求出最佳的斯塔克尔伯格均衡点。

第三种情况：$\pi_2(T) > 0 > \pi_2(V)$。这是一种较为复杂的情况。现在沿着线段 TV 有一点 $B(B_1, B_2)$，使 $\pi_2(B) = 0$。如果在位厂商所设计的生产能力高于 B_1，潜在进入厂商考虑到进入后的纳什均衡利润为负，它就选择不进入，因此 B_1 的生产能力是有效遏制进入发生的水平。而在位厂商在了解到这一点后，需要进一步考虑实行这种遏制进入策略是否值得。

如果 $B_1 < M_1$，那么在位厂商的垄断选择会自动有效地遏制进入，这是贝恩所描述的被遏制了的进入。如果 $B_1 > M_1$，若想遏制进入，在位厂商必须将所设置的生产能力或产出高于它想作为垄断者所需的水平才可以。为此，遏制进入的成本与收益都需要在位厂商计算。生产能力要设置大于 B_1 才能遏制进入。因为当 $B_1 < V_1 < N_1$ 时，厂商会选择利用它所有的生产能力实现它的垄断产出，因此，它的利润为 $\pi_1(B_1, 0)$。另一种选择是接纳进入者，最佳的双头垄断点称为斯塔克尔伯格点 S，并将生产能力水平设置在该点上，坐标为 (S_1, S_2)。因此我们得到：$\pi_1(S) < \pi_1(B_1, 0)$，此时会出现相应的限制性价格，为达到遏制进入的目的，它的最佳策略是选择限制性生产能力或产出 B_1 进行生产，贝恩把这种状况称为有效的遏制进入（Effectively Entry）。对于这种情况，有 $S_1 \geqslant B_1$。由于 $B_1 > M_1$，可以得出 $\pi_1(S_1, S_2) < \pi_1(S_1, 0) \leqslant \pi_1(B_1, 0)$。当 $\pi_1(S) > \pi_1(B_1, 0)$ 时，在这种情况下，接纳进入者是在位厂商的最优策略，而这种市场进入条件则被称为无效的遏制进入（Ineffectively Impeded Entry）。此时的双头垄断的纳什均衡点出现在 S 点。

此外，迪克塞特等学者还从三个方面对模型进行了扩展和修正：第一，他们修正了在位厂商和进入厂商的博弈规则，具体表现为潜在进入厂商进入后将获得产量竞争的领导权（Salop，1978）。进入厂商会在在位厂商（进入厂商）进入后的反应函数上选择使自己利润最大化的点。然而，向进入厂商显示的反应函数仍然能通过在位厂商对生产能力的初始承诺决定，从而可以控制对方按照有利于自己的方式选择。第二，放松严格的成本函数假定，考虑一个更加一般化的成本函数。由模型可知，在达到给定的生产能力水平之前，w_1 是恒定的在位厂商边际成本。既然产出不会大于生产能力水平，在产出达到生产能力时，产出的边际成本会上升到无穷大。于是，随着生产能力的一直增加，边际成本又会从无穷大降回到 w_1。$C_1 = C^1(x_1，k_1)$，$C^1_{x_1 k_1} < 0$ 是该成本函数的表达式，除了价格方面的因素外，这与斯宾塞 1977 年提出的更一般模型中的成本函数类似。不仅过度生产能力投资策略可以通过这种延伸解释，其他形式的投资（诸如销售网络和广告等）也可以用它来解释，这为论证在位厂商利用这些支出来遏制潜在进入提供了支持。第三，迪克塞特等关注了基本模型中生产能力的定义，但是是以进入后双头垄断的价格竞争问题为考虑的，而伯特兰德均衡是此时的博弈解。此时通过改变生产能力 $\bar{k}_1$，在位厂商仍然可以沿着进入厂商的反应曲线 TV 移动，可以得到任意一点作为进入发生后的纳什均衡点，在位厂商在生产能力承诺方面拥有先动优势，且仍然可以实现有限的领导权。

迪克塞特模型放弃了生产能力不变的假定，在位厂商是一个斯塔克尔伯格领导者，进入决策依赖于潜在进入者进入之后的古诺双头垄断利润。由于在位厂商在潜在厂商进入之后不存在任何不对称优势，纳什博弈规则具有相当的吸引力，在此规则下，在位厂商就不希望在进入发生前将生产能力安排在有闲置能力的水平上。迪克塞特认为，在纳什博弈规则下，在位厂商维持过度生产能力投资的假定是不可置信的，但是，在位厂商不可改变的投资承诺在进入遏制中的作用，可以通过有利于在位厂商的方式改变进入后博弈的初始状态而实现。在位厂商作为斯塔克尔伯格领导者，可以通过对生产能力投资的选择，把均衡维持在有利于自己的水平，在位厂商没有必要维持过度生产能力。

限制性定价理论表明，短期的寡占定价博弈不能脱离进入威胁而单独存在。如果接受限制性定价，那么忽略进入威胁的定价博弈分析是没有意义的。而生产能力理论的情况却有些相反，短期定价博弈在某种程度上，是策略性地独立于进入威胁。之所以不完全独立，是因为存在前面提到的生产能力对成本的影响。

四、干中学模型

1. 提出

阿罗于 1962 年提出了干中学模型，把从事生产的人获得知识的过程内生于模型，指在生产和物质资本积累过程中引起的劳动生产率提高和技术外溢。它是研究与开发模型的一个变种模型。他从普通的劳动与资本的柯布—道格拉斯常规模型收益生产函数，推导出一个规模收益递增的生产函数。

阿罗认为，人们是通过学习而获得知识的，技术进步是知识的产物、学习的结果，而学习又是经验的不断总结，经验来自行动，经验的积累就体现在技术进步中。阿罗根据美国飞机制造业的经验材料说明了干中学效应的存在和意义。飞机制造业中有这样一条经验规律：在开始生产一种新设计的飞机之后，建造一个边际飞机的机身所需要的劳动，与已经生产的该型飞机数量的立方根成反比，而且这种生产率的提高是在生产过程没有明显革新的情况下出现的。这就是说，一种特定型号飞机的累积产量每增加一倍，它的单位劳动成本就下降20%，即随着技术的积累，单位产品成本随生产总量递减。这充分说明了积累的技术具有递增的生产力。

2. 内容

假定把经济增长过程中的要素投入分为有形的要素投入与无形的要素投入两类的话，学习与经验本应是无形的要素投入，阿罗用干中学模型把技术进步用累积总投资来表述，也就是把学习与经验用物质资本来表述，于是学习与经验这些意味着技术进步的无形要素投入就以有形的要素投入表现出来，即人力资本作为一个有形的要素投入表现出来。阿罗认为随着物质资本投资的增加，"干中学"会导致人力资本水平相应提高，技术进步内生化的设想得以实现。

生产函数：$Y(t) = K(t)^{\alpha} [A(t)L(t)]^{1-\alpha}$ （5-8）

知识生产函数：$A(t) = BK(t)^{\varphi}$ （5-9）

资本积累：$K(t) = sY(t) = \delta K(t)$ （5-10）

人口增长率：$L(t)/L(t) = n$ （5-11）

式5-8~式5-11中，K 为资本存量，s 为储蓄率，δ 为资本折旧率（均为外生变量），L 为劳动力，A 为知识或技术，Y 为总产出。

第三节　模型的应用

一、进入壁垒的一般模型的应用：快餐业采用产品差异化战略的博弈分析[①]

某快餐店坐落在 N 市繁华的桃源路区人民医院附近，周边有较多快餐店。经调查了解，附近顾客多选择西式快餐店（如肯德基、麦当劳等）用餐。由于西式快餐的品牌影响，很多消费者对其颇为倾心，这在一定程度上无疑形成了西式快餐业的垄断地位，同时对中式快餐进入消费者市场提出了一定的挑战，为更好地把握并运用产品差异化战略，下面的分析将采用博弈论讨论市场进入壁垒模型。

---

① 陈政赵. 我国快餐业采用产品差异化战略的博弈论分析——以"真功夫"为例 [J]. 中国商贸，2011（24）：12-13.

假设有一个垄断企业（称为"在位者"）已在市场上处于优势地位，这里以肯德基、麦当劳为代表的西式快餐就是这个垄断企业，把它们整体看作一个强势的垄断者。另一个企业（称为"进入者"）谋求进入这个市场，假设是以某快餐为代表的中式快餐店渴望进入市场。为保持自己的垄断优势，在位者会想方设法对进入者进行阻挠，阻止其进入市场。

在市场进入壁垒博弈下，进入者（中式快餐店）有进入或是不进入两种战略选择，在位者（西式快餐店）有默许或斗争两种选择。现在假设300为进入者进入之前的垄断利润，进入者进入之后寡头利润之和为100，进入成本为10。各种战略组合下的支付矩阵如表5-4所示，在这个博弈中有（进入，默许）和（不进入，斗争）两个纳什均衡。

表5-4　市场进入壁垒博弈

		在位者（西式快餐店）	
		默许	斗争
进入者（中式快餐店）	进入	40, 50	−10, 0
	不进入	0, 300	0, 300

给定进入者进入的情况下，在位者西式快餐店若是选择默许，则得单位利润50，斗争则利润为零，所以，最优战略是默许。若给定在位者选择默许，则进入者的最优战略是进入。尽管在进入者选择不进入时，在位者的默许和斗争策略对在位者自身而言所获得的单位利润是相同的，但是只有当在位者选择斗争时，不进入才是进入者的最优选择，所以（进入，默许），（不进入，斗争）都是纳什均衡。

在该模型中，若在位者选择的战略是默许，进入者的最优战略是进入；若在位者选择斗争，进入者的最优战略只能是不进入市场，任由垄断者继续享有丰厚的垄断利润。造成这种结果有多方面原因，这里只重点考虑进入者实力较弱、难以与大企业竞争这个因素。因此，提升进入者的企业竞争力就彰显出其重要性来，采取产品差异化战略不失为一种选择。降低中式快餐店产品的可替代性，减少消费者需求价格弹性，增强消费者对中式快餐店产品的依赖，形成特定的顾客，获得稳定的盈利能力，在此基础上全方位地提升企业的竞争力，促进企业进一步开发市场，提供新的产品与服务，实现良性的经济循环。

在这种情况下，修改后的市场进入壁垒模型如表5-5所示。即使在位者西式快餐店选择斗争，进入者中式快餐店也获得10个单位的支付，从而选择进入。（进入，斗争）这一纳什均衡打破了在位者的垄断，为进入者中式快餐店开辟市场提供了机会。

表5-5　市场进入壁垒博弈

进入者（中式快餐店）		在位者（西式快餐店）	
		默许	斗争
	进入	40, 50	10, 0
	不进入	0, 300	0, 300

二、斯宾塞过度生产能力投资模型的应用[①]

（1）假设条件。

假设两个企业分别为在位企业 1 和潜在进入企业 2。

成本函数为 $C(q_i) = F + rk_i + cq_i$，其中 q_i 为产出，k_i 为生产能力，F 为固定成本，且 $q_i \leqslant k_i$。

需求函数为 $p = a - b(q_1 + q_2)$。

进入者信念：如果潜在进入企业 2 选择进入，则在位企业 1 将选择 $q_1 = k_1$。

潜在进入企业 2 进入后与在位企业 1 进行古诺竞争。

（2）两阶段博弈。

阶段 1：在位企业选择 k_1 与 q_1；

阶段 2：潜在进入企业选择 $k_2 = q_2$。

潜在进入企业 2 选择进入的利润函数为：

$$\pi_2 = (p - c - r)q_2 - F = [a - b(k_1 + q_2) - c - r]q_2 - F \tag{5-12}$$

$$\frac{\partial \pi_2}{\partial q_2} = a - bk_1 - 2bq_2 - c - r = 0 \Rightarrow q_2^* = \frac{a-c-r}{2b} - \frac{k_1}{2} \tag{5-13}$$

$$\pi_2^* = \left[a - b\left(k_1 + \frac{a-c-r}{2b} - \frac{k_1}{2}\right) - c - r\right]\left(\frac{a-c-r}{2b} - \frac{k_1}{2}\right) - F = \frac{b}{4}\left[\frac{a-c-r}{b} - k_1\right]^2 - F \tag{5-14}$$

令 $\pi_2^* = 0$，得到阻止进入的生产能力水平 $\overline{k}$，则

$$\frac{b}{4}\left(\frac{a-c-r}{b} - k_1\right)^2 - F = 0 \Rightarrow \overline{k_1} = \frac{a-c-r}{b} - 2\sqrt{\frac{F}{b}} \tag{5-15}$$

由式 5-15 可知，当 F 增加时，$\overline{k_1}$ 会随之减少。

当潜在进入企业 2 不进入时，在位企业 1 的行为选择可表示为：

$$\max_{q_1, k_1} \pi_1 = (a - bq_1 - c)q_1 - rk_1 - F \tag{5-16}$$

s. t. $q_1 \leqslant k_1$, $k_1 \geqslant \overline{k_1}$

根据拉氏函数及库恩—塔克条件可得：

$$L = (a - bq_1 - c)q_1 - rk_1 - F + \lambda(k_1 + q_1) + \mu(k_1 - \overline{k_1})$$

$$\frac{\partial L}{\partial q_1} = a - c - 2bq_1 - \lambda = 0 \tag{5-17}$$

$$\frac{\partial L}{\partial k_1} = -r + \lambda + \mu = 0 \tag{5-18}$$

$$\frac{\partial L}{\partial \lambda} = k_1 - q_1 \geqslant 0 \quad \lambda(k_1 - q_1) = 0 \quad \lambda \geqslant 0 \tag{5-19}$$

$$\frac{\partial L}{\partial \mu} = k_1 - \overline{k_1} \geqslant 0 \quad \mu(k_1 - \overline{k_1}) = 0 \quad \mu \geqslant 0 \tag{5-20}$$

在位企业 1 与潜在进入企业 2 在不同情况下的分析：

情况 1：进入封锁（在位企业 1 未受到进入威胁。即使在位企业 1 生产垄断产出水平，也没有企业发现进入有利可图），不需要过剩生产能力。

当 $\mu = 0$ 时，根据式 5-18 得 $r = \lambda > 0$，根据式 5-19 得 $k_1 = q_1$，同时根据式 5-17 得 $k_1 = q_1 = \frac{a-c-r}{2b}$，且边际成本为 $c+r$ 时垄断产量。根据式 5-20 可得：

$$k_1 \geqslant \overline{k_1} \Rightarrow \frac{a-c-r}{2b} \geqslant \frac{a-c-r}{b} - 2\sqrt{\frac{F}{b}} \Rightarrow F \geqslant \frac{(a-c-r)^2}{16b}$$

如果 $F \geqslant \frac{(a-c-r)^2}{16b}$，则在位企业 1 设置生产能力为 $\overline{k_1} = \frac{(a-c-r)}{2b}$ 并生产垄断产出而没有进入发生。

情况 2：潜在进入企业 2 进入被阻止，没有过剩生产能力。

当 $\mu > 0$ 且 $\lambda > 0$，根据式 5-19、式 5-20 得 $k_1 = q_1 = \overline{k_1}$，同时根据式 5-17 及 $\overline{k_1}$ 的定义式，则：

$$a - c - 2bq_1 - \lambda = 0 \Rightarrow a - c - 2b\overline{k_1} - \lambda = 0,$$

$$a - c - 2b\left(\frac{a-c-r}{b} - 2\sqrt{\frac{F}{b}}\right) - \lambda = 0, \quad \lambda = 2r - (a-c) + 4\sqrt{bF}$$

根据式 5-18 得 $\mu = r - \lambda = (a-r-c) - 4\sqrt{bF}$，由于 $\mu > 0$ 且 $\lambda > 0$，则 $\frac{(a-c-2r)^2}{16b} < F < \frac{(a-c-r)^2}{16b}$。

由 $a - c - 2bq_1 - \lambda = 0$，可得 $q_1^* = \frac{a-c-\lambda}{2b} = \frac{a-r-c+\mu}{2b} \geqslant \frac{a-c-r}{2b}$，即在位企业 1 设置生产能力并生产高于垄断产量的均衡产出。

情况 3：潜在进入企业 2 进入被阻止，在位企业 1 存在过剩生产能力。

当 $k_1 > q_1$ 时，根据式 5-18、式 5-19 可得：$\lambda = 0$ 且 $\mu > 0$，同时根据式 5-17、式 5-19 得出 $q_1 = \frac{a-c}{2b}$ 且 $k_1 = \overline{k_1}$，可得 $q_1 < \overline{k_1}$，即 $\frac{a-c}{2b} < \frac{a-c-r}{b} - 2\sqrt{\frac{F}{b}}$，$F <$

$$\frac{(a-c-2r)^2}{16b}。$$

即当 F 充分小时，在位企业 1 对潜在进入企业 2 进行进入阻止，并保持过剩生产能力。

当 $F < \dfrac{(a-c-2r)^2}{16b}$ 时，若潜在进入企业 2 选择进入，在位企业 1 将产量扩张至生产能力，即 $q_1 = \overline{k_1} = \dfrac{a-c-r}{b} - 2\sqrt{\dfrac{F}{b}}$，根据潜在进入企业 2 的最优反应函数可得 $q_2^* = \dfrac{a-c-r}{2b} - \dfrac{\overline{k_1}}{2} = \sqrt{\dfrac{F}{b}}$，此时的市场价格为 $p = a - b(q_1 + q_2^*) = c + r + \sqrt{bF}$。

在位企业 1 的利润为 $\pi_{q_1} = (p-c)q_1 - rq_1 - F = \sqrt{bF} \cdot q_1 - F = \sqrt{bF} \cdot \overline{k_1} - F$。

当 $F < \dfrac{(a-c-2r)^2}{16b}$ 时，若潜在进入企业 2 选择进入，在位企业 1 选择容忍。在位企业 1 的边际成本为 c，潜在进入企业 2 的边际成本为 $c+r$，此时的市场价格为 $p = a - b(q_1 + q_2^*) = a - b\left(q_1 + \dfrac{a-c-r}{2b} - \dfrac{q_1}{2}\right) = \dfrac{a+c+r}{2} - \dfrac{bq_1}{2}$。

根据 $MR = MC$ 可知，$q_1^* = \dfrac{a-c+r}{2b}$，利润为 $\pi^* = (p-c)q_1^* - r\overline{k_1} - F$，由此可得：

$$\pi^* - \pi_{q_1} = 2b\left(\frac{a-c-r}{2b} - \frac{r}{2b} - \sqrt{\frac{F}{b}}\right)^2 > 0$$

三、迪克塞特模型的应用[①]

（1）假设条件。

假设两个企业分别为在位企业 1 和潜在进入企业 2。

成本函数为 $C_1(q_1) = F + rk_1 + cq_1$，$q_1 \leqslant k_1$；$C_1(q_1) = F + (r+c)q_1$，$q_1 > k_1$；$C_2(q_2) = F + (r+c)q_2$。其中 q 为产出，k 为生产能力，F 为固定成本。

需求函数为 $p = a - b(q_1 + q_2)$。

潜在进入企业 2 进入后与在位企业 1 进行古诺竞争。

（2）三阶段博弈。

阶段 1：在位企业 1 选择 k_1；

阶段 2：潜在进入企业 2 决定是否进入；

阶段 3：厂商选择产出水平，且如有必要，在位企业 1 会扩大生产能力。

---

① 林孝文. 第六章　进入阻止 ［EB/OL］. ［2015-04-11］. https：//wenku. baidu. com/view/ea76a3fa8762 caaedc33d47e. html？_wkts_ = 1670639416039&bdQuery = %E8%BF%9B%E5%85%A5%E9%98%BB%E6%AD%A2.

在位企业 1 的最优反应函数为 $q_1 = \begin{cases} \dfrac{1}{2}\left(\dfrac{a-c}{b}-q_2\right), & q_1 \leqslant k_1 \\ \dfrac{1}{2}\left(\dfrac{a-c-r}{b}-q_2\right), & q_1 > k_1 \end{cases}$ ，潜在进入企

业 2 的最优反应函数为 $q_2 = \dfrac{1}{2}\left(\dfrac{a-c-r}{b}-q_1\right)$。

在位企业和潜在进入企业产出曲线如图 5-5 所示。

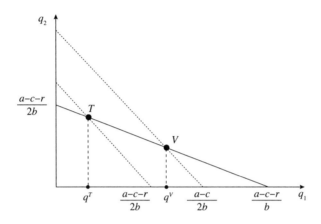

图 5-5 在位企业和潜在进入企业产出曲线

潜在进入企业 2 的利润函数为：

$$\begin{aligned}
\pi_2 &= (p-r-c)q_2 - F \\
&= (a-bq_1-bq_2-r-c)q_2 - F \\
&= \left[a-r-c-bq_1-\frac{b}{2}\left(\frac{a-c-r}{b}-q_1\right)\right]\cdot\frac{1}{2}\left(\frac{a-c-r}{b}-q_1\right) - F \\
&= \frac{b}{4}\left(\frac{a-c-r}{b}-q_1\right)^2 - F
\end{aligned} \tag{5-21}$$

由式 5-21 可知，q_1 的增加会导致潜在进入企业 2 的利润 π_2 随之下降。潜在进入企业 2 在 T 点的利润最高，在 V 点的利润最低。且潜在进入企业 2 利润值取决于 F 值变化。

情况 1：进入封锁。如果在 T 点，$\pi_2 < 0$，则在 TV 上的任何点均有 $\pi_2 < 0$。在 T 点上，在位企业 1 和潜在进入企业 2 的边际成本均为 $c+r$，则达到古诺均衡时潜在进入企业 2 的利润为：

$$q_1^T = q_2^T = \frac{1}{3b}(a-c-r) \tag{5-22}$$

$$\pi_2^T = \frac{1}{4b}(a-c-r-bq_1)^2 - F = \frac{1}{9b}(a-c-r)^2 - F \tag{5-23}$$

若 $\pi_2^T < 0$，则 $F > \dfrac{1}{9b}(a-c-r)^2$。

此时，潜在进入企业 2 会因为总是不能获得正的利润而选择不进入。

情况 2：不可能限制进入。如果在 V 点，$\pi_2 > 0$，则在 TV 上的任何点均有 $\pi_2 > 0$。在 V 点，在位企业 1 的边际成本为 c，潜在进入企业 2 的边际成本为 $c+r$，当达到古诺均衡时潜在进入企业 2 的利润为：

$$q_1^V = \frac{1}{3b}(a - c + r)，\quad q_2^V = \frac{1}{3b}(a - c - 2r) \tag{5-24}$$

$$\pi_2^V = \frac{1}{9b}(a - c - 2r)^2 - F \tag{5-25}$$

当 $F < \frac{1}{9b}(a - c - 2r)^2$ 时，$\pi_2^V > 0$。

此时，潜在进入企业 2 会因为总是能获得正的利润而选择进入，且与在位企业 1 的生产能力无关。

情况 3：可能进入阻止。当潜在进入企业 2 固定成本 F 介于上述两种情况之间时，则有 $\frac{1}{9b}(a - c - 2r)^2 < F < \frac{1}{9b}(a - c - r)^2$。

当这种情况发生时，则 $\pi_2^T > 0$ 且 $\pi_2^V < 0$。因此，存在一个点 $q_1^* > 0$，使 $\pi_2 = 0$。当在位企业 1 设置 $k_1 > q_1^* + \varepsilon$，则 $\pi_2 < 0$，即潜在进入企业 2 能否进入取决于在位企业 1 设置的 k_1 值。

在位企业 1 选择的生产能力取决于 F 值大小。

当 $F > \frac{1}{9b}(a - c - r)^2$ 时，在位企业 1 无须设置过剩的生产能力，产量为垄断产量；

当 $F < \frac{1}{9b}(a - c - 2r)^2$ 时，在位企业 1 无法阻止潜在进入企业 2 的进入，其最优策略是成为斯塔克尔伯格模型中的领导者；

当 $\frac{1}{9b}(a - c - 2r)^2 < F < \frac{1}{9b}(a - c - r)^2$ 时，在位企业 1 只要愿意就可以成功阻止潜在进入企业 2 进入。在位企业 1 可选择阻止或不阻止。

四、干中学模型的应用

罗默 1986 年的技术外溢模型继承了阿罗的思想，认为知识是公共产品，具有正外部性，即"外溢效应"，他在模型中假定知识生产的私人收益率递减，新知识的社会收益率递增，知识具有正外部性，和经济是完全竞争的，生产者是价格接受者。在此基础上，罗默认为知识溢出足以抵消固定生产要素存在引起的知识资本边际产品递减的趋势，从而使知识投资的社会收益率保持不变或递增。

斯托齐 1988 年分析了新产品的引进与"干中学"的相互作用（Stocky model）。斯托齐在干中学模型中加入了新产品引进要素：新产品的不断引进，旧产品的不断被淘汰，以及"干中学"模型中的各产品之间都具有溢出效应。这样，随着时间的推移，只要不断有新产品引进，"干中学"就会绵延不断。

阿温·杨的有限干中学与发明的混合模型（hybrid model）进一步拓展了对技术的外部性研究，认为技术创新和"干中学"两者是相互促进的，只有持续的技术进步才能维持"干中学"的持续。他把世界分成三部分，即发达国家、次发达国家和发展中国家，发展中国家在产业分工选择上的"干中学"潜力低于发达国家，次发达国家与发展中国家的区别在于前者已进入技术进步快的新兴行业，而后者停留在技术进步慢的传统行业。

 ## 思考题

1. 什么是进入壁垒？进入壁垒分几类？它们各自有哪些特点？

2. 进入壁垒的一般模型有哪些？动态博弈与静态博弈的区别在哪里？

3. 什么是斯宾塞过度生产能力投资模型？过度生产能力投资模型是如何提出的？

4. 什么是迪克塞特模型？迪克塞特模型放弃了哪个假定？

5. 干中学模型包含哪些要素？

 ## 参考文献

［1］Bain，J. S. A Note on Pricing in Monopoly and Oligopoly［J］. The American Economic Review，1949，39（2）：448-464.

［2］Dixit，A. The Role of Investment in Entry-Deterrence［J］. The Economic Journal，1980，90（357）：95-106.

［3］Salop，S. C. A Note on Self-enforcing Threats and Entry-deterrence［R］. University of Pennsylvania，Discussion Paper No. 14，1978.

［4］Salop，S. C. Strategic Entry Deterrence［J］. The American Economic Review，1979，69（5）：335-338.

［5］Schelling，T. C. The Strategy of Conflict［M］. Cambridge，Mass：Harvard University Press，1960.

［6］Selten，R. Spieltheoretische Behandlung eines Oligopolmodells mit Nachfagetragheit［J］. Zeitschrift fur die gesamte Staatswissenschaft，1965（12）：301-324.

［7］Spence，M. Entry，Capacity，Investment and Oligopolistic Price［J］. Bell Journal of Economics，1977（8）：534-544.

［8］Stigler，G. J. Barriers to Entry，Economics of Scale，and Firm Scale［A］. The Organization of Industry［C］. Homeward：Richard D. Irwin，1968.

［9］Von Weizsäcker. A Welfare Analysis of Barriers to Entry［J］. The Bell Journal of Economics，1980，11（2）：399-420.

［10］Von Weizsäcker. Barriers to Entry：A Theoretical Treatment ［M］. Berlin：Springer-Verlag，1980.

［11］陈政赵. 我国快餐业采用产品差异化战略的博弈论分析——以"真功夫"为例［J］. 中国商贸，2011（24）：12-13.

［12］干春晖. 产业经济学：教程与案例（第2版）［M］. 北京：机械工业出版社，2015.

［13］干春晖. 过度生产能力投资模型［EB/OL］. 产业经济与创业. ［2021-09-23］. https：//doc. mbalib. com/view/dd01d6eb2a128a42bb5880e06b038cd8. html.

［14］林孝文. 第六章　进入阻止［EB/OL］. ［2015-04-11］. https：//wenku. baidu. com/view/ea76a3fa8762caaedc33d47e. html？_wkts_ = 1670639416039&bdQuery =%E8%BF%9B%E5%85%A5%E9%98%BB%E6%AD%A2.

［15］斯蒂芬·马丁. 高级产业经济学［M］. 上海：上海财经大学出版社，2003.

［16］翁丽君. "市场进入阻挠"的博弈分析［J］. 内蒙古科技与经济，2008（7）：65-66.

［17］张维迎. 博弈论与信息经济学［M］. 上海：上海三联书店，上海人民出版社，2004.

第六章

定价策略模型与应用

本章提要　本章主要介绍了企业的两种定价策略，分别来自掠夺性定价理论和限制性定价理论，即泽尔腾的连锁店悖论博弈模型等掠夺性定价模型，以及米尔格罗姆和罗伯茨的进入模型等限制性定价模型。最后介绍了定价模型的几种应用案例，包括老山羊集团连锁店悖论等经典案例。

第一节　定价策略

一、掠夺性定价理论

掠夺性定价（Predatory Pricing）策略是指一家在位企业为了将对手排挤出市场和吓退企图进入该市场的潜在对手而暂时降低价格（可以低于成本），等对手退出市场后它再提高价格，企业暂时降低价格所造成的损失可以通过最终获得的市场势力所弥补的策略。

传统的掠夺性定价理论非常简单，掠夺者制定低于对手成本的价格以便将对手驱逐出市场并且遏制对手将来进入。如果掠夺方和被掠夺方具有同样效率，那么掠夺意味着双方都将遭受重大损失。理性的掠夺要求掠夺期损失就像投资一样，能够在将来得到补偿，这意味着掠夺方在掠夺后能够获得市场垄断权力的增加，而垄断利润足以弥补掠夺期损失。为保证掠夺成功，掠夺方需要通过一定途径获得资金，以便比对手持续更长时间，比如足够的资金储备、方便的金融支持或来自其他市场或其他产品的交叉补贴。

传统的掠夺性定价观点后来得以拓展：掠夺的潜在收益不仅仅来自掠夺市场，掠夺应被视作一项声誉投资，可以在其他地理市场或产品市场通过遏制对手进入或威慑对手而获益，这种溢出效应增加了掠夺收益[1]。正如谢勒（Scherer）所言，一

---

① Posner, R. A. Antitrust Law: An Economic Perspective [M]. Univercity of Chicago Press, 1976: 185.

个市场的掠夺性定价可以对其他市场对手或潜在对手行为产生影响。如果对手担心多市场经营者在 A 市场的削价行动会在 B 市场和 C 市场重演，那么就会遏制对手在 B 市场和 C 市场的行动。因此掠夺收益除了来自 A 市场外，还增加了 B 市场和 C 市场竞争被遏制的收益[①]。若掠夺方在对手进入之前进行过度的生产能力投资，则可增加掠夺威胁的可信性，或沉淀成本投资，掠夺方显示了其掠夺决心。如果最小有效规模能占有较大市场份额，那么掠夺方战略投资可以确保存在过剩生产能力，以便将价格削减至不可获利水平。

上述掠夺性定价的观点受到许多学者的批评。麦西（McGee，1980）认为，由于掠夺方拥有较大市场份额，从而掠夺方在掠夺中比被掠夺方损失更大；而和巨大的、确定的掠夺损失相对应的是未来收益的不确定性，原因有二：一方面，被掠夺方可以通过和消费者签订长期合同或者获得资本市场的资金支持度过掠夺期；另一方面，即使被掠夺方退出市场，还会有新进入发生。更关键的是，掠夺是不可置信威胁，因为掠夺得不偿失，在位者容纳对手收益会更多[②]。McGee 进而提出比掠夺更优的战略，比如兼并就可以避免巨大的掠夺损失。如果掠夺目的是减少兼并成本，兼并成本的节约不足以补偿掠夺损失。

伊斯特布鲁克（Easterbrook，1981）的观点与 McGee 大体一致，从不同角度对掠夺性定价的非理性作了更为详尽的分析，尤其强调了被掠夺方获取资金支持的渠道，即资本市场、消费者。就消费者帮助而言，如果被掠夺方和消费者对理性掠夺者的将来行为具有理性预期，那么被掠夺方就会给消费者提供一个比掠夺方更有吸引力的价格。潜在掠夺方意识到这点就不会实施掠夺[③]。Easterbrook 进一步对掠夺非理性作了详尽的数学分析，指出掠夺时的损失和掠夺时放弃的利润必须由随后的垄断利润来补偿，但是鉴于贴现率和垄断利润的不确定性，补偿无法保证，因而掠夺无利可图。

Easterbrook 还研究了在一个市场的掠夺能否在其他市场上建立掠夺声誉的可能性问题——掠夺向其他市场的竞争者和潜在进入者发送信号：不要激烈竞争、不要进入。他认为声誉观点不具说服力，因为最初的掠夺威胁不可信。例如，一个经营 10 个市场的垄断企业，在市场 1 掠夺，向对手传递将保护市场的信号，进入者意识到在位者对单个市场的掠夺得不偿失，掠夺只有考虑了对相关市场的影响才有意义。因此，根据理性预期，已经在市场 1 "沉没" 了掠夺成本的掠夺者情愿在市场 2 掠夺以便保护市场。但是，Easterbrook 认为潜在进入企业可以识破这种威胁。潜在进入者认为自己可以在市场 10 进入，因为理性掠夺者不会在市场 10 掠夺——市场 10 是最后一个市场，以前的市场已被掠夺，再没有市场需要保护，掠夺市场 10 不会从其他市场获得任何收益，只会招致无谓的损失。进入者明白，在市场 10，在位企业

---

① Scherer, F. M. Industrial Market Structures and Economic Performance [M]. Chicago：Rand - McNally, 1980：338.

② McGee, J. Predatory Pricing Revisited [J]. Journal of Law and Economics, 1980, 23 (2)：289.

③ Easterbrook, F. H. Predatory Strategies and Counterstrategies [M]. University of Chicago Law Review, 1981, 48：263.

容纳优于掠夺，因此潜在进入企业得出在位者不会在市场 10 掠夺的结论。然后，潜在进入企业考虑市场 9，现在市场 9 实际上成为最后一个市场，潜在进入者又一次发现，在位企业容纳优于掠夺。根据上述逻辑，可以一个市场一个市场地逆推到市场 1，掠夺信号就破解了。因为掠夺起不到遏制作用，所以掠夺也就不会发生。

大多数掠夺性定价中，企业甚至愿意将价格压低至成本以下，即企业通过承担短期亏损来换取长期收益。一家企业若想将其竞争者排挤出市场，必须让竞争对手深信它可以把价格降至成本以下，并能承受因此而造成的短期损失，直到对手撤离该行业为止。所以，只有当企业能够长期忍受低于成本的价格时，掠夺性定价策略才有可能成功。但是在许多情况下，竞争对手并不相信在位企业可以长期忍受低于成本的价格，也就是说在位企业无力让它的对手相信它发出的掠夺性定价威胁是可信的；并且从动态的角度来看，即便在位企业成功地驱逐了现有的竞争对手，随之而来的提价行为又可能会诱导新的竞争对手尝试进入，于是在位企业只得再度通过降价来驱逐新的竞争对手。

所以，为了确保掠夺性定价行为的成功实施，在位企业应该使所有潜在竞争对手明白，任何可能尝试进入的行为都会使自己得不偿失。"得不偿失"的最好方式就是不仅要迫使尝试进入的潜在竞争对手放弃进入，而且能够逼迫潜在竞争对手破产，并且要努力控制对手的资产或者确保这些资产永远撤出该行业。这一方面是让掠夺方实施掠夺性定价行为的承诺更加可信，另一方面也可以避免当掠夺方提价后，其他竞争对手会收购这些资产来与掠夺方重新竞争。除了告诫潜在竞争对手任何可能的尝试进入行为都会使自己得不偿失，在位企业也可以努力提高潜在竞争对手进入的成本，或者采取其他方式设置进入壁垒。只有这样，在位企业才能放心地将价格提至垄断水平，而不用担心高价会诱引对手的进入。

上面讨论的是为了成功地实施掠夺性定价，掠夺方需要对被掠夺企业采取的一些手段。但是掠夺性定价策略的成功还要求掠夺方较竞争对手拥有一定的优势，比如有雄厚的资本和完善的资金链，能够确保掠夺方承受一定时期内定价低于成本所造成的损失。但是这并不意味着掠夺方与被掠夺方之间的差异是掠夺性定价策略成功的充分必要条件。许多关于掠夺性定价的早期研究将掠夺方设想为一家大企业，被掠夺方为小企业，并认为大企业承受损失的能力大于小企业。但是这无法解释为什么其他的大企业不选择尝试进入。

针对这一疑问，威廉姆森、泽尔腾、克瑞普斯、米尔格罗姆和罗伯茨等经济学家引入信息的不完全性，提出企业间的信念差别，即企业对对手行为判断的不同，才是影响掠夺性定价行为能否成功的关键因素。例如，在位企业可能是高成本企业，也可能是低成本企业，而只有在位企业自己才确切知道其成本，在阻止潜在竞争对手进入的时候，在位企业可以选择降低价格，但是这一行为背后的原因却可以根据其成本类型分为以下两种：

第一，若在位企业是一家低成本企业，降低价格也许只意味着激烈的价格战。低成本在位企业在价格战中依然保持盈利。因为它推出的新价格即使低于潜在竞争对手的成本，也仍可能高于自己的成本。

第二，若在位企业是一家高成本企业，那么降价行为就是运用了掠夺性定价策略。由于其他企业无法直接知道在位企业的成本类型，所以只能通过观察在位企业的定价行为后，再去推测在位企业是一家低成本企业，还是一家高成本企业。在位企业的成本越低，它通过降低价格来阻止进入的可能性就越大。所以通过降低价格来阻止潜在竞争对手进入可以使在位企业建立起低成本类型的声誉。尽管这一概括并不绝对，但是在位企业的定价历史作为潜在竞争对手仅有的能够推测其成本类型的市场信号，还是被看作衡量在位企业成本类型的指标。所以如果在位企业属于高成本类型，那么它可以事先实行低价格，高成本在位企业低于成本的定价能让新企业产生在位企业是低成本企业的幻觉，并最终阻止了潜在进入企业的进入，那么掠夺性定价就是一种理性的策略。但是这一做法的可操作性值得怀疑：

首先，这样做的后果是高成本在位企业要更加长时期地忍受低价格造成的损失，但是这对本身已经是高成本在位企业来说，可能并不是一件好事。其次，只有在高成本在位企业比低成本在位企业较少地使用低价的前提下，定价历史才能作为衡量一家企业成本高低的信号。但是市场上未必有低成本在位企业，并且对处于信息劣势的潜在进入企业来说，这意味着更加复杂的信息处理量，更何况之前的定价并不能准确反映现在的成本类型。

1. 掠夺性定价的实施条件

（1）牺牲短期利润。掠夺性定价理论只是说企业在短期选择利润较少的定价行为，但是并没有明确说明利润一定是负的。在反垄断执法当中，如何判断何种水平的定价是掠夺性定价就成为一个操作中的难题，一个明确的标准是：在掠夺性价格时期，掠夺者的利润为负，或者价格低于成本。但是这里的问题是什么样的成本是参照系。采用价格低于成本的标准有可能使某些掠夺性定价行为得不到法律的约束，根据产业组织理论，某些掠夺性定价行为可能在短期并不会亏损，但在这种特定的情况下，企业制定低价还能盈利只能说明该企业是一个相对竞争对手而言的高效率企业。潜在进入者的不进入并不一定会降低福利，潜在进入者的进入并不一定就会提高福利。反垄断法对此的忽略并不会带来大的福利损失。总之，尽管低于成本的定价没有概括所有的掠夺性定价行为，但是由其带来的执法失误成本可能是非常小的。

（2）在位企业提高价格的能力。掠夺性定价的一个重要条件是在将竞争对手排斥出去之后，在位企业有能力提高价格，并补偿在掠夺性定价中的短期损失。显然，要做到这一点，要求在位企业具有市场势力。因为在进入自由的市场上，在位企业在将竞争对手驱逐出市场之后，将价格提高到垄断价格水平是根本不可维持的，其他企业的迅速进入竞争会迫使价格降下来，这样掠夺者将无法收回实施掠夺性定价的短期损失，因而掠夺性定价行为不可能发生。由此，市场结构是决定企业能否实行掠夺性定价的重要因素。在反垄断执法当中，对掠夺性定价行为采用市场支配地位推定标准能够减少反掠夺性定价执法的失误。在许多情况下，非主导厂商制定低价格往往是正当的竞争行为，而拥有市场支配地位的主导厂商往往是出于策略性排斥竞争对手的需要。因此，反垄断法应该主要关注拥有市场支配地位的主导厂商的掠夺性定价行为。这一方面不会打击那些正当竞争中的企业竞争性降价行为，同时能改善福利，另一方面也减轻了反垄断机构的执法负担。

2. 判断掠夺性定价的标准

（1）成本标准。早期关于掠夺性定价行为的检验是以成本为基础的（Areeda and Turner，1975；Posner，1976），他们认为低于短期边际成本的价格是非法的，短期边际成本可以通过平均可变成本近似地估计。阿瑞达—特纳检验（Areeda-Tumer Test）在好几起反托拉斯诉讼中被美国法院采用。然而，美国的联邦法律《罗宾逊—帕特曼法》认为，不合理的定价可以低于成本，也可以高于成本，这种弹性很大的规定造成了法官在解释掠夺性定价时意见各异。美国联邦最高法院在20世纪80年代中期之后的几个判例中表现出对价格衡量方法的倾向，认为制裁高于成本的定价超出法院的实际能力，也有打击正当竞争行为的危险。

关于哪一种成本标准可以作为掠夺性定价的依据有许多争论，迄今共有5种不同的答案——掠夺方的边际成本、掠夺方的平均成本、掠夺方的平均可变成本、行业平均成本和被掠夺方的平均可变成本。这几种成本标准都曾出现在国内外的法律法规中，成为判案的依据，但孰优孰劣，至今仍无定论。

（2）主观意图标准。要使掠夺性定价与开拓市场的正当竞争行为，以及其他限制性竞争行为区别开来，必须注意它的另一个特征，即行为主观上出于故意，即具有排除竞争对手的目的，也就是有的经济学家推崇的"动机标准"（Intent），判定是否以驱除竞争对手为降价动机，是正确裁决掠夺性定价必不可少的。但多数经济学家认为动机是一种不可靠的标准，因为掠夺者的主观意图极少会客观地显示，须借助于推测加以判断，而推测是不可靠的。

（3）损失补偿标准。在近几年的判例中，美国联邦最高法院对掠夺性定价又提出了损失补偿（Recoupment）标准，即要考虑掠夺方将来提价获取高额利润以补偿低价损失的可能性。这要求掠夺方有一定实力，否则难以维持其低价竞争行为。很显然，这一标准将新厂商和势力弱小厂商为开拓市场而采取的促销等行为排除在掠夺性定价行为之外。这一标准仍是着眼于可能性，法院一般基于企业实力、低价销售行为的持续时间和效果、定价变化趋势、行业竞争情况、企业生产情况、企业决策信息等证据来具体判定。这个标准是必要的，并在一定程度上弥补了成本标准和主观意图标准在判断上的不可靠性，但其缺陷在于：

1）被掠夺企业只能在被驱逐出市场以后才能提起诉讼，在竞争过程中无法得到法律的保护；

2）厂商调整价格是一种经常性的行为，掠夺方会提出诸如需求增加、成本上升、产品更新换代等理由为自己的提价行为辩解。

另外，要确定掠夺性定价容易犯两类错误：威廉姆森指出，当竞争者进入时，在位者的剩余需求曲线下移了，这时候的价格下降可能是不含掠夺意图的正常调价。乔斯科和克勒沃里克把这种误将竞争性削价列为掠夺性定价的错误称为"第一类错误"。相反，假定进入发生时，在位者没有降价，并不意味着在位者没有反竞争行为。在位者也许在进入发生之前就已经进行限制性定价，只不过没有成功地阻止进入，因而感到没有必要进一步削价。这种对在位者定价的时间系列分析可能导致"第二类错误"，即忽略了真正的掠夺性行为。

3. 对掠夺性定价的认识

无论在国内还是国外的法律法规中，掠夺性定价都是一种价格垄断行为，实施掠夺性定价的主体也都是行业中有实力的在位厂商，但许多经济学家认为，要借掠夺性定价策略来驱逐所有竞争对手并达到垄断的目的是很困难的，其理论依据也是不充分的。

第一，优势厂商通过掠夺性定价，给竞争对手或潜在竞争者以无利润信号以诱使其主动退出或不进入。可是如果竞争对手知道优势企业实行的是掠夺性定价，那么信号就是虚假的，竞争者不会主动退出。

第二，如果实施掠夺性定价的厂商是众多竞争者中的一个，它最多会使市场中实力相对较弱的厂商感到紧张。相反，由掠夺性定价带来的亏损却会伤害厂商自己，而让较强的竞争者（如第二位厂商）领先，理性的厂商不会这样做。因此，在竞争者足够多（如四个以上）时，不会有垄断意图的掠夺性定价。

第三，如果在位厂商与竞争对手相比优势不明显，成本差距不大，一旦采取掠夺性定价就会遭受比竞争对手更多的损失，影响自身实力，给竞争对手以缩小差距的机会。

第四，如果在位厂商采用掠夺性定价驱逐竞争对手，竞争对手存在巨大的退出障碍，退出遭受的损失就比继续经营的损失更大，因此更不会轻易退出。而且，如果竞争对手预计到在位厂商的掠夺定价是短期行为，它可能会暂时减产或利用其资产转而生产其他产品。这样，优势厂商要成功地逼走竞争对手就需要较长时期，其所受巨额损失难以弥补。

第五，在实行掠夺性定价后，价格水平大幅度下降会导致市场需求大幅度增加，在位厂商必须提供足够的产品满足增加的需求。如果在位厂商不能满足这种不断增加的需求，价格的回升就会导致掠夺性定价策略失败。如果在位厂商增加投资，增加生产量以满足增加的市场需求，它又将遭受更大的损失。

第六，即使在位厂商通过掠夺性定价把竞争对手成功地挤出了本行业，如果在位厂商恢复垄断高价，则不能阻止竞争对手重新返回，因此这种垄断也只是暂时的，优势厂商不能获得高额垄断利润，掠夺性定价是无效的。

4. 掠夺性定价的延伸

以低于成本的价格销售商品或提供服务是掠夺性定价最普遍的表现形式，但是随着各国垄断法或竞争法对掠夺性定价行为越来越关注，并且对相关的当事人进行严厉的规制和处罚，许多具有市场支配力的企业逐渐放弃直接降价的方式，开始通过一些其他更为隐蔽的形式来进行变相的掠夺性定价行为，以此达到规避法律制裁的目的。因此，认清这些掠夺性定价的异化行为对于我国反垄断立法的完善尤为重要。掠夺性定价的异化行为有：

（1）交叉补贴定价。交叉补贴是指一个企业用从一个市场上的业务经营运作中所获得的资源和利润来支持在另一个市场上所采取的行动，交叉补贴定价对掠夺者而言是有利的，但是对竞争对手和消费者而言则可能意味着利益的损害。

（2）免费提供产品或者服务。这类行为的特点是企业生存的方式并不是靠产品利润，而是靠广告、辅助产品或合作者提供的补偿生存，虽然消费者能得到一定的实惠，但对竞争对手不利。

（3）品牌差别化策略。随着时代的发展，消费者对产品和服务的要求更为个性化。具有市场支配力的企业根据这一特点对市场进行无限细分，把某些差别不大的产品分为若干品牌和型号，并以极低的价格销售某一品牌和型号的产品，以达到排挤竞争对手的目的。另外，回扣、补贴、不合理的赠品等也是具有市场支配力的企业常用的手段。

总体而言，这些异化的掠夺性定价行为表现形式多样，对社会福利效果的影响也与传统经济条件下有所不同，立法者和执法者面临新的挑战，即必须在这类案件的审理过程中对这些行为进行全面和谨慎的分析，以确定其是否实际上损害了竞争秩序。

二、限 制 性 定 价

（一）限制性定价的概念

限制性定价是一种短期非合作策略性行为，它通过在位厂商的当前价格策略来影响潜在厂商对进入市场后利润水平的预期，从而影响潜在进入厂商的进入决策。

（二）限制性定价的主要内容

1. 静态限制性定价

贝恩[1][2]、索罗斯·拉比尼和 Modigliani 是对早期静态限制性定价理论进行研究的主要学者。早期的静态限制性定价模型是基于索罗斯·拉比尼假定的，即认为潜在进入厂商相信其进入后在位厂商不会改变它的产量。因此，潜在进入厂商相信，它进入后行业的总产量是它的产量与在位厂商现行产量之和，超过需求的产量将导致价格下降。在基于贝恩—索罗斯假定的早期模型中，在位厂商为了达到遏制进入的目的，会调整它的产量水平及相应的价格水平，从而消除导致潜在进入厂商进入的诱因。但是，从理性角度出发，潜在进入厂商在已知成本结构和需求函数的情况下，完全可以作出是否进入的决策，在位厂商在潜在进入厂商进入前所采取的定价策略与其进入后的均衡结果并没有必然的联系。同样，在位厂商在潜在进入厂商进

① Bain，J. S. A Note on Pricing MonopolyOligopoly［J］. American Economic Review，1949（3）：39，448-464.

② Bain，J. S. Barriers to New Competition［M］. Cambridge：Harvard University Press，1956，chapter1.

入后所采取的利润最大化策略也不是将产量维持在不变的水平。弗里德曼[①]认为，在完全信息条件下，在位厂商的进入前价格政策与一个理性的潜在进入厂商的实际进入行为无必然联系，在位厂商产量维持不变的假定是不可置信的，理性的在位厂商也根本不会制定限制性定价策略。

静态限制性定价模型的基本假设如下：

（1）存在两个博弈参与方，即在位厂商和潜在进入厂商，生产的产品高度同质，分别用 i 和 e 表示；

（2）市场需求函数是已知的；

（3）在位厂商事先承诺一定的产量水平，这个产量水平即使在潜在进入厂商进入后也不会改变，并且潜在进入厂商也预期到这一点。

由于静态限制性定价不考虑时间因素，所以假定市场需求不随时间的推移而改变。上述假定意味着在位厂商具有先动优势，事先承诺一定的产量水平；而潜在进入厂商则采取古诺追随者（Cournot Follower）行动，并且潜在进入厂商相信，不管自己是否进入，在位厂商都将维持产量不变。

如果潜在进入厂商不进入在位厂商所在的市场，则在位厂商的价格为 $p(q_i)$；如果发生进入，则进入后的市场价格为 $p(q_i + q_e)$，q_i 和 q_e 分别表示在位厂商和潜在进入厂商的产量，此时潜在进入厂商的利润可表示为：

$$\pi(q_i, q_e) = p(q_i, q_e)q_e - C(q_e) \tag{6-1}$$

其中，$C(q_e)$ 是潜在进入厂商成本函数，q_e 是给定在位厂商的产量 q_i 的情况下潜在进入厂商的最大产量。

如果利润大于零，则潜在进入厂商选择进入；如果利润小于零，则潜在进入厂商选择不进入。使 q_e 为 0 时在位厂商的最小产量 $\widehat{q_i}$ 称为限制性产量，而相应的阻止进入的价格 $\widehat{p}$ 为限制性价格，如图 6-1 所示。

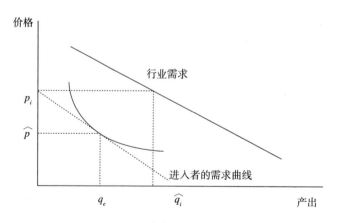

图 6-1　静态限制性定价

①　Friedman, J. On Entry Preventing Behavior and Limit Price Models of Entry [J]. Applied Game Theory, 1979：236-253.

图 6-1 表明，如果潜在进入厂商在在位厂商生产 $\widehat{q_i}$ 的时候决定进入，则行业总产出为 $q_i + q_e$，价格水平由 p_i 降到 $\widehat{p}$，此价格恰好等于潜在进入厂商的平均成本，因而它无利可图。

对于潜在进入厂商而言，在位厂商的产量是既定的，它将在剩余需求曲线 $d(p) - x_i$ 给定的条件下使自己的利润水平最大化。假定市场需求函数为线性的，即：

$p = a - bq$，其中，$q = q_i + q_e$

成本函数为：

$$c(q) = mq + f \tag{6-2}$$

进入者的利润函数 $\pi_e = [a - b(q_i + q_e)]q_e - (mq_e + f)$。由 $\pi'_e = 0$，可得潜在进入厂商的反应曲线为：

$$q_e = \begin{cases} \dfrac{a - m - bq_i}{2b}, & q_i < \widehat{q_i} \\ 0, & q_i \geqslant \widehat{q_i} \end{cases} \tag{6-3}$$

$$\widehat{q_i} = \frac{a - m}{b} - 2\left(\frac{f}{b}\right)^{\frac{1}{2}} \tag{6-4}$$

可以看到，限制性产量 $\widehat{q_i}$ 的大小与潜在进入厂商的成本曲线（包括 m 和 f），以及市场规模（包括 a 和 b）有关。m 和 f 越大，则表明潜在进入厂商的平均成本越高，因此限制性产量会降低。同样如此，a 越大，且 b 越小，则产业需求越大，因而限制性产量也会相应提高。总之，限制性产量与市场规模成正比，而与在位厂商的平均成本成反比。

贝恩等学者还将阻止进入可能出现的几种状态分为三类：一是被阻止了的进入（Blockaded Entry），指在位厂商的市场规模非常小，潜在进入厂商的进入成本非常高时，即使在位厂商制定产业利润最大化的价格，潜在进入厂商也不会考虑进入的情况。二是当潜在进入厂商的进入成本很低，而且市场规模非常大时，在位厂商只有设定一个相当低的价格才能阻止潜在进入厂商进入市场，该价格对在位厂商是无利可图的。在此情况下，在位厂商只能让潜在进入者进入市场，这种市场进入条件称为无效的阻止进入（Ineffectively Impeded Entry）。三是位于上述两种极端之间的状态，如果进入没有被排除，则在位厂商要比较阻止进入的成本和收益，如果能用不太大的限制性产量就可以阻止进入，那么说明阻止进入的收益超过了成本，在位厂商会采取行动阻止进入，因此把这种状况称为有效的阻止进入（Effectively Impeded Entry）。

但是，这个模型假定潜在进入厂商进入市场后，在位厂商仍然维持原来的产量不变。这个假定的可信性受到怀疑，因为一旦潜在进入厂商进入之后，在位厂商也就没有理由再维持以前的产量。所以，静态限制性定价模型的这个假定受到很多学者的批评，而最典型的是来自弗里德曼的批评①。弗里德曼认为，在成本条件、需

---

① Friedman, J. On Entry Preventing Behavior and Limit Price Models of Entry [J]. Applied Game Theory, 1979：236-253.

求条件都是完全信息的情况下，潜在进入厂商在进行进入决策时，其进入后的利润水平是已知的。完美均衡的结果是在位厂商在潜在进入厂商进入前的价格和产量水平与在位厂商在潜在进入厂商进入后的利润没有必然联系，因此不存在战略性行为所需要的跨时段联系问题。任何限制性定价都只会减少在位厂商在潜在进入厂商进入前的利润水平，而不能对潜在进入厂商的进入形成威胁。因此，不存在限制性定价问题。

这种假设可能成立的另外一个条件是在位厂商的定价具有承诺价值，也就是说，潜在进入厂商预期自己进入前的价格在进入后仍将继续。但是这样一种理论并不是很有说服力的，因为许多市场上的进入行为都是一个长达数月乃至数年的决定，而价格则常常在数周乃至数日内就发生了变化。因此，进入前的低价对于潜在进入厂商造成的任何损失都有可能是忽略不计的，价格本身只在极短的时间内具有承诺价值。在位厂商采用价格策略阻止潜在进入厂商的威胁作用往往缺乏可行性，价格作为一种承诺是不可置信的，因为不论在位厂商索取什么样的价格，一旦其他企业进入，在位厂商就会改变价格，因此，靠低价是不可能阻止进入的。

2. 动态限制性定价

假如在位厂商设定遏制进入价格，它能够维持在位厂商原来的市场地位，并且在长时期内获取相应的利润。当然，在位厂商也可以设置一个较高的垄断价格，并且获得短期的最高利润，较高的价格将会诱致潜在进入厂商的进入。但是，由于时滞的存在，这种进入不会立即发生，在位厂商只会慢慢地把市场份额让位给新进入厂商，在位厂商的市场份额降低会引起利润的损失。因此，在位厂商面临一个选择——要么赚取短期的高利润，而失去其垄断地位；要么长时期获取较低的利润，而保持其固有地位。但是，就利润最大化厂商而言，它必须在当前利润与未来利润之间进行平衡，进而采取跨时期利润总额最大化的定价策略。主导厂商模型（卡米恩和施瓦茨，1971[①]；Debondt，1976[②]；Gaskins，1971[③]；巴隆（Baron），1973[④]）揭示了新厂商或从属厂商在不同进入或扩展速度下，在位厂商所采取的最优定价策略。

主导厂商模型表明，一个理性的主导厂商并不会不惜代价地把所有的从属厂商逐出行业。假如有大量接受价格的厂商能够自由、即时地进入市场，并且它们的生产成本并不比主导厂商的成本高出多少，主导厂商就不能索取比完全竞争高出太多的价格。即使没有从属厂商进入市场，它们潜在的进入威胁也会使主导厂商的定价要低于垄断厂商。在集团进入模型中，假定从属厂商在决定进入和实际进入之间存在一定的时滞，经历一个时滞后，从属厂商同时进入，此时主导厂商通常定价在短

① Kamien K. I., N. L. Schwartz. Limit Pricing and Uncertain Entry [J]. Econom etrica, 1971, 39 (3): 441-454.

② Debondt R. Limit Pricing, Uncertain Entry and the Entry Lag [J]. Econometrica, 1976, 44 (5): 39-46.

③ Gaskins D. W. Dynamic Limit Pricing: Optimal Pricing Under Threat of Entry [J]. Journal of Economic Theory, 1971 (3): 306-322.

④ Baron D. P. Limit Pricing, Potential Entry, and Barriers to Entry [J]. American Economic Review, 1973 (63): 666-674.

期垄断价格之下和能完全遏制进入的价格之上。而连续进入模型假定从属厂商随着时间逐渐进入，此时，在位厂商的最佳定价策略和均衡价格要视市场需求状况、从属厂商的价格敏感度等因素而定。

行业的产出增长可以通过新厂商的进入和现有厂商的产量扩张来实现，但是具体以哪种形式为主取决于潜在进入厂商进入的难易程度。下面介绍两种极端的主导厂商定价模型，一种是无潜在进入厂商进入的情况，另一种是潜在进入厂商即时、自由进入的情况。我们将看到，主导厂商的定价策略取决于两个方面：一是从属厂商进入的难易程度，二是自身的成本优势。

（1）无潜在进入厂商进入的情况。

无潜在进入厂商进入情况下的主导厂商模型有以下三个假设条件：

第一，行业中拥有一个低成本的在位厂商，它在行业内占有最大的市场份额，是行业价格的制定者；另外行业中还存在许多的从属厂商，它们是价格的被动接受者，通过把边际成本定在行业价格 P 的水平上来决定各自的产量水平。

第二，从属厂商的数量 n 是固定的，没有新厂商的进入。也就是说，主导厂商提高行业价格不会引起潜在进入厂商进入市场或增加固定投资，因此只能通过增加变动投入扩大生产。

第三，行业需求曲线 $D(p)$ 和从属厂商的供给曲线 $S(p)$ 对主导厂商来说都是已知的。也就是说，主导厂商拥有足够完全的信息，从而能够确定最优产量。

接下来，主导厂商的价格和产出确定分为两个步骤：主导厂商先确定自己的剩余需求曲线，然后针对该需求曲线采取垄断厂商的行为，如图 6-2 所示。

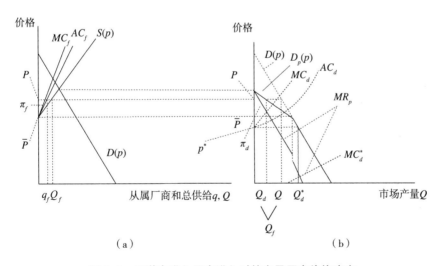

图 6-2　无潜在进入厂商进入时的主导厂商价格决定

图 6-2（a）中，市场需求曲线为 $D(p)$，而从属厂商的供给曲线是位于其平均成本曲线的最低点 $\overline{P}$ 之上的边际成本曲线，供给曲线 $S(p)$ 则表示所有从属厂商的供给曲线的水平总和，$S(p)=nq_f(p)$，其中 n 是从属厂商数目，q_f 是从属厂商的产量；主导厂商的剩余需求曲线等于市场需求曲线减去所有从属厂商的供给曲线的水

平总和 $D_r(p) = D(p) - S(p)$。

图 6-2（b）中，当价格高于 $\overline{P}$ 时，由于行业中从属厂商的供给，剩余需求曲线低于市场需求曲线；当价格低于 $\overline{P}$ 时，从属厂商选择退出市场，剩余需求曲线就和市场需求曲线重合，所以主导厂商所面对的剩余需求曲线在 $\overline{P}$ 处出现了间断。主导厂商通过设定边际收益与边际成本相等的价格获得最大化利润。但是由于边际收益曲线有间断的两部分，因此均衡状况就取决于主导厂商的成本曲线。

当主导厂商拥有的成本优势不太明显时，主导厂商就会索取高价并获得经济利润，从属厂商也能获得一定的经济利润；当主导厂商拥有绝对的成本优势时，主导厂商就会确定一个很低的价格，并导致从属厂商全部停产或退出市场，于是主导厂商就成为行业内的垄断者。下面对主导厂商的这两种成本结构下的均衡价格进行解释和分析。

1）主导厂商拥有的成本优势不太明显。在图 6-2（b）中，主导厂商的边际成本曲线 MC_d 与边际收益曲线 MR_p 在 $\overline{P}$ 以上的部分相交，此时主导厂商选择在价格 P 处生产 Q_d 的产量。在价格 P 处，市场需求 Q 与主导厂商的产量 Q_d 之差就是从属厂商的市场供给 Q_f。这种情况下，主导厂商和从属厂商都可以获得利润，并且由于主导厂商的平均成本略低于从属厂商，所以主导厂商能够获得更多的单位利润和销售更多的产品，所以主导厂商能够获得更多的总利润。

所以，理性的主导厂商并不会把价格设定在相当低的水平并驱逐从属厂商。相反，它的最佳策略是制定一个高价格，这样主导厂商和从属厂商都实现了各自的最大化利润。

2）主导厂商拥有绝对的成本优势。此类的主导厂商的边际成本为图 6-2（b）的 MC_d^*，MC_d^* 与 MR_p 在价格 $\overline{P}$ 以下的部分相交，此时主导厂商以价格 p^* 生产 Q_d^* 的产量。由于 p^* 低于 $\overline{P}$，从属厂商被迫停产或退出市场，整个行业的产量 Q^* 等于主导厂商的产量 Q_d^*。

所以，理性的主导厂商会设定低于从属厂商的最小平均成本的垄断价格，使自己获得利润最大化。由于主导厂商的成本优势太过明显，所以从属厂商的存在并没有阻碍主导厂商的垄断价格行为。

（2）有潜在进入厂商进入的情况。

有潜在进入厂商进入与无潜在进入厂商进入的情况相比，除了进入不受限制以外，其余的假设条件完全相同。如果从属厂商能获得正的利润，它们就会进入市场，提高整个行业的产量并促使行业价格降低，如图 6-3 所示。

图 6-3（a）表明，市场的均衡价格同样取决于主导厂商的成本曲线。

1）主导厂商拥有的成本优势不太明显。图 6-3（b）中，主导厂商的边际成本较高，它与 MR_r 曲线的水平部分相交，价格为 $\overline{p}$，此时从属厂商获得部分市场份额。并且在此价格下从属厂商所获得的经济利润为零，意味着从属厂商停产或继续生产都是一样的。而从属厂商究竟生产多少取决于主导厂商的成本结构，即 MC_d 与边际收益曲线相交处。从属厂商的产量水平 Q_f 是 $Q - Q_d$，如果主导厂商在此成本结构下的最优产量 $Q_d = Q$，那么从属厂商的产量为零。

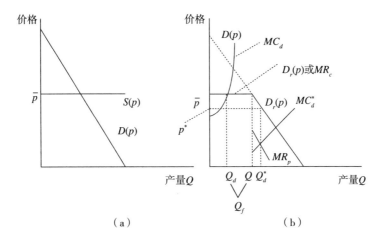

图 6-3　自由即时进入时的主导厂商价格决定

总之，当主导厂商拥有的成本优势不太明显时，只要能获得正的经济利润，从属厂商就会选择进入市场，并且主导厂商不能索要高于任何一家从属厂商的最小平均成本的价格。虽然主导厂商能获得正利润，但是从属厂商却只能保持盈亏平衡。由于没有从属厂商进入时主导厂商的定价必定高于 P，因此从属厂商的进入可能导致了较低的价格，并有利于消费者。

2) 主导厂商拥有绝对的成本优势。如果主导厂商的边际成本较低，那么 MC_d^* 就会与在 $\bar{p}$ 以下的边际收益曲线 MR_r 相交，并导致均衡价格 p^* 低至没有一家从属厂商会留在该行业。这种情况与无潜在进入厂商进入的第二种情况很类似。

主导厂商模型表明，如果主导厂商的成本优势不太明显，并且从属厂商能够自由地进入市场，那么理性的主导厂商就不会把所有的从属厂商赶出行业，主导厂商制定的价格也就只能略高于完全竞争时的价格。并且即使从属厂商不进入，这种潜在的进入威胁也会使主导厂商不敢将价格定得过高，否则就会导致进入发生。

3. 不完全信息下的限制性定价

20 世纪 80 年代，随着博弈论和信息经济学在策略性行为理论中的广泛应用，不完全信息假设引入了限制性定价理论中，米尔格罗姆和罗伯茨 1982 年的研究与哈尔瑞顿 1985 年的研究可以证实这一点。

米尔格罗姆和罗伯茨认为，在更加接近现实的市场环境中，关于市场竞争的信息往往是不完全的，比如成本信息、风险偏好、整个市场的需求状况等。这就意味着在限制性定价行为中，在位厂商和潜在进入厂商之间的博弈是一种不完全信息博弈。由于信息不完全，潜在进入厂商并不清楚在位厂商的成本类型，只能通过一个先验概率进行估计，然后通过对在位厂商行动的观察，按照贝叶斯法则对之前的先验概率进行修正，并利用修正后的信念判断出在位厂商的成本类型，最后作出是否进入的决策行为。但是，潜在进入厂商对先验概率进行修正所用到的信息是在位厂商本身的市场行为，这就意味着在位厂商可以有意识地通过自身的市场行为对潜在进入厂商的修正行为产生影响，比如通过市场价格向潜在进入厂商传递有关成本的信息，从而影响潜在进入厂商对在位厂商成本类型的估计。

在米尔格罗姆和罗伯茨的限制性定价模型中，博弈分两期进行：第一期中，在位厂商知道自己的成本类型，但是不知道潜在进入厂商的成本类型，在这种情况下，在位厂商决定自己的策略；第二期中，潜在进入厂商知道自己的成本类型，但是不知道在位厂商的成本类型。在这种情况下，潜在进入厂商根据在位厂商的策略来决定自己的策略。如果潜在进入厂商不进入，则在位厂商在第二期仍然是垄断企业。如果潜在进入厂商进入市场，则关于双方成本类型的信息成为共同知识，双方进行完全信息条件下的古诺双寡头博弈。但是，由于第一期中，潜在进入厂商根据在位厂商的策略来决定自己的策略，所以在位厂商可以利用限制性定价手段向潜在进入厂商传递真实或虚假的信息。

如果在位厂商是低成本类型，并且它显示出高产量和低价格的特征，那就意味着它向潜在进入厂商真实传递了自己的成本类型以区别于高成本的在位厂商，潜在进入厂商就会认为进入是无利可图的；如果在位厂商是高成本类型，并且它显示出低产量和高价格的特征，那么潜在进入厂商就会知道在位厂商是高成本类型，于是选择进入。这种情况在博弈论中称为分离均衡。

如果一家高成本的在位厂商虚假地显示出高产量和低价格的市场信号，那么潜在进入厂商就会认为在位厂商是低成本类型，从而放弃进入。对于高成本在位厂商来说，这是一种理性决策，因为潜在进入厂商误认为它是一个低成本的在位厂商而放弃了进入，这就意味着高成本在位厂商实现了垄断；这种情况在博弈论中称为混同均衡。

米尔格罗姆和罗伯茨的限制性定价模型只考虑了在位厂商的成本与潜在进入厂商无关，并且在位厂商已经知道自己的成本类型的情况；而哈尔瑞顿则进一步放松了这些假设，假定潜在进入厂商在进入前并不知道其成本是多少，且潜在进入厂商的成本与在位厂商的成本是正相关的。在此情况下，哈尔瑞顿得出了与米尔格罗姆和罗伯茨限制性定价模型相反的结论：为了阻止潜在进入厂商进入，在位厂商应传递高成本信息，因而应把限制性价格设定在高于短期垄断价格的水平。

（1）静态限制性价格的决定。

根据斯蒂芬·马丁的研究，静态限制性价格的高低取决于三个因素：

第一，市场初始规模。市场规模越大，在位厂商就必须维持更高的产量水平才能完全遏制潜在进入厂商的进入，因而限制性价格相应降低。

第二，进入者的平均成本。假如潜在进入厂商在任一产量水平的平均成本（包括进入的沉没成本）越高，则潜在进入厂商进入后需要制定更高的价格水平才能盈利，因而限制性价格也相应提高。

第三，非价格进入壁垒。只要在位厂商所在市场不像鲍莫尔所说的那样是完全竞争性的，进入壁垒就或多或少地存在着，进入壁垒越高，则潜在进入厂商的进入变得越困难，因而限制性价格也会提高。

（2）动态限制性定价的决定。

把时间因素加入限制性价格的决定后，动态限制性定价不再是遏制潜在厂商进入的价格,而是长期利润最大化的价格。与静态限制性定价相比,决定动态限制性定价高低的因素更加复杂,概括起来主要有如下六种:

第一,折现率。折现率越高,则延迟当前收入到未来的机会成本就越高,这降低了未来利润的现值。在位厂商更愿意获取较高的短期利润,放弃长期市场份额,因而会提高最优限制性价格。反之亦然。

第二,风险偏好。这与限制性定价决策产生了不确定性利润有关,巴隆认为,尽管在位厂商的最优限制性定价行为可以降低进入的可能性,但是不同风险偏好的在位者对同一最优限制性价格下的进入概率有不同的估计,从而影响最优限制性价格的确定。假如在位厂商是一个风险厌恶者,在其他条件不变的情况下,它宁愿降低当前的最优限制性价格,以换取较低的进入可能性。相反,作为一个风险偏好型在位厂商,它会抬高最优限制性价格。

第三,非价格进入壁垒。它是影响限制性价格的重要因素,如政策、法律制度壁垒等。巴隆从风险偏好的角度,认为较高的进入壁垒增加了在位厂商的预期效用,在风险率(Hazard Rate)下降的条件下,最优限制性价格会提高。卡米恩和施瓦茨直接揭示了非价格进入壁垒与最优限制性价格之间存在正相关关系;但是,德邦特得出了几乎完全不同的结论,他认为在进入时滞充分长时,即使非价格进入壁垒非常低,最优限制性价格也会设在较高水平。

第四,进入时滞长短。德邦特认为,潜在厂商在作出进入决定与实际进入之间存在一定的时滞,这是由产业特性决定的外生变量。进入时滞充分长时,在位厂商即使索取短期垄断价格,潜在厂商也很难在短时期内进入市场,因而进入时滞越长,在位厂商索取的最优限制性价格越高。

第五,市场需求增长。在动态模型中,市场需求状况是一个重要的外生变量。卡米恩和施瓦茨以及德邦特的集团进入模型都表明,市场增长率越高,潜在进入就变得越有吸引力,因此进入的可能性越大,那么最优限制性价格也会相应地降低。

第六,成本结构。通常,在位厂商的相对成本优势越明显,则越容易提高限制性价格,从而获取更多的利润。

除了以上重要因素外,限制性价格水平的高低还与初始竞争的激烈程度、潜在进入者的价格敏感性、调整成本的高低以及产业内厂商的数目等有关。

(3)不完全信息下限制性定价的决定。

在不完全信息下,双方参与人的成本信息分布状况是影响限制性价格的决定性因素。米尔格罗姆和罗伯茨的研究表明,在在位厂商独占自己的成本信息,而潜在厂商的成本信息是共同知识的信息不对称条件下,高成本的在位厂商可能会采取低价策略,以显示自己是低成本的,从而达到遏制进入的目的。而哈尔瑞顿在假定潜在进入厂商完全处于信息弱势(连自己的成本结构都不知道)的条件下,证实了低成本在位厂商的最佳定价策略是将限制性价格设定在高于垄断价格的水平,以向潜在进入厂商传递该产业是高成本的信息,从而策略性地遏制其进入。

第二节　定价模型

一、掠夺性定价模型——连锁店悖论模型

泽尔腾提供了一个典型的博弈，它明确了排除掠夺性定价成为均衡现象所必须具备的信息方面的严格条件。他设想一家主导企业（即现有企业）在 20 个不同的地区市场内经营连锁店。在每个市场，它都面临单个竞争对手的进入可能。

图 6-4 显示了一期博弈的博弈树和收益矩阵。其中，每个进入者得到的收益由单个市场决定，现有企业的总收益则是 20 个市场内所有连锁店的收益之和。

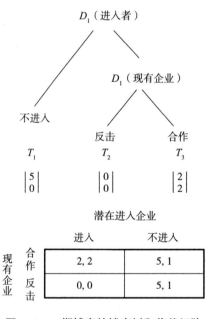

图 6-4　一期博弈的博弈树和收益矩阵

在每个市场，潜在进入企业都可以选择是进入还是不进入市场。如果潜在进入企业不进入市场，那么，它得到的收益便是 1 欧元（另一最佳投资的收益），而现有企业可得 5 欧元。

如果潜在进入企业进入市场，那么，现有企业就必须决定是与潜在进入企业合作（双方都得 2 欧元），还是反击潜在进入企业（双方都得到零收益）。选择合作的现有企业将限制产量并与潜在进入企业分享市场，而选择反击的现有企业即使以利润损失为代价，也要扩大产量。

塞尔顿比较了现有企业的两种可能策略。其中阻止策略是基于这样的事实，即如果进入者相信现有企业会积极反击，那么就不会进入市场。

根据这一观点，现有企业最佳的策略是宣布要对潜在进入企业进行积极的反击。如果进入发生，那么其有可能发生在早期，这样，现有企业必须牺牲自己的利润以实施阻止进入的威胁。但如果后来的潜在进入企业相信现有企业积极反击进入的威胁是真的，那么，现有企业最终会有收益。塞尔顿指出阻止策略在最后的市场是不起作用的。

在最后一期积极反击，意味着现有企业有损失，但以后没有收益了，因此，在最后的市场里积极反击的威胁显然是无效的。一家有意进入倒数第二期市场的聪明企业会进行后向归纳，并得出结论：既然追求最大化收益的现有企业在最后一期的积极反击不会有收益，那么，它在倒数第二期的积极反击也不会有收益。假设现有企业在前三个市场内对进入采取积极反击的策略，并且直到最后三期市场以前都没有进入发生。

由于意识到博弈将要结束，或基本将要结束了，现有企业会在最后三期市场内允许进入。这样，它的收益便是 76 欧元（3×0＋14×5＋3×2）。后向归纳观点的逻辑结论是建立在现有企业在最后一期积极反击的威胁不可信的基础之上的。

即如果现有企业在最后一期阻止进入的威胁不可信，那么它在倒数第二期对进入采取积极反击就不会有收益。但在这种情况下，它在第 18 期对进入采取积极反击也不能获得收益，由此可一直推理到第 1 期。这样，每一期的进入者都不会相信现有企业积极反击的威胁，唯一的子博弈完美均衡是进入者在每期都进入，且现有企业在每期都允许进入，这样，现有企业的收益将是 40 欧元。

塞尔顿对他的讨论作了如下总结：在博弈论上，只有归纳理论才是正确的。从逻辑上讲，归纳观点不能被限制在博弈的最后几期，归纳观点应被应用到博弈的所有阶段。但是，阻止理论更令人信服。如果现有企业必须参加博弈，那现有企业就会遵循阻止理论。

似乎可以推测，即使在所有博弈者都知道并透彻地理解了归纳观点的情况下，现有企业还是会采取阻止策略，并且其他博弈者对它的预期也是这样。归纳理论的逻辑必然性并不能推翻貌似有理的阻止理论这一事实，这是一个严重的问题，它可以被称为一个悖论。

二、限制性定价模型——米尔格罗姆和罗伯茨的进入模型

米尔格罗姆和罗伯茨认为，在更加接近现实的市场环境中，关于市场竞争的信息往往是不完全的，比如成本信息、风险偏好、整个市场的需求状况等。这就意味着限制性定价行为中，在位厂商和潜在进入厂商之间的博弈是一种不完全信息博弈行为。

由于信息不完全，潜在进入厂商并不清楚在位厂商的成本类型，只能通过一个先验概率进行估计，然后通过对在位厂商行动的观察，按照贝叶斯法则对之前的先验概率进行修正，并利用修正后的信念判断出在位厂商的成本类型，最后作出是否进入的决策行为。但是，潜在进入厂商对先验概率进行修正所用到的信息是在位厂

商本身的市场行为，这就意味着在位厂商可以有意识地通过自身的市场行为对潜在进入厂商的修正行为产生影响，比如通过市场价格向潜在进入厂商传递有关成本的信息，从而影响潜在进入厂商对在位厂商成本类型的估计信念。

第三节　模型的应用

一、连锁店悖论模型的应用：老山羊集团连锁店悖论[①]

老山羊集团在某市经营了 20 家连锁超市，目前虽然没有竞争者，但对手物美多集团正考虑插足这些地盘。物美多集团只要打进了市场，就不会轻易离开。老山羊集团能否用某种程度的"流血降价"来当作警告，以证明它会奋战到底？要是物美多进入了某个区域，老山羊集团可以单就那个市场制定非常低的价格，这固然会使那家店赔钱，但物美多集团会不会因此放弃其他的市场？假如物美多基于某种原因而不理会这个信息，并进军第二个区域市场，那么老山羊集团就可以在这两个市场的店面采用"流血降价"的手段以警告对手。这种策略可不可以至少帮老山羊集团的某些店面阻挡竞争对手？报复者的声誉会让老山羊集团的"流血降价"威胁变得更可信吗？有趣的是，老山羊集团即使经营了好几个市场，也无法靠"流血降价"把对手物美多集团有效地拒于门外。对于这个违反常理的结果，博弈论专家把它称为连锁店悖论。

假如老山羊集团想要阻挡其他市场的竞争对手进入其利润宝地，应该怎么做？

老山羊集团可能想在 1 号市场上发动"流血降价"，以此向对手宣告：不管你进入哪个市场，我都会发动"流血降价"。只要我把价格压得非常低，你就不可能赚到钱，所以你最好离我的其他市场远一点。这段话听起来似乎很有道理，但逻辑上真的能站得住脚吗？我们不妨借以下的策略推估检视这个威胁的可信度：设想竞争对手物美多集团已经攻陷了 19 个市场，而且考虑往第 20 个市场进军，情况会变成什么样子？比方说，要是老山羊集团没有发动"流血降价"，而且只有在这个条件下，物美多集团才会进入 20 号市场。那么老山羊集团会否在第 20 个市场上发动"流血降价"？答案是否定的。

老山羊集团发动"流血降价"的唯一目的是要防止将来有厂商进入，因为要是在某个市场上发动"流血降价"，你在这个市场上一定会赔钱。假如老山羊集团所有的市场都已经被竞争对手入侵，那么对老山羊集团来说，试图阻止未来的进入者就变得毫无意义：因为，物美多集团知道，假如其他 19 个市场都已经被攻陷，老山羊集团绝对不会在第 20 个市场上使出"流血降价"的手段；接着设想，老山羊集

[①]　数据来源：MBA 智库，https://www.mbalib.com.

团应不应该在第 19 个市场上发动"流血降价"？前面曾经说过，采用超低价格的唯一目的是要防止将来有人进入市场。"流血降价"原本是为了警告竞争对手，最好不要觊觎未来的市场，因为它要是这么做，你就会以同样的方式在这些市场上发动"流血降价"。但我们已经说过，老山羊绝对不会在 20 号市场发动"流血降价"，如此一来，在 19 号市场发动"流血降价"便失去了它的意义，因为大家都已经看得很清楚，不管竞争对手进不进来，老山羊集团都会在 20 号市场上制定出"合理"的价格。既然老山羊集团绝对不会在已经沦陷的 19 号和 20 号市场上采用"流血降价"，那么老山羊集团为什么不应该刻意把它用在 18 号市场上？

　　就像前面所说，"流血降价"只有一个可能的目的，那就是让竞争对手知道，假如它再踏进别的市场，在位厂商会怎么处理。在 18 号市场上"流血降价"是为了威胁竞争对手，假如竞争对手进入 19 号或 20 号市场，老山羊集团也会在这些地方发动"流血降价"。不过，这个威胁应该没有人会相信，因为在 19 号和 20 号市场上把价格压得非常低对老山羊集团一点好处也没有。因此，老山羊集团根本不应该在 18 号市场上刻意采用。这个连锁逻辑显然会一直推演到 1 号市场，所以老山羊集团绝对不会用"流血降价"来防止物美多集团入侵。

二、限制性定价模型——米尔格罗姆和罗伯茨的进入模型应用

　　限制性定价是在位企业为了阻止潜在进入企业的进入而将价格制定在利润最大化价格水平之下，并生产可以使潜在进入企业无利可图的产量。与掠夺性定价不同的是，限制性定价企业并不在潜在进入企业退却后提高市场价格，而维持一个较低的长期价格简单的垄断与竞争模型可以说明限制性定价的基本思路。

　　假设在位企业由于专利原因垄断市场，并按照 $MR=MC$ 确定产量与价格，并获得超额利润。超额利润的存在必然使大量潜在进入企业觊觎并等待进入。一旦专利期，市场形成竞争局面，将使价格下降至 $P=minLAC$，在位企业的超额利润消失。而如果企业在专利未到期时采用限制性定价，加上长期经营形成的市场优势、成本优势，以及新进入者必须发生的进入成本，可以将潜在进入企业阻止在市场之外而维持长期利益。

　　限制性定价的实现前提是潜在进入企业相信其进入后，在位企业不会改变其供给方式，潜在进入企业的需求曲线是在位企业的剩余需求曲线，即市场需求曲线扣除在位企业的原有产量。

　　限制性定价不必要求在位企业将价格制定在正常利润水平之下，而只需将价格制定在剩余需求曲线上使潜在进入者无利可图的水平。这要求在位企业对竞争对手的成本函数有较好的了解，或者以自身的成本函数推测竞争对手。

　　1. 实力相当企业的限制定价模型

　　如果在位企业与潜在进入者具有相同的成本函数，在位企业限制性定价策略的成功只能取决于其先动优势和不改变产量策略的可置信性，如图 6-5 所示。

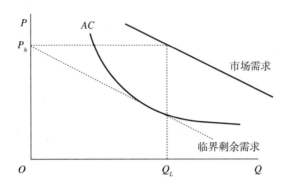

图6-5 成本相同的限制性定价

图6-5表明，市场需求函数与企业成本函数已知，根据企业平均成本函数，可以确定潜在进入者进入的临界剩余需求函数，并由市场需求函数与临界剩余需求函数之差逆推在位企业的最低产量 Q_L 与限制性价格上限 P_h，当在位企业以略低于 P_h 的价格向市场提供略高于 Q_L 的产量时，潜在进入企业的进入将是无利可图的，而在位企业依然获得了垄断利润。

实力相当企业的限制性定价的关键在于潜在进入企业相信在位企业产量不变是可置信的。但是，古诺模型表明，一旦潜在进入企业实际进入后，在位企业维持原有产量并非最优选择，其产量不变的威胁实际上是不可置信的。因此，在实力相当的条件下，在位企业通过限制性定价阻止潜在进入企业的进入是不可维持的。

2. 成本不同的企业限制性定价模型

在位企业与进入企业成本函数不同是更为常见的，在位者可能是低成本企业，也可能是高成本企业，不同的成本类型使在位企业采用不同的价格策略对付潜在进入企业可能进入。

米尔格罗姆和罗伯茨分析了两个时期内两个企业的限制性定价模型。在模型中，价格可以观测，而成本不可观测，在位企业知道自己的成本类型，潜在进入企业如果不进入，则不了解在位企业的成本类型；进入后才可知道在位企业的成本类型，这种假定使两个时期的定价独立。

在第一期，在位企业（企业1）作为垄断者选择第一期价格 P_1。第一期，潜在进入企业（企业2）选择是否进入，如果进入，则形成双头垄断；如果不进入，则企业1完全垄断，并假定两个企业有相同的贴现因子。

在米尔格罗姆和罗伯茨的进入模型中，只有当企业2认为企业1为高成本企业时才会进入，因此企业1希望传递自己是低成本企业的信息，而这个信息只能通过低价格传递。如果在位者第一期制定低价格（即使该企业为高成本的）就可以让潜在进入企业相信其为低成本企业而放弃进入，在位企业第一期的损失就可以用第二期的垄断利润弥补。然而，潜在进入企业明确在位企业有伪装低成本类型的激励，在位企业也知道潜在进入企业对此的了解。米尔格罗姆—罗伯茨利用不完全信息动态博弈方法对限制性定价模型进行了研究，研究结果表明，在位企业为低成本企业时，存在分离价格，在该价格下，潜在的高成本类型企业因与之混同的成本非常高昂而不进入；在位者为高成本企业时，第一期将制定垄断价格，并导致低成本类型的潜在进入企业进入。

 思考题

1. 什么是掠夺性定价？掠夺性定价的实施条件有哪些？
2. 限制性定价的假设条件是什么？
3. 如何理解连锁店悖论模型？
4. 讨论米尔格罗姆和罗伯茨的进入模型的具体应用情况。

 参考文献

［1］林毅夫. 解读中国经济［M］. 北京：北京大学出版社，2012.

［2］刘志彪. 现代产业经济学（第2版）［M］. 北京：机械工业出版社，2020.

［3］苏东水. 产业经济学（第3版）［M］. 北京：高等教育出版社，2010.

［4］王俊豪. 产业经济学［M］. 北京：高等教育出版社，2012.

［5］Clark，M J. Toward a Concept of Workable Competition［J］. American Economic Review，1940：189-196.

［6］Sosnick，S. A Critique of Concept of Workable Competition［J］. Quarterly Journal of Economics，1958：72.

［7］干春晖. 产业经济学教程与案例［M］. 北京：机械工业出版社，2015.

［8］阿尔弗雷德·马歇尔，玛丽·佩利·马歇尔. 产业经济学［M］. 北京：商务印书馆，2015.

［9］斯蒂芬·马丁. 高级产业经济学［M］. 上海：上海财经大学出版社，2003.

［10］沃夫斯岱特. 高级产业经济学［M］. 上海：上海财经大学出版社，2003.

［11］McGee，J. Predatory Pricing Revisited［J］. Journal of Law and Economics，1980，23（2）：289.

［12］Easterbrook，F. H. Predatory Strategies and Counterstrategies［J］. University of Chicago Law Review，1981，48：263.

［13］Bain，J. S. A Note on Pricing MonopolyOligopoly［J］. American Economic Review，1949（3）：39，448-464.

［14］Bain，J. S. Barriers to New Competition［M］. Cambridge：Harvard University Press，1956，chapter1.

［15］Friedman，J. On Entry Preventing Behavior and Limit Price Models of Entry［J］. Applied Game Theory，1979：236-253.

［16］Kamien K. I.，and N . L. Schwartz. Limit Pricing and Uncertain Entry［J］.

Econometrica, 1971, 39 (3): 441-454.

[17] Debondt R. Limit Pricing, Uncertain Entry and the Entry Lag [J]. Econometrica, 1976, 44 (5): 39-46.

[18] Gaskins D. W. Dynamic Limit Pricing: Optimal Pricing Under Threat of Entry [J]. Journal of Economic Theory, 1971 (3): 306-322.

[19] Baron, D. P. Limit Pricing, Potential Entry, and Barriers to Entry [J]. American Economic Review, 1973 (63): 666-674.

[20] Baumol W. Jack. Contestable Markets and the Theory of Industry Structure A Review Article [J]. Journal of Political Economy, 1983, 91 (6): 1055-1066.

第七章

非价格竞争策略的模型与应用

本章提要

　　本章共分为三节，围绕非价格竞争策略展开研究，分别是非价格竞争概述、非价格竞争策略模型介绍以及模型的应用举例。第一节主要从市场经济、价格与价格竞争、价格竞争在市场竞争中的地位、非价格竞争产生的原因、非价格竞争策略、价格竞争与非价格竞争的对比六方面对非价格竞争进行阐释。第二节基于转换成本介绍了非价格竞争策略模式，重点阐述豪泰林模型和种群间竞争模型这两种具有代表性的模型。第三节通过三种案例，即"考虑范围经济与转换成本的混合捆绑竞争""转换成本视角下互联网企业的创新竞争策略""'一带一路'倡议助推人民币国际化政策选择研究——基于货币转换成本理论分析"，系统阐述了非价格竞争策略模型的实践应用，为加强非价格竞争策略理论分析提供了坚实基础。

第一节　非价格竞争概述

　　非价格竞争即价值竞争，是为顾客提供更好、更有特色，或者更能适合各自需求的产品和服务的一种竞争。厂商通过产品差异，力图将其产品与其竞争对手的产品相区别，以适应消费者的需要。通过广告宣传和推销活动，厂商可以招徕更多的顾客，增大其产品销售的市场份额。非价格竞争在寡头垄断的工业部门中尤为突出，因为在这些部门中，一个厂商企图通过价格竞争来增大其市场份额的可能性是很小的，而采取非价格竞争的手段往往更能奏效。本节主要从市场经济、价格与价格竞争、价格竞争在市场竞争中的地位等方面进行介绍。

一、市场经济

1. 市场经济概述

在自然经济时期，生产者为满足自身需求而进行生产劳动，多以生产农产品和手工业品为主,生产者集生产者与消费者于一身。由于缺乏交换,此时的产品不具备商品属性,但是生产者通过劳动投入来获得相应产品的这一过程,表明了价值交换的存在。

商品经济是自然经济的高级阶段,这一阶段,人们的需求不再能通过自给自足来实现,而是主要通过与其他主体之间的交换价值来满足需求,生产与消费相分离,由市场来决定生产的相关问题。为了获得更多的财富,生产者必须不断地进行商品交换,寻求更大的市场,此时的市场十分明显地引导、调节社会经济的发展。

市场经济是商品经济的新阶段。市场通过价值调节器来引导以什么方式生产什么产品,满足哪部分人群的需求。当商品供给大于需求时,商品生产过剩,导致价格下降,企业就会减少相关商品的生产以使供求平衡;反之,企业会增加相关商品的生产。由此可见,市场经济属于历史范畴,是商品经济发展的新阶段,是一种更高级的发展形式,即以交换为目的进行生产的经济形态,市场主体为追求更多的盈余价值或效用价值而进行生产或交换。商品的生产方式由低效率的手工生产演变到高效率的机械生产,商品生产的数量的效率大大提高,与此同时,要素、资金、股票等相关市场逐步形成,并受价值规律、供求规律和竞争规律的支配,实现资源合理配置、商品供求平衡,满足人们的物质需要等。此时政府干预较少,市场导向在资源配置中发挥决定性作用。

2. 企业形成

市场经济初始形成时,生产者和消费者都是单独的行动个体,两者之间具有的资源禀赋和行为偏好不同,但都是以追求自身最大利益为目标。个体在市场上通过单独选择和签订一系列契约来实现自身目标,在这个过程中通过个体协作生产,会产生大量的交易费用并且生产效率较低,盈余会因为交易成本的存在消耗较大部分。此时企业作为一种生产组织,以契约的方式将人、财、物等生产要素凝聚起来进行协作生产,形成具有生产性的组合体。企业内部的利益相关者认为集体行动的收益大于单独行动,个体行动由集体行动代替,由此实现价值增殖和利益最大化。

3. 市场经济核心内容

人类的需求是无限的,相对而言,资源是有限的,具有稀缺性,需求与资源之间的矛盾促使人们选择更优的资源配置方式来实现以最少的资源耗费最大化满足需求程度。市场经济这一高效的经济运行体制能够适应人类不断变化的需求,合理有效地配置资源,满足国家、企业、个体多方主体利益。其中,有效竞争能拉开市场主体差距,推动市场经济不断繁荣,具体解释为:

有效竞争是市场经济的核心部分,能够将资源合理分配至不同企业,在市场经济中,企业为获得有利于自身发展的机会展开企业间的竞争。通过市场价格这一有效指示器可以看到,当供不应求时,资源会自动流向收益较高领域,增加产品供给;同理,当供过于求时,资源会转移至收益较高的生产领域。资源在不同领域之间的流转是通过企业逐利的竞争行为实现的,市场需求与市场供给之间实现大体平衡。当存在企业进入壁垒时,资源自由流动受到限制,企业间的竞争表现为提高劳动生产率、降低生产成本,或是通过产品创新开拓市场偏好,产品与技术通过企业间的竞争得到不断的更新与创新。总之，竞争的最终目的是社会福利最大化。

差距是市场经济运行的动力，也是竞争的前提条件。市场经济在资源配置的过程中，要实现要素流动合理化，即收益较高的领域会吸引更多的要素集聚，必然导致市场主体的收入不均等，从而激发出更大的积极性来从事相关的经济活动，市场运行效率得到显著提高。

二、价格与价格竞争

1. 价格

价格竞争的前提条件是价格的形成。价格是在商品交换的过程中形成的一般等价物。在商品经济时期，人们为满足需求从事商品交换活动。一方面，商品能够满足人们的需求，具有使用价值；另一方面，商品是劳动的凝结物，具有自身价值，这种价值主要体现在交换商品的物质数量多少，一个商品能够交换另一种较多数量的商品时，表明这种商品的价值相对较高，另外一种商品的价值相对较低。随着商品种类越来越多，差异越来越大，商品之间的交换变得极不便捷，一般等价物——货币的出现，解决了人们需要通过不停地交换来得到理想商品这一矛盾，通过货币来衡量不同商品的价值，价格由此产生。

2. 价格竞争

价格竞争伴随市场经济产生，在市场经济中占有重要地位。保罗·J. 麦克纳尔蒂的论述中指出：当竞争概念经由亚当·斯密及其前辈而进入经济学时，它尚未被明确定义，但一般是指厂商进入可获利的产业。现有厂商根据市场状况提高或降低价格，可得到对价格竞争的验证。生产者、经营者等市场主体是价格竞争的要素，他们都是以获得自身最大经济利益为目标，当他们之间因为经济利益发生冲突时，生产者或经营者之间就会采取竞争行为，价格竞争是其中最简单的一种竞争方式。一般来说，生产者和经营者通过降低价格来战胜对手，获得更多的收益。

信息不对称、商品结构失衡、垄断、制度保护四种原因造成价格竞争：一是商品供求信息不对称。生产者在生产产品的过程中会消耗一部分原材料，企业为了弥补生产过程中的实际消耗，并能够在日后持续发展，必须根据市场的现存状况对商品价格作出适当的判断和选择。广大普通居民的需求刺激市场供给调整。价格作为供需的信号，在生产者与消费者之间的传递具有时滞性，且受财富影响，普通居民的消费具有边界性，由此造成商品生产量与需求量之间存在波动。当商品生产量过多时，厂商迫于生存压力，会采取各种竞争方法完成商品交换，使商品价值得以实现，其中最简单的方式就是价格竞争；价格竞争对人力、物力、财力的消耗最少，难度最小，短时期内见效快。二是商品结构与消费结构不符。根据 2018 年中国消费趋势指数报告可知，中国的消费指数居于高位且相对稳定，经济状况能够支持消费者的消费意愿持续攀升。同时，消费者从之前追求外在物质转向看重内在价值，从对功能、外观的追求转变为对功能实用性、心理和情感的享受等。对国内品牌来说，面对消费结构快速升级，商品结构与消费结构之间的错位发展已十分明显。我国虽然是制造大国，在化纤、服装等方面产能占全球 50% 以上，轻工、纺织等方面的产能占全球的 30% 以上；但是却称不上制造强国，国内有效商品供给缺失。国内部分商家为增大销售量，必然会降低价格，产生价格竞争，同时部分生产者会退出现有商品市场。三是市场中存在垄断行为。当市场中存在寡头垄断或垄断竞争等情形时，厂商会因为一种新发明的产品在一段时期内维持垄断地位，并借此获取最大利润。一般来说，获取垄断地位的企业生产规模的经济效率比较接近最佳状态，此时虽然生产成本较低，但受垄断地位的支配，商品价格可能较高。进入企业在初期生产时规模较小，尚未达到规模经济的状态，商品生产成本相对较高，商品价格不存在过多的竞争空间。在位企业为继续对市场进行垄断，阻止竞争者进入，会选择价格竞争来设置进入壁垒，进入企业为巩固自己已有的市场地位，也会通过降价来增加产品销售量，占领更大规模的产品市场来战胜对手。因此，只要存在垄断行为，市场中就可能会出现价格竞争。四是深层次的制度因素。价格竞争的发生是因为行业内部没有形成自律性的价格协调机制。如果行业内的企业不能够进行及时的协调沟通，行业内部没有形成一个有效且明确的价格约束机制，势必会引发降价行为，形成价格竞争。若商品的生产商为垄断企业，商品的单位收入增加会带来更多好处。因此，会出现部分垄断企业打价格战的情形，甚至价格会低于边际成本。此外，地方政府或有关部门出于局部利益，会对已经缺乏市场竞争能力的企业加以保护，维持其勉强生存，在无形之中提升了市场的退出壁垒，导致相关商品的市场容量增加，最终难以避免价格竞争的发生；或者由于行业分割或地区管制的存在，优势企业兼并重组的成本较高，转而选择直接投资达到规模经济的方式进行生产，这种情况也使市场中同类商品生产能力过剩，自然会引起价格竞争。

三、价格竞争在市场竞争中的地位

价格竞争是市场经济中一种最基本的手段。随着商品经济的日益繁荣，厂商虽然有更多的方式来进行市场竞争，如质量、外观、科技等，但是价格竞争最悠久、最普遍，适用范围最大。无论何种竞争方式，最终实现的目标是让消费者以能够接受的价格完成商品交换，厂商通过降低价格，使商品符合消费者预期，接受商品的人数就会越来越多；厂商销量明显增多，生产经营活动得以正常运转下去，能够获得更多的经济利益。

价格竞争在市场经济中具有重要的地位。厂商迫于市场压力，通过降低商品价格的方式进行市场竞争，但商品生产的原材料成本和管理费用保持不变，最终带来的后果就是利润空间明显压缩，甚至在激烈的市场竞争中，部分厂商会出现亏损。厂商想要在市场中获得生存，就要选择新的发展出路。一般来讲，激烈的价格竞争会逼迫企业提高自身的创新能力，包括产品创新和管理创新；即在扩大市场空间的同时，降低厂商的经营管理成本，这样生产者的利润就会提高，市场经济就会健康发展，消费者福利也会明显增加。

四、非价格竞争产生的原因

价格竞争一般出现在市场经济初级阶段，此时企业达到规模经济，市场需求尚未饱和。但规模经济、市场空间、竞争环境等约束条件并不是一成不变的，随着竞争激烈程度加剧，市场主体的利润空间越来越小，企业需要资金和实力的支持来维持长久的价格竞争，最终容易出现"多败俱伤"的情况。为了获得更多的市场份额，企业自然会跳出原有的思维定式，根据自身的资源、营销、技术等优势，采用多种非价格竞争方式扩大市场份额。

从消费者的角度来看非价格竞争产生的原因：消费者需求的演进态势呈现个性化、标准化、智能化、手工化、网络化、场景化、品质化、简约化、品牌化等多样化趋势。具体来讲：一是向享受型消费升级。在基本消费需求得到满足后，伴随经济水平的不断提高，人均可支配收入也逐步攀升，消费者对高端化、个性化的商品越来越青睐，如汽车等。二是向服务型消费升级。在经济发展持续增长的背景下，人均收入将会迈向中高等水平，居民消费从享受型转向服务型消费，如医疗保健、娱乐等，消费者更加重视服务品质。因此，商品销售函数受商品质量、商品性能、消费者偏好等非价格因素影响，并且这些非价格因素会随着经济发展发生改变。

从企业的角度看非价格竞争产生的原因：市场上的消费者从关注产品价格转向关注产品质量，企业不能把价格作为唯一的竞争手段，而是需要根据市场的现实情况来迎合消费者个性化和多样化需求。企业通过生产满足消费者预期质量和服务要求的商品来扩大市场份额，并且消费者愿意承担产品的相应价格，正向激励企业为提高商品质量和服务而努力，不断地加强科技投入和完善相应服务；企业在技术创新的过程中要始终关注市场需求，真正从消费者需求视角出发，利用国际先进技术生产受消费者认可的产品，形成正向循环。除技术创新外，提升企业服务也是获得竞争优势的一种手段。一些国外品牌在技术方面比较成熟，国内企业在短期内较难超越，但在服务方面优势突破也能够带来更高的业绩。

五、非价格竞争策略

非价格竞争能够满足消费者质量、服务等多维度需求，弥补价格竞争的局限性，维持企业在市场中的竞争地位，因此，有必要对非价格竞争策略进行相关梳理和总结。非价格竞争策略可以分为核心产品差异、服务差异、品牌差异、企业文化差异等。

第一，核心产品差异。产品差异化分为横向差异化和纵向差异化，横向差异化是指消费者在市场购买的产品趋于同质化，但是购买过程中产生的物流成本、时间成本等差异明显。特别是在互联网技术成熟阶段，消费者在消费产品或服务时，消费者消耗的时间、选择范围等明显改变，横向差异化对企业利润和社会福利产生较大影响。纵向差异化是指企业针对不同的消费者群体对产品进行定位，企业所生产的产品在功能和质量上与其他企业所生产的产品存在明显差异，企业之间仍然存在竞争和相互影响，但却增加了不确定性，变得更加趋于理性。技术创新是产品纵向差异化的关键环节，企业技术创新能够拉大产品差异程度，相应地，价格竞争趋于平缓，高质量的企业会因技术优势在市场竞争中获利，低质量的企业会随着技术差距的加大逐渐被市场淘汰，消费者剩余会随着纵向产品差异不断拉大而降低。已有研究表明，新技术在市场开拓时期能提高供需双方的福利水平，特别是先进入的企业，能够在较长时间内维持较高的盈利能力；但是随着产品成熟和技术进步，企业的盈利空间变小，新一轮的技术创新又开始循环。其他企业认识到高质量产品的前期巨大成本投入是有回报的，会竞相将注意力集中在提升产品质量上来，对科学的产品定位以获得更大利润，避免同类产品在市场上高强度竞争。现今，互联网技术愈加发达，网络外部性对企业间竞争产生的影响已不容忽视。已有研究表明，企业市场份额会随着网络覆盖程度的增大而增大。并且在网络全覆盖的前提下，产品之间的质量差异程度会大于没有网络外部性时的质量差异程度，企业间的质量竞争强度加大，高质量产品获得市场优势，而低质量产品不容乐观；同时，高质量产品会因需求价格弹性较小从而形成用户锁定，在企业间竞争压力降低的情况下，可适当调高产品价格获得更高利润。

第二，服务差异。以用户需求为中心，是现代企业的指导思想。用户需求不仅体现在产品质量上，也体现在产品服务上。服务不仅体现在产品购买的过程中，还体现在产品维修、咨询、回访等方面，良好的服务能够提高产品的附加值。消费者在接受服务的过程中会形成自身的感知价值和情感体验，企业的服务质量会对消费者选择形成直接影响。从消费者感知的角度来看服务差异：一是可靠的服务态度能够提高消费者的信任度，企业的服务人员通过业务知识培训，能够掌握专业的业务知识，具备高效解决问题的能力，热情周到的服务态度和良好的职业素养会提高消费者的信任感，给消费者留下良好的印象。二是在消费过程中，良好的服务能够提高消费者满意度和感知价值。服务人员通过对顾客的细致分析，引导客户参与商品外观、性能、配置等方面的评价和定制，从劳动密集型服务转向技术密集型服务，快速响应消费者需求，为消费者提供多种产品选择，提高消费者满意度。三是有效处理反馈信息既能够提高消费者满意度，又能够提升消费者黏性。在信息反馈阶段，一方面，消费者可参与产品制作的部分环节，实现信息共享；企业根据消费者反馈的信息改进现有产品，完善产品质量，提高服务能力。另一方面，企业通过与第三方服务提供商合作或者与顾客平台沟通的方式了解消费者需求，能够更加精准地满足消费者的个性化需求，提升消费者满意度和依赖性。如优衣库与第三方服务提供商合作，了解消费者意向并进行相应改善。在信息反馈阶段，厂商对商品质量的保证至关重要，质量保证能够有效提升消费者的信任度，刺激市场需求。有关研究表明，在竞争市场中，厂商选择较高的质量承诺会带来需求的稳步增长，利润会始终呈增加态势，并且也会带动其他企业的商品质量提高，因为其他厂商降低质量承诺，则会损失补偿成本，企业要想获得更高的利润，实现可持续发展，必须制定更高水准的承诺来保证服务质量，企业之间在服务质量上展开竞争。

　　第三，品牌差异。差异化营销可以给企业营造与众不同的品牌，产品差异性变高，企业能够和市场上的其他竞争者拉开差距，避免出现无效的价格竞争。品牌价值是消费者对品牌的信任，从而接受市场上不同品牌的价格差异，良好的品牌能够带来较高的品牌溢价，企业由此获得更高的利润。从经典的"微笑曲线"可知，产品在制造阶段的价值最低，而两端研发设计和营销阶段的价值相对较高，充分说明了品牌对买方市场的重要性。从长远投资来看，品牌建设是一项收益远超过成本的投资，品牌效应会影响消费者的购买行为。企业可以通过情怀营销，即品牌故事、品牌联想和品牌偶像来获得消费者的品牌忠诚度。品牌故事是通过传奇、冲突或戏剧性的故事与消费者进行沟通，并广为流传，在故事讲述的过程中巧妙地向消费者展示品牌背景、核心价值理念和情感，能够唤起消费者的联想，找到消费者的共鸣与联结，创造了产品的附加值；如达芙妮品牌通过塑造希腊神话故事，营造独立、勇敢、有主见的女性形象，树立积极的女性精神。品牌联想也是构成品牌资产的因素之一，通过给消费者留下深刻的印象影响消费者购买决策，消费者在提到品牌时就能联想到与之相关的记忆并产生联想。对企业来说，品牌联想意义重大，当消费者在大脑中对产品本身或产品特性、产品形象等象征性功能产生强有力的偏好性联想时，会加深消费和对品牌信息的理解，即产生情感倾向与认同，进而形成品牌忠诚度。品牌偶像是指企业以明星等有影响力的人物代言的方式，拉近与消费者的距离。品牌代言人通过塑造专有特色来影响消费者的态度，使其形成特有的情感偏好，树立品牌美誉和忠诚度，扩大商品影响力，增加营销活动的效果和延伸机会，提高企业竞争力。

　　第四，企业文化差异。企业文化是组织成员需要长期遵守的规范和价值观，通过影响员工的思维方式、价值观念等间接影响员工行为。文化的典型特征是无形性、精神性和一致性，不作为传统的生产要素参与企业生产，但在无形之中影响企业经营。企业文化从企业内部和企业外部两个方面创造价值，从企业内部来看，企业文化作为一种软约束条件，使员工形成集体认同和企业价值观，在处理问题时能够迅速达成一致观点，作出符合企业利益的决策。特别是在面临不确定情形时，企业文化能够增加决策柔性，灵活地应对各种问题，降低协调成本和冲突成本。企业文化作为员工的精神指引，能够大幅提高企业内部员工的工作热情，充分调动主观能动性，从而劳动生产效率大幅提高。并且在企业内部，良好的企业文化能够增加员工之间的信任感，员工之间的沟通协调更加顺畅，从而提高企业内部资源配置效率，提高企业价值。从企业外部来看，企业文化通过传播媒体向大众展示企业形象，消费者通过外在的企业形象，对企业行为、企业风格等形成深刻印象，影响消费者的购买行为。同时，良好的企业形象会向外界传递一种正向信号，利益相关者通过传递的正向信号增加对企业的了解，降低信息不对称和道德风险水平。在企业进行融资等商业行为时，良好的企业文化会增加企业的商业信用，提高企业的合作概率。在与供应商合作时，良好的企业文化能够增强信任，影响供应商行为，减少延迟交货等违约事件发生，间接降低企业的生产成本，提高企业在市场中的竞争力。

　　第五，战略联盟策略。战略联盟是指市场上有两家或两家以上的企业生产近似同质产品，拥有共同的经营目标和相当的经营实力，能够实现共同分享市场份额，达到利润最大化。战略联盟是介于市场交易和企业内部科层组织之间的中间组织状态，内部的企业具有独立性和自主性，企业通过签订协议的方式达成风险共担、市场共享、优势互补的合作模式。形成战略联盟是为了拥有共同市场、节约交易成本，实现利润最大化。战略联盟内部的企业之间是竞合关系，受双方能否按照契约履行各自承诺、能否将企业内部同质或异质的资源互相分享、战略目标是否有所改变、采取哪种联盟方式、联盟之后对资源整合的运转方式、联盟内部合作伙伴的质量等因素影响，具有不稳定性。随着联盟时间的拉长，企业之间的合作稳定性越高，突然终止或者提前结束原契约的概率较小。战略联盟的类型包括横向联盟、纵向联盟、股权式战略联盟、学习联盟等。具体来讲，横向联盟是指生产类似产品或替代性较高产品的企业之间的约定，企业之间在未达成战略联盟前，处于相互竞争的状态。纵向联盟是指根据生产链的方向，企业、销售渠道、供应商之间的契约合作。股权式战略联盟是指以股权共享的方式共同经营，其中合并的企业不在联盟范围之内，因为联盟并不是一种正常交易的合作协议。非股权战略联盟是指企业在产品研发、合作生产等非股权方面采取共同合作经营的方式。学习联盟是指契约企业在合作过程中通过获取彼此的知识来提升自身的创新能力等，是战略联盟发展的高级阶段。

第六，非中立策略。在平台经济繁荣发展的背景下，关于平台经济竞争的策略始终是热点话题。平台企业是经济创新驱动的重要主体，其非价格竞争策略分别为排序策略、平台兼并策略，以及平台兼容与搭售策略。一是排序策略。在平台经济中，互联网平台连接厂商与消费者，决定双方的匹配程度与匹配效率。一方面，平台上数量众多的商家在终端为消费者提供选择机会，可以有效提高消费者对各商家的搜寻次数，使信息在消费者与商家之间有效传递，降低消费者的搜寻成本，有效提高市场效率；另一方面，平台通过操纵商家的排序，向浏览者提供的并非是中立信息，对消费者具有一定的诱导性，这会引起消费者对商家的选择，以及厂商之间的竞争。一般来讲，平台会将自身经营的企业排在显著位置，然后通过竞价的方式，将出价高的企业排在页面靠前的位置，出价低的企业排在页面靠后的位置。二是平台兼并策略，包括横向兼并和纵向兼并。由于网络外部性的存在，平台企业会选择横向兼并。纵向兼并是指平台与厂商的一体化，这种行为能够使原有的用户基础在兼并初期留下来，有利于兼并后企业的发展和扩张，并且基于用户忠诚度能够有效阻止竞争企业的用户基础超过临界规模。三是平台兼容和搭售策略。平台之间不能相互兼容会给消费者带来诸多不便，有利于吸引消费者使用，提高平台对消费者的价值，增强平台自身的竞争力；同时平台兼容能够促使其他平台的用户加入这个平台，增加用户基础。在互联网领域，搭售行为包括产品搭售和服务搭售。一般来说，搭售行为发生在市场上具有支配地位的企业中，这些既得利益者为了减少在新技术领域的竞争，保持其特有优势，通过控制标准来控制另外一个产品市场的发展，网络效应使企业的搭售动机愈加强烈。

六、价格竞争与非价格竞争的对比

价格竞争的利弊分析：企业降低产品价格，能够带动产品的销量增加，有可能实现规模经济，并且为了维持长久的低价销售，必须降低成本，此时企业就需要通过技术创新或者管理模式改革来维持低价销售。在实行价格竞争的过程中，实力较小的企业难以维持低价策略，没有实力的企业自然被淘汰下去。消费者在企业进行价格竞争的过程中能够获得较高的消费者剩余。但是长久的价格竞争不符合企业利润最大化的目标，会导致企业亏损严重甚至倒闭，虽然企业有动力降低生产成本，但是长期的低价销售难以维持创新需要的资金投入，企业之间都进行低价倾销，甚至有些企业为了维持价格竞争优势，降低产品质量，对企业和消费者都产生了不利影响。

价格竞争和非价格竞争都是企业之间的竞争方式，价格竞争手段单一，主要是企业成本之间的竞争，持续时间较短；非价格竞争包含较多的策略，涉及范围更广、层次更深，更有利于企业之间的良性发展。具体来讲，价格竞争针对性较强，能够适应市场上消费者的动态发展。价格竞争主要是以降低价格获得消费者青睐，产品仍保持原有的标准，不符合消费者个性化、差异化、层次化、动态化的需求变动。相比之下，非价格竞争中，企业可以通过市场调研或网络反馈等方式清楚掌握消费者的需求变动，保证生产的产品能够紧跟消费者现在或将来的需求变动，改变营销策略，提供高质量的、满足消费者需求的多样化产品，提高消费者满意度，从而获得良性的竞争优势。价格竞争主要是靠降低成本或者提高劳动生产率来维持获取超额利润，但在短期内有下降的底线，并且在中短期内，利润最低值波动不大。非价格竞争则大不相同，可以通过样式创新、质量提升、品牌建树、附加服务等多种方式满足消费者的差异化需求，提高销售数量，在市场竞争中具有一定优势。价格竞争的唯一方式就是通过降价来吸引消费者，提高产品销量，但市场需求量是有限的，消费者需求达到饱和后，价格战对消费者不再具有吸引力。而在非价格竞争中，最核心的方式就是通过创新来满足不断升级的消费者需求，以创新的方式来打破销售格局，重新对市场份额进行分配，开拓能力是强劲的、具有竞争性的。其他企业维持竞争的最好方式就是通过不断创新来吸引消费者，竞争达到均衡状态时，消费者需求得到满足，企业能够获得较大的市场份额，实现利润最大化。非价格竞争能够推动企业相互进步，相互兼容，形成良好的市场竞争环境，但也要注意防范在扩大市场份额的过程中面临的风险。

第二节　非价格竞争策略的模型

一、转换成本的构成

转换成本最早由迈克尔·波特在营销管理领域提出，内涵是指消费者在多个供应商之间进行选择时，放弃当前正在合作的供应商的产品或服务，转而选择其他供应商的产品或服务时所承担的一次性交易成本。不同的转换成本对消费者忠诚度的影响不同。一般来说，厂商提供商品的独特性与转换成本成正比，商品或服务越独特，对消费者的锁定效应越强，越能有效阻止消费者变更厂商。转换成本不仅包括前期消费所付出的金钱、利益等客观资源，还包括人际关系损失、时间、精力、风险等主观成本。不同学者对转换成本的分类方式不同：Anderson 对银行领域进行研究，将转换成本分为交易成本、学习成本和契约成本。Jones 将银行业和美发业的转换成本分为风险成本、更换前的搜索与评估成本、转换后的行为与认知成本、准备成本、沉没成本和机会成本六种。Patterson 和 Smith 将研究领域扩大至旅游业、医疗、美容服务行业，认为学习成本、持续成本和沉没成本是这三个领域共同的转换成本。最为学术界认同的是 Burnham 对转换成本的分类，即由经济风险成本、评估成本和学习成本组成的过程转换成本，由利益损失成本、金钱损失成本组成的经济转换成本，由个人关系损失、品牌关系损失组成的关系转换成本构成的转换成本。转换成本会对顾客忠诚度产生重要影响，只有当消费者的满意度和感知价值达到一定程度后，转换成本才会发挥作用。

在工业消费品市场中，厂商想要改变合作供应商，会面临以下成本：原有设备的固定资产投入、针对原有设备开展的员工培训费用、寻找新合伙商过程中发生的费用、新的设备和辅助设备等固定资产投入、员工重新培训的费用、产品重新设计与流程改造的费用、因更改设备造成产品供应延迟所导致的信誉损失成本、寻找新的供应商所发生的新的交易成本，以及终止与旧供应商合作需付出的心理成本等。

转换成本的存在降低了用户需求弹性，限制了用户转移，从而导致新厂商必须付出更高的成本才能吸引用户的转移。在位厂商与新厂商之间存在需求和成本不对称，使在位厂商具有更大的优势。新厂商要吸引消费者，必须向消费者提供足以克服其转换成本的优惠措施，以更低的产品价格或更完善的服务来吸引用户的注意，只有这样，消费者才愿意去购买新厂商的产品。这种成本造成了在位厂商与进入厂商之间的成本不对称，在位厂商可以不断强化和巩固这种不对称来维持自己的竞争地位。同时，消费者转换厂商时存在一定的困难和损失，这使新厂商面临需求上的不对称，他们可能无法获得足够的用户需求量来弥补成本支出。这种不对称性成为限制新厂商进入的壁垒，使进入该行业参与竞争的新厂商数量减少，从而巩固了在位厂商的优势。

二、存在转换成本时的均衡模型

以下为存在转换成本时的竞争性市场均衡情况：

假设在一个同类厂商很多的完全竞争市场上，生产这种产品的成本为 c，可知在不存在转换成本时，该产品的市场价格 $p = c$。

假设消费者打算放弃选择目前使用的商品的厂商，转而选择使用其他商家的商品时存在转换成本，并且转换成本可以用货币来衡量。其他厂商为了吸引消费者，扩大市场份额，会主动弥补消费者的转换成本，决定在第一期销售时为消费者提供

折扣 d 来吸引消费者。

现分析消费者所面临的选择问题：如果消费者在第一期选择使用其他商品，他支付的价格为 $p-d$，并且 s 是他在转换商品的过程中必须承担的转换成本；如果他坚持之前的选择，他将不需要转换成本 s，购买商品的价格为 p。

假定在第一期消费结束后，两个厂商会以同样的价格 p 来销售商品。如果消费者在转换商品后所获得的收益现值比转换前的收益现值大，那么消费者就会自然而然地选择转换商品。若每期的利率为 r，则转换的条件为：

$$(p - d) + p/r + s < p + p/r \tag{7-1}$$

供应商之间的竞争对消费者在第二期之后的选择是没有影响的，即：

$$(p - d) + s = p \tag{7-2}$$

由式 7-2 可得 $d=s$，即厂商提供的折扣与消费者的转换成本是相同的。

再从厂商的角度来分析问题，假设激烈的竞争使得利润的现值为 0，则有以下等式：

$$(p - c) - s + (p - c)/r = 0 \tag{7-3}$$

由式 7-3 可得：

$$p - c + (p - c)/r = s \tag{7-4}$$

或 $p = c + sr/(1 + r)$ \hfill (7-5)

式 7-4 表示厂商从新用户购买商品中获得的收益现值与消费者的转换成本相等，因此，厂商愿意以折扣的方式来吸引新用户。

式 7-5 表示产品价格与厂商的边际成本和利润之和相等，其中转换成本与价格成一定比例。由于转换成本的加入，商品每期的价格高于成本，竞争使其初始价格下降。

现实情况中，厂商不只从消费者购买商品的过程中获得收入，还有广告、咨询等其他收入。因此，为了获得其他收入，他们会提供比较大的折扣。

当把这一因素考虑到模型中时，假设厂商每期可获得的其他收入为 a，则激烈竞争使零利润的条件变为：

$$p + a - d - c + (p + a - c)/r = 0 \tag{7-6}$$

由 $d = s$，可得：

$$P = c - a + rs/(1 + r) \tag{7-7}$$

式 7-7 表明，当增加新用户，且企业有附加利润时，商品的价格与 $c-a$，即商品成本与附加利润有关。

1. 豪泰林模型

豪泰林模型可用于研究由于转换成本等因素的存在，导致相互竞争企业间某一决策的差异性。豪泰林模型最早用于研究市场上双寡头厂商间的空间竞争问题，当每个厂商都以边际成本定价时，每个厂商都倾向于市场中心集聚以获取最大利润。在豪泰林模型中，消费者认为每一家厂商的产品都应该在具有特殊的空间位置，如果两种商品的地理距离越近，商品间的替代程度越高。邻近厂商之间会展开直接竞争，每个厂商都会有自身的市场，不同的市场力量源于不同的消费者有各自的购买偏好。豪泰林模型如图 7-1 所示。

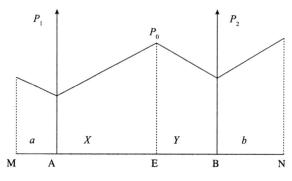

图 7-1　豪泰林模型

A、B 代表厂商 A 和厂商 B，整个市场需求用 MN 表示；P_1、P_2 分别代表厂商 A 在市场上的商品定价和厂商 B 在市场上的商品定价；E 点为市场临界点，对应的价格为 P_0，此处消费者以同样的价格购买厂商 A 或厂商 B 的商品。

模型的前提假设如下：

整个线性市场的需求用 MN=L 代表，市场中共有两个厂商，分别为 A、B，假设处于图左侧的厂商为 A，处于图右侧的厂商为 B，并且 A 和 B 厂商分别与两个端点的距离为 a、b。

消费者是理性的，并且在市场 MN 的分布是均匀的，每个消费者的需求固定为 1 单位。

厂商 A、厂商 B 之间生产的产品是同质的，且边际成本为 0，二者的最大利润函数分别为 $P_1(a+X)$ 和 $P_2(b+Y)$。

运输成本是外生变量，且单位成本为 t，呈线性增长。运输成本不与厂商、消费者、价格等市场变量产生联系。

当厂商 A、厂商 B 分别将自己的市场价格设定为 P_1、P_2 时，消费者在市场上可以以不同的价格购买商品，并且会选择较低的价格进行支付。厂商会根据消费者的选择作出设当调整，并且厂商 A、厂商 B 会找到一个均衡点 E。在均衡点 E 左侧，消费者全部购买厂商 A 生产的产品；在均衡点 E 右侧，消费者全部购买厂商 B 生产的产品。因此，均衡条件如下：

$$a + X + Y + b = L \tag{7-8}$$
$$P_1 + tX = P_2 + tY \tag{7-9}$$

然后根据利润最大化的条件，可以推导出均衡时的价格和产量，分别为：

$$P_1 = t(l + a/3 - b/3) \qquad q_1 = a + X = 1/2(l + a/3 - b/3)$$
$$P_2 = t(l - a/3 + b/3) \qquad q_2 = b + Y = 1/2(l - a/3 + b/3) \tag{7-10}$$

最终均衡点时的利润为：

$$\pi 1 = t/2(l + a/3 - b/3)2 \qquad \pi 2 = t/2(l - a/3 + b/3)2 \tag{7-11}$$

以上就是豪泰林模型的基本内容，可求得 $\dfrac{\partial \pi_1}{\partial a} > 0$，$\dfrac{\partial \pi_2}{\partial b} > 0$，这表示在厂商考

虑定位问题时，会选择向中间靠拢。

2. 种群竞争模型

种群竞争模型是当两个种群为争夺同一食物来源和生存空间相互竞争时，常见的结局是优胜劣汰。使用种群竞争模型可以描述两个种群相互竞争的过程，分析产生各种结局的条件。

条件：

有 X_1 和 X_2 两个种群，它们独自生存时数量变化均服从以下规律：

$$\frac{dX_i}{dt} = r_i X_i \left(1 - \frac{X_i}{N_i} \right) \quad i = 1,\ 2 \tag{7-12}$$

其中 t 是时间，r_i 是这个物种的自然增长率，N_i 是这个物种的最大环境容量。

但当两个物种在一起生存时，一个物种对另一个物种的发展有阻滞作用，X_1 对 X_2 增长的阻滞作用与 X_1 成正比，反之也一样，这时它们的数量变化就服从以下规律了：

$$\frac{dx_1}{dt} = r_1 X_1 \left(1 - \frac{X_1}{N_1} - S_1 \frac{X_2}{N_2} \right) \tag{7-13}$$

$$\frac{dx_2}{dt} = r_2 X_2 \left(1 - \frac{X_2}{N_2} - S_2 \frac{X_1}{N_1} \right) \tag{7-14}$$

式 7-13、式 7-14 中，S_i 表示对供养 X_i 的资源，相对于 N_j 的单位数量的 X_j 的消耗为相对于 N_i 的单位数量的 X_i 消耗的 S_i 倍。

第三节　模型的应用

一、考虑范围经济与转换成本的混合捆绑竞争

1. 模型的前提假设

本案例试图在已有研究的基础上，将范围经济和转换成本引入融合初期企业捆绑销售的竞争模型中，主要分析豪泰林模型的对称均衡解，并和线性定价时的社会福利、消费者剩余进行比较。

假设市场上有两家企业，分别为 A、B，生产经营的产品分别为 e、g。在原有市场上，两家企业经营的产品分别占据整个市场；在后续市场对等开放的过程中，两个企业都能以和对方近似的成本进入对方的产品市场，且消费者基础相同。比如电信公司原本经营固定电话业务，移动公司原本经营手机业务；市场开放以后，电信公司也可以经营手机业务，移动公司也可以经营固定电话业务，且新业务面对的消费者是不变的。

业务融合后，e、g 两种产品两家公司都可以经营，A 公司对产品的定价分别为

P_{Ae} 和 P_{Ag}，B 公司对产品的定价分别为 P_{Be} 和 P_{Bg}；对于同时购买两种产品的消费者给予捆绑价格，分别为 P_{Aeg} 和 P_{Beg}。

达到范围经济时，成本需满足的条件为：

$$SC = \frac{C(q_1, 0) + C(0, q_2) + C(q_1, q_2)}{C(q_1, q_2)} > 0 \tag{7-15}$$

假设公司生产一单位产品或服务需要耗费的成本为 c，但同时向用户提供两种产品时，成本为 kc，$k \in (1, 2)$。当企业为一个消费者提供两种产品时，会产生范围经济，可为企业节约的成本为 $(2-k)c$，范围经济的显著性与 c 成反比。

假设用户的保留效应为 r，且 r 足够大，能够保证商品是全覆盖销售的。由于在市场开放之前，消费者同时使用两家厂商的产品，会产生对厂商产生不同的偏好。

消费者对 A 公司生产的两种产品或服务的偏好满足 $(X_e, X_g) \in [0, 1]$，并且假设消费者均匀分布在城市中，联合分布密度可表示为：

$$f(X_e, X_g) = f(1 - X_e, 1 - X_g) = 1 \tag{7-16}$$

其中 X_e 和 X_g 代表消费者对 A 公司 e 产品和 g 产品的偏好，$1-X_e$ 和 $1-X_g$ 代表消费者对 B 公司的 e 产品和 g 产品的偏好。

原模型中单位运输成本为 t，在本案例中用消费者对不同产品差异的敏感性或两家公司提供同一产品的差异度表示。运输成本的消耗代表消费者在两家厂商选择时的效用损耗。假定在市场融合后，消费者选择另外一家厂商的转换成本为 s，且 $t>s$。如果转换过程中损失的效用大于转换成本，理性消费者则不会选择转换产品，市场融合因此不发挥作用。

2. 捆绑销售均衡分析

（1）模型求解。消费者从 A 公司购买 e、g 两种产品 (X_e, X_g) 的总支出为 $p_{Aeg}+t(X_e+X_g)+s$，在 B 公司购买这两种产品的总支出为 $p_{Beg} + t[(1 - X_e) + (1 - X_g)] + s$。当消费者转换选择从 A 公司购买 g 产品，从 B 公司购买 e 产品，总支出为 $p_{Ag} + p_{Be} + t(X_g + 1 - X_e) + 2s$。如果消费者继续按原选择购买产品，则总支出为 $p_{Ae} + p_{Bg} + t(X_e + 1 -X_g)$。

如果供应商确定的价格能够满足以下条件：

$$p_{Aeg} + t(X_e + X_g) + s = p_{Ag} + p_{Be} + t(X_g + 1 - X_e) + 2s \tag{7-17}$$

那么消费者在 A 公司分别购买 e、g 产品和购买 e、g 的捆绑商品无区别。

如果供应商确定的价格能够满足以下条件：

$$p_{Aeg} + t(X_e + X_g) + s = p_{Ae} + p_{Bg} + t(X_e + 1 - X_g) \tag{7-18}$$

那么消费者在 A 公司购买 e、g 两种商品和在 A、B 公司分别购买 e、g 产品无区别。

如果供应商确定的价格能够满足以下条件：

$$p_{Beg} + t[(1 - X_e) + (1 - X_g)] + s = p_{Ae} + p_{Bg} + t(X_e + 1 - X_g) \tag{7-19}$$

那么消费者在 B 公司购买 e、g 两种商品和在 A、B 公司分别购买 e、g 产品无区别。

如果供应商确定的价格能够满足以下条件：

$$p_{Beg} + t(2 - X_e - X_g) + s = p_{Ag} + p_{Be} + t(X_g + 1 - X_e) + 2s \qquad (7-20)$$

那么消费者在 B 公司购买 e、g 两种商品和在 A、B 公司分别购买 g、e 产品无区别。

如果供应商确定的价格能够满足以下条件：

$$p_{Beg} + t(2 - X_e - X_g) + s = p_{Aeg} + t(X_e + X_g) + s \qquad (7-21)$$

那么消费者在 B 公司购买 e、g 两种商品和在 A 公司购买 e、g 两种商品无区别。

由以上条件可知，消费者在选择时的无差异临界点或无差异曲线可由式 7-22 进行表示：

$$\begin{cases} x_{Ae} = \dfrac{1}{2} + \dfrac{p_{Ag} + p_{Be} - p_{Aeg} + s}{2t} \\[2ex] x_{Ag} = \dfrac{1}{2} + \dfrac{p_{Ae} + p_{Bg} - p_{Aeg} - s}{2t} \\[2ex] x_{Be} = \dfrac{1}{2} - \dfrac{p_{Ae} + p_{Bg} - p_{Beg} - s}{2t} \\[2ex] x_{Bg} = \dfrac{1}{2} - \dfrac{p_{Ag} + p_{Be} - p_{Beg} + s}{2t} \\[2ex] x_{ABg} = 1 - x_e + \dfrac{p_{Beg} - p_{Aeg}}{2t} \end{cases} \qquad (7-22)$$

在捆绑销售的情况下，消费者各种不同的购买模式如图 7-2 所示。

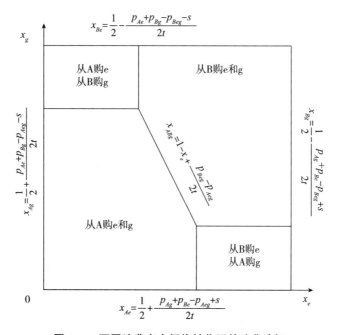

图 7-2　不同消费者在捆绑销售下的消费选择

由图 7-2 可知，消费者共可细分成三类，第一类消费者从 A 公司购买商品 e，从 B 公司购买商品 g，不转换消费选择，这类消费群体是原有公司的忠实客户；第二类消费者从 A 或 B 公司购买 e 和 g 产品，是经过一次转换的用户；第三类消费者从 B 公司购买 e 产品，从 A 公司购买 g 产品，是经过两次转换的消费者（即双转换消费者）。在本案例中转换成本会对双转换消费者产生不同影响，第三类消费者可以继续细分。

A、B 厂商的利润可由式 7-23 表达：

$$
\begin{cases}
\pi_A = \max_{p_{Ae},p_{Ag},p_{Aeg}} (p_{Ae} - c)x_{Be}(1 - x_{Ag}) + (p_{Aeg} - kc)\left[x_{Be}x_{Ag} + \int_{x_{Be}}^{x_{Ae}} x_{ABg}\mathrm{d}x_e \right] + \\
\qquad (p_{Ag} - c)(1 - x_{Ae})x_{Bg} \\
\pi_B = \max_{p_{Be},p_{Bg},p_{Beg}} (p_{Bg} - c)x_{Be}(1 - x_{Ag}) + (p_{Beg} - kc)\Big[(1 - x_{Ae}) \\
\qquad (1 - x_{Bg}) + \int_{x_{Be}}^{x_{Ae}} (1 - x_{ABg})\mathrm{d}x_e \Big] + (p_{Be} - c)(1 - x_{Ae})x_{Bg} \\
\text{s.t.} \quad 0 < x_{ij} < 1, \ i = A, B, \ j = e, g, \ t > s, \ t > s + (2 - k)c
\end{cases}
\tag{7-23}
$$

命题 1：单位运输成本、范围经济、转换成本之间应满足 $t > 1.106[s+(2-k)c]$，A、B 两个公司的市场融合时，捆绑策略会产生对称纳什均衡解。

约束条件 $t > (2-k)c+s$ 能够确保公司的利润为正，命题 1 中达到均衡时的均衡条件和约束条件相比更为严格，表明商家提供的产品的差异必须足够大才能够保证获利，厂商之间形成差异化竞争，并能够达到均衡。在达到对称均衡时，市场上的定价如式 7-24 所示。

$$
\begin{cases}
p_{Ae} = p_{Bg} = \dfrac{11t+3s}{12} + \dfrac{c(12c-3ck^2+2t+17kt)}{12(2c-ck+3t)} \\[2mm]
q_{Ae} = q_{Bg} = \dfrac{[c(k-2)+s+t]^2}{16t^2} \\[2mm]
p_{Ag} = p_{Be} = \dfrac{11t-3s}{12} + \dfrac{c(12c-3ck^2+2t+17kt)}{12(2c-ck+3t)} \\[2mm]
q_{Ag} = q_{Be} = \dfrac{[c(k-2)-s+t]^2}{16t^2} \\[2mm]
p_{Aeg} = p_{Beg} = \dfrac{4t^2}{3t+2c-ck} + ck \\[2mm]
p_{Aeg} = p_{Beg} = \dfrac{7t^2-s^2}{16t^2} + \dfrac{2c(2-k)t-c^2(2-k)^2}{16t^2}
\end{cases}
\tag{7-24}
$$

一般来讲，两公司在对称均衡解处的定价和份额是平分的，但是转换成本的存在，原产品的价格略微高一些，即 $p_{Ae} > p_{Be}$。A、B 两公司在细分市场上不再平分份额，而是 $q_{Ae} > q_{Be}$，据此可得到以下推断：

公司会对无转换消费者制定偏高的价格，对双转换消费者制定偏低的价格，对一次转换消费者制定捆绑价格。公司原有产品市场要比新产品市场份额大一些。

公司在只有一种产品的市场竞争中，如果允许采取差别定价，那么将会对原有消费者制定偏高价格，对新进消费者制定偏低价格。这一结论可以拓展至市场中销售的两种产品，并且存在无转换、一次转换和二次转换的消费者。偏大的转换成本会提高消费者的忠诚度，公司可通过获取利润。对于双转换用户来说，对于新产品的偏好较大，愿意以双倍的转换成本来换取运输成本，公司为了吸引大量的新用户，必须在降低价格的过程中克服转换成本的缺陷。

（2）价格、福利和市场份额。为得出对称均衡解，求 $\frac{\partial p_{Ae}}{\partial_k}$，$\frac{\partial p_{Aeg}}{\partial_k}$，$\frac{\partial p_{Ae}}{\partial_s}$ 结果如下：

$$\begin{cases} \dfrac{\partial p_{Ae}}{\partial_k} = \dfrac{\partial p_{Ag}}{\partial_k} \\[2mm] \quad = \dfrac{c\left[c^2(2-k)^2 + 6c(2-k)t + 17t^2\right]}{4\left[3t + c(2-k)\right]^2} > 0 \\[4mm] \dfrac{\partial p_{Aeg}}{\partial_k} = \dfrac{c\left[c^2(2-k)^2 + 6c(2-k)t + 13t^2\right]}{\left[3t + c(2-k)\right]^2} > 0 \\[4mm] \dfrac{\partial p_{Ae}}{\partial_s} = \dfrac{1}{4} > 0, \dfrac{\partial p_{Ag}}{\partial_s} = -\dfrac{1}{4} < 0, \dfrac{\partial p_{Aeg}}{\partial_s} = 0 \end{cases} \tag{7-25}$$

由式 7-24 和式 7-25 可发现，k 值变大，说明范围经济效应降低，可得命题 2。

命题 2：在捆绑销售模式下，范围经济对商品价格的影响和转换成本对商品价格的影响是不相关的，转换成本对捆绑定价无影响；范围经济与商品价格之间成反比；对不同消费者，转换成本与价格之间的关系不定，转换成本与无转换消费者定价成正比，与双转换消费者定价成反比，而一次转换消费者定价不变。

由于在捆绑销售中，厂商可以以三种方式来制定价格来应对三种消费者，使得厂商在制定价格时可以不考虑转换成本和范围经济之间的交叉影响，两者对价格的影响是相互独立的。

通过求 $\frac{\partial q_{Ae}}{\partial_k}$，$\frac{\partial q_{Ag}}{\partial_k}$，$\frac{\partial q_{Aeg}}{\partial_k}$，$\frac{\partial q_{Ae}}{\partial_s}$，$\frac{\partial q_{Ag}}{\partial_s}$，$\frac{\partial q_{Aeg}}{\partial_s}$ 可得出命题 3。

命题 3：范围经济上升，无转换消费者和双转换消费者两类消费者的市场份额下降，一次转换的消费者市场份额上升；转换成本增加，一次转换消费者和双转换消费者市场份额减少，无转换消费者市场份额增加。

由式 7-25 可知，$\frac{\partial p_{Aeg}}{\partial_k} > \frac{\partial p_{Ae}}{\partial_k} = \frac{\partial p_{Ag}}{\partial_k} > 0$，表明在范围经济增加后，公司对新增商品的捆绑销售增加，此时新增商品价格会大幅下降，下降幅度大于单个商品，由此产生，单个商品的消费者减少，捆绑商品的消费者增加。

将均衡时的价格和份额代入式 7-7 中，可得利润为：

$$\pi_A = \frac{3s^2}{32t} + \frac{67t}{96} + \frac{c(k-2)}{96\left[c(k-2)-3t\right]t^2}\left[3c^3(k-2)^3 - 27s^2t - 91t^3 + 9c(k-2)\right.$$
$$\left. (s^2 - 2t^2)\right] \tag{7-26}$$

公司 A 和公司 B 的成本之和如下：

$$C = 2\left[cx_{Be}(1 - x_{Ag}) + kc\left(x_{Be}x_{Ag} + \int_{x_{Be}}^{x_{Ae}} x_{ABg}dx_e \right) + c(1 - x_{Ae})x_{Bg} \right]$$

$$= \frac{c}{8t^2}\left[(2 + 7k)t^2 - c^2(k-2)^3 - (k-2)s^2 - 2c(k-2)^2 t \right] \tag{7-27}$$

根据均衡时的市场价格和份额可得总"运输成本"和转换成本，并且消费者总支出可以转换成 A、B 两公司的成本和利润之和。如式 7-28 所示：

$$\begin{cases} S = 2s\left[\left(x_{Be}x_{Ag} + \int_{x_{Be}}^{x_{Ae}} x_{ABg}dx_e \right) + (1 - x_{Ae})x_{Bg} \right] = s - \dfrac{s^2}{4t} + \dfrac{c(2-k)s^2}{4t^2} \\[3mm] T = 2\left(\int_0^{x_{Be}} \int_{x_{Ag}}^1 tx_e dx_g dx_e + \int_0^{x_{Be}} \int_0^{x_{Ag}} tx_e x_g dx dx_e \int_{x_{Be}}^{x_{Ae}} \int_0^{x_{ABg}} tx_e dx_g dx_e + \int_{x_{Ae}}^1 \int_0^{x_{Bg}} tx_g dx_g dx_e \right) \\[3mm] \quad = \dfrac{7t}{12} + \dfrac{c(2-k)\left[c^2(2-k)^2 + 3(t^2 - s^2) \right]}{24t^2} \\[3mm] E = 2\left[p_{Ae}x_{Be}(1 - x_{Ag}) + p_{Aeg}\left(x_{Be}x_{Ag} + \int_{x_{Be}}^{x_{Ae}} x_{ABg}dx_e \right) + p_{Ag}(1 - x_{Ae})x_{Bg} \right] = 2\pi_A + C \end{cases}$$

$$\tag{7-28}$$

同时可得无效支出、社会福利、消费者剩余，分别用 H、D、W 表示，如式 7-29 所示：

$$\begin{cases} H = S + T = \dfrac{7t^2 + 12st - 3s^2}{12t} + \dfrac{c(2-k)\left[c^2(2-k)^2 + 3(t^2 - s^2) \right]}{24t^2} \\[3mm] D = r - (S + T + E) = r - \dfrac{95t^2 + 48st - 3s^2}{48t} - \\[3mm] \dfrac{c\left\{ c^3(k-2)^4 - 9(k-2)s^2 t + (199k - 110)t^3 + 3c(k-2)\left[(k-2)s^2 + 2(2-9k)t^2 \right] \right\}}{48t^2(c(2-k) + 3t)} \\[3mm] W = r - (S + T + C) \\[3mm] \quad = r - \dfrac{7t^2 + 12st - 3s^2}{12t} + \dfrac{c\left[c^2(k-2)^3 + 3(k-2)s^2 + 3c(k-2)^2 t - 3(2 + 3k)t^2 \right]}{12t^2} \end{cases}$$

$$\tag{7-29}$$

分别求 $\dfrac{\partial \pi_A}{\partial k}$、$\dfrac{\partial H}{\partial k}$、$\dfrac{\partial D}{\partial k}$、$\dfrac{\partial W}{\partial k}$、$\dfrac{\partial \pi_A}{\partial s}$、$\dfrac{\partial H}{\partial s}$、$\dfrac{\partial D}{\partial s}$、$\dfrac{\partial W}{\partial s}$，可得：

$\dfrac{\partial \pi_A}{\partial k} > 0$，$\dfrac{\partial H}{\partial k} < 0$，$\dfrac{\partial D}{\partial k} < 0$，$\dfrac{\partial W}{\partial k} < 0$，$\dfrac{\partial \pi_A}{\partial s} > 0$，$\dfrac{\partial H}{\partial s} > 0$，$\dfrac{\partial D}{\partial s} < 0$，$\dfrac{\partial W}{\partial s} < 0$，进一步可得命题 4。

命题 4： 范围经济增加会导致消费者剩余变大，公司利润变小，无效支出变大，社会福利变大；转换成本增加会导致消费者剩余变小，公司利润变大，无效支出变大，社会福利变小。

3. 线性定价均衡分析

前提假设不变，但是对一次转换消费者没有捆绑销售的优惠价格，临界点发生改变，此时曲线 X_{ABg} 将不再出现，临界点如式 7-30 所示：

$$
\begin{cases}
x_{AeU} = \dfrac{1}{2} + \dfrac{p_{BeU} - p_{AeU} + s}{2t} \\[2mm]
x_{AgU} = \dfrac{1}{2} + \dfrac{p_{BgU} - p_{AgU} - s}{2t} \\[2mm]
x_{BeU} = \dfrac{1}{2} + \dfrac{p_{BeU} - p_{AeU} + s}{2t} \\[2mm]
x_{BeU} = \dfrac{1}{2} + \dfrac{p_{BeU} - p_{AeU} + s}{2t} \\[2mm]
x_{BeU} = \dfrac{1}{2} + \dfrac{p_{BgU} - p_{AgU} + s}{2t}
\end{cases}
\tag{7-30}
$$

相应地，利润函数如式 7-31 所示：

$$
\pi_{AU} = \max_{p_{Ae}p_{Ag}} (p_{AeU} - c) x_{BeU} (1 - x_{AgU}) + x_{BeU} x_{AgU} (p_{AeU} + p_{AgU} - kc) + x_{BgU} (p_{AgU} - c)(1 - x_{AeU})
$$

$$
\pi_{BU} = \max_{p_{Be}p_{Bg}} (p_{BgU} - c) x_{BeU} (1 - x_{AgU}) + (1 - x_{AeU})(1 - x_{BgU})(p_{BgU} + p_{BeU} - kc) + x_{BgU} (p_{BgU} - c)(1 - x_{AeU})
$$

s. t. $\quad 0 < x_{ijU} < 1$；$i = A,\ B$；$j = e,\ g$；$t > s$，$t > s + (2-k)c$ $\tag{7-31}$

此时能够得到满足极大值二阶条件的唯一均衡解，其均衡价格和市场份额如式 7-32 所示：

$$
\begin{cases}
p_{AeU} = t + \dfrac{1}{3}s + \dfrac{c[3c(-2+k)k + (-2+k)s - 9kt]}{6[c(-2+k) - 3t]} \\[3mm]
p_{AgU} = t - \dfrac{1}{3}s + \dfrac{c[3c(-2+k)k + (-2+k)s - 9kt]}{6[c(-2+k) - 3t]} \\[3mm]
q_{AeU} = \dfrac{[3t + s + c(2+k)]^2}{4[3t + c(2-k)]^2} \\[3mm]
q_{AgU} = \dfrac{[3t + s + c(2+k)]^2}{4[3t + c(2-k)]^2} \\[3mm]
q_{AegU} = \dfrac{9t^2 - s^2}{36t^2} + \dfrac{c(k-2)s^2[c(k-2) - 6t]}{36[3t + c(2-k)]^2 t^2}
\end{cases}
\tag{7-32}
$$

式 7-32 表明转换成本会带来不对称的定价和市场份额，由此可得命题 5。

命题 5：在线性定价的情况下，由于两种定价策略对应三种类型的消费者，转换成本、范围经济两者会对价格造成交叉影响。线性定价的情况下，范围经济变大，一次转换和两次转换没有区别，所以在范围经济变大后，会导致无转换消费者成为一次转换消费者，部分一次转换消费者因减少运输成本成为双转换消费者，则会导致双转换消费者变多。

4. 对比两种策略

通过对式 7-31、式 7-32 不同策略变换下的利润对比，有如下结果：

$$
\begin{cases}
p_{AeU} - p_{Ae} > 0,\ \pi_{AU} - \pi_A > 0,\ q_{AeU} > q_{Ae} \\[2mm]
p_{AgU} - p_{Ag} > 0,\ q_{AgU} > q_{Ag},\ q_{AegU} > q_{Aeg}
\end{cases}
\tag{7-33}
$$

由式 7-33 可得命题 6。

命题 6：市场上的厂商如果均采取捆绑销售策略，则商品价格低，厂家利润低；一次转换消费者增多，忠实消费者和双转换消费者减少。

即便公司存在范围经济，会减少成本，转换成本会提高自身的竞争优势，但是捆绑销售仍然会导致公司陷入囚徒困境。就是说市场上如果只有一家公司，选择捆绑销售会使利润变大；如有两家公司，捆绑销售的获利会小于线性定价时的利润。当存在转换成本时，捆绑销售使一次转换消费者和双转换消费者总量增加，忠实消费者变少，公司迫于竞争压力会对忠实消费者降价，从而获得收益。

保持该假设不变，在一种产品城市和运输成本呈线性的情况下，另外厂商 B 为新进入者，A 厂商是市场上原有的厂商，在 $k = 0$，$c = 0$ 的条件下，均衡价格是 $p_A = t + s/3$，$p_B = t - s/3$。假设保持不变，在捆绑竞争的情况下，每种产品价格为 $p_{Ae} = p_{Bg} = \dfrac{11t + 3s}{12}$，$p_{Ag} = p_{Be} = \dfrac{11t - 3s}{12}$

在捆绑销售中，A、B 产品的价格低于单一产品市场上新厂商和老厂商的市场定价。可得以下推论：

在捆绑销售的情况下，厂商对各种商品的定价均低于市场上只有一家厂商的定价。

厂商经营多种商品时，竞争方式比只有一种商品时更多，厂商可以从另外一种商品中获利来弥补一种商品降价带来的亏损，因此，厂商为了吸引消费者会将商品的价格定得略低。

通过对比线性定价时价格相对范围经济的变化率和价格相对转换成本的变化率、捆绑销售时价格相对范围经济的变化率和价格相对转换成本的变化率，可以得到

$$\frac{\partial p_{AeU}}{\partial s} > \frac{\partial p_{Ae}}{\partial s} > 0、\frac{\partial p_{Aeg}}{\partial k} > \frac{\partial p_{AgU}}{\partial k} > \frac{\partial p_{AeU}}{\partial k} > 0，$$ 则命题 7 为：

命题 7：将捆绑销售的范围经济效应比线性定价的范围经济效应更多地让给一次转换消费者，能够有效避免在位厂商对转换消费者的价格歧视。

与线性定价相比，捆绑销售价格下降的速度更高，说明范围经济效应变大，捆绑销售下的一次转换消费者获益更大；捆绑销售对忠实用户的定价速率更低，说明捆绑销售能够遏制在位厂商对忠实消费者的市场歧视。

5. 结论

受转换成本的影响，统一定价和捆绑销售定价的均衡解都是非对称的。为了消除转换成本给消费者带来的影响，厂商会对新产品设置较低的价格，原有产品设置较高的价格。在只有一种产品的市场上，厂商对消费者的定价要高于多种产品的市场。为了更有利于消费者，应放开市场，促进厂商之间的竞争。

二、转换成本视角下的创新竞争策略：我国互联网企业的发展

在数字经济高速发展的背景下，互联网企业在市场中的地位逐渐凸显，不容忽

视，但与传统企业存在不同之处。网络效应是指在使用网络的用户数量能够决定网络产品的价值。如果网络用户少，那么用户之间的信息沟通与互动行为较少，互联网企业必须承担用户使用期间的运营成本；如果网络用户多，用户之间的信息沟通与互动能够扩大信息交互的广度与深度，每个用户得到的信息价值会比以往增多，此时的运营成本仍然保持不变。对互联网企业来说，网络用户基础多，则此网络产品的价值越大。在互联网环境中，用户的转换成本包括学习成本、交易成本和机会成本。互联网企业通过降低用户使用一种新产品的转换成本的方法来引导用户转换到本企业的网络应用中，方法通常包括建立企业自身的安装基础、销售互补产品、顾客关系管理等。因此，网络效用、成本效应、移动端普及等因素会促使市场上的互联网企业在前期承担一定的亏损来吸引用户，扩大同类市场份额，并在用户后期的使用中提高产品价格，向大规模用户收割利润。一般来讲，互联网企业的前期竞争方式包括产品创新、使用补贴、网络平台强大的兼容性等，能够吸引大量用户的使用，并且新旧产品之间的转换成本不高，逐渐建立用户对企业的忠诚度和依赖性。其中，创新是互联网企业降低消费者转换成本、长久吸引用户的常用手段。以下内容是对互联网企业通过产品创新来降低消费者转换成本来扩大市场份额的竞争的分析和政策思考。

1. 转换成本的意义

从理论意义的角度来看，企业通过降低用户的转换成本来扩大使用基础，能够扩大企业市场份额，增加企业利润，但在后期提高产品价格后，会侵占消费者剩余。企业在扩大市场份额的过程中，容易发生垄断行为；因此监管者可以将转换成本作为企业是否发生垄断行为的判断依据，将其量化来确定企业是否使用市场支配地位侵占消费者剩余。

从现实意义来看，消费者在使用互联网产品的过程中能够享受到网络正外部性，但使用不同的网络平台会增加消费者的转换成本。从互联网企业的角度来看，受到网络效应的正向驱使，市场上的企业有动力来扩大市场份额，并且影响力越大的企业越容易出现"赢者通吃"的局面，最后网络产品市场由一家或几家企业支配，出现寡头垄断。存在转换成本的前提下，传统企业更多选用渗透定价、免费试销品试用等方式；互联网企业区别于传统产业，可以做到消费者使用新产品的边际成本几乎可以忽略不计，能享受更多用户共同使用时的正向网络效用，因此会以更多的方式来吸引用户，如使用软件更新、不同额度的补贴、平台更具兼容性等方式降低用户的转换成本。由此可以看出，降低转换成本的各种方式中，创新是更加具有竞争性的。企业之间的替代性较小，是互联网企业有效竞争的方式之一。互联网企业通过创新使产品之间的区别增大，而用户的转换成本下降，能够有效吸引用户并提高用户转换率，提升消费者的忠诚度。

在互联网企业中，因转换成本的存在，容易出现垄断行为。互联网企业通过前期激烈的竞争来扩大用户基础，并将其锁定；在后续定价的过程中出现价格歧视行为。在反垄断考察中，转换成本成为重点关注对象，影响企业间的正常竞争。比如，在通信运营商之间的竞争中，中国电信在移动通信业务中禁止同一号码在不同运营市场中使用，即不允许携号转网；在宽带业务中，限制小区用户只能使用一种运营商，即"最后一公里垄断"，这导致消费者使用其他运营商产品的转换成本较高，企业之间无法开展有效竞争。因此，在市场上发生垄断行为时，转换成本是一种有效的判定方式。

2. 理论模型

本案例中构建的互联网企业是市场上常见的寡头垄断类型，互联网企业通过创新投资来降低消费者的转换成本，达到与其他企业竞争、扩大市场份额的目的。如微信与QQ、滴滴出行与曹操快车、美团与饿了么、美团单车和哈啰单车、抖音与快手等都是以一个或者几个主导厂商控制市场的局面。

本案例是以豪泰林模型为基础，前提假设要能够体现企业在未争夺市场前的竞争行为和争夺市场后的用户锁定行为，沿用 Chen J. 等（2009）对转换成本的假定。先假定市场由两家厂商 A、B 控制，且是线性城市，单位为1；初始时，厂商 A、厂商 B 拥有相同的用户基础，$x_1 \in (0, 0.5)$，就是说厂商 A、厂商 B 与线性城市的端点距离都为 x_1，厂商 A、厂商 B 的边际成本均为0。线性城市中用户的分布是均匀的，且每个用户保留的效用足够多，用 $\overline{V_i}$ 表示；每个用户只能选择一个企业购买，每次购买数量为一单位；在不同企业之间转换的成本为 t，$t>0$。市场上 A、B 两家企业通过创新的方式来参与市场竞争，创新的主要目的是降低消费者的转换成本。为简化处理，企业创新需要的投资来源于营业收入，用 $p_i^U x_1$ 表示，$i = A/B$，p_i^U 代表商品价格，厂商投资强度用 α 表示，其具体值为企业除去投资后的收入占企业总收入的比例，$\alpha \in [0, 1]$，α 的值越小，厂商的投资力度越大，投资金额越高。用户使用其他产品的转换成本用 $t\alpha$ 表示，符合企业创新投资来降低用户的转换成本，占领更多市场份额的意图。由于是互联网企业，因此必须考虑网络效应，用 n 表示网络效用乘子，$n>0$；消费者在使用过程中得到的网络效用用 nx_1 表示。在本假定中，消费者的转换成本由6部分构成，即放弃原有产品使用过程中产生的网络效应、解约支出、与新企业的签约支出，在解约与重新签约过程中产生的交易成本、适应新产品的学习成本，这些转换成本之和要远超过网络效应，可以假定 $t>3n$。本案例中依然假定有外部竞争者，但不同的是此处的外部竞争者仅限于模仿在位企业，而不是创新。由此假定可得，如果在位企业产品没有创新更换，现有市场份额就会和外部企业共同分享。假定外部企业没有创新行为是因为在现有的互联网市场中，有大量的功能类似的模仿产品，这些外部企业的市场份额较小，不会引起用户发生转换行为。

如果厂商 A、厂商 B 没有创新行为，那么外部竞争者就会和在位企业平分市场份额，三者的利润是相等的。其中厂商 A、厂商 B 的利润表达式为 $\pi_A^0 = \pi_B^0 = a = \dfrac{t}{3}$。

在本案例中考虑的是创新对企业在市场中竞争力的影响，对于企业创新程度对市场行为的影响不做考虑。假定 A 企业的投资强度为 α，且 $\alpha \in \left(0, \dfrac{1}{2}\right)$。将企业因创新行为额外获得的市场份额假定为 x_2。由边际消费者的位置可以推导出 x_2 的大小，其中每增加一个消费者的位置由式 7-34 表示：

$$x_2 \alpha t + p_A^L = p_B^U + t(1 - 2x_1 - x_2) - n(1 - x_1 - x_2) + n(x_1 + x_2) \qquad (7-34)$$

所以 x_2 由式 7-35 表示：

$$x_2 = \frac{P_B^U - P_A^L + (t - n)(1 - 2x_1)}{\partial t + t - 2n} \qquad (7-35)$$

厂商 A 的利润和厂商 B 的利润如式 7-36 所示，其中 t 代表厂商对现有用户制定的垄断价格。

$$\pi_{A0}^1 = \alpha t x_1 + x_2 p_A^L$$
$$\pi_{B0}^0 = \frac{1}{2} \left[t x_1 + (1 - x_1 - x_2) p_B^U \right] \qquad (7-36)$$

将 x_2 代入式 7-36，并求价格的导数，可得出 $x_2^* = \frac{(at+2t-n)(1-2x_1)}{3(at+t-2n)}$，由此可得利润函数分别为 $\pi_{A0}^1 = \alpha t x_1 + \frac{(at+2t-n)^2(1-2x_1)^2}{9(at+t-2n)}$，$\pi_{B0}^0 = \frac{1}{2} \left[t x_1 + \frac{(2at+t-3n)^2(1-2x_1)^2}{9(at+t-2n)} \right]$，由此可知，在只有一家企业创新的情况下，$\pi_{A0}^1 > \frac{1}{3} t > \pi_{B0}^0$ 和 $x_2 > \frac{1}{2}(1-2x_1)$，代表企业 A 的创新行为会剥夺企业 B 的市场份额。当 $\pi_{A0}^1 = \pi_{B0}^1 = y_2$，$\pi_{A0}^0 = \pi_{B0}^0 = y_1$ 时，会有 $y_1 < \alpha < y_2$。

当企业 A 与企业 B 都进行创新时，通过计算得出企业 A 因创新行为另外获得的市场份额为 $x_2^{**} = \frac{P_B^U - P_A^L + (\partial t - n)(1 - 2x_1)}{2(\partial t - n)}$，按照以上步骤可以得出两个企业的利润表达式为 $\pi_{A1}^1 = \pi_{B1}^1 = b = \partial t x_1 + \frac{(\partial t - n)(1 - 2x_1)^2}{6} < \pi_{B0}^0$。说明当企业 A 进行创新时，企业 B 采取创新行为与之竞争，但是企业 B 的利润会比之前有所下降。这可能是由两部分原因造成的，一方面，企业需要将大量的收入投入创新过程；另一方面，企业之间可能通过价格竞争的方式相互竞争，但是创新投资过大，价格下降空间有限，可能出现亏损的情况。

从以上模型可以看出，企业通过产品创新，降低消费者的转换成本，争取更大的市场份额，以此获得更高的利润。根据以上的利润结果，能够得出 $b < y_1 < a < y_2$。上述过程可通过博弈矩阵进行表示，如表 7-1 所示。

表 7-1　双寡头企业 A、B 之间的创新竞争矩阵

项目		企业 A	
		不创新	创新
企业 B	不创新	(a, a)	(y_2, y_1)
	创新	(y_1, y_2)	(b, b)

通过对厂商选择的分析，可知有两个纯纳什均衡解，分别为（创新，不创新），

（不创新，创新）；一个混合纳什均衡为 $s_A{}^* = s_B{}^* = \left(\dfrac{y_1-b}{y_2-a+y_1-b}, \dfrac{y_2-a}{y_2-a+y_1-b} \right)$，其中

$\dfrac{y_1-b}{y_2-a+y_1-b}$ 代表创新概率。从模型中可以看出，当一家企业进行产品创新时，另外一

家企业也会保持产品创新，但是双方都不会投入较大的成本到创新过程中。若两家企业都投入较大的成本进行创新，两家企业最终都不会获得更高的收益，甚至最终会达到一个亏损的利润均衡水平，当企业发生亏损时，会选择并购重组或者融资以谋求发展。两企业在达到亏损的利润均衡点时，在没有外部竞争者威胁时，会有违背均衡的动机。因为当企业以高额的投资进行产品创新时，会吸引更多的用户来扩大自身的市场份额。此时竞争劣势的企业会因为用户的减少，损失较多的网络效应，并且可能达到亏损；处于竞争劣势的企业就不会选择以创新的方式进行竞争，会以升级的方式来锁定用户，提高用户的转换成本。如果企业注重长久的盈利性，那么则会忍受产品创新带来的暂时损失，仍会选择以创新的方式来扩大市场份额，两个企业处于不断竞争的过程，最终会达到一种均衡状态，即两个企业都会尽自己的最大力量创新产品并且侵占用户剩余。

以同样的模型设定，假设企业 A 先决定是否进行创新，企业 B 决定后续再作决定，令 $\alpha = x_1 = 0$，$t = 1$，$n = \dfrac{1}{4}$，可用博弈树说明决策过程，如图 7-3 所示。

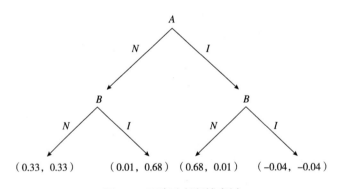

图 7-3　双寡头创新博弈树

在图 7-3 中，I、N 分别代表创新与不创新，A、B 两企业的利润分别位于括号中的第一位和第二位，可以推导出纳什均衡解为 $\{s_A{}^{**}, s_B{}^{**}\} = \{I, (I, N)\}$。可以明显看出，先发企业 A 具有优势，决定产品创新，而竞争企业不会创新。非先发企业 B 则会和从外部进入市场的企业均分剩余市场份额，企业 B 和外部竞争者可能会通过重组兼并的形式与先发企业 A 展开竞争。这种情况在互联网产业中时有发生，比如淘宝平台就具有先发优势，后续企业只有通过不断地创新产品才有可能吸引用户，争取更大的市场份额。

3. 掠夺性定价与掠夺性创新

掠夺性定价是一种价格行为，掠夺性创新是非价格行为的一种，非价格行为还

包括掠夺性投资等。所有掠夺性行为最终都会表现在价格变动上。保持之前的假设不变，且 $pAU \neq pBU \neq pAL$，假定市场上的主导企业为 A，目前的用户规模用 x_1 表示；企业 B 代表新进厂商，不存在以往的用户基础。按照上述相同的步骤，得到边际消费者位置，用 x_2 表示，$x_2 = \dfrac{t - n - (t - n)x_1}{\partial t + t - n}$；企业 A 的利润和企业 B 的利润为 $\pi_A^1 = \alpha p_A^U x_1 + p_A^L x_2$，$\pi_B^0 = p_B^U(1 - x_1 - x_2)$。分别求 $\dfrac{\partial \pi_A^1}{\partial p_A^L}$、$\dfrac{\partial \pi_A^1}{\partial p_B^U}$、$\dfrac{\partial \pi_A^1}{\partial p_A^U}$、$\dfrac{\partial \pi_B^0}{\partial p_A^U}$、$\dfrac{\partial \pi_B^0}{\partial p_B^U}$、$\dfrac{\partial \pi_B^0}{\partial p_A^U}$，可以得到 $p_A^L = (\partial t + t + n)x_2$，$p_B^U = (\partial t + t + n)(1 - x_1 - x_2)$。

当 $\alpha = 0$ 时，代表企业 A 采取的策略是掠夺性创新，投资强度最大。此时企业 B 对产品的定价和占领的市场份额均为 0。当在位企业的投资强度最大时，新进入的企业必须将产品以免费的价格出售才会获得微乎其微的市场份额。一般来说，市场上的互联网企业受现实约束，不会持续采取掠夺性创新。通过以上理论分析能够说明企业掠夺性创新的动力。

4. 政策制定和消费者福利

此处考虑的是厂商对产品进行微小创新时，是否能够提高消费者剩余。延续上述的静态博弈模型进行分析，由于在前提假设中有提到消费者的保存效用巨大，所以只需考虑企业对商品的定价即可。对比两个企业都不进行产品创新的情况，假如有一家企业创新，由 $x_2^* = \dfrac{(\partial t + 2t - n)(1 - 2x_1)}{3(\partial t + t - 2n)}$ 可以计算出有创新行为的企业对产品的定价为 $p_A^L = \dfrac{(\partial t + 2t - 3n)(1 - 2x_1)}{3}$，没有创新行为的企业对产品的定价为 $p_B^U = \dfrac{(2\partial t + t - 3n)(1 - 2x_1)}{3}$，$p_A^L = \dfrac{(\partial t + 2t - 3n)(1 - 2x_1)}{3} > p_B^U = \dfrac{(2\partial t + t - 3n)(1 - 2x_1)}{3}$。企业 A 和企业 B 都没有产品创新时，产品定价为 t，$p_A^L = \dfrac{(\partial t + 2t - 3n)(1 - 2x_1)}{3} < t$。通过比较可知，企业进行产品创新能够降低用户的转换成本，并且还能使市场上的两家企业下调价格，没有创新行为的企业降价幅度更大，企业产品创新能够使市场上所有消费者的福利均得到提高。如果企业 A 和企业 B 都有产品创新行为时，定价分别为 $p_A^L = p_B^L = \dfrac{(\partial t - n)(1 - 2x_1)}{3} < p_B^U$，此时产品定价和纳什均衡价格相比有所下降，厂商关于商品创新的竞争折射到价格竞争上来。市场上消费者福利得到提升，但这只是一种理想状态。从监管者的角度来看，企业没有产品创新行为会降低消费者福利，应该鼓励市场上的在位企业都进行产品创新，可以在政策上对其进行指引。

先从理论上对政策指引问题进行分析，由前提假设可知市场上的企业没有创新行为时，外部模仿者会和在位企业共同瓜分市场和利润，假设外部模仿企业只有一个，在和对手共同瓜分市场时获得的利润大于与在位企业竞争时所获得的利润，即 $b < y_1$。如果外部模仿者不止一个，并且政策限定能够降低外部模仿者进入行业的壁

垒，那么当外部模仿者的数量足够多时，市场上原有的在位非创新企业获得的利润变得非常小，出现 $y_1 > b$。通过表 7-2 的博弈矩阵可得到（创新，创新）这个唯一的纯纳什均衡解，这种情况会促使市场上原有的企业进行产品创新，消费者福利也会随之提高。

表 7-2　多个外部竞争者的博弈矩阵

项目		厂商 A	
		不创新	创新
厂商 B	不创新	(a', a')	$(0, y_2)$
	创新	$(y_2, 0)$	(b, b)

因多个外部模仿者参与竞争，表 7-2 相对于表 7-1 有所变动，$a \rightarrow a'$。假定 $a' > b$，市场上的在位企业 A、B 为获得更大利润，达成共谋均衡（不创新，不创新），不遵守约定者会受到相应的惩罚，根据扳机策略得出，当 $(1 - \delta)(y_2 + \delta + \delta^2 + \cdots) \leqslant a'$，即 $\delta \geqslant \dfrac{y_2 - a'}{y_2 - 1} = \bar{\delta}$，企业 A 和企业 B 之间存在共谋动力，贴现因子用 $\delta = \dfrac{1}{1 + r}$ 表示，贴现率用 r 表示。

由以上推导过程我们可以得出两点结论：第一，出于促进企业创新，避免共谋的考虑，在政策制定时可以对外部竞争者以补贴、税收优惠等福利吸引其进入市场。避免在位企业没有创新行为，外部竞争者进入市场后各企业均无利可图的情形。第二，在位企业有创新行为时，相关监管者也要即时监控价格和产量，防止企业共谋出现垄断行为。

5. 相关政策建议

衡量互联网企业产业竞争效率具有不确定性，即不能完全确定企业定制的价格是否最低、消费者剩余和社会福利是否最大、提供的产品或服务是否最好等。如果企业平台涉及多个市场，那么为了扩大竞争力，企业会选择从一边的平台收益补贴另一边刚涉足的平台市场，监管部门无法有效确定真实竞争状况，对传统市场的竞争分析已经无法完全应用于互联网市场。此外，互联网企业还有一个典型的特点，就是企业初期投资较高、消费者的标记成本为零，初始使用产品时的消费也几乎为零，网络效应在互联网企业中表现显著。

互联网企业在竞争中不断创新，避免被竞争对手替代，即便占领支配性市场份额，仍需在竞争中不断创新。因此，根据以上案例的理论分析，对互联网企业的创新竞争策略，提出了相关的四点对策建议：

第一，创新是大部分企业维持发展、取得进步的重要手段。熊彼特在提论上也提出了创新对企业的重要性，创新更能体现出一家企业的精神和策略。在互联网企业中，创新显得尤为重要，在各种应用软件需要定时地升级更新中就可见一斑。创新给企业带来的是利润的持续获得，给消费者带来的是物美价廉。监管部门判断企业创新行为的有效性与合理性时，重要的是关注企业创新行为能否带来效率提升。

第二，掠夺性创新在互联网企业竞争中方式多样，还没受到监管者的高度重视。所谓的掠夺性创新就是指企业通过产品创新的行为禁止其他竞争者进入市场，形成较高的进入壁垒。虽然理论分析十分清楚，但是在现实社会中，需要精准地测算一些互联网企业的策略是否是掠夺性创新行为，对于监管者来说，操作过程具有一定的难度。比如，微信在一次更新中取消抖音的分享功能，这种行为是否对用户福利有影响，损失有多大，仅从现象中无法得出结论，需要更为细致深入的调查与计算。

第三，市场上具有支配地位的互联网企业进行产品创新的目的是获得更大的市场份额和利润，显然更多的互联网企业在产品创新后期会对用户价格歧视，这种竞争行为是低效的。结合《中华人民共和国反垄断法》条例，监管者能够有效禁止企业创新后的垄断行为，但是缺乏长久的应对策略。相关监管策略的制定方向应既能有效促进互联网企业之间的创新行为，又能为用户带来更多的福利，提高市场效率。

第四，从互联网的发展进度来看，我国互联网企业尚处于发展初期，正在经历快速发展阶段，对于发展数字经济及其与实体经济的融合发展来说至关重要，平台企业已经渗透到社会生活中的方方面面。为了维持互联网企业的健康持续发展，虽然需要打击垄断行为，但是也应审时度势，构建一个相对宽松的发展环境，有利于互联网企业的迅速扩张。监管机构应该对互联网企业的发展以更多的角度来看待。

三、研究基于货币转换的成本理论分析："一带一路"倡议助推人民币国际化的政策选择

"一带一路"倡议推动沿线经济体现在基础设施、贸易往来、文化产品传播、产业园区建设等领域的合作，亚洲基础设施投资行、丝路基金有限责任公司等金融机构为人民币国际化创造新的可能性，促进人民币在"一带一路"沿线国家中发挥更大的作用。人民币国际化发展从 2009 年开始，已经在支付结算、储备货币等方面发挥了重要作用；但是细观人民币在"一带一路"沿线国家的普及，受各经济体的发展差异、金融市场的健全性、政治生态的稳定性等因素的影响，仍然存在很多障碍。在新的开放格局下，有必要分析人民币在"一带一路"沿线国家中推行的障碍，并加以解决，使人民币国际化发展更进一步。

1. 人民币国际化的进展以及在"一带一路"沿线国家的推进障碍

（1）人民币国际化的进展。2009 年至今，人民币在结算、储备、计价等方面表现优异：在支付结算方面，随着中国经济强劲发展，金融市场政策不断完善。人民币在"一带一路"沿线国家甚至世界范围内应用领域越来越多，认可度逐渐提升，国际贸易结算币种已经包含人民币。从数据上来看，2021 年以来，人民币跨境收付

金额在高基数的基础上呈持续增长态势。人民币跨境收支总体平衡，全年累计净流入 4044.7 亿元。银行代客人民币跨境收付金额合计为 36.6 万亿元，同比增长 29.0%，收付金额创历史新高。中国境内银行间外汇市场共有人民币外汇即期会员 764 家①。

在金融资产数额方面，我国推动金融市场双向开放的改革有序推进，跨境证券投融资稳步进行，这些工作都推进了人民币的国际接受程度和认可程度。从数据上来看，截至 2021 年末，境外主体持有境内人民币股票、债券、贷款及存款等金融资产金额合计为 10.83 万亿元，同比增长 20.5%。离岸人民币市场逐步回暖，交易更加活跃，截至 2021 年末，主要离岸市场人民币存款接近 1.50 万亿元。人民银行在中国以外的 25 个国家和地区设立了 27 家人民币清算行，覆盖港澳台地区、东南亚、欧洲、南美洲、北美洲、大洋洲、中东和非洲。中国境内债券市场共有 24 家主体，发行规模合计 1064.50 亿元②。

在储备功能方面，2021 年，中国人民银行与印度尼西亚央行正式建立双边本币结算合作框架，推动贸易与直接投资本币结算。此外，中国人民银行相继与卡塔尔、加拿大、斯里兰卡、尼日利亚等央行续签双边本币互换协议，与土耳其央行扩大双边本币互换协议规模，双边本币互换协议累计规模达 3.6 万亿元③。

在基础设施建设方面，中国央行推出人民币跨境支付系统（CIPS）项目，并在海外设置清算银行，有效推进人民币在实体经济、贸易往来中的便捷应用，保障人民币在使用过程中的安全性。CIPS 继续巩固跨境人民币支付清算主渠道作用。截至 2021 年 12 月末，CIPS 系统实际业务覆盖全球 178 个国家和地区，共有参与者 1259 家。其中，直接参与者 75 家，间接参与者 1184 家。CIPS 处理业务笔数和金额分别为 334.2 万笔和 79.6 万元，同比增长 51.56% 和 75.82%。另外，中国与 22 个 "一带一路" 沿线国家签署了双边本币互换协议，在 8 个 "一带一路" 沿线国家建立了人民币清算机制安排。

（2）人民币在 "一带一路" 沿线国家的推进阻碍。人民币在国际化进程中存在的阻碍包括国际化程度低、金融风险大、资本项目无法自由兑换、金融机构开放水平低等。国际化程度低是指中国虽然在 "一带一路" 进程中推进了人民币国际化发展，但是有关数据显示，2009 年人民币国际化指数仅为 0.02%，截至 2020 年末，人民币国际化指数增长至 5.02%，约为 2009 年的 251 倍④，且 "一带一路" 倡议使人民币在缅甸、老挝等邻国可直接使用，但仍处于初步探索阶段。与美元、欧元等国际通用货币相比，人民币处于边缘化状态。人民币国际化受金融风险影响较大，从 "一带一路" 倡议覆盖的国家来说，包括西亚、中亚、南亚等经济欠发达地区，这些国家在社会环境、自然环境、政治环境等方面均不稳定。西亚部分地区的国家拥有丰富的石油资源，经济发展主要依靠出口石油、旅游、外界投资，经济发展相对稳定；伊拉克、叙利亚等国家外界发展环境动荡不安，国家内部经济始终无法得

---

① ② ③ 数据来源：《2022 年人民币国际化报告》。
④ 数据来源：《经济日报》。

到发展。中亚部分国家在俄罗斯、美国等大国的政治影响下，经济发展受到了牵制，不足以对抗金融风险，本国货币不断贬值。东南亚地区经济整体发展比较平稳，但是内部发展极不平衡，泰国经济近年来陷入负增长态势。总体来说，"一带一路"沿线国家经济总量小、结构单一、货币不断贬值，不利于人民币国际化进程的推进。目前，人民币在基础的国际收支经常项目中能够自由兑换，但是由于汇率和利率市场的不完善，不能有效调节资本流动，造成货币贬值，极大地影响了人民币的流通。2021 年中国与"一带一路"沿线国家的人民币跨境收付金额占同期人民币跨境收付总额的 14.8%，没有达到广泛认可的程度。

2. "一带一路"沿线国家的人民币使用情况分析

各国使用人民币的前提是使用人民币带来的收益大于转换成本，根据以下公式可以推算各国使用哪种货币：

$$u(T) = (a + bn) \int_T^x \mathrm{e}^{-r(t-T)} \mathrm{d}t = (a + bn)/r \tag{7-37}$$

其中固定系数用 a、b 表示，贴现率用 t 表示，假定贴现率和实际利率相等且不变，假定 $n = \ln N$。使用某种货币的收益用 A 表示，A 与网络外部性无关，能够体现出在其他国家都没有使用这种货币时的价值。如果多个国家使用同一种货币，那么会存在网络外部性，用 bn 表示。$b > 0$ 表示使用某种货币的人数越多，网络外部性的作用越强，获得的收益越多；当使用该种货币的人数足够多时，带来的收益将超过转换成本。货币的瞬时效用用 $a + bn$ 表示，在利率为 r 的情况下，瞬时效用的现值为 $(a + bn)/r$。

假设有新的币种提供给各个国家使用，选择使用的国家数量为 n，当 $T = T^*$ 时，每个国家选择使用这种货币的效用如式 7-38 所示。

$$v(T) = (c + dn) \int_T^\infty \mathrm{e}^{-r(t-T)} \mathrm{d}t = (c + dn)/r, \; T \geq T^* \tag{7-38}$$

式 7-37 与式 7-38 的形式类似，假设 $c \geq a$、$d \geq b$。说明无论原来的货币使用网络是何种状态，加入新币种使用所获得的收益将大于使用原有货币带来的收益。如果网络中的国家选择使用新币种，那么将面临转换成本 s，体现在计算、报价、记账等。某国家在 T 时期使用原有币种，而另外的国家使用新币种，那么使用原有币种的国家获得效应用 $u(T)_A$ 表示；T 时期某国家使用原币种，其他国家选择也使用原币种，使用原币种的国家所获得效应用 $u(T)_{nA}$ 表示；T 时期某国家和其他国家一同使用新的币种，则该国家使用新币种获得的效应用 $v(T)_A$ 表示；T 时期某国家使用新币种，其他国家使用原币种，那么使用新币种的国家获得效应用 $v(T)_{nA}$ 表示。根据以上假定，可得式 7-39：

$$u(T)_A = a/r$$

$$u(T)_{NA} = (a + bn)/r$$

$$v(T)_{NA} = (c/r) - s$$

$$v(T)_A = [(a + dn)/r] - s \qquad (7-39)$$

根据式 7-39 可知上述四种情况下的效应；以上公式按顺序分别为情况一至情况四。情况一，当某一国家保持使用旧币种，而其他国家选择使用新币种，代表使用旧币种的国家放弃加入新币种交易网络带来的收益，此时获得的效应没有网络效应，仅为 a/r。情况二，所有国家使用原币种，那么无法构建新币种的网络效应，使用原币种国家的效应保持不变。情况三，某国家和其他国家共同选择新币种，某国家获得的效应为使用新币种获得的收益减去非网络收益减去转换成本。情况四，某一国家选择使用新币种，其他国家仍旧使用原币种，此时该国家获得的效应为使用新币种带来的收益现值减去转换成本。

在某一国家不知道其他国家是否使用新币种的情况下，其他国家的决策会影响到这个国家的收益，当越多国家和这个国家的决策一致时，那么这个国家获得的收益较大。如果 $v(T)_{NA} > u(T)_{NA}$ 时，那么无论其他国家的选择如何，这个国家都会选择使用新币种，结果是每个国家都选择使用新币种。

根据式 7-39 可推出 $(c-a)/r > (s+bn)/r$，可知国家选择使用新币种的条件是，将旧币种转换为新币种的非网络收益现值超过转换成本和使用原有币种的收益现值之和，此时每个国家都选择使用新币种，就会形成新的网络。如果结果为负值，即 $v(T)_{NA} < u(T)_{NA}$，$(c-a)/r + dn/r < s$ 时，每个国家都会选择旧币种。同时，某一国家对币种的决策还会受到其他国家决策的影响，若 $v(T)_A \geqslant u(T)_A$，那么需满足 $(c-a)/r + dn/r \geqslant s$，国家才会选择使用新币种。同样地，还要看总福利是否有增加，在 $[(c-a)+(d-b)n]/r > s$ 的情况下，转换后的净收益为 $G = (N+1)[(c-a)+(d-b)n]\int_T^\infty e^{-r(t-T)}dt - (N+1)s > 0$，总福利有增加，国家会选择使用新币种。

当 $[(c-a)+(d-b)n]/r > 0$，$bn > 0$ 时存在三种情况：第一种情况是当 $(c-a)/r > (s+bn)/r$ 时，所有国家选择使用新币种，新币种非网络外部收益大于转换成本，每个国家都不会关注其他国家的决策，仅存在这一个纳什均衡。第二种情况是转换币种后的收益为负，所有国家选择使用旧币种，仅存在这一个纳什均衡。第三种情况是每个国家的选择不同。当 $v(T)_A > u(T)_A$ 时，如果某国家预计其他国家也会发生同样的转换，那么该国家也会转换币种；当 $v(T)_{NA} > u(T)_{NA}$ 时，如果某国家预计其他国家也不会发生同样的转换，那么该国家就会选择使用旧币种。

根据以上模型分析，网络外部性和货币间的转换成本会影响国家对币种的选择，只有在通货膨胀恶化等原因导致对旧币种不抱任何信心时，才会选择使用新币种；或者当使用新币种带来的收益现值大于使用旧币种的收益和转换成本之和时，国家才会选择使用新币种。如果有更多的国家选择使用旧币种，网络外部性就会随着使用人数的增多而增加，新币种的竞争将更加激烈。人民币要想在"一带一路"沿线国家中成为国际货币，需要在提高非网络外部收益、降低转换成本上投入更多。

3. "一带一路" 沿线地区人民币国际化的分析

本部分借鉴 Bayyoumi 和 Eichengreen（1997）的 OCA 指数模型，研究人民币合作成本和可能性。由于选择新币种会影响汇率波动，将汇率波动作为因变量。权重根据汇率波动的大小决定，OCA 指数模型可表示为 $SE = \alpha + \sum_{k=1}^{n} \beta_k X_k$，其中 X_k 代表有 k 个解释变量，β_k 代表变量的权重，E 代表本币与其他国家货币之间的名义货币波动率，$SE_{ij} = SD(\ln E_{ij})$，E_{ij} 代表名义汇率波动。OCA 指数大小和合作成本成正比，和合作可能性成反比；OCA 指数越小，货币就有可能成为主导货币。

根据上述模型，本案例的研究对象为 "一带一路" 沿线 65 个国家，选取具有代表性的国家作为分析对象，时间确定为 2001～2017 年，并且根据实际情况确定币种。新加坡、马来西亚、印度尼西亚、泰国、越南等东南亚国家选择人民币、美元、日元作为因变量，伊朗、土耳其、以色列、沙特阿拉伯、阿联酋、卡塔尔等西亚国家选择人民币、美元、欧元作为因变量，印度、巴基斯坦等南亚国家选择人民币、美元、英镑作为因变量，哈萨克斯坦等中亚国家选择人民币、美元、卢布作为因变量，俄罗斯选择人民币、美元、卢布作为因变量，波兰、立陶宛、捷克、匈牙利等中东欧地区国家选择人民币、美元、欧元作为因变量。

基于 OCA 指数模型，构建如下模型：

$$SE_{ij} = \alpha + \beta_1 GY_{it} + \beta_2 DT_{it} + \beta_3 TR_{it} + \beta_4 GM_{it} + \beta_5 DC_{it} + \beta_6 DI_{it} \qquad (7-40)$$

式 7-40 中，GY 代表产出增长差异化，$GY_{it} = |\Delta y_i - y_j|$，$y_i$，$y_j$ 分别代表国家 i 和 j 在某一年度的产出；DT 代表出口商品结构差异，$DT = \frac{1}{3} \sum_{n=1}^{3} |X_{i,n} - X_{j,n}|$，$X_{i,n}$ 代表农业、矿业、制造业占出口的币种；TR 代表贸易联系程度，$TR = (EX_{i,j} / GDP_i + EX_{j,i} / GDP_j)/2$，$EX_{i,j}$ 代表 i 国对 j 国的商品出口额；GM 代表国家规模，$GM = \log[(GDP_i + GDP_j)/2]$；$DC$ 代表通货膨胀的差异率，$DC_{i,j} = |\ln CPI_i - \ln CPI_j|$，$\ln CPI_i$ 代表 i 国的消费价格指数；DI 代表实际利率差值，$DI = |I_i - I_j|$。

回归结果为 $SE = -0.312 + 0.001GY + 0.0295GM - 0.5423TR + 0.0021DC$。

根据回归系数的正负值可知，产出增长差异、通货膨胀差异、国家规模差异越大，合作成本越高。从回归系数的绝对值可知，贸易关联度对人民币的影响越大，说明两国的贸易往来越密切，人民币越有可能成为使用货币。

根据各地区的结果进行分析，中国、美国、俄罗斯等国家的 OCA 指数如表 7-3 所示，人民币在东南亚地区 OCA 指数较小，在其他地区指数较高，说明人民在 "一带一路" 沿线国家尚未成为中心货币，主要使用国家分布在东南亚。虽然 "一带一路" 倡议推进了中国与沿线国家的合作往来，但人民币在这些国家的接受程度不高，应加快推进人民币国际化的进程。从人民币在各地区的 OCA 指数来看，相对于美元和日元的 OCA 指数，人民币指数在东亚国家较高，说明人民币在东亚地区国家内使用程度有所深化。从现实发展来看，支付宝、微信等付款方式出现后，人民币在国外使用便捷性与接受性越来越高。东南亚地区国家主要受到美国影响，一直以美元为主，人民币在这些地区的推广难度大、程度低。南亚地区国家发展偏落后，观念相对保守，在币种的选择上沿用原有习惯。人民币在中亚国家和中东欧国家的影响较差。

表7-3 "一带一路"沿线国家OCA指数

区域	国家	货币类型		
		人民币	日元	美元
东南亚	新加坡	0.097	0.105	0.089
	马来西亚	0.11	0.066	0.068
	印度尼西亚	0.104	0.075	0.063
	越南	0.106	0.096	0.075
	泰国	0.071	0.051	0.044
		人民币	欧元	美元
西亚	伊朗	0.2	0.181	0.115
	土耳其	0.146	0.121	0.077
	以色列	0.181	0.168	0.095
	沙特阿拉伯	0.186	0.193	0.069
	阿拉伯联合酋长国	0.104	0.141	0.114
	卡塔尔	0.158	0.193	0.069
		人民币	英镑	美元
南亚	印度	0.145	0.124	0.023
	巴基斯坦	0.009	0.034	0.026
		人民币	美元	卢布
中亚	哈萨克斯坦	0.136	0.226	0.105
	俄罗斯	0.115	0.144	0.147
		人民币	美元	欧元
中东欧	波兰	0.226	0.178	0.062
	立陶宛	0.16	0.127	0.087
	捷克	0.202	0.128	0.008
	匈牙利	0.216	0.125	0.085

4. 推进人民币国际化的对策建议

推进人民币在跨境贸易结算中使用。随着我国经济迅速增长，在全球范围内占有一席之地。人民币在跨境结算业务中已从国内使用发展到国外使用，国际化正在逐步加强。"一带一路"倡议促进了国家间的贸易往来，双方之间的资本交流越来越密切，人民币在贸易往来的过程中发挥巨大作用，存在较多需求。中国为了推进人民币国际化的进程，在双边贸易往来的过程中应适当对人民币使用国家进行补贴，并在适度范围内保持贸易逆差，既能够保证人民币在贸易合作中的流动性，又能够扩大人民币的普及程度。此外，在人民币跨境结算规模化使用方面，中国应该率先鼓励本土企业参与跨境电商，并在交易过程中提供相关金融支持，降低企业金融成本，共同推进人民币国际化进程。

加深中国与"一带一路"沿线国家的金融合作。金融合作能够促进国家间的货币交流，应鼓励中国与"一带一路"沿线国家达成本币互换协议，实现货币之间的直接兑换和交易，在基础设施等重点合作领域加强人民币的使用与流动。为构建人民币使用的便捷环境，在与"一带一路"沿线毗邻地区，如新疆等地建立人民币跨境清算中心，完善人民币跨境使用，并推进中心拓展更多的业务范围，扩大人民币使用范围，打通国家间的结算渠道。构建人民币跨境输出回流渠道和与"一带一路"沿线国家的人民币跨境支付系统，保障人民币使用的安全性和便捷性，能够为人民币使用提供安全可靠又宽松的环境。

推进资本项目可兑换性。借鉴世界其他国家货币国际化发展的经验，在国际资本流动方面，为降低"一带一路"沿线国家的国内不稳定性对我国的波及，应该增强资本项目兑换性。在现有的国际经济发展框架下，发达国家是框架内的中心，"一带一路"沿线国家多为经济欠发达国家。在国际经济发展中，欠发达国家的国际资本流动多是国际资本的投入，因此这些国家对抗金融风险的能力较差。在现有发展背景下，为了保证经济金融的稳定性与主动性，推行有管理的人民币兑换可以防止"一带一路"沿线国家的金融波动波及其他国家，确保人民币在稳定发展的环境中推进国际化进程。

推进人民币离岸市场建设和基础设施建设。人民币离岸金融发展能够拓宽人民币计价渠道，为"一带一路"沿线国家的发展提供高效的渠道，加强境外投资者对人民币的使用意愿，促进人民币国际融资规模的扩大。此外，通过在"一带一路"沿线国家开展的人民币债券业务、股票业务等，能够把当地资金汇聚在一起，集中投资于技术设施建设上，间接发挥人民币的国际作用。健全登记、交易、托管等基础清算功能在人民币跨境支付系统中的使用，增加各个人民币清算中心的辐射力度，鼓励发行与"一带一路"项目相关的债券，增加人民币的使用范围，促进人民币国际化进程。

 思考题

1. 非价格竞争的策略主要有哪几种？举例说明。
2. 举例说明非价格竞争的手段和作用。
3. 试论产业经济学中的非价格竞争策略。
4. 如何利用非价格竞争策略模型处理现实问题？
5. 举例说明非价格竞争策略模型。

参考文献

[1] 李志清. 市场的起源和发展 [J]. 山西财经大学学报, 2012 (S3): 104.

[2] 王竹泉, 杜媛. 利益相关者视角的企业形成逻辑与企业边界分析 [J]. 中国工业经济, 2012 (3): 110-122.

[3] 李平, 李珩. 构建有效竞争的产业组织 [J]. 社会科学家, 2013 (10): 60-63.

[4] 王景义. 浅谈市场经济的基本内容 [J]. 商场现代化, 2007 (23): 400.

[5] 新帕尔格雷夫经济学大辞典 (第一卷) [M]. 北京: 经济科学出版社, 1996.

[6] 王冰. 市场经济与价格竞争 [J]. 南方经济, 2005 (3): 40-43.

[7] 周念利, 贾勤, 幼平. 市场经济体制下企业价格竞争研究述评 [J]. 经济评论, 2004 (4): 31-35.

[8] 梁云. 市场份额的价格与非价格竞争策略 [J]. 价格理论与实践, 2005 (3): 59-60.

[9] 张景云, 吕欣欣. 消费升级的现状、需求特征及政策建议 [J]. 商业经济研究, 2020 (7): 55-57.

[10] 侯雁. 试论以非价格竞争制约价格竞争 [J]. 经济师, 2001 (9): 68-69.

[11] 冯磊东, 顾孟迪. 基于技术差距的企业纵向产品创新研究 [J]. 科学学与科学技术管理, 2014 (9): 96-103.

[12] 刁新军, 杨德礼, 任雅威. 具有网络外部性的产品纵向差异化策略 [J]. 预测, 2009 (6): 39-44.

[13] 周芳. 论企业的非价格竞争 [J]. 青海社会科学, 2006 (3): 42-45+50.

[14] 王文隆, 任倩楠, 张涑贤. 竞争情形下服务商质量保证策略研究 [J]. 运筹与管理, 2021 (4): 194-199.

[15] 殷建平, 王泽鹏. 情怀营销、品牌认同与品牌忠诚的关系 [J]. 中国流通经济, 2020 (9): 111-120.

[16] 白福萍, 陈刚. 企业文化创造价值的机理与路径 [J]. 财会通讯, 2018 (26): 90-92.

[17] 盛烨. 我国航空电子企业合作策略研究——基于战略联盟视角的分析 [D]. 东南大学硕士学位论文, 2015.

[18] 王玲. 应对价格战的策略及其非价格竞争方法选择 [J]. 价格理论与实践, 2007 (5): 77-78.

[19] 杨震, 褚婷婷. 非价格竞争策略的思考与探究——以我国家电行业为例 [J]. 价格理论与实践, 2019 (9): 118-120.

[20] Porter, M. E. Competitive Strategy: Techniques for Analyzing Indusrties and Competitors [M]. New York: Macmillna, 1980.

［21］Anderson，E. W，Fornell，C，Lehmann，D. R. Customer Satisfaction，Market Share and Profitability：Findings from Sweden ［J］. Journal of Marketing，1994，58（3）：53-66.

［22］Jones，M. A，Mothersbaugh，D. L，Beatty，S. E. Switching Barriers and Repurchase Intentions in Services ［J］. Journal of Retailing，2000，76（2）：259-274.

［23］Burnham，T. A，Frels，J. K，Mahajan，V. Consumer Switching Costs：A Typology，Antecedents，and Consequence ［J］. Journal of the Academy of Marketing Science，2003，31（2）：109-126.

［24］Yang，Z. L，Peterson，R. T. Customer Perceived Value，Satisfaction，and Loyalty：The Role of Switching Costs ［J］. Psychology & Marketing，2004，21（10）：799-822.

［25］吕魁，胡汉辉，王旭辉. 考虑范围经济与转换成本的混合捆绑竞争 ［J］. 管理科学学报，2012（12）：14-28.

［26］吴汉洪，王申. 转换成本视角下互联网企业的创新竞争策略 ［J］. 经济理论与经济管理，2019（3）：6-19.

［27］Chen，J，Doraszelski，U，Harrington，J. E. Avoiding Market Dominance：Product Compatibility in Markets with Network Effects ［J］. The RAND Journal of Economics，2009，40（3）：455-485.

［28］祁文婷，刘连营，赵文兴. “一带一路” 倡议助推人民币国际化政策选择研究——基于货币转换成本理论的分析 ［J］. 金融理论与实践，2018（12）：30-36.

［29］Bayoum，I. T，Eichengreen Barry. Exchange Rate Volatility and Intervention：Implications of the Theory of Optimal Currency Areas ［J］. Journal of International Economics，1998，45（2）：191-209.

第八章

合作策略性行为模型及应用

本章提要　　本章探讨合作策略性行为的基本概念和研究合作策略性行为的必要性，以默契合作策略性行为和明确合作策略性行为入手建立相应的模型，并探讨合作策略性行为的存在性和不稳定性。以21世纪初IT业内存芯片市场博弈为例，探讨合作策略性行为的现实情况和分析过程。

第一节　合作策略性行为概述

一、合作策略性行为的概念

合作策略性行为本质上是解决行业内各家厂商之间的行动、竞争而采取的活动。寡头垄断行业中所有厂商间的业务活动的互相依赖关系，使相关研究更为复杂。但可以考虑通过经济学的方法，把这种关系以数学表达的形式表示出来，寡头厂商利润最大化的一阶条件关系表达式如式8-1所示：

$$\frac{\mathrm{d}\pi_1}{\mathrm{d}\pi_2} = \frac{\partial \pi_1}{\partial x_1} + \frac{\partial \pi_1}{\partial x_2}\frac{\partial x_2}{\partial x_1} = 0 \tag{8-1}$$

在式8-1中，分别假设 x_1、x_2 是寡头垄断厂商1、2的行为；在对厂商1利润求导的过程中发现，$\dfrac{\partial \pi_1}{\partial x_1}$ 是函数关系式中，厂商1对自身利润函数的偏导关系表达式，因为厂商1、2是寡头垄断厂商，因此厂商1的利润情况不仅受自身行为的影响，还受厂商2行为的影响，所以 $\dfrac{\partial \pi_1}{\partial x_2}\dfrac{\partial x_2}{\partial x_1}$ 是间接影响。在对求导关系式的分析中发现，$\dfrac{\partial \pi_1}{\partial x_2}\dfrac{\partial x_2}{\partial x_1}$ 不能忽略不计，因为寡头垄断行业中由于厂商数量不多，会出现某一厂商生产策略的转变影响到其他厂商决策的情况，因此 $\dfrac{\partial \pi_1}{\partial x_2}\dfrac{\partial x_2}{\partial x_1}$ 不能忽略不计。

由于以上情况的出现，导致寡头垄断行业厂商之间不论是竞争关系还是合作关系，都会引发策略性行为。因此，策略性行为是指一家厂商为了提高其利润所采取的影响市场环境的行为的总称。市场环境的影响因素众多，包括顾客群体、竞争对手的信念、潜在竞争对手数量等。策略性行为有两大分类：合作策略性行为和非合作策略性行为。本章研究的重点内容是合作性策略行为，即寡头垄断厂商的其中一方协调本行业内其他各家厂商行为和竞争活动而采取的一系列行为。

二、研究合作策略性行为的必要性

第一，提供权衡竞争和效率的基本依据。合作策略性行为为公共政策提供了一个平衡竞争和效率的均衡点。比如通过固定价格协议和划分市场范围减少了厂商在某一市场中的竞争强度，并且可以让相关厂商赚取较为可观的利润。同时可以提高效率。

第二，提供对寡头垄断厂商制定相关策略的经验借鉴。现阶段中国现有行业的合作策略性行为仅仅局限于价格以及价格变动范围的规定，更深层次的策略安排和设计较少。只有更深层次的策略安排才能对商业实践中出现的背叛行为给予更大的惩罚力度和减少发现背叛行为的时间，为企业经营提供长久的保护和支持，在一定程度上值得学者的深入研究和相关厂商的借鉴。

第三，可以为现实中的行业发展提供理论依据。目前中国诸多行业存在价格竞争和价格合谋行为，如果通过合作策略性行为视角分析，我们会得出较有价值的观点和结论。比如，针对价格合谋行为，在行业分析中运用相关理论与方法来分析相关现象，还可以针对市场结构因素等内容分析其成因和稳定性，只有这样的行业分析才会更有理论价值和实践操作的意义。

合作策略性行为的研究起源于卡特尔合谋理论。亚当·斯密曾指出："同行的商人即使为了娱乐或者消遣也很少聚集在一起，但是当他们会面时，不是在进行反对公共利益的共谋，就是在策划哄抬物价。"张伯伦也推测，由于任何一方的削价结果都不可避免地减少销售者自身的利润，因此没有人会削价，尽管销售者是完全独立的，但均衡的结果就像他们签订了垄断协议一样。张伯伦的经典论断描绘了一种行为——默契合作策略性行为。相关的学术史梳理可以参考谢勒的《产业市场结构与经济绩效》。针对相关研究基于的框架是静态的，通过对行业集中度的高低、产品差异化、成本问题等行业的不同特点分析了合作策略性行为的存在性和不稳定性等特征。

在随后的研究中，学术界引入了博弈论的研究方法，该种方法的引入把合作策略性行为的研究推入了更高层次的讨论，同时部分学者利用博弈论方法给合作策略性行为框定了动态框架，为合作策略性行为的深入发展奠定了坚实的基础。克瑞普斯和威尔逊（1982）研究发现重复的"囚徒困境"博弈中，合作发生的概率是存在的。在相关大量的博弈论研究文献中，弗里德曼（1971）、阿布鲁（1986）的论文具有研究开创性，他们分别证明了冷酷战略和"胡萝卜加大棒"策略下厂商间合作的可能性以及存在的均衡情况，成功地解释了默契合作策略性行为。但由于存在均衡较多的问题面临"富有的困境"，所以后续的研究中需要对相关的均衡结果进一步精炼，寻找所有厂商都关注的点——聚点均衡。

通过对合谋的深入研究发现，把合谋的商务实践构建成模型时，相关学者提出了两种情况：第一种情况下，某种商务实践安排是在一定设定条件下的重复博弈的均衡结果，例如提前通知价格变动、交换信息等；第二种情况下，利用信息经济学的视角解决了合作中可能出现的逆选择和道德风险，这两种情况为明确合谋的出现提供了理论支撑。

传统的研究对达成合谋的稳定性因素没有较好的解释。但是通过阶段博弈的不断深入研究，利用重复博弈研究框架却可以很好地解释：集中度较高、多市场接触利于合谋，而长期的信息滞后、缺乏交流沟通会使合谋难以持续下去。

本章的研究以垄断因素的逐渐增强这一框架为切入点，对寡头垄断市场中厂商的相关行为、默契合作策略性行为、明确合作策略性行为，以及多家企业合并的研究路径展开研究，为本章的学习勾勒一个较为清晰的脉络和框架，供学生交流使用。

国外的研究资料甚多，如何将之系统梳理是一个关键，我们在本章采用了一个全新的框架。在寡占市场中，厂商的行为沿竞争—默契合作策略性行为—明确合作策略性行为—多企业合作这一路径发展，竞争因素逐渐减弱，垄断因素逐渐增强。

寡头垄断厂商之间的合作是有前提条件的，如果前提条件不能被满足，那么他们之间的关系就会转化为竞争的关系。合作策略性行为按照信息条件分类可以分为默契合作策略性行为和明确合作策略性行为。在实践操作中可以发现，合谋要想达到理想的效果，必须解决合谋是否稳定的问题，如果稳定性不足就会回归竞争——价格竞争；或者促使合谋更加稳定地存续下去，通过制度保障以企业合并的方式解决合谋不稳定的问题。

默契合作策略性行为和明确合作策略性行为的区别是在进行经济活动之处双方是否签订了协议来调整自己的行为。默契合作策略性行为指寡头垄断厂商之间的合作是"非合作"。具体情况是，在寡头垄断行业中，所有的厂商都是认可自己与其他行业中的厂商之间的关系是紧密的、互相依存的；但是这种关系仅停留在双方的意识中，双方没有签订任何形式的协议，仅仅是遵守一定的准则而产生的合作行为。合作策略性行为与默契合作策略性行为恰恰相反，寡头垄断厂商之间的合作必须以签订协议为前提条件，不论协议的签订是秘密的还是公开的，最终的目的是促使合作组织获取最大利润。

从合作发生的结果上来看，不成功的合作究其原因是厂商竞争能力太强，导致了合作策略性行为没有发生。从上述合作策略性行为的定义可以看出，默契合作策略性行为属于弱约束性行为，而明确合作策略性行为通过协议保护了双方的权益，使企业的合作可以走下去，且合作的形式达到了几乎完美的状态。

第二节　合作策略性行为模型

一、默契合作策略性行为

1. 重复博弈与"富有的困境"

合作的概念较为清晰，即当事人之间为了某一个共同的目标采取的一致性行动。1951 年，纳什通过研究发现合作活动中的当事人通过不断的讨价还价过程达成某种结果。那么合作策略性行为中，是不是所有的行动都是合作博弈呢？默契合作策略性行为众多的案例都是以非合作博弈理论为依据，原因在上一节的论述中已经涉及，默契合作策略性行为的所有厂商之间没有签订协议，这使双方既不存在转移支付，也不存在焦点仲裁的约束性协议，在这样一种情况下，默契合作策略性行为想要转化为合作博弈较为困难。

在非合作博弈中的默契合作策略性行为因为每个主体都是理性的决策者，并且每个主体作出决策时希望获得个人期望效用函数的最大化。如果把合作引入默契合作策略性行为，需要考虑设立集体效用函数，但是集体效用函数的引入会和个人效用最大化决策存在冲突。正如纳什所述，合作是当事人针对某项活动讨价还价的结果。

在研究默契合作策略性行为的过程中，使用的工具主要是非合作博弈理论，并且重复博弈在默契合作策略性行为中得到广泛的使用。重复博弈是由多次阶段博弈构成的，因此重复博弈属于动态博弈范畴。由于每一次阶段博弈的结构都不会因为前一次的博弈而发生变化，这是因为重复博弈中的阶段博弈之间没有物质上的联系。这是否决定了博弈之间的当事人观察不到对手的历史信息？答案是否定的。我们假设：博弈当事人在当期的价格选择中依赖以前的价格历史信息。并且当事人在作出决策的时候要保障每一阶段博弈支付的贴现值的总和为最大。在具体考量的过程中，我们可以选取一个单期的阶段博弈为研究对象，找出其中的关系：

现假设 S_i 表示当事人 i 的策略，则 $S = (S_1, S_2, S_3, \cdots, S_n)$ 表示有 n 个当事人参与的策略集合；同时假设 $\pi_i (s)$ 表示当事人的支付情况，则 $S = (\pi_1, \pi_2, \pi_3, \cdots, \pi_n)$ 表示所有当事人支付的集合情况。并假设 $G = (S, \pi)$ 是一个单时期的阶段博弈。

在重复博弈的单期阶段模型中，古诺模型和伯特兰德模型计算的结果较为类似。当厂商以产量的变化达到利润最大化时，适用的模型就是古诺模型，其解为 $q = \dfrac{a - m}{(1 + n)b}$；如果厂商考虑以价格的变化达到利润最大化，那么最优解是 $P = MC$，此时适用的模型是伯特兰德模型。

继续假设在 S 策略集中，s^* 为 S 策略集的真子集，并且 s^* 是非合作均衡解，同

时 s^* 要满足下面的条件：真子集 s^* 中，其他条件不发生变化的情况下，s^* 可以获得当事人最大化的支付。如果通过数学表达式表示，可以写成式8-2：

$$\pi_i(s^*) = \max \pi_i(s^*/S_i) \qquad i = 1, 2, 3, \cdots, n \qquad (8-2)$$

式8-2中，$(s^*/S_i) = (s_1^*, s_2^*, s_3^*, \cdots, s_{i-1}^*, s_i^*, S_i^*, S_{i+1}^*, \cdots, S_n^*)$

虽然我们刚刚谈到，在重复博弈的单期阶段博弈中，不论是古诺模型，还是伯特兰德模型，最优解差别不大。但是如果循环往复这一过程，差别就会愈加明显。因为我们还提出过另一个条件，那就是当事人的决策依据是贴现值之和要最大，即 $\sum_{t=1}^{T} a^t \pi_i(S_t) \ (a<1)$ 最大。其中 S_t 是 n 个人在 t 时期的策略集，$\pi_i(S_t)$ 是参与人的支付，a 是贴现因子。t 时期的重复博弈用战略式表述就是 $G_t = (S, \pi, a, t)$。设参与人纯策略为 G_i，$G_i(1)$，就是第一期参与人的策略。显然 $G_i(1)$ 是 S_i 的一个元素。$G_i(2)$ 的情况就不同了——参与人在第二期的行动是所有参与人在第一期行动的函数。这就是重复函数与单阶段博弈的不同，这里有一个历史性的因素在里面。$G_i(3)$ 则是所有参与人在第一期和第二期所有行动的函数，依次类推，$G_i(t)$ 是所有参与人先前行动的函数。

设第 T 期所有参与人的行动为：

$$\alpha(\beta) = (\alpha_1\beta, \alpha_2\beta, \cdots, \alpha_n\beta)$$

往期数据 $H_t = [a(1), a(2), a(3), \cdots, a(t-1)]$

现假设 $\sigma = (\sigma_1, \sigma_2, \cdots, \sigma_n)$ 是某一时期 T 博弈策略向量，可以写成 $G_T = (S, \pi, a, T)$ 非合作博弈策略均衡，可以说，对于所有的当事人 i，σ_i 能够在博弈策略向量 σ 中其他元素既定的情况下最大化 i 的支付。

无限期的重复均衡就是把时间 T 趋于无穷大的一个过程。若博弈中当事人每期都生产古诺产量，且每个人的最优解就是古诺产量。问题出现了——当事人在每个阶段博弈构成的重复博弈中的战略空间要比一个阶段博弈的空间大，这就出现了重复博弈产生的额外均衡，因为这些结果是不能在一个阶段博弈中出现的，必须经过一定数量的阶段博弈之后才会产生相应的结果，这也是为什么会出现重复博弈的原因。换句话说，当时间趋于无穷大时，古诺产量不再是唯一的均衡解。

在前文论述中，我们谈到对默契合作策略性行为的解释过程中，重复博弈理论的使用出现了均衡过多的现象，即"富有的困境"。通过研究我们发现，不论产出水平的组合是什么样的，只要在这种产出水平下每一个当事人的利润不低于阶段博弈中所赚取的最低利润时，该种产出水平组合就会被无限地复制下去。为了摆脱"富有的困境"就需要进一步精炼相关结果，以达到更好的均衡。

2. 冷酷战略模型

冷酷战略又叫扳机策略，是重复博弈中较为经典的模型，在每一次的阶段模型中，所有合作者都采取合作的策略，并且一直循环往复下去；但是如果在某一次博弈中，某一方当事人提高了自己的产量，享有了其他当事人的利益，那么当事人的所有合作关系就会立即停止，并且其他人会对违背承诺的一方采取惩罚，即大家都提高产量。可以判断冷酷策略的触发点是其中某一厂商的背叛，并且之后所有寡头厂商之间都是不合作的。

为了便于学习，我们假设：$\pi_{i背叛} > \pi_{i合作} > \pi_{i古诺}$

上述表达式的关系是，当事人 i 在阶段博弈中如果采取背叛行为，相应获得的利润要大于与其他当事人合作获得的利润，并且大于古诺模型下的利润。

在某一阶段博弈中会出现这样一种情况：在合作的初期，所有当事人都参与了合作策略 $S_{合作}$，在合作策略中，只要所有当事人都相应履约，所有当事人的合作就会一直持续下去，并且每一位当事人都会获得相应的利润 $\pi_{i合作}$。但是如果在合作的过程中，有一方当事人违背合约约定，采取背叛策略 $S_{i背叛}$，相应地，该当事人获得的利润是 $\pi_{i背叛}$，那么以后的各期所有当事人采取的都是不合作策略，即 $S_{i古诺}$，并获取相应的利润 $\pi_{i古诺}$。

那么所有当事人的策略选择——合作还是背叛，依据的是当事人 i 的总支付水平。如果没有出现背叛，所有当事人采取的是合作策略，当事人 i 的所有阶段贴现值之和如式 8-3 所示：

$$
\begin{aligned}
PV_i &= \pi_{i合作} + a\pi_{i合作} + a^2\pi_{i合作} + a^3\pi_{i合作} + \cdots \\
&= \pi_{i合作}\left(1 + \sum_{t=1}^{\infty} a^t\right) \\
&= \pi_{i合作}\left(\frac{1}{1-a}\right)
\end{aligned} \tag{8-3}
$$

参与人在背叛一次后的所有阶段支付贴现值之和为：

$$
\begin{aligned}
PV_i &= \pi_{i背叛} + a\pi_{i古诺} + a^2\pi_{i古诺} + a^3\pi_{i古诺} + \cdots \\
&= \pi_{i背叛} + \frac{a}{1-a}\pi_{i古诺}
\end{aligned} \tag{8-4}
$$

要使冷酷策略成为一个非合作均衡的话，坚持一直合作的 $PV_{i合作}$ 必须大于有一次背叛的 $PV_{背叛}$，所以：

$$
\pi_{i合作}\left(\frac{1}{1-a}\right) > \pi_{i背叛} + \frac{a}{1-a}\pi_{i古诺} \tag{8-5}
$$

我们可以解出贴现值满足的条件：

$$
a > \frac{\pi_{i背叛} - \pi_{i合作}}{\pi_{i背叛} - \pi_{i古诺}}, \quad a = \frac{1}{1+\gamma} \tag{8-6}
$$

则 $\dfrac{1}{1+\gamma} > \dfrac{\pi_{i背叛} - \pi_{i合作}}{\pi_{i背叛} - \pi_{i古诺}}$

经过整理可得：

$$
\gamma < \frac{\pi_{i背叛} - \pi_{i合作}}{\pi_{i背叛} - \pi_{i古诺}} \tag{8-7}
$$

当利率充分小的时候，a 就较大，参与人对背叛一次后的受益就会比较看重；因此，折现值会很大，所以参与人往往会选择合作。若 γ 较大，则 a 变小，参与人对于未来的受益并不看重，所以倾向于背叛。

当以上条件满足时，冷酷战略就是一个非合作的子博弈精炼均衡，所谓的子博弈精炼均衡是指在每个子博弈上构成纳什均衡。冷酷战略中每个参与者会得到比古诺均衡中多的支付，这是无名氏定理的一个特例。无名氏定理说的是当 γ 充分小的时候，任何高于古诺均衡解并小于垄断均衡的产量都是冷酷战略精炼的一个特定结果。我们是在完全信息条件下讨论这个决策的。近年来的一些研究已经将无名氏定理扩展到不完全信息条件下。

3. "胡萝卜加大棒" 策略模型

通过上述研究，我们知道冷酷策略是通过不再合作惩罚违约的当事人 i 进而维持所有当事人合作的较为严酷的策略。相比冷酷策略，"胡萝卜加大棒" 策略是一个较为温和的手段，因为策略的最终结果是所有当事人仍然会继续合作下去。"胡萝卜加大棒" 策略大致的顺序是刚开始所有垄断厂商根据约定都会生产一个低产量，并获得一个较高的利润，如此循环往复下去，如果在某一期其中的一位当事人违背约定生产了一个高产量，随后所有的厂商都会及时调整自己企业的产量，用高产量去惩罚他。如果所有当事人都对背叛者进行了惩罚，那么合作就会重新开始。但是会出现另外一种情况，在惩罚期本应其他当事人对背叛企业进行的惩罚，但是有当事人没有做出相应的惩罚，那么将会出现对不执行惩罚策略的当事人进行惩罚，该 "惩罚" 对于给予惩罚者来说是一根新鲜、有营养的 "胡萝卜"。

下面证明 "胡萝卜加大棒" 策略是一个均衡。如果所有厂商在给定一个时期内生产完全相同的产量，我们就称产出的路径是对称的，但是不同时期的产量当然是可以变化的。我们假设这样一个产出路径：在任意一个时期内，所有厂商的产量不是 q_h 就是 q_1，其中 $q_h > q_1$。阿布鲁证明了几个相同的寡头厂商（决定产量）在一个两产出状态对称的产出路径上可以维持合作的结果。这种产出路径就是 "胡萝卜加大棒" 策略的表现形式。

在本节初始，我们已经对 "胡萝卜加大棒" 策略的思想进行了介绍。所有当事人在没有经历其中某一当事人背叛的时候，维持一个较低的产量，并获取相对颇丰的利润。但是在某一阶段博弈中某一个当事人突然增大了自己的产量，进而影响了其他当事人的利润水平，进而所有厂商都会经历一个产量大规模扩张的阶段，这是带来利润受损的一个过程。"胡萝卜加大棒" 策略的一个优点在于：当背叛当事人经历了惩罚后，受到利益的驱使还会选择同其他当事人重新合作，共同限制生产，并获得利润的增加。

先假设 $\pi(q)$ 对应的是所有当事人生产 q 产量时的每个当事人的利润水平，其中 $\pi^*(q)$ 是在这一前提下能够获得最大的利润水平。继续假设在 "胡萝卜加大棒" 策略下，当其中的某一个当事人出现背叛，提高产量，其余当事人将会生产 q_h 作为惩罚背叛一方的产量，如果当事人 i 坚持 "胡萝卜加大棒" 策略的话，那么当事人 i 的利润贴现值之和是：

$$PV_{坚持, h} = \pi(q_h) + a\pi(q_1) + a^2\pi(q_1) + a^3\pi(q_1) + \cdots$$

$$= \pi(q_h) + \frac{a}{1-a}\pi(q_1) \tag{8-8}$$

如果当事人 i 在其他当事人生产 q_h 时选择了背叛，那么当事人 i 在第一阶段将会获得的利润水平是 $\pi^*(q_h)$，并且在随后的各阶段中其他当事人生产的数量都将会是 q_h。

$$PV_{背叛,h} = \pi^*(q_h) + a\pi^*(q_h) + a^2\pi^*(q_h) + a^3\pi^*(q_h) + \cdots$$

$$= \frac{1}{1-a}\pi^*(q_h) \tag{8-9}$$

让其他当事人仍然选择坚持合作的条件是坚持合作的现值之和要大于或等于背叛的现值之和，表达式如下：

$$PV_{坚持,h} \geqslant PV_{背叛,h} \tag{8-10}$$

对上述表达式进行分析，当 q_h 越来越大的时候，$PV_{背叛,h}$ 就会越来越小。我们需要注意的是，背叛一方的利润减少的同时，坚持合作的当事人利润也在快速地减少，只有使背叛的当事人 i 得到的惩罚 q_h 足够大的时候，才能够保证所有合作的当事人保持最大的利润水平。

$$\pi(q_h) + \frac{a}{1-a}\pi(q_1) = \frac{1}{1-a}\pi^*(q_h) \tag{8-11}$$

$$a = \frac{\pi^*(q_h) - \pi(q_h)}{\pi(q_t) - \pi(q_h)} = a_h \tag{8-12}$$

就是高产量时期"胡萝卜加大棒"策略的维持性条件：

$$PV_{坚持,1} = \frac{1}{1-a}\pi(q_h) \tag{8-13}$$

$$PV_{背叛,1} = \pi^*(q_1) + a\pi(q_1) + a^2\pi(q_1) + a^3\pi(q_1) + \cdots + \frac{1}{1-a^2}[\pi^*(q_1) + a\pi(q_h)] \tag{8-14}$$

$$a \geqslant \frac{\pi^*(q_1) - \pi(q_1)}{\pi(q_1) - \pi(q_h)} = a_1 \tag{8-15}$$

通过上述的推导，得出的结论是要想使当事人背叛的概率较小，需要把贴现率的取值范围设定在大于或等于 $\frac{\pi^*(q_1) - \pi(q_1)}{\pi(q_1) - \pi(q_h)} = a_1$，这样当事人才会理性地采取合作策略生产产量 q_1。若假设 $q_h = B$，把 $q_h = B$ 代入公式进行验证，当公式中的条件都成立的时候，就可以认定寡头垄断的当事人在使用该策略时可以获得最大的利润水平。

二、明确合作策略性行为

明确合作策略性行为的内涵是寡头垄断厂商之间为实现利润最大化而公开或秘密地签订协议的行为。

从理论视角来看，默契合作策略性行为和明确合作策略性行为区别较小，因为在不涉及相关信息的模型构建中，行业中每一个厂商都会在与其他厂商进行合作的时候签订相关协议，如果发生违约就会受到相关的惩罚。这样所有的厂商就无需明确的合谋关系。但是在实践操作中我们会发现，厂商之间的关系因为信息不对称的问题而存在。因为各个行业的不同特征，价格这一重要信息会被掩盖，例如某种商品只在大买主和大卖主之间交易，因为双方对价格保密，其他厂商无从得知双方的报价；降价信息只能在事后获得，这样坚持策略的当事人利润水平就会降低，而背叛的一方损失就会减少，背叛发生的概率提高。因此仅依靠默契合作策略性行为是行不通的，必须把当事人合作的关系实质化、书面化。明确合作策略性行为也会解决当事人之间信息不对称的问题。这一部分主要介绍的是合作策略性行为的商业策略种类。

1. 逆选择与道德风险

针对信息不对称，合作策略性行为分为逆选择和道德风险两种情况，逆选择发生在签订协议之前，也就是事前的信息不对称；相反，在事后发生的信息不对称被称为道德风险。如果导师在选择学生的时候，学生知道自己的学习能力较差而导师不知道，这就是逆选择的例子。当学生进组之后，仍然不付出相应的辛苦达到导师的要求，这就是道德风险的例子。

如何解决逆选择和道德风险是这一部分的重点内容。合作策略性行为的商业策略种类通过各种机制设定解决信息不对称问题。在签订协议之后，当事人发生违约的情况表现为私下提供折扣、私自增加产量等。这些行为的隐秘性导致其他合作当事人不易发现部分企业违约的事实，导致的后果是：被发现的时间越长，上文中提到的贴现因子就会越小，违约的当事人获得了更多利润。违约企业获利的表达式如下：

$$(1 - \beta)\pi^D + \beta\pi^P > \pi^C \tag{8-16}$$

式 8-16 是对企业选择合作还是选择背叛，根据利润水平设立的不等式。其中 π^D 是背叛方违约时所能获得的最大利润水平；π^P 是当背叛方违约时在惩罚期背叛方所能获得的最大利润水平；π^C 是在履行约定前提下企业所能获得的利润水平；β 是企业获取利润的贴现率，β 随时间的变化越来越小，造成的结果是违约企业获得的利润越来越大。针对以上问题设计出相应的应对机制，更好解决信息不对称问题。

2. 便于明确合谋的商业策略

（1）共同成本手册与多产品定价公式。在寡头垄断厂商的明确合作性策略中，一个突出的问题就是产品的差异性，第一种情况是不同厂家生产同一种类的产品，但产品是不能完全替代的。比如拥有相同配置的华硕电脑和华为电脑，因为一些消费者的消费倾向，可能对其中的一种品牌有自己的偏好。第二种情况是生产同种产品不同型号的厂商，他们的产品实际上是同质的，但是有多条生产线，产品范围不同，比如生产纸板箱的厂商中，他们生产不同尺寸和硬度的纸箱。在纸板箱生产中，相互竞争的厂商的产品线同质化程度极高。

第一种情况在现实生活中极其常见，虽然在消费者心中有自己的消费偏好，但是厂商在合谋中习惯制定产品差异化策略。所有合谋厂商在制定相关产品价格的时候会参考共同成本手册。尤其是制造业，产品都是由零件构成的，而且每个零件基本上都是标准化的，所以厂商在定价的过程中会计算零件的总和。共同成本手册是定价的标准，当出现某一厂商违背这一标准就会被其他厂商视为违约行为，并进行相应的惩罚。

第二种情况可以用产品通用公式定价法来解决，比如纸板箱行业，定价就可以用每立方米多少钱来解决，厂商可以协定一个单位价格，这个单位价格在合谋厂商间是通用的，价格的变动是同比例的，厂商只需用尺寸乘以单位价格就可以定价了。

（2）转售价格维持。转售价格维持，顾名思义，商品从产业上游流转到产业下游，即从供应商手中到零售商手中，在零售环节价格的制定仍然受到供应商的制约——制定建议零售价格。如果零售商没有按照供应商建议零售价格销售，供应商会停止供货。学术界对于转售价格维持存在的层面还有一定的争议，主要观点有两类：一是制造商层面的合谋，二是零售商层面的合谋。

以上第一个观点提到，转售价格维持是制造商层面的合谋。虽然制造商的合谋是成功的，但是下游零售商能否执行制造商制定的建议零售价格？零售商的成本不一，导致商品的售价存在差别，并且零售价格不同的原因追溯较为困难。因此无法判断是谁的过失，所以某个制造商偷偷降价，背叛协议是无从调查的。

第二个观点认为，转售价格维持是零售商之间的合谋关系。在商品的零售过程中，商品的售价一致，上游制造商属于监督人，一旦零售商出现降价行为，马上停止供货，并采取惩罚。

（3）基点定价。基点定价的含义是企业选取某几个城市作为基点城市，然后计算商品从基点城市到其他城市的运费，然后与出厂价进行加和，求出的各种报价。关于基点定价，理论界也存在很大的争论，但是较多的经济学家还是认为基点定价使合谋更稳定了。因为基点定价使商品的出厂价和运费价格清晰明了，使合谋更简单，防止厂商把折扣藏在运费中。

（4）一致—竞争条款。一致—竞争条款类似我们购买商品时商家给我们做出的口头承诺，例如保障低价 30 天等。一致—竞争条款有两大类：一是"不一致就解除"条款，若消费者在市场中看到有同质低价产品时，可以同厂商解约。二是"不解除"条款，供应商对消费者的承诺以合同的形式保存下来，但是没有解除的条款。这种机制可以使顾客有激励地去监督和反馈竞争对手的价格，当市场价格发生偏离时容易很快被察觉到。

（5）保价协议。保价协议是易于理解的。保价协议类似我们双十一购买商品时商家给我们的口头承诺，如保障低价 30 天等。在保价协议中销售商做出保证未来不会以更低的价格销售该商品，如果销售了也会对以原价购买的消费者做出补偿。保价协议相当于厂商订立的保险条款，我们不会降价，如果降价了，将会返利。消费者的监督管理机制和厂商的自我惩罚机制会降低厂商的降价行为。

（6）行业协会。行业协会是沟通政府和企业之间的社会性组织，行业协会也是厂商之间明确合谋的重要途径之一。波斯纳曾经谈到，在美国反垄断案件中，行业协会的合谋行为占了近半数。在现实情况中，行业协会提供了一个信息交换的平台。此外，会员资格、质量标准、产品代码、资质认证、行业道德标准都可以成为合谋协议制定和执行的工具。当某一企业做出背叛的行为时，行业协议会考虑采用把该企业赶出协议等极端手段进行惩罚。

三、合作策略性行为的存在性与不稳定性

在前面分别介绍了默契合作策略性行为和明确合作策略性行为在每种合谋中促使厂商之间形成又合作又竞争的关系，并设定了诸多机制保障合谋得以存续，还制定了企业背叛时的惩罚措施。合作达成后，哪些因素导致价格竞争即合作的不稳定性发生？这一问题将在本节以产业视角进行阐述。

1. 合谋的存在性

由多个阶段博弈构成的重复博弈中，影响合作的因素很多，最重要的是利率和博弈的长度。比如上述推导中，式 8-9 表明，当 $\gamma < \dfrac{\pi_{i合作} - \pi_{i古诺}}{\pi_{i背叛} - \pi_{i合作}}$ 时，冷酷战略就是一个均衡解。当 γ 继续变大时，冷酷战略就是一个障碍因素。从直观上看，每一个厂商都会选择使其利润最大化的策略，如果利率很高，以至于远期利率与现期相比无足轻重，则未来惩罚影响很小，所以厂商看重近期利润，就会背叛。

在博弈论发展过程中，已经证明诸多假设，其中博弈的长度，即博弈的次数问题就是其中一个重要的问题。纳什的"囚徒困境"是单期时，模型中所有参与者都会选择不合作，但是当博弈的次数是无穷次的时候，"囚徒困境"的子博弈精炼纳什均衡选择的策略却是合作，即当次数是已知有限次的时候，该模型的子博弈精炼均衡就是非合作；当次数是未知有限次的时候，在该模型下当事人之间的策略就是合作。

在理论研究中，我们会假设厂商制造的商品是同质化的、成本是对称的，厂商偏好也有对称性，并且无任何创新活动。但这仅仅是理论假设，在现实生产实践中，以上的假设条件会有相反的情况，因此厂商之间的合谋会受到影响。

（1）成本对称性问题。厂商之间签订协议时，成本问题是需要重点考量的。较高成本的厂商会选择制定较高的价格并且维持在较低的产出；较低成本的厂商会选择制定较低的价格和较高的产出；但是根据相关经济理论，联合利润最大化的要求是每个厂商的边际成本和边际收益要相等，要满足下面的公式：

$$MR(Q^*) = MC_1(q_1^*) = MC_2(q_2^*)$$

$$Q^* = q_1^* + q_2^*$$

对边际成本较低的厂商而言，在整个合谋过程中可以获得较大的利润空间，但是对边际成本较高的一方，最终的结果可能是倒闭。如果我们假设边际成本为常数项的话，要达到最大化行业利润，应该让低成本的厂商进行生产，但是这样的情况也是很难做到的。

前述谈到，合谋的不稳定性是由于信息不对称，成本的不对称问题也会引发逆

选择。因为在签订协议时，如果低成本厂商和高成本厂商之间平均分配产量，低成本厂商会伪装高成本厂商，目的是获得更多的边际利润。

（2）信息掌握不完全。如果重要信息只被某些个别厂商控制，比如价格、成本和顾客信息。这将导致厂商之间达成合作的概率较低，个别厂商对重要信息的掌握多于竞争对手；在重要信息的指引下，个别厂商就会做出更有利于自己的决定。例如，一个厂商如果成功说服竞争对手比自己的成本更低，他们就有可能分配到更大的合谋产量。再比如，如果价格不是双方都拥有的信息的话，默契合作策略性行为就不可能达到。

（3）产品的异质性。产品的异质性是指同一种类的产品在质量、性能等方面存在不同。厂商之间只要关注价格、数量上符合要求能促成合谋，但是因为产品异质性的存在也使合谋关系更为复杂，合谋厂商之间达成价格或者产出的一致的可能性将会更低。

同质产品由于厂商的差异化策略也使合谋协议达成更为困难。因为厂商会使用广告、创新、提高产品质量、提高产品服务等非价格手段去赢得更大的市场份额。在这种情况下，合谋协议就必须包括对非价格竞争手段的限制，如果不对上述非价格竞争手段进行限制，关于价格的合谋就不可能持久。

（4）卖方集中度。卖方集中度是影响合谋能否达成的重要因素，一般而言，卖方集中度越高，合谋就越容易发生，这已经得到理论和实证两方面的支持；相反，行业内的厂商数目太多，则成本的非对称性、产品差别化、信息的不完全和关于合谋后利润的分配情况等问题的复杂性就会大大增加，谈判的过程就会充满困难，合谋不容易达成。

（5）厂商偏好的非对称性。厂商偏好的非对称性使合谋变得困难。如前所述，贴现因子在一个厂商决定是否合谋的决定中至关重要。有的厂商可能会是风险厌恶型，惧怕反垄断的政策，不愿加入合谋的行列；有的厂商非常古怪，对合作没有偏好，这些都加剧了合谋达成的复杂性。

（6）创新。处于一个产品创新十分频繁的产业中的厂商如果要采取合作策略性行为的话，会遇到许多困难。因为产品的特征、成本、需求处于不断的变动中，达成一个协议是十分困难的。当然厂商为了减少非价格竞争的可能性，也有可能达成价格标准化的协议，但是这有可能阻碍创新，从而阻碍整个行业的发展。

（7）不确定性。如果产业基本条件具有不确定性，如需求、成本的变化具有不确定性，达成某一项合作的协议就会变得十分困难，因为厂商对未来需求或成本的预期是不会统一的；即使达成了协议，由于不确定性的存在，当成本或需求条件发生重大变化的时候，厂商就必须通过重新协商达成新的协议，而任何重新协商的过程都增加了不一致意见的可能性。

2. 合谋的不稳定性

寡头厂商有可能冲破种种合作的障碍性因素，一旦达成合谋，就还会有一个合谋可维系性的问题。事实上，寡头厂商间的合作往往是不稳定的。表现为价格竞争时有发生。

下面我们进一步了解影响未来惩罚程度、速度和可能性程度的具体因素。

（1）订单性质。如果订单的性质是大额订单，而且隔很久才签订一次，那么对寡头厂商而言，合谋成功就很困难。大额订单意味着厂商从第一次背叛行为中所获得的收益是巨大的，间隔很长时间才会签订一次订单，意味着惩罚会拖得很长。

（2）多市场接触。厂商间的博弈的重复多次可以导致合作的结果。因为在重复博弈中，厂商可以在未来惩罚不合作的厂商。同样，多市场接触有助于厂商合谋的稳定性，这种多市场接触可以分为两种：一种是厂商生产多种产品，在不同的产品市场都有接触；另一种是厂商生产同一种产品，在不同的地理市场上接触。伯海因（1990）系统分析了多市场接触对合谋稳定性的影响，他认为多市场接触意味着惩罚会加重，因为背叛厂商会在多个市场而不是一个市场遭到惩罚，但是多市场的存在也会使背叛的动机加重。

（3）厂商的数目。厂商的数目不仅是影响协议是否可以达成的因素，也是影响协议是否可以维持的因素。厂商的数目从两方面影响合谋的稳定性：一是厂商背叛的动机，二是厂商察觉背叛的能力。一个行业中厂商的数目同样会影响到厂商察觉背叛的能力，若厂商数目多，每个厂商市场份额都会很小，一个厂商的削价会引起其他厂商市场份额的微弱变化，这时背叛行为就难以察觉。

（4）厂商的需求弹性。厂商的需求弹性是影响厂商是否会背叛的一个重要因素。厂商的需求弹性越小，背叛的动机就会变小。因为它降价会使需求上升一点或者产出少量增加，导致价格大幅下降，这样他就不会选择背叛；如果需求是富有弹性的，维持合谋就很困难了，因为厂商从欺骗行为中获利增加了。

（5）产品差别化。产品差别化引入了非价格竞争，厂商不仅可以通过削价或者增加产出来背叛合谋协议，还可以将背叛行为暗含在产品差别化当中，所以产品差别化也使合谋的稳定性大打折扣。并且日益增加的广告、研发支出、售后服务、更优惠的支付条款等有时会比单纯的削价或者增产更难以察觉。

（6）成本条件协议和产能利用情况。传统的观点是：对于已达成的合谋协议，厂商的背叛动机依赖厂商扩散产出的能力，如果厂商的产能已经充分利用并且有一个陡峭的上升形状的边际成本，厂商欺骗行为的所得就会很有限。所以，从传统观点来看，合谋稳定性与产能的利用率呈反向关系。

但是夏皮罗（1989）的"颠倒原理"似乎与传统观点恰恰相左。按照此定理，可能性竞争越充分，合谋就越可能维持，理由是竞争越充分，惩罚就越重。所以平坦的边际成本曲线和过剩的生产能力就形成了便于合谋的影响。按照博弈论的观念来看，过剩的生产能力与合谋是呈正向关系的。两方的观点都有不同时期的实证研究作为佐证，难以取舍。

第三节　模型的应用

合作策略性行为模型的应用：2021~2022 年内存芯片市场博弈分析

1. 主要内存芯片厂商简介

台湾积体电路制造股份有限公司在总结韩国三星和日本芯片企业的经验和教训的基础上，摸索出一条新的道路，开创出一种新的商业模式芯片代工模式，成功挤入全球芯片产业，与三星集团和英特尔产生了激烈的竞争关系。2022 年美国签署的《芯片和科学法案》让三者之间的关系越发微妙，陷入了新的博弈困境。

台湾积体电路制造股份有限公司作为全球最大的半导体代工厂正在积极布局，在全球范围内开启制造基地建设，2021 年以来已先后宣布要在美国、日本建晶圆厂，如果在美国新建晶圆厂的目的是要规避 2022 年美国签署的《芯片和科学法案》，那么以上决定是否符合台积电一直以来发展的战略，同时在一系列的举措之下能够获得当地政府的支持，并获得发展优势还是未知数。

韩国三星集团是美国和日本在芯片领域发生"争端"时悄悄发展起来的芯片公司，发展之初有着承接美国和日本的低端产能移出，在芯片产业链中谋求一个位置的想法，借鉴日本的经验，利用"官产学"共同搞科研、攻难关，三星集团通过银行背后的支持，不到十年的时间已经在芯片产业中站稳脚跟，并且处于世界领先的地位。

虽然三星集团已经有了在美国投资建厂的计划，而且该计划会为三星集团芯片生产产生更多的产能，但是三星集团在中国西安建立的闪存芯片生产基地占三星闪存产能的半壁江山，因为美国的《芯片和科学法案》有针对中国大陆的限制性条款，对三星公司的后续决策产生了很大干扰。首尔大学半导体共同研究所所长李宗昊称，三星电子、海力士等韩国半导体企业在华业务比重较大，恐怕很难接受美国的提议，需要通过政府与企业紧密沟通进行应对。

针对该法案，很多人认为英特尔将会成为最终的受益者，然而实际情况也许并不像预期那样发展。在英特尔公司公布的最新财报中显示其营收下滑，利润为负，需求明显不足。英特尔公司要想站稳市场，需要开拓新的应用市场，作为现阶段半导体销售额占全球三分之一市场的中国，对英特尔的吸引力是不容忽视的。英特尔在 2021 年将其大连 3D NAND 厂出售给了海力士，但是一旦接受美国政府补贴，将严重干扰其未来在中国大陆新的投资拓展空间，对英特尔的长期战略来说极端不利。从目前全球半导体代工格局来看，处于台湾积体电路制造股份有限公司一家独大，三星与英特尔伯仲难分的状态。如果放任这一趋势持续下去，甚至有可能改变半导体产业数十年来一直奉行的全球化分工体系，进而带来诸多问题，包括成本的上升、市场的分割，甚至是技术体系的分割，工业体系的分割。这对台湾积体电路制造股份有限公司产生的影响是最大的，这将导致芯片产业供应链的分割而出现成本上升和市场分化问题。也会使三者之间的博弈关系发生新的变化。因此在分析厂商之间的博弈状况时，主要讨论各芯片大厂之间的博弈行为。

2. 构建模型及分析

在现实中，虽然芯片技术会不断地得到提升和改进，不断会有科技含量更高的新的产品出现，带动新一轮的芯片技术的革新，但最终同种规格的芯片在市场上会形成两败俱伤的结局。此时，合作是最好的解决方法，因此他们总是频繁地制定配额，而每一次合作无疑是一次博弈。每次参与的厂商都面临同样的选择：守信还是不守信。假设每阶段博弈结构相同，从共享同种技术规范的角度来说，每一个子博弈都等价于原博弈。从长期来看，各厂商进行的是一场无限次重复博弈。如果说在单阶段博弈中，各芯片厂商出于短期利益的考虑而进行欺骗，那么在长期范围内，他们会不会出于长期利益的考虑而进行合作呢？

在冷酷战略中，一个寡头厂商的背叛是触发点，在此之后，寡头厂商间都是不合作的，所以冷酷战略又称"扳机策略"或"触发策略"。即博弈从合作开始，假如中途有任何一个寡头芯片厂商出现背叛超产，合作宣告破裂，寡头厂商转而生产纳什均衡的芯片产量，即古诺产量，同样用市场规模（S）来描述此模型。

假设：

（1）内存芯片市场上，两个博弈方，公司1、公司2生产同种规格的内存芯片；

（2）市场需求的反函数是线性的：$p = a - bQ$（p 为市场出清价格）；

（3）企业的边际成本与平均成本相等：$MC = AC = c$；

（4）企业的成本函数：$C(q) = F + cq$。

开始时双方为获得垄断利润选择合作，在单阶段博弈分析中得出，

$$q_1 = q_2 = \frac{1}{4}s$$

$$\pi_1 = \pi_2 = \frac{1}{8}bs^2 \tag{8-17}$$

如果公司1准备选择短期最优产量，即令 π_1 取最大值，可以确定：

$$\pi_1 = p(q_1 + q_2)q_1 - c(q_1) = \left[a - b\left(q_1 + \frac{1}{4}s \right) \right] q_1 - (F + cq_1) \tag{8-18}$$

公司1利润最大时，$\frac{\partial \pi_1}{\partial q_1} = 0$，$a - 2bq_1 - \frac{1}{4}bs = c$，$q_1 = \frac{3}{8}s$

计算得出当期利润水平为 $\pi_1 = \frac{9}{64}bs^2$。

但随后阶段的利润流量转为纳什均衡状态下的利润，即 $\pi_1 = \frac{1}{9}bs^2$。将博弈收益转化为现值来考虑，令 δ 为主观贴现因子。因此如果公司1从长期利益考虑，没有动机偏离合作均衡，需满足以下条件：

$$\frac{1}{8}bs^2 + \delta\frac{1}{8}bs^2 + \delta^2 bs^2 + \cdots \geqslant \frac{9}{64}bs^2 + \delta\frac{1}{9}bs^2 + \delta^2\frac{1}{9}bs^2 + \cdots \quad (8\text{-}19)$$

式 8-19 中，δ 为主观贴现因子，又叫时间偏好因子。$\delta = \dfrac{1}{1+r}$，其中 r 代表时间贴现率，表示因放弃当前消费而导致的效用损失率，r 越小，则 δ 越大。

通过式 8-17、式 8-18、式 8-19 联立求解得出：$\delta > \dfrac{9}{17}$。

只有当主观折现因子大于 $\dfrac{9}{17}$ 时，默契合谋才会是一个精炼均衡结果。也就是说，只有当未来得益折算成现值的贴现因子达到一定程度，即公司 1 对未来收益的看重达到一定程度时，它才不会为了一次性的眼前利益导致长期利益受损，选择坚持合作。

当 $\delta \leqslant \dfrac{9}{17}$ 时，由于远期利益的重要性不足，无限次重复博弈也不能促使公司 1 和公司 2 把产量控制在 $\dfrac{1}{4}s$ 的水平。此时，在无限次重复博弈中两家公司有没有可能合作，如果可以，需满足什么样的条件呢？同样考虑冷酷战略：

在第一阶段生产 q^*（由于 $\delta \leqslant \dfrac{9}{17}$，该产量只能在垄断产量和古诺产量之间，具体水平待定），在 t 阶段，如果 $t-1$ 阶段的结果都是 (q^*, q^*)，则继续生产 q^*，否则生产古诺产量。

双方都采用冷酷战略是均衡路径每阶段都是 (q^*, q^*)，此时两厂商的得益都是：

$$\pi = p(q^*)q^* - c(q^*) = (a - 2bq^*)q^* - (F + cq^*) \quad (8\text{-}20)$$

为了计算方便，现在假设 $F=0$，$\pi = bp(s - 2q^*)$，此时两公司无限次重复博弈得益的现值均为：

$$\pi(1 + \delta + \delta^2 + \cdots) = \frac{bq^*(s - 2q^*)}{1 - \delta} \quad (8\text{-}21)$$

如果公司 1 出于利益的驱使，选择了现阶段对其有利的产量 q_1，此时，需满足：

$$\pi_1 = \max[(a - bq_1 - bq^*)q_1 - (F + cq_1)] \quad (8\text{-}22)$$

设：$\dfrac{\partial \pi_1}{\partial q_1} = 0$，$a - 2bq_1 - bq^* = c$

得出：$q_1 = \dfrac{s - q^*}{2}$，$\pi_1 = \dfrac{b(s - q^*)^2}{4}$

但是从其背离 q^* 的第二阶段开始，公司 2 必然报复性地采取古诺产量，公司 1 只能被迫生产 $\dfrac{1}{3}s$ 的产量，从此得益为 $\dfrac{1}{9}bs^2$，这样公司 1 的无限次重复博弈得益的现值为：

$$\pi_1 + \delta\frac{1}{9}bs^2 + \delta^2\frac{1}{9}bs^2 + \delta^3\frac{1}{9}bs^2 + \cdots = \frac{1}{4}b(s - q^*)^2 + \frac{\delta}{1-\delta}\frac{1}{9}bs^2 \quad (8\text{-}23)$$

只有合作的利益大于背离时所获得的利润时，公司 1 才可能采用上述的冷酷战略，否则肯定会偏离，即：

$$\frac{bq^*(s-2q^*)}{1-\delta} \geq \frac{b(s-q^*)^2}{4} + \frac{\delta}{1+\delta} \frac{1}{9}bs^2 \tag{8-24}$$

当 $q^* \geq \dfrac{\frac{1}{3}s(9-5\delta)}{9-\delta}$ 时冷酷战略是最稳定的，所以给定的 δ 水平能够支持的具有稳定性的最低合作产量必须满足：

$$q^* = \frac{\frac{1}{3}s(9-5\delta)}{9-\delta} \tag{8-25}$$

δ 越大，将来利益越重要，就越能支付较低的子博弈完美纳什均衡。

当 $\delta \to \dfrac{9}{17}$ 时，$q \to \dfrac{1}{4}s$；

当 $\delta \to 0$ 时，$q \to \dfrac{1}{3}s$。

对于任何一个 q，都有唯一的利润与其对应，$\pi \in \left(\dfrac{1}{9}bs^2, \dfrac{1}{8}bs^2\right)$ 是单调递减的。即在市场总需求不变的情况下，放弃合作的厂商一方面信誉受到损失，另一方面利润也在下降。可谓得不偿失，这就是个人理性与集体理性冲突的结果。

 思考题

1. 合作策略行为的概念及特征是什么？
2. 探讨合作策略性行为存在的必要性。
3. 简要论述合作策略性行为模型的构成。
4. 请举例说明何谓重复博弈。
5. 通过资料收集，构建一个博弈模型。

 参考文献

［1］Abreu, D. Extreme Equilibria of Oligopolistics Supergames ［J］. Journal of Economic Theory, 1986, 39 (1)：191-225.

［2］Berhein and Whinston. Multimarket Contact and Collusive Behavior Rand Journal of Economics, 1990, 21 (1)：1-26.

［3］Friedman, J. A. Non - cooperative Eguilibrium of Superg Games ［J］. Respective of Journal of Economic Study, 1971 (38)：1-12.

［4］Kreps, D. M. Rational Coopcration in the Imitely Repeatedly Prisoner Dilemma ［J］. Journal of Economie Theory, 1982, 27 (2): 245-252.

［5］爱德华·张伯伦. 垄断竞争理论 ［M］. 北京：华夏出版社, 2009.

［6］程龙, 陈逸豪, 叶光亮. 基于反垄断威慑和平抑视角的最优合谋罚款研究 ［J］. 中国工业经济, 2021 (1): 97-116.

［7］戴维·M. 克雷普斯. 博弈论和经济模型 ［M］. 北京：商务印书馆, 2006.

［8］丹尼斯·卡尔顿, 杰弗里·佩罗夫. 现代产业组织 ［M］. 上海：上海人民出版社, 1998.

［9］董锋. 合作博弈策略性行为的产业组织分析 ［J］. 黑龙江对外经贸, 2006 (7): 83-84+91.

［10］干春晖. 企业策略性行为研究 ［M］. 北京：经济管理出版社, 2007.

［11］干春晖, 姚瑜琳, 戴榕. 合作策略性行为的产业组织分析 ［J］. 上海管理科学, 2004 (2): 31-33.

［12］高志刚. 产业经济学 ［M］. 北京：中国人民大学出版社, 2016.

［13］惠宁. 产业经济学 ［M］. 北京：高等教育出版社, 2012.

［14］罗建兵, 许敏兰. 合谋理论的演进与新发展 ［J］. 产业经济研究, 2007 (3): 60-65.

［15］王俊豪. 产业经济学 ［M］. 北京：高等教育出版社, 2008.

［16］谢勒. 产业市场结构与市场绩效 ［M］. 台北：台湾银行经济研究室, 1991.

［17］杨公仆. 产业经济学 ［M］. 上海：复旦大学出版社, 2005.

［18］约翰·纳什. 纳什博弈论论文集 ［M］. 北京：首都经济贸易大学出版社, 2000.

［19］张庆. 内存芯片厂商间的定价博弈分析 ［J］. 才智, 2010 (12): 32.

［20］张秋红, 刘国亮. 电信产业默契合谋的存在性与稳定性分析 ［J］. 技术经济与管理研究, 2011 (7): 113-119.

［21］郅宏宇. 基于博弈论的高校体育资源共享稳定性条件分析 ［J］. 长春师范大学学报, 2017 (4): 86-89.

第九章

产业结构演化模型及应用

本章提要

　　产业结构优化与区域经济的发展有着密切的关系。产业结构的演进有利于促进经济总量的增长，反过来，经济总量的发展为产业结构日益优化提供了动力，这是很多国家经济发展实践得以验证的规律。特别是在现代经济发展中，产业结构起到越来越重要的作用。因此，对产业结构演进的研究由来已久，也成为各国经济发展越来越重视的板块，本章从产业结构演化规律及理论、产业结构演化模型及其在我国实践中的应用三部分来介绍产业结构演化模型与应用。

第一节　产业结构演化规律及理论

一、产业结构演进的一般规律

　　考察和把握产业结构演进的一般规律是研究产业结构的首要课题。产业结构作为以往经济增长的结果和未来经济增长的基础，是推动经济发展的主要因素。产业结构是随经济发展而不断变动的，这种变动主要表现为产业结构纵向由低级向高级演进的高度化和产业结构横向演变的合理化。这种结构的高度化和合理化推动着经济向前发展。从许多发达国家和新兴工业化国家的实践来看，产业结构的演进（主要是产业结构的高度化和合理化）从不同角度来看有如下几种规律：

　　1. 从工业化发展的阶段来看

　　产业结构的演进有前工业化时期、工业化初期、工业化中期、工业化后期和后工业化时期五个阶段。在前工业化时期，第一产业占主导地位，第二产业有一定发展，第三产业的地位微乎其微。在工业化初期，第一产业产值在国民经济中的比重逐渐缩小，其地位不断下降；第二产业有较大发展，工业重心从轻工业主导型逐渐转向基础工业主导型，第二产业占主导地位；第三产业也有一定发展，但在国民经济中的比重还比较小。在工业化中期，工业重心由基础工业向高加工度工业转变，第二产业仍居第一位，第三产业比重逐渐上升。在工业化后期，第二产业比重继续下降，第三产业继续快速发展，其中信息产业增长加快，第三产业产值比重在三次产业中的地位占有支配地位甚至绝对支配地位。在后工业化时期，产业知识化成为主要特征。产业结构的发展就是沿着这样一个发展进程走向高度现代化的。

2. 从主导产业的转换过程来看

产业结构的演进有第一产业为主导、轻纺工业为主导、原料和燃料动力等基础工业为重心的重化工业为主导、低度加工组装型重化工业为主导、高度加工组装型工业为主导、第三产业为主导、信息产业为主导七个阶段。在不同阶段产业结构演进的一般规律是：

第一，在第一产业为主导的阶段，第一产业占有绝对地位，第二产业、第三产业的发展均很有限。

第二，在轻纺工业为主导的阶段，轻纺工业由于需求拉动、技术要求简单、从第一产业分离出来的劳动力便宜等有利因素得到较快发展；第一产业的发展速度有所下降，地位有所削弱，重化工业和第三产业的发展速度较慢。这时轻纺工业取代农业成为主导产业。

第三，在原料和燃料动力等基础工业为重心的重化工业阶段，农业产值在国民经济中的比重已经很小；轻纺工业继续发展，但速度逐渐放慢下来；而以原料、燃料、动力、基础设施等基础工业为重心的重化工业首先得到较快发展，并逐渐取代轻纺工业成为主导产业。这些基础工业都是重化工业的先行产业或制约产业，必须先行加快发展才不至于成为制约其他重化工业发展的瓶颈产业。

第四，在低度加工组装型重化工业为主导的阶段，传统型、技术要求不高的机械、钢铁、造船等低度加工组装型重化工业发展速度较快，其在国民经济的比重越来越大，并成为主导产业。

第五，在高度加工组装型工业为主导的阶段，由于高新技术的大量应用，传统工业得到改造。技术要求较高的精密机械、精细化工、石油化工、机器人、电子计算机、飞机制造、航天器、汽车及机床等高附加值组装型重化工业有较快发展，成为推动国民经济增长的主要推动力，在综合国力中的比重占有较大份额，其增幅较大，成为国民经济的主导产业。

第六，在第三产业为主导的阶段，第二产业的发展速度有所放缓，比重有所下降，特别是传统产业的下降幅度较快；但第二产业内部的新兴产业和高新技术产业仍有较快发展。整个第二产业内部结构变化较快，但已不占有主导地位。第三产业包括服务业、运输业、旅游业、商业、房地产业、金融保险业、信息业等的发展速度明显加快，并在综合国力中占有较大或主要份额，成为国民经济的主导产业。

第七，在信息产业为主导的阶段，信息产业获得长足发展，特别是信息高速公路的建设和国际互联网的普及，推动了信息产业的快速发展。这一时期，信息产业已成为国民经济的支柱产业和主导产业。人们也常把这一阶段称为后工业化社会或工业化后期阶段。

3. 从三大产业的内在变动来看

产业结构的演进是沿着以第一产业为主导到第二产业为主导，再到第三产业为主导的方向发展的。

在第一产业内部，产业结构从技术水平低下的粗放型农业向技术要求较高的集约型农业，再向生物农业、生态农业等技术含量较高的绿色农业和生态农业发展；由种植型农业向畜牧型农业，野外型农业向工厂型农业方向发展。

在第二产业内部，产业结构的演进朝着轻纺工业—基础型重化工业—加工型重化工业方向发展。从资源结构变动情况来看，产业结构沿着劳动密集型产业—资本密集型产业—知识（技术）密集型产业方向演进。从市场导向角度来看，产业结构朝着封闭型—进口替代型—出口导向型—市场全球化方向演进。

在第三产业内部，产业结构沿着传统型服务业—多元化服务业—现代型服务业—信息产业—知识产业的方向演进。

4. 从产业结构演进的顺序来看

产业结构由低级向高级发展的各阶段是难以逾越的，但各阶段的发展过程可以缩短。从演进角度看，后一阶段产业的发展是以前一阶段产业的充分发展为基础的。只有第一产业的劳动生产率得到充分的发展，第二产业的轻纺产业才能得到应有的发展。第二产业的发展是建立在第一产业劳动生产率大大提高的基础上，其中加工组装型重化工业的发展又是建立在原料、燃料、动力等基础工业的发展基础上的。同样，只有第二产业快速发展，第三产业的发展才具有成熟的条件和坚实的基础。这种超前发展而现代化水平不高的第三产业给未来经济发展带来了后遗症，这种后遗症今天已经显露出来了。

二、产业结构演进的理论

产业结构的变动总是和经济发展联系在一起的，研究经济增长就要研究产业结构的演进。国内外学者对产业结构的变动规律进行了大量研究，总结出了产业结构变动的许多理论依据，产业结构演进的理论框架如图9-1所示。

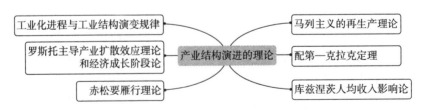

图9-1　产业结构演进的理论框架

1. 马列主义的再生产理论与两大部类增长规律

马克思在分析社会资本再生产过程时，就生产资料生产部门与消费资料生产部门的比例关系进行了深入的研究。列宁在马克思研究的基础上考虑了资本有机构成变化对社会再生产的影响后，明确得出了生产资料生产优先增长的结论。列宁指出，资本发展的规律就是不变资本比可变资本增长得快，也就是说，新形成的资本越来越多地转入制造生产资料的社会经济部门。因而，这一部门必然比制造消费品的那个部门增长得快。这样我们看到，增长最快的是制造生产资料的生产资料生产，其次是制造消费资料的生产资料生产，最慢的是消费资料生产。

必须明确指出的是，生产资料生产的增长占优先地位，并不意味着生产资料的生产可以脱离消费资料的生产而孤立地、片面地发展。因为，生产资料的生产归根到底还是为了以更多的技术设备和原材料去供应消费资料的生产部门，以满足这些部门的生产需要。生产生产资料的各个部门总是要通过直接或间接地交换去和生产消费资料的各个部门发生联系，生产资料生产的发展终究要依赖消费资料生产的发展。如果没有消费资料生产的相应发展，生产资料生产的扩大就迟早要遇到困难。

既要承认这一规律的存在及其对国民经济发展的指导作用，又不能片面理解，夸大其作用，否则是要吃大亏的。改革开放前，我们对这一规律的理解是片面的、夸大的，改革开放后，我们在不断地纠正这种错误，调整国民经济结构。但是，近年来，实际经济运行的情况表明，这一规律又有被淡忘的迹象，这应该引起我们的重视。

2. 配第—克拉克定理

配第—克拉克定理是英国经济学家科林·克拉克在威廉·配第的研究成果基础之上，深入地分析了就业人口在三次产业中分布结构的变动趋势后得出来的。克拉克认为，他的发展只是印证了配第的观点，故称之为配第定理。后来，人们把克拉克的这一发现称为配第—克拉克定理。

（1）配第—克拉克定理的理论前提。配第—克拉克定理的理论有三个重要的前提：一是克拉克对产业结构演变规律的探讨，是以若干国家在时间的推移中发生的变化为依据的。这种时间序列是和不断提高的人均国民收入水平相对应的。二是克拉克在分析产业结构演变时，首先使用了劳动力这个指标，考察了劳动力伴随经济发展在各产业中的分布状况发生的变化。后来，克拉克本人、美国经济学家库兹涅茨和其他人，又以国民收入在各产业中的实现状况，对产业结构作了进一步的研究，发现了一些新的规律。三是克拉克对产业结构的研究是以三次产业分类法为基本框架的，即将全部经济活动分为第一次产业、第二次产业、第三次产业。

（2）配第—克拉克定理的内容。根据以上三个重要前提，克拉克搜集和整理了若干国家随着时间的推移劳动力在第一次、第二次和第三次产业之间移动的统计资料，得出了如下结论：随着经济的发展，即随着人均国民收入水平的提高，劳动力首先由第一次产业向第二次产业移动；当人均国民收入进一步提高时，劳动力便向第三次产业移动；劳动力在产业间的分布状况，第一次产业将减少，第二次产业、第三次产业将增加。

（3）对配第—克拉克定理的解释。克拉克认为，劳动力在产业间移动的原因是由经济发展中各产业间出现收入的相对差异造成的。劳动力总是从收入低的产业向收入高的产业移动。产业间收入相对差异的现象，17 世纪的英国经济学家威廉·配第在他的名著《政治算术》中早就描述过。他认为，制造业比农业收入高，商业比制造业能够得到更多的收入。比如，英格兰的农民每周只能赚 4 先令，而海员的工资加上伙食和其他形式的收入，每周的收入是 12 先令。一个海员的收入最终能顶上 3 个农民的收入。他还指出，人口大部分从事制造业和商业的荷兰，人均国民收入要比欧洲大陆其他国家高得多。这种不同产业之间相对收入上的差异，就会促使劳动力向能够获得更高收入的部门移动。

根据配第—克拉克定理，通过一个国家的时间序列比较和不同国家的横截面比较，可以判定一个国家产业结构所处的阶段及特点，为制定产业政策提供依据并用这一定理对未来就业需求进行预测，以制定相应的劳动就业政策。

3. 库兹涅茨人均收入影响论

配第—克拉克定理主要描述了经济发展中，劳动力在三次产业间分布结构的演变规律，并指出了劳动力分布结构变化的动因是在经济发展中产业之间产生的相对收入的差异。从这一研究成果出发，产业结构演变规律的探讨就必须深入到研究第一次产业、第二次产业、第三次产业所实现的国民收入的比例关系及其变化上来。弄清了国民收入在三次产业分布的变化趋势，就可以把它同劳动力分布的变化趋势结合起来，深化产业结构演变的动因分析。在这一方面取得了突出成就的当属美国著名经济学家西蒙·库茨涅茨。库茨涅茨擅长国民经济统计，特别是国民收入的统计。在西方经济学界享有"GNP 之父"的美名。1971 年，库兹涅茨在研究产业结构理论方面的成就获得诺贝尔经济学奖；他对产业结构理论研究方面的成果，主要表现在《现代经济增长》《各国经济增长的数量方面》等著述中。库茨涅茨在继承克拉克研究成果的基础上，进一步收集和整理了 20 多个国家的庞大数据。对一些国家，如对英国的统计资料追溯到了 19 世纪。据此，从国民收入和劳动力在产业间分布两方面对伴随经济发展的产业结构变化做了分析研究。

在库茨涅茨的研究过程中，把第一次产业、第二次产业、第三次产业分别称为"农业部门""工业部门""服务业部门"。

农业部门（即第一次产业）实现的国民收入的比重，随着年代的延续，在整个国民收入中的比重同农业部门劳动力在全部劳动力中的比重一样，处于不断下降之中。

工业部门（即第二次产业）的国民收入的相对比重总体来看是上升的，然而，工业部门劳动力的相对比重，将各国的情况综合起来看是大体不变或略有上升的。

服务业部门（即第三次产业）的劳动力相对比重，差不多在所有的国家里都是上升的。但是，国民收入的相对比重却未必和劳动力的相对比重的上升是同步的。综合起来看大体不变，略有上升。

以上结论是按时间的推移所做的时间序列分析得出的，这类分析也可以用横截面分析的方法进行，即在同一时点上，对人均国民收入水平不同的国家，由低到高排列起来进行比较。

弄清了劳动力和国民收入在产业间分布结构的演变趋势，就可以把两者结合起来，研究这种演变趋势，也就能得出产业结构演变的动因。正如前面介绍的，在克拉克看来，产业结构演变的动因是各产业部门在经济发展中必然出现的相对收入的差异；而这种产业间相对国民收入，恰恰是国民收入的相对比重和劳动力的相对比重之比。

4. 罗斯托主导产业扩散效应理论和经济成长阶段论

罗斯托通过长期研究首先提出了主导产业及其扩散理论和经济成长阶段理论。他认为，无论在任何时期，甚至在一个已经成熟并继续成长的经济体系中，经济增长之所以能够保持，是因为为数不多的主导部门迅速扩大的结果。这种扩大又产生了对其他产业部门的重要作用，即产生了主导产业扩散效应，包括回顾效应、旁侧效应和前向效应。罗斯托的这些理论被称为罗斯托主导产业扩散效应理论。

他还根据科学技术和生产力发展水平，将经济成长的过程划分为五个阶段：一是传统社会，即牛顿之前的整个世界。当时不存在现代科学技术，生产力水平低下。二是为"起飞"创造前提的阶段。此时，近代科学技术开始在工农业中发生作用，占人口 75% 以上的劳动力逐渐从农业转移到工业和服务业，投资率的提高明显超过人口增长水平。三是"起飞"阶段，相当于产业革命时期。积累率在国民收入中所占的比率由 5% 增加到 10% 以上，有一种或几种经济主导部门带动国民经济的增长。四是向成熟挺进阶段。这时一系列现代技术已经有效地应用于大部分资源，投资率达到 10%~20%。由于技术的不断改进和新兴工业的迅速发展，经济结构也发生了变化。五是高额大众消费阶段。这时的工业已经高度发达，主导部门已经转移到耐用消费品和服务业部门。后来他又于 1971 年出版了《政治和成长阶段》一书，在上述五个阶段的基础上又增加了一个"追求生活质量阶段"。他认为，在这个阶段主导部门已经不再是耐用消费品工业，而是提高生活质量的产业，包括教育、保健、医疗、社会福利、文娱、旅游等。

5. 赤松要雁行理论

产业结构演进的一个重要趋势就是与国际市场相适应。一国的经济发展需要内贸与外贸相结合的全方位的产业结构。日本经济学家赤松要对此提出了著名的"雁行理论"。这一理论要求将本国产业发展与国际市场密切联系起来，使产业结构国际化。他认为后起的工业化国家可以通过如下四个阶段来加速本国工业化进程：

第一阶段：从研究开发新产品到国内市场形成；

第二阶段：从国内市场饱和到产品出口，开拓国际市场；

第三阶段：从国外市场形成到输出技术设备，就地生产和销售；

第四阶段：国外生产能力形成，产品以更低价格返销，迫使本国该产品减少生产，并促使新产品开发。

当然，产业结构的理论远不止这些，以上只是较常见的、反映产业结构演变规律的一些基本理论。

第二节　产业结构演化模型

一、二元经济结构模型

经济结构的二元性是发展中国家普遍存在的共同特征，也是经济发展的出发点。自 20 世纪 50~60 年代以来，许多发展经济学家致力于二元经济结构转化问题的研究，由此产生了诸多经济理论模型，其中最著名的是刘易斯等的二元经济模型。

1. 刘易斯二元经济模型

1954 年，美国发展经济学家刘易斯发表了发展经济学的经典之作 *Economic Development with Unlimited Supplies of Labor*，系统地阐述了发展中国家的二元经济模型，标志着二元经济模型超越了思想阶段，成为一种具有严格的内部一致性的经济学理论。刘易斯因为作出了包括二元经济模型在内的一系列重要理论贡献而荣获 1979 年度诺贝尔经济学奖。

直到 20 世纪 50 年代，西方经济学关于经济发展问题，还只是从总量的变动，即从经济增长的方面加以考察的。哈罗德—多马模型和索洛模型探讨的正是这样的总量变动因素和机制问题。新古典经济学认为，市场是统一的，只受国家疆界的限制。在国内市场上，每种生产要素只有一个价格，这个价格传递着生产要素的供求信息，追求利润最大化的企业根据市场价格作出生产决策。在这个过程中，资源得到了有效配置。然而，发展中国家处于从农业社会向现代经济转型中，市场刚刚发育，零碎而相互分割，现代企业凤毛麟角。发展中国家所面临的发展问题与新古典经济学的基本假设大相径庭，城乡二元社会分化普遍出现，地区经济发展水平极端差异，即使在一国疆域之内市场仍然是相互分割的，不同地区之间缺乏统一的产品市场和要素市场，价格机制也就难以发挥其资源配置的功能。在这种极端情形下，传统经济学理论的适用范围似乎是穷途末路了。

从 20 世纪 50 年代中期开始，刘易斯针对发展中国家贫困及经济发展速度缓慢的内在原因开展了深入的研究，并提出了著名的二元经济模型来解释发展中国家的经济发展问题。

刘易斯的二元经济模型有如下四个基本假定：

第一，发展中国家经济仅由两个部门所组成：一个是以农业、手工业为主的传统农业部门，主要集中于农村地区。传统部门的技术比较落后，生产规模小，生产的产品主要为了维持自身生存的需要，用于部门内部的消费。从长期来看，传统农业部门的人均居民收入维持在生存水平上，只能保证人口的再生产；但与此同时，传统农业部门的人口过度膨胀，导致大量的失业人口存在。另一个是以制造业为中心的现代工业部门，主要集中于城市之中。现代工业部门生产和管理技术比较先进，生产规模大，以利润最大化为根本目标，并且资本家将他们获得的大部分利润用于储蓄、投资和扩大再生产。现代工业部门存在持续的技术进步，劳动生产率迅速提高。

刘易斯认为，发展中国家的经济发展的过程，就是通过不断扩大现代工业部门，为传统农业部门的剩余劳动力、失业人口提供就业机会的过程。只有当传统农业部门的失业问题得以妥善解决，发展中国家才能摆脱贫困，实现经济起飞。

第二，劳动力资源无限供给。刘易斯的二元经济模型暗含着这样一个先验性假定——在维持基本生存需要的收入水平上，社会中存在着无限劳动供给。这个假定与古典经济学的假定基本相似，它意味着现代化工业部门在现行的固定工资水平上，能够购买到它所需要的任何数量的劳动力。

这一假设也暗含了两层要点：一是大量失业人口的存在，从而为现代工业部门提供充足的劳动力保障；二是劳动力的无限供给以一定的市场价格为经济条件，即现代工业部门的收入水平要高于农业部门，否则就无法吸引劳动力到城市中就业。

第三，工资水平保持不变。如假设中所述，传统农业部门的人均居民收入维持在生存水平上，即取决于维持生存所需要的最低费用，因此是保持不变的。这是因为，如果人均收入水平超过维持生存所需要的最低费用，则必然刺激人口的增长，而人口过多的增长又将降低人均收入水平，结果传统农业部门的人均收入在等于最低生存费用的水平上达到了均衡。

第四，生产技术一定且不变。刘易斯将二元经济的发展过程描述为一个现代工业部门不断扩张和传统农业部门逐步缩小的过程。这个过程是通过收入分配向利润倾斜所导致的现代工业部门迅速地积累资本，以及现代工业部门不断从传统农业部门吸收劳动和经济剩余来实现的。

现代工业部门的扩张和劳动力的转移过程如图 9-2 所示。

图 9-2（a）描绘的是传统农业部门，其中上半部分为农业劳动力的总产量曲线，横轴表示农业劳动力数量，纵轴表示农业总产量。曲线 TP_A 显示了在资本数额和技术水平不变的条件下，随着劳动量的增加，农业总产量的变化规律。图 9-2（a）中下半部分为农业劳动力的边际产量 MP_A 和平均产量曲线 AP_A。当劳动投入等于 L_A 时，劳动的边际产量为零。根据刘易斯的观点，超过 L 的劳动力皆为农业过剩劳动力；同时刘易斯假定，所有农业劳动力的产出能力是均等的，从而农业劳动力的收入并不取决于劳动力的边际产量，而是由平均产量决定的，即图 9-2（a）中的平均产量 W_A 代表了农业劳动力的收入水平，图 9-2（b）描绘的是现代工业部门的总产量曲线以及吸收农业过剩劳动力的情况。其中上半部分为现代工业部门的总产量曲线，横轴表示现代工业部门的劳动力数量，纵轴表示工业总产量。三条曲线 TP_1、TP_2、TP_3 显示了在技术水平不变的条件下，随着资本投入量（$K_1 < K_2 < K_3$）的增加，总产量曲线会向上方移动。在下半部分图中，横轴也是表示现代工业部门的劳动力数量，而纵轴则表示现代工业部门的边际生产率和工资水平。其中 A 为农业劳动力的收入水平，B 为现代工业部门现行工资水平。因为保证 $W_M > W_A$，所以只要存在农业过剩劳动力，现代工业部门的劳动供给就具有完全弹性，供给曲线 S 为一条水平线。

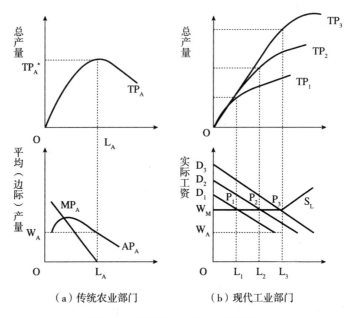

（a）传统农业部门　　　　　（b）现代工业部门

图9-2　刘易斯二元经济发展模型

假设最初现代工业部门的资本量为 K_1，相应地，劳动的边际产量曲线（劳动的需求曲线）为 D_1P_1。根据利润最大化原则，要素的边际生产力等于要素的边际成本，图中的 P_1 为初始均衡点。在这一点，工业部门的劳动力就业数量为 OL_1，总产出水平为 $OL_1P_1D_1$，$OL_1P_1W_M$ 为工人工资，$W_MP_1D_1$ 为资本家利润。当资本家把这些利润用于再投资，则现代工业部门的资本就会增加。假设资本增加到 K_2，相应的劳动的边际产量曲线上升到 D_2P_2，此时现代工业部门的就业水平增加到 OL_2，利润也上升为 $W_MP_2D_2$。也就是说，如果资本家不断地将利润用于再投资，那么剩余越来越多，资本形成也越来越大，而且这个过程一直要继续到剩余劳动力消失为止，在图9-2（b）中，剩余劳动力消失的点是 P_3，现代工业部门劳动力就业的数量为 OL_3。过了这一点，劳动力变为稀缺的生产要素，工资水平开始上升，现代部门的劳动力供给不再具有完全弹性。

可以看出，刘易斯把发展中国家的经济发展过程划分为两个阶段：在第一阶段，资本稀缺，劳动力充足。传统农业部门存在大量边际产量为零的过剩劳动力，现代工业部门按现行工资可以获得无限的劳动供给。当传统农业部门的过剩劳动力全部转移到现代工业部门后，就进入经济发展的第二阶段。在第二阶段，资本和劳动力都成为稀缺的生产要素，工资不再是固定的，而是取决于劳动的边际生产力。

很明显，刘易斯针对发展中国家劳动力过剩的现实，提出了劳动无限供给下的经济发展模型，从而建立了研究发展中国家经济发展的基本框架，可谓开辟了二元经济理论研究的先河。但是，在他的理论中也存在很多缺陷：一是对发展中国家的二元经济结构形成原因没有给出明确解释，把发展中国家的二元结构当作给定的外生变量；二是将农业部门当作一个被动的部门，在整个二元经济结构转化过程中，看不见农业劳动生产率的提高、农民收入的增长。针对这些不足，美国耶鲁大学的两位经济学家费景汉、拉尼斯对刘易斯的理论提出了修正。

2. 费景汉—拉尼斯模型

20世纪60年代初期，费景汉和拉尼斯发表了一系列著名的论著，主要以亚洲一些国家和地区的发展经验为基础，大量运用微观经济学基本理论和计量经济学的方法来描述二元经济的结构转变过程，从而形成了费景汉—拉尼斯模型。这个模型试图证明，通过劳动力从农业部门向工业部门的转移，可以使经济不断发展，并完全实现商品化。

费景汉和拉尼斯认为刘易斯的二元经济模型忽视了农业在促进经济发展方面的重要作用，并指出提高农业生产率以获取更多的农业剩余是经济发展的关键，因为劳动力从农业部门向工业部门转移，本身要以农业生产率的提高为前提。他们还假设，道德、传统和社会关系等非经济因素对农业部门的收入分配起着决定性的支配作用，农业部门中由制度因素决定的"不变的制度工资"相当于维持生存所需要的最低费用，与农业劳动的平均生产率接近。在费景汉—拉尼斯模型中，劳动力转移过程如图9-3所示。

图9-3（a）描述的是工业劳动力增加的过程，其中横轴表示工业劳动力数量，纵轴表示工业部门劳动的边际产量和工资水平；而图9-3（b）、图9-3（c）描述的则是农业劳动力减少的过程，其中原点位于右上角，横轴从右向左表示农业劳动力数量，纵轴从上至下表示农业产出。随着农业劳动力的转移，当农业部门的劳动力减少到 P^* 时（即工业部门的劳动力增加到 L_2 时），农业劳动力的边际产量等于零，如果继续转移农业劳动力，则其边际产量开始大于零，即农业劳动力的减少会引起农业总产出的下降，从而很可能发生粮食的短缺，并引起粮食价格的上涨和工业部门工资水平的上升，如图9-3（a）中劳动供给曲线 S_L 的走势所示。因此，在费景汉—拉尼斯模型中，P^* 是农业劳动力转移的第一个转折点，叫做"短缺点"（shortage point），它意味着当平均农业产出 AP_A 下降到制度工资 $W = CIW$ 以下时，农产品特别是粮食开始出现短缺。之后，如果农业劳动力继续向非农业部门转移，则农业劳动边际生产率继续提高。当农业劳动力减少到 P 时，农业劳动的边际生产率 MP 达到制度工资水平 $W = CIW$。P^* 叫做商品化点（commercialization point），表明农业已经开始商品化了；即农业劳动力减少后，农业劳动的边际收益将大于制度工资，农业部门的工资水平不再由制度决定，而是由其边际生产力决定，整个经济都商品化了，达到成熟经济阶段，亦即实现了二元经济向一元经济的转化。

基于此，费景汉和拉尼斯对刘易斯的二元经济模型进行了进一步修正，把发展中国家的经济发展过程划分为三个阶段：

在第一阶段，与刘易斯模型基本相同，即劳动无限供给阶段，也就是短缺点之前的阶段（图9-3（b）中 QP^*）。在这一阶段，大量劳动的边际生产力为零，工业部门可以在既定的工资率下获得所需的劳动力。劳动力从农业部门流入工业部门，既不会使农业部门总产量减少，又不会引起工业部门工资率的提高。

在第二阶段，农业劳动力的边际产量大于零，但小于制度工资水平 $W = CIW$，因此经济中存在隐蔽性失业，也就是短缺点与商品化点之间的阶段（图9-3（c）

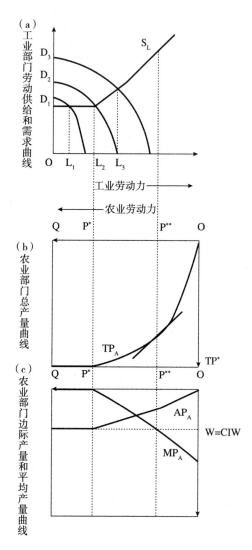

图9-3　费景汉—拉尼斯模型

中 P^*P^{**}）。在这一阶段，随着劳动力的转移，农业部门的总产量将会下降。如果农产品的消费水平保持不变，那么农产品开始出现短缺，特别是粮食出现短缺，这样农产品就不能维持原来的价格水平，价格开始上升，工业部门的工资水平也随之上升。

在第三阶段，当农业劳动力的边际产量等于制度工资时，全部过剩劳动力都已被吸收到工业部门，劳动和资本一样也成为稀缺的生产要素，农民的收入和工业部门的工资都由其边际生产力决定，整个经济就完全商品化了，即商品化点之后的阶段（图9-3（c）中 P^*O）。

费景汉和拉尼斯认为，经济发展最困难的阶段是第二阶段。他们担心工资水平的提高会减缓劳动力的转移速度，有可能使工业部门的扩张在全部过剩农业劳动力没有被完全吸收之前就停止，使经济无法进入第三阶段。对此，他们给出的解决方案是，在工业化过程中，必须保持农业生产率的同步提高，这样才能在农业劳动力转移的同时，不减少农业中的剩余产品，从而保持工资水平不变，使工业部门的扩张和农业劳动力的转移顺利进行。

同时，费景汉和拉尼斯还强调，在二元经济转化过程中，工业部门吸收过剩农业劳动力和创造就业机会的能力，决定着二元经济增长利益的扩散。因为在二元经济转化过程中，一般都伴有人口的急剧增长，要使转化成功，工业部门的劳动力吸收率（n_L）必须超过人口增长率（η_P）。费景汉和拉尼斯把这一条件称为发展成功的最低努力标准，用公式表示如下：

$$\eta_P < \eta_L = \eta_K + \frac{B_L + J}{\varepsilon_{LL}} \tag{9-1}$$

式中：η_K 表示资本积累所带来的就业增长率，B_L 表示创新的效果对劳动投入的偏向效应，J 表示创新强度，ε_{LL} 表示劳动边际产品的劳动弹性。

如果在二元经济转化过程中背离了这一标准，那么经济发展必将会受到阻碍。

可见，费景汉—拉尼斯模型基本上反映了发展中国家经济发展过程中城乡对立统一运动的一些客观规律，大致符合发展中国家工农业协调发展的要求，这种分析方法无论在理论上还是在政策上都具有重大的指导意义。然而，他们的模型与刘易斯模型一样，都是建立在一些基本假设条件之上：第一，它假定农业部门存在过剩劳动力，而工业部门不存在失业现象。第二，它把工业部门的工资水平看成是由农业部门的收入水平决定的，而且是不变的。第三，它假定工业部门的利润和高收入者的收入能不断地用于国内资本的积累和有效率的生产性投资。很明显，这些基本假设条件或多或少与发展中国家的现实不相符，这就成为费景汉—拉尼斯模型的不足之处，在一定程度上削弱了该模型对发展中国家经济发展模式的解释力度。

二、产业结构优化模型

产业结构优化是指推动产业结构合理化和高度化发展的过程。前者主要依据产业关联技术经济的客观比例关系，来调整不协调的产业结构，促进国民经济各产业间的协调发展；后者主要遵循产业结构演化规律，通过创新，加速产业结构的高度化演进。产业结构优化过程就是通过政府的有关政策调整影响产业结构变化的供给结构和需求结构，实现资源优化配置与再配置，推进产业结构的合理化和高度化发展。

产业结构优化的内容包括产业结构优化的目标、产业结构优化的对象、产业结构优化的措施或手段、产业结构优化的政策等。产业结构优化的目标就是要实现产业结构的高度化和合理化，最终实现经济的持续快速增长。

本部分介绍的产业结构优化模型主要以多目标产业结构优化模型为主。

在线性规划和非线性规划中，所研究的问题都只含有一个目标函数，这类问题通常称为单目标最优化问题，但是在实际应用中，人们所遇到的问题，往往需要在给定的区域内同时考虑使多个目标均尽可能达到最优化状态，我们称这种含有多个目标的最优化问题为多目标最优化问题，也称作多标准最优化或多属性最优化，是同时优化两个或两个以上相互矛盾的、受一定条件限制的目标。

自20世纪60年代初期以来，多目标最优化问题就受到研究人员越来越多的关注，但一直没有出现有效的解决方法；虽然已经有许多经典的方法可以很好地解决单目标最优化问题，但其最优解的定义是不能推广到多目标最优化问题中的，在单目标最优化问题中，通常得到的最优解都是全局最大解或最小解，而在多目标最优化问题中，多个目标函数需要同时进行优化，由于目标之间无法比较，又存在矛盾冲突，导致不一定存在同时满足所有目标函数的最优解，某个解可能在一个目标上是最优的，但在另一个上是最差的。因此，多目标最优化问题通常存在一个解的集合，它们之间不能简单地比较好坏。对多目标最优化问题来说，不可能进一步优化某一个或几个目标而不损坏其他目标，这种解称作非劣最优解集，也就是所谓的帕累托最优解集，早在19世纪法国经济学家帕累托就提出了这一观点，传统数学规划原理的多目标优化方法在实际工程优化问题中往往表现出一定的脆弱性，因此有必要研究高效实用的多目标优化与决策的算法及理论。Walter概述了在计算分析过程中保持问题多目标性质的方法，认为从单变量到多变量的随机顺序的推广是一种有前途的工具。

与一般的优化模型一样，产业结构的优化模型主要包括两大部分，即目标函数与约束条件。

1. 目标函数

目标函数是产业结构优化模型的核心部分，也是评价最终效果的主要判别标准和依据。结合经济发展的内涵及宏观经济管理的目标，将经济增长和居民充分就业作为主要决策变量，而将生态环境目标设置在约束条件中加以体现。由此，目标函数的设定如下：

（1）经济增长目标。经济增长是产业结构优化的主要目的和效应之一，衡量产业结构优化所带来的经济增长效益的高低，可以计算报告期国民生产总值与基期的比值，将其定义为 λ_1，因此要使经济增长效应最优化，即求 λ_1 最大值：

$$\max \lambda_1 = \frac{i^T[X(t_n) - A(t_n)X(t_1)]}{i^T[X(t_0) - A(t_n)X(t_0)]} \tag{9-2}$$

式9-2中，各个产业总产量构成列向量 X，用矩阵 A 表示投入产出的直接消耗系数矩阵，t 代表时期，i^T 为求和算子，即转置后的、以1为元素的列向量。

（2）充分就业目标。充分就业是经济持续、稳定、健康发展的必要保证，也是社会稳定发展的重要体现。以失业率作为主要决策变量，则要使产业结构优化效应得以体现，应当使失业率尽量降低。以 λ_2 表示社会失业率，则目标函数为：

$$\min \lambda_2 = \left(1 - \frac{i^T X(t_n)/R(t_n)}{S(t_n)}\right) \tag{9-3}$$

式9-3中，S 为年劳动力供给总量，R 为以国民经济总产出核算的全员劳动生产率大小。

2. 约束条件

这一部分内容是规划求解模型的主体部分，它限定了可行性方案的选择边界，将目标函数限制在一定的条件内进行讨论，决定了规划问题的适用范围。除了实际的经济意义以外，作为产业结构优化模型的约束条件，还必须考虑经济系统各元素间投入产出的制约关系，具体表现为由投入产出模型转化的约束条件方程。这些主要的约束条件如下：

（1）产业结构合理化约束条件。产业结构优化的主要内容之一就在于产业结构的合理化，即产业之间的经济技术联系及其联系方式的合理化，进而实现生产要素在不同产业之间的合理流动，提高资源利用效率和经济效益。根据龚仰军在《产业结构研究》一书中提出的产业结构合理化的 6 个评价标准，将其设定为促进产业结构合理化的约束条件。

约束一：产业结构要与市场需求相适应。

市场需求可以近似地以消费需求来衡量，因此可以将消费需求约束列为产业结构适应市场需求的限制性条件。消费需求主要由居民消费和政府消费两部分组成。以 $s(t_n)$ 表示居民储蓄率，$C_p(t_n)$ 表示居民消费量，$C_G(t_n)$ 表示政府消费量，$C_p(t_n)$ 和 $C_G(t_n)$ 两者共同组成了消费总量 $C(t_n)$，则这一约束可以表示为：

$$[1 - s(t_n)]i^T[X(t_n) - A(t_n)X(t_n)] \geq C(t_n) \tag{9-4}$$

约束二：产业结构能够发挥较为明显的结构经济效益。

通常而言，结构经济效益可以通过目标函数中的经济增长目标来反映，但各个产业是否是均衡发展则需要通过投入产出平衡约束加以反映。各个产业最终产品按用途可以划分为三类，即用于消费、用于资本投资及用于进出口。以 I 表示用于投资的形成总量，以 A 表示自主消费储蓄与决定储蓄的各种因素之间的依存关系，以 E 表示净出口总量，则该约束可以表示为：

$$i^T[X(t_n) - A(t_n)X(t_n)] \geq C(t_n) + I(t_n) + E(t_n) \tag{9-5}$$

约束三：净出口贸易能够有效地补充和调节国内资源供给的不足或剩余。

这一约束是对进出口贸易提出的要求，这意味着进出口贸易首先要满足对外贸易在总量上的平衡，即净出口额应当至少大于外资流入量。以 IR_f 表示外来资本在本国国民生产总值中所占的份额，则这一约束可表示为：

$$IR_f(t_n)i^T[X(t_n) - A(t_n)X(t_n)] \geq - E(t_n) \tag{9-6}$$

约束四：各个产业能够吸收先进的科学技术，促进技术进步。

技术水平的提高来源于科研投入的增加和大量的资本积累，因此技术进步能够用资本形成来衡量。资本投资按来源可以划分为固定资本投资和存货增加两部分，资本投资最终的数量及其在产业部门之间的分配状况，决定了各个产业部门的产出量和产出结构水平。因此，这一约束可以表示为：

$$[s(t_n) + IR_f(t_n)]i^T[X(t_n) - A(t_n)X(t_n)] \geq I(t_n) \tag{9-7}$$

约束五：在能够保证较高水平的技术进步率的前提下，最大可能地吸收就业人口。虽然这一约束在目标函数中已有体现，但还必须满足劳动力供给的实际状况，同时能够限制约束四中资本的约束所决定的允许资本对劳动的无限替代。劳动力的需求边界可以表示为：

$$1 - \frac{i^T X(t_n)/R(t_n)}{S(t_n)} \geqslant 0 \tag{9-8}$$

约束六：保护生态环境，节约能源、资源，维持生态平衡，实现绿色、环保、可持续发展路径。

环境保护已经成为当代世界各国、各界的共识，产业结构优化和调整，就是要朝着低投入、高效益、零污染、低排放的方向发展。这一约束可以具体表现为对产业生产过程中的污染物排放的控制和资源的集约利用。以向量 $P = (p_{i1}^k, p_{i2}^k, \cdots, p_{in}^k)$ 表示各个产业部门第 i 种能源消耗所产生的第 N 种污染物排放系数，各元素代表第 n 个部门第 i 种能源消耗所产生的第 N 种污染物；以向量 $E(t_n) = (e_{i1}(t_n), e_{i2}(t_n), \cdots, e_{in}(t_n))^T$ 表示各产业部门第 i 类能源消耗系数，各元素为各部门所消耗的各类能源的实物量。则污染物排放的控制约束可以表示为：

$$n\sqrt{\frac{(P^N)^T X(t_n) E(t_n)}{(P^N)^T X(t_o) E(t_n)}} \leqslant 1 \tag{9-9}$$

（2）产业结构高度化约束条件。目前，学术界对产业结构高度化的判别标准众说不一，认为产出结构、相对劳动生产率和就业分布结构均可以用来衡量产业结构的高度化。结合中国的实际情况，本书将国民经济的产出结构作为产业结构高度化的衡量标准。具体方法以发达工业化国家的产出结构作为参照对象，通过计算本国与参照国的相关系数来设定产业结构高度化的约束条件。以 $\pi_{tni} = \dfrac{X_i(t_n)}{i^T X(t_n)}$ 表示第 i 产业在本国所有产业中所占的比重大小，$\pi_{tni}^f = \dfrac{X_i^f(t_n)}{i^T X^f(t_n)}$ 为该参照国第 i 产业在所有产业中所占的比重大小，则该约束条件可以表示为：

$$\frac{\sum\limits_i (\pi_{tni} - \overline{\pi}_{tn})(\pi_i^f - \overline{\pi})^f / \sum\limits_i (\pi_{tni} - \overline{\pi}_{t0})^2 \sum\limits_i (\pi_i^f - \overline{\pi})^{f2}}{\sum\limits_i (\pi_{t0i} - \overline{\pi}_{t0})(\pi_i^f - \overline{\pi})^f / \sum\limits_i (\pi_{t0i} - \overline{\pi}_{t0})^2 \sum\limits_i (\pi_i^f - \overline{\pi})^{f2}} \geqslant 1 \tag{9-10}$$

式 9-10 中，$\overline{\pi}_{tn} = \sum\limits_i \pi_{tni}/n$，$\overline{\pi} = \sum\limits_i \pi_{t0i}/n$，$\overline{\pi}^f = \sum\limits_i \pi_i^f/n$

3. 模型综合表达

结合目标函数及约束条件，产业结构优化升级的多目标线性规划模型的数学表达式如下：

$$\max \lambda_1 = \frac{i^T [X(t_n) - A(t_n) X(t_1)]}{i^T [X(t_0) - A(t_n) X(t_0)]} \tag{9-11}$$

$$\min \lambda_2 = \left(1 - \frac{i^T X(t_n)/R(t_n)}{S(t_n)}\right) \tag{9-12}$$

三、产业结构竞争力模型

偏离—份额分析法（Shift-Share Method，简称 SSM 分析法）是美国经济学家丹尼尔·B·克雷默于 1942 年提出的，后来邓恩和胡佛等进行了发展和完善。它是一种从产业结构因素和竞争力因素两方面揭示区域经济发展状态的有效方法，其基本思路是将研究区域与参照区域（研究区域所属国家或者其所在上级区域）的经济变量增长相联系，从而评价研究区域经济结构状态以及竞争力的强弱。该模型以研究区域所属国家或者其所在上级区域的经济发展作为参照系，将研究区域的经济变量在某一时期的变化分解为三个分量：国家增长分量、结构偏离分量、竞争偏离分量，国家增长分量是假定研究区域的经济变量按照参照区域的增长率增长所应达到的水平，结构偏离分量反映研究区域的产业结构状况，竞争偏离分量反映研究区域的竞争力状况。

1. 传统偏离—份额分析模型

传统的偏离—份额分析的基本原理是离差分析，设某经济变量的随机变量为 Y，表示经济变量的实际值，其均值 Y 表示期望值。则 Y 与其期望值间的离差记为 $EI = Y - \bar{Y}$。

离差反映了变量实际值与期望值之间的偏离程度。在区域经济研究中，以全国经济发展为参照系，把区域经济发展结果分为两个部分：一是国家效应，即某地区经济部门的发展与参照区域（国家）的发展水平相同时，在该研究期末所达到的发展期望值。二是研究期末某地区实际的经济发展与期望结果的偏差，被称为区域效应。1960 年邓恩在研究中得出，基于区域概念计算的区域效应与基于产业概念计算的产业效应不能等同。

设 Y_{ij} 表示 i 地区 j 产业基期的产值，r 表示国家所有产业的平均增长率，r_j 表示国家 j 产业的增长率，r_{ij} 表示 i 地区 j 产业的实际增长率，则有：

国家效应：$\sum Y_{ij}(1 + r)$ $\qquad\qquad$ (9-13)

区域效应：$\sum Y_{ij}(1 + r_{ij}) - \sum Y_{ij}(1 + r)$ $\qquad\qquad$ (9-14)

区域产业效应：$\sum Y_{ij}(ri_j - r_i)$ $\qquad\qquad$ (9-15)

区域效应—区域产业效应：$\sum Y_{ij}(r_i - r)$ $\qquad\qquad$ (9-16)

显然，式 9-13 只在国家所有 j 产业部门增长率与国家所有产业的平均增长率相同时才为零。为此，邓恩认为区域效应由两部分组成：一是式 9-14 表示的部分，它决定于区域产业部门的实际增长率，反映了区域产业发展的竞争力状况。二是式 9-15 表示的部分。它由研究区域产业的基期发展水平决定。

基于以上分析，偏离—份额分析模型的基本形式为：

$$\Delta Y_{ij} = Y_{ij}r + Y_{ij}(r_j - r) + Y_{ij}(r_{ij} - r_j) \qquad\qquad (9-17)$$

ΔY_{ij} 表示研究期内 i 区域 j 产业经济变量的变化值，等号右边的第一项 $Y_{ij}r$ 描述了研究区域的 j 产业按照国家所有产业的平均增长速度发展所增加的量，即国家效应；第二项 $Y_{ij}(r_j-r)$ 描述的是研究区域的 j 产业按照全国 j 产业的平均速度与全国所有产业的平均速度的差值发展而产生的增量，用来表示产业结构效应；第三项 $Y_{ij}(r_{ij}-r_j)$ 表示的是研究区域的 j 产业按其实际发展速度与全国 j 产业的发展速度的差值发展所产生的增量，用来表示区域产业的相对竞争力，即竞争力效应，如果其结果为正值，则表示研究区域 j 产业的发展相对于全国该产业发展来说具有一定的竞争力。将公式变形得到：

$$\Delta Y_{ij} - Y_{ij}r = Y_{ij}(r_j - r) + Y_{ij}(r_{ij} - r_j) \tag{9-18}$$

其中，$T_{ij} = \Delta Y_{ij} - Y_{ij}r$，$P_{ij} = Y_{ij}(r_j - r)$，$D_{ij} = Y_{ij}(r_{ij} - r_j)$ （9-19）

$\Delta Y_{ij} - Y_{ij}r$ 表示研究区域 j 产业的实际增长变化值与国家效应增加量的差值，表示与全国所有产业的平均水平相比，研究区域 j 产业发展速度的快慢情况，我们称之为总的偏离分量（用 T_{ij} 表示），它表示的是研究区域的 j 产业发展的总的效果。式 9-18 中等号右边是结构偏离分量与竞争力偏离分量之和，结构偏离分量 $Y_{ij}(r_j-r)$（用 P_{ij} 表示）与竞争力偏离分量 $Y_{ij}(r_{ij}-r_j)$（用 D_{ij} 表示），是形成总偏离分量的两个因素，如果研究区域 j 产业的发展速度高于全国所有产业发展平均速度，则总的偏离分量为正值，反之则为负值。总偏离分量为负值，即结构偏离分量与竞争力偏离分量之和为负值时，有以下三种情况：一是结构偏离分量为负值，竞争偏离分量为正值，且结构偏离分量绝对值高于竞争偏离分量的值，偏离是由结构因素引起的，此时研究区域 j 产业的结构状况不合理，但是具有一定的竞争力；二是竞争偏离分量为负值，结构偏离分量为正值，且竞争偏离分量的绝对值高于结构偏离分量的值，偏离由竞争力因素引起，此时研究区域 i 产业结构较合理但是缺乏竞争力；三是研究区域 j 产业的结构不合理，并且缺乏竞争力，即结构偏离分量以及竞争偏离分量都为负值，导致整个偏离分量为负值。

2. 动态偏离—份额分析模型

传统偏离—份额分析模型在研究过程中通常只使用研究期初和期末的数据进行研究，这样研究出来的结果就会忽略了在研究期内经济变化的偶然性，也就是没有考虑到产业结构和区域竞争在研究时段内的连续变化。针对这个问题，必须引入经济动态化发展的思想，把研究时期细分成几个时间段，分析各个时间段的经济变化状况。

假设 i 地区在经历了时间段 $[t, t+n]$ 之后，经济总量和结构均有所变化。

设 $Y_{ij,t}$，$Y_{ij,t+n}$ 分别表示 i 地区 j 产业在第 t 期和第 $t+n$ 期的经济规模，$Y_{i,t}$，$Y_{i,t+n}$ 分别表示 i 地区在第 t 期和第 $t+n$ 期的经济总规模；并以 $A_{i,t}$，$A_{i,t+n}$ 表示参照地区（全国）第 t 期和第 $t+n$ 期 j 产业部门的经济规模。则 i 地区 j 产业部门在 $[t, t+n]$ 时间段的变化率，即 i 地区 j 产业部门在 $[t, t+n]$ 时间段的增长速度为：

$$r_{ij} = \frac{Y_{ij,\,t+n} - Y_{ij,\,t}}{Y_{ij,\,t}} \tag{9-20}$$

参照地区 j 产业部门在 $[t, t+n]$ 时间段的变化率，即参照地区 j 产业部门在 $[t, t+n]$ 时间段的增长速度为：

$$R_j = \frac{A_{j,\,t+n} - A_{j,\,t}}{A_{j,\,t}} \tag{9-21}$$

根据偏离—份额分析法则，将 $[t, t+n]$ 时间段 i 地区 j 产业部门的增长量 G_{ij} 分解为 N_{ij}，P_{ij}，D_{ij} 三个分量：

$$G_{ij} = N_{ij} + P_{ij} + D_{ij} \tag{9-22}$$

$$T_{ij} = P_{ij} + D_{ij} \tag{9-23}$$

式 9-22、式 9-23 中，$N_{ij} = Y_{ij} \cdot R_j$，$P_{ij} = Y_{ij}(R_j - R)$，$D_{ij} = Y_{ij}(r_{ij} - R_j)$。$R$ 代表的是全国所有产业的平均增速。

N_{ij} 表示份额分量，指研究区域 i 的 j 产业以全国该产业部门平均增长率增长时可以达到的产业增长水平，N_{ij} 为正值，表示 i 地区 j 产业实际增长率高于全国该产业的平均增长水平。

P_{ij} 表示结构偏离分量，指 i 地区的 j 产业按照全国 j 产业的平均速度与全国所有产业的平均速度的差值发展而产生的增量，即由研究区域 i 第 j 产业比重与全国该产业部门比重的差异所引起的研究区域 i 第 j 产业增长相对于全国标准而产生的偏差。P_{ij} 为正值表示被研究区域 i 的第 j 产业的结构优于全国的产业结构，且 P_{ij} 值越大，i 地区第 j 产业相对于全国的比较优势越大。

D_{ij} 表示竞争偏离分量，指研究区域 i 的第 j 产业实际发展速度与全国第 j 产业的发展速度的差异发展所产生的增量，即由研究区域 i 的第 j 产业的实际增长速度与全国相应产业增长速度的差异引起的偏离量，反映了 i 地区第 j 产业的相对竞争力。D_{ij} 为正值，表示 i 地区第 j 产业处于有利地位，产业竞争力强，且 D_{ij} 值越大，说明 i 地区第 j 产业竞争力对经济增长的作用越大。

T_{ij} 为总偏离分量，反映了 i 地区第 j 产业的整体竞争优势。接下来我们可以借助相对增长率 L 进一步对区域经济发展进行研究。通过相对增长率 L，可以计算出结构效果指数 W 和竞争力效果指数 U，令 i 地区第 j 产业部门占全国相应部门比重在第 t 期和第 $t+n$ 期分别为：

$$K_{ij,\,t} = \frac{Y_{ij,\,t}}{A_{j,\,t}}, \quad K_{ij,\,t+n} = \frac{Y_{ij,\,t+n}}{A_{j,\,t+n}} \tag{9-24}$$

则 i 地区与全国的相对增长率为：

$$
\begin{aligned}
L &= \frac{\sum\limits_{j=1}^{n} K_{ij,\,t+n} \cdot A_{j,\,t+n}}{\sum\limits_{j=1}^{n} K_{ij,\,t} \cdot A_{j,\,t}} : \frac{\sum\limits_{j=1}^{n} A_{j,\,t+n}}{\sum\limits_{j=1}^{n} A_{j,\,t}} \\
&= \left[\frac{\sum\limits_{j=1}^{n} K_{ij,\,t} \cdot A_{j,\,t+n}}{\sum\limits_{j=1}^{n} K_{ij,\,t} \cdot A_{j,\,t}} : \frac{\sum\limits_{j=1}^{n} A_{j,\,t+n}}{\sum\limits_{j=1}^{n} A_{j,\,t}} \right] \cdot \left[\frac{\sum\limits_{j=1}^{n} K_{ij,\,t+n} \cdot A_{j,\,t+n}}{\sum\limits_{j=1}^{n} K_{ij,\,t} \cdot A_{j,\,t+n}} \right] \\
&= W \cdot U \tag{9-25}
\end{aligned}
$$

结构效果指数 W 反映产业结构对研究区域经济增长的影响，若 W 大于 1，表明研究区域产业结构比较合理，增长性行业在整个产业中占据主导地位；竞争力效果指数 U 反映竞争力状况对研究区域经济增长的影响，若 U 大于 1，表明该地区有多个行业发展迅速，产业竞争力较强。

四、产业结构演进模型

（1）马尔萨斯模型。1798 年，英国神父马尔萨斯（Malthus）在研究人口统计资料的基础上，提出一个基本假设：在 t 时刻，人口的净出生率 m 与净死亡率 n 均为常数，从而人口净相对增长率 $r=m-n$ 为一个常数。他根据这一假设建立了著名的马尔萨斯（Malthus）模型。

$$\frac{\mathrm{d}N}{\mathrm{d}t} = rN \tag{9-26}$$

式 9-26 中，t 时刻的总人口为 N_t，当研究的对象是一个自然种群时，该模型又称为自然增长率（rate of narural increase）。当在一个理想的实验环境中研究一个种群时该模型就称为该种群的内禀增长率（innate rate of increase），记为 r_m。式 9-26 的解为：

$$N_t = N_0 \mathrm{e}^{rt} \tag{9-27}$$

由式 9-27 分析可知，它是一个指数增长模型，当 $t \to \infty$ 时，$N_t \to \infty$，即上述模型所描述的数量增长是没有界限的。在自然界中，甚至在实验室条件下，虽然许多种群数量的增长表现为指数增长过程，但种群数量增多，导致种群密度上升和食物、空间等资源竞争的加剧，种群数量的增长不可能不受限制。

（2）费尔哈斯特模型。1838 年，荷兰生物数学家费尔哈斯特（Verhulst）首先提出了对马尔萨斯模型进行修正的费尔哈斯特模型：

$$\frac{\mathrm{d}N}{\mathrm{d}t} = rN\left(1 - \frac{N}{K}\right) \tag{9-28}$$

描述种群数量增长的逻辑增长曲线方程，其中 K 称为环境容纳量。

由于某种原因，该模型在当时并未得到科学界的重视，直到 20 世纪 20 年代，美国生态学家 Pearl 和 Reed 在一篇讨论用数学方法表示美国人口增长的论文里，逻辑增长曲线方程作为一个种群增长的普遍规律才被重新提了出来，并受到科学界广泛重视。逻辑增长曲线模型既应用于动植物生长发育或繁殖过程的研究，也广泛应用于社会经济现象的研究当中。其特点是开始增长比较缓慢，而在以后的某一范围内迅速增长，当增长达到某种限度后，增长速度又缓慢下来。在有限的空间中，其生长曲线略呈拉长的"S"形。

对于在有限空间中呈"S"形增长的逻辑增长曲线模型：

$$\frac{\mathrm{d}N}{\mathrm{d}t} = rN\left(1 - \frac{N}{K}\right) = rN\left(\frac{K - N}{K}\right) \tag{9-29}$$

方程的积分分解式为：$\ln \dfrac{N}{N_0} = r(t - t_0) + r\ln\left(\dfrac{K - N}{K - N_0}\right)$

上式展开整理可得：$N = \dfrac{K}{1 + e^{rt_0 - \ln N_0 + \ln(K - N_0) - rt}}$

令 $a = rt_0 - \ln N_0 + \ln(K - N_0)$，则累计增长曲线方程为：

$$N = \frac{K}{1 + e^{a - rt}} \tag{9-30}$$

模型实质上是一个累计增长曲线，其图形的形状是"S"形，如图 9-4 所示。对时间 t 求一阶导数，可得逻辑增长曲线增长过程的速度函数：

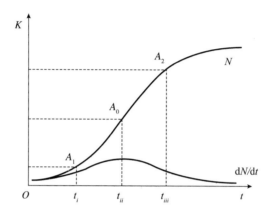

图 9-4　逻辑增长曲线及其阶段划分

$$v(t) = \frac{\mathrm{d}N}{\mathrm{d}t} = \frac{Kre^{a-rt}}{(1 + e^{a-rt})^2} \tag{9-31}$$

其二阶偏导数是 $\dfrac{\mathrm{d}^2N}{\mathrm{d}t^2} = \dfrac{\mathrm{d}v(t)}{\mathrm{d}t} = \dfrac{Kr^2 e^{a-rt}(e^{a-rt} - 1)}{(1 + e^{a-rt})^3}$ （9-32）

令式 9-32 等于 0，可解得：$t = a/r$。可见当 $t = a/r$ 时，社会经济增长或动植物生长发育与繁殖速度最快，为其高峰时期。

对逻辑增长曲线求三阶编导，即对速度函数求二阶偏导：

$$\frac{\mathrm{d}^3N}{\mathrm{d}t^3} = \frac{\mathrm{d}^2v(t)}{\mathrm{d}t^2} = \frac{Kr^3 e^{a-rt}(1 - 4e^{a-rt} + e^{2(a-rt)})}{(1 + e^{a-rt})^4} \tag{9-33}$$

令式 9-33 等于 0，也就是 $1 - 4e^{a-rt} + e^{2(a-rt)} = 0$，可解得 $t_{1,2} = \dfrac{a - \ln(2 \pm \sqrt{3})}{r}$，这就是速度函数的两个拐点，加上速度函数的最高峰点，这样逻辑增长曲线就有三个关键点，其横坐标分别为：

$$t_i = \frac{a - \ln(2 - \sqrt{3})}{r}, \quad t_{ii} = \frac{a}{r}, \quad t_{iii} = \frac{a - \ln(2 + \sqrt{3})}{r} \tag{9-34}$$

这三个点对应着社会经济增长或动植物种群生长、发育、繁殖过程的三个关键时期点，即出生形成期—正加速度上升期（$0 \sim t_i$）、快速成长期-（负加速度上升期

（$t_i \sim t_{ii}$）与正加速度下降期（$t_{ii} \sim t_{iii}$）、成熟稳态期—负加速度下降期（$t_{iii} \to \infty$）。

第三节　模型的应用

一、二元经济模型的应用：我国的二元经济结构

刘易斯的二元经济模型是由一个弱小的资本主义部门和强大的传统部门组成。中国二元经济是从农业与非农业两个角度划分的，其中一元为乡村农业，另一元为由城市非农业和乡村非农业共同组成的非农业。正如利特尔（Little，1982）所评述的那样，二元性可以从多方面下定义。但是一个在分析上有用的、有关制度的定义应该是：一种经济是二元的，即它的一个重要部分是在传统制度下运行，而另一个重要的部分则是在雇佣工资制度下运行——可以是资本主义的，也可以是社会主义的。在这种情况下，过剩劳动力大量存在。利特尔对二元性的评述是受发展经济学主流思想所认可的。

从世界各国经济的发展来看，"二元"向"一元"转化的形式大致有三种：一是产业自然成长模式，如英美。此种模式下的二元经济形态随着经济的发展会自动消失。二是殖民输入模式。外国资本进入高生产率产业，推动工业的发展，而广大农村仍处于贫穷落后状态，如巴西。工业化进程使城乡二元结构转变为城市二元化。三是政府高度介入模式。此种模式下，农业与工业、城市与农村经济的发展是两个互不相关的过程，两者之间市场机制实现的要素转换值低。农业开始是被剥夺的产业，随后又成为被拯救的产业，农业始终处于经济的瓶颈部门。这种模式形成工业发展超前，农业发展滞后的二元经济。

中国就是第三种模式的典型，中国二元经济的形成有其特殊的历史原因，由于新中国成立以后国内外不稳定的社会政治秩序，我国采取了特殊的经济发展战略，通过资源倾斜手段，在极短的时间内迅速建立了完整的工业体系；从1953年开始工业化，然而当时工业部门比重偏小，单纯依靠工业部门自身积累来筹集发展资金是远远不够的。因此，规模巨大的农业部门资本积累，必然成为工业发展资金的一个重要来源，由于不存在市场渠道转移的可能性，只能采用政策性转移的方式，以价格剪刀差为手段，集体化农业为制度支持；通过集体化使农业部门劳动者只能得到一个维持生计的费用，抑制了农民的消费。通过统购统销、高估汇率、剪刀差等价格方式进一步对农业剩余进行了转移，为我国在很短的时间内建立完整的工业体系奠定了基础。我国在政策的作用下初步形成了二元经济结构。

20世纪50年代后，尤其是1978年改革开放以来，随着乡镇企业的发展和城市化进程的加快，过度的资源倾斜政策逐渐成为我国经济发展的一个严重阻碍。这种资源倾斜主要表现为资源在工业与农业间分配的严重不均，导致农业发展严重滞后，

工业的发展难以与农业发展相适应。自从 1984 年以后，农业增长速度明显放慢，主要原因是因改革所产生的激励增加而具有的潜在收益已经竭尽，二元经济呈现加强的趋势。由于金融受到抑制和金融二元性加强（农村落后金融和城市现代金融），信贷不能真实反映市场对资金的供求状况。不论是农村金融还是城市金融都存在抑制现象，严重阻碍企业发展，延缓了工业化的进程。

1996 年以来，大量前期改革中的遗留问题开始逐步显现，中国经济改革进入了攻坚阶段，加上 1997 年亚洲金融危机的冲击，我国宏观经济形势发生了重大转变，改革开放以来罕见的物价连续下跌和生产相对过剩现象开始出现。经济增长速度的下滑使城市下岗失业人员增多等矛盾日益突出，出于维护社会稳定等方面的考虑，宏观调控明显加大了对城市经济的扶持力度，各种社会保障制度也明显向城市倾斜。在此政策推动下，我国二元经济结构不仅未能好转，相反，又有进一步强化的倾向。从 20 世纪 90 年代后期以来，我国两部门生产率和城乡居民收入差距再次呈现逐渐拉大的态势。

通过二元对比系数以及城乡收入比率可以看出，这段时期我国经济结构的二元性特征不断强化的态势非常明显，城乡二元矛盾的日益激化引起各方面的高度重视。因此，自 2004 年以来，政府部门相继出台了旨在缩小城乡发展差距的各种措施，我国经济的二元性特征开始有所缓和。纵观新中国成立以来我国二元经济结构的演化进程，尽管随着改革开放的不断推进，我国的二元经济结构与改革开放前相比有一定程度的改善，但整体来看成效不大。我国经济结构中的二元性特征还很明显，尤其是传统农业部门的落后局面一直没有得到实质性的改善，农业比较劳动生产率整体上呈现一种下降的背离态势，表现为我国的二元对比系数始终很低，仍低于发展中国家的平均水平（0.1~0.5）。特别是改革开放以来，我国经济结构中的二元性特征表现出较大的波动性和曲折性，出现了"弱化—强化—缓和—再次强化"的变化轨迹，充分反映出我国二元经济结构的发展很不稳定，转化的难度正在逐步加大。

二、多目标优化模型的应用：我国产业结构演化趋势

产业是国民经济的基础，经济发展归根到底是由各产业的共同发展推动的。优化产业结构，促进产业发展和产业间关系协调，是保证国民经济持续稳定协调发展的关键，新中国成立 70 多年以来，伴随着产业规模不断壮大、产业体系不断完善、产业门类不断丰富，我国产业结构也逐步调整优化，其演变历程可大体分为以下四个阶段：

第一阶段：1949~1978 年——以重工业为主的产业结构。

新中国成立后，我国发挥社会主义制度集中力量办大事的优势，通过抑制消费和以农补工、以轻补重等方式，集中优势资源，在短短的二十几年内建立了 40 多个工业门类，形成了独立的、比较完整的工业体系，使我国从一个落后的农业国较快地步入了工业化国家行列，工业超过农业成为国民经济的主导产业。不过，重工业优先发展战略也导致了产业结构明显偏"重"，即这种在轻工业没有充分发展起来

的情况下，过早发展重工业的战略导致重工业在经济中的占比远高于发达国家同期水平，背离了全球产业结构演变的一般规律。

第二阶段：1979~2000 年——以轻工业为主的产业结构"纠偏"。

1978 年，调整积累和消费的关系，调整工农关系，调整工业内部重轻关系推动产业结构优化升级。1979~2000 年，我国经济结构由"二一三"型变为"二三一"型。轻工业增长速度明显加快，长期存在的轻工业落后于重工业的态势得到改善，轻重工业结构失衡的状况得到矫正，轻工业内部从食品、纺织等满足温饱型消费品工业为主向家电、汽车等耐用消费品工业转变，重工业内部从采掘工业、原料工业为主向加工程度较高的重制造工业转变。

第三阶段：2001~2012 年——重化工业重回主导地位的产业结构。

改革开放后至 20 世纪 90 年代末，我国通过产业结构"纠偏"，扭转了轻重工业比例失调的局面，但并不意味着我国重工业发展任务已经完成。因此，进入 21 世纪，在轻工业得到一定程度发展后，我国产业结构演变又回归到正常轨道上来，即再去补重化工业发展的不足。2001~2010 年，我国重工业占工业总产值的比重提高了 20 多个百分点，在占比持续提高的同时，重化工业内部结构也得到优化升级，表现为以原材料工业、电子信息制造业、汽车工业为代表的装备制造业发展明显加快。我国 2010 年以来制造业增加值占比位居世界第一，占据全球第一制造业大国的地位[①]。

第四阶段：2013 年以来——服务业领跑的产业结构。

2013 年前后，我国经济进入新常态，"三期叠加"特征明显，产业发展条件和环境发生了深刻变化。根据新形势、新变化，中央提出了创新、协调、绿色、开放、共享的新发展理念，指出以供给侧结构性改革为主线，加快推动新旧动能转换，着力构建现代化经济体系，促进经济高质量发展。在新发展理念的指导和供给侧结构性改革的作用下，我国产业结构升级取得明显进展，创新驱动、服务引领、制造升级的产业结构正在形成。

我国产业结构演变和升级虽然取得了积极成效，但是长期以来我国单纯以追求经济增长作为目标的产业结构导向使资源从生产率较低的行业向生产率较高的行业转移，大力发展高耗能、高污染的行业使我国资源遭到掠夺式的开采，环境也遭到日益严重的破坏，经济增长与环境污染之间的矛盾从根本上来看是不合理的产业结构与环境之间的矛盾。我国产业总体仍处于全球价值链中低端水平，产业结构仍然以劳动密集型产业、能源密集型产业、重化工产业为主，传统产业比重过高，技术密集型产业、知识密集型产业比例偏低，关键核心技术受制于人问题突出。

为此，2006 年 12 月国家发布了《促进产业结构调整暂行规定》《产业结构调整指导目录》，提出推进产业结构调整是当前和以后一段时期改革和发展的重要任务，要鼓励和支持发展先进生产能力，限制和淘汰落后生产能力，促进产业结构优化升

---

① 郭旭红，武力. 新中国产业结构演变述论（1949—2016）[J]. 中国经济史研究，2018（1）：135-144.

级。党的十七大报告中也指出，推动产业结构优化升级，是关系国民经济全局的紧迫而重大的战略任务，到 2020 年实现全面建成小康社会的奋斗目标，基本形成节约能源资源和保护生态环境的产业结构。此后，党的十八大、党的十九大、党的二十大也分别就产业结构发展方向的实现目标加以阐述，努力实现创新、协调、绿色、共享、开放的经济发展环境，即以新发展理念为指导，按照高质量发展要求，围绕建设现代化经济体系的目标，以供给侧结构性改革为主线，以创新为引领培育壮大新产业，改造提升传统产业；推动产业转型升级，加快迈向中高端水平。

我国产业结构优化升级遵循多目标最优化理论模型指导，在产业结构优化的同时考虑经济增长、能源消耗、污染控制及充分就业等目标，加快改造提升传统产业，深入推进信息化与工业化深度融合，着力培育战略性新兴产业，大力发展服务业特别是现代服务业，积极培育新业态和新商业模式，构建现代产业发展新体系；深入实施创新驱动发展战略，推动科技创新、产业创新、企业创新、市场创新、产品创新、业态创新、管理创新，努力实现以创新为主要引领和支撑的经济体系和发展模式。

三、偏离—份额分析法的应用：区域产业结构竞争力分析

偏离—份额分析法是国外用于区域规划研究的常用方法之一，该方法将一个特定区域的经济变量（如就业人数、经济增长水平或劳动生产率等）的增长分解成三个可加的分量：国家增长分量、结构偏离分量和竞争偏离分量，以此说明区域经济发展的原因，评价区域经济结构的优劣和自身竞争力的强弱。当研究某一地区或省份时参照大区通常是国家，在研究较小的区域如城市时，参照区域则可以是其所在省份。该模型最初的假设前提为：国家影响区域，并且一个区域和其他区域之间互不影响。但这一假设与事实是不符的，因为实际上区域之间是相互联系的，周围具有相似结构的区域的业绩必然影响到特定区域的增长。

基于对忽略区域间经济相互影响的质疑，Nazara 和 Hewings（2004）首次将区域之间的空间相互作用引入传统模型，将传统模型的假设前提放宽为与研究区域紧密相关的邻近区域，构建出偏离—份额分析空间拓展模型。此后，国外学者围绕该空间拓展模型展开了大量的理论和实证研究。偏离—份额分析方法于 20 世纪 80 年代初被引入我国，广泛应用于区域经济分析领域，但主要局限在将传统模型应用于一个特定区域、特定产业或部门中。

下列举例说明偏离—份额分析法在研究产业结构竞争力中的应用。以我国区域产业结构竞争力为研究对象，将区域经济的变化看作一个动态的过程，以其所在的整个国家经济发展观为参照系，将区域自身经济总量在某一个时期的变化分解为三个变量，即份额变量、结构偏离变量和竞争力偏离变量，以此说明区域经济发展和衰退的原因，评价区域产业结构优劣和产业竞争力的强弱，找出区域内具有相对竞争优势的产业部门，进而可以确定区域经济发展的合理方向和产业结构调整的原则。在选取指标时可以用地区生产总值（GDP）表示区域经济规模，用产业产值表

示产业规模，将我国划分为东部、中部、西部和东北四个区域来考察。

根据赖红清（2011）的测算结果，东部地区的产业结构优于全国水平，产业结构素质较好，产业发展潜力最大；东北地区的产业结构偏离分量虽然为正值，但是数值较小，与全国平均水平相当。中部地区和西部地区的产业结构水平均低于全国水平，区域产业结构素质较差，存在较多的问题；特别是西部地区，还需要进一步加大产业结构调整和优化力度，促进产业结构转移。

从产业竞争力角度来看，东部地区产业竞争力依然领先于全国水平，西部地区产业竞争力水平明显提升，中部地区的产业竞争力水平有待提高，而东北地区的产业结构竞争力已经明显阻碍了东北地区的经济发展速度。出现这一现状的原因既有历史原因，也有现实产业政策的作用。由于国家产业政策的倾斜和扶持，东部、中部地区的产业结构逐渐向高级化、高端化方向发展，新兴产业逐渐壮大，而东北地区由于根深蒂固的重工业产业结构，虽然经历了几次"振兴东北老工业基地"的政策刺激，但是作用并不显著，产业结构依然比较单一，高新技术产业发展落后，引起产业竞争力水平低的现状。总之，改革开放以来，我国区域产业结构始终处于一个不断调整、优化和升级的阶段。经过多次调整而形成的区域产业结构促进了我国经济的整体发展，但各区域产业结构调整极不平衡，表现出了很大的差异性。东部地区经济体制已经逐渐与国际接轨，中部、西部及东北地区明显存在着较强的"路径依存"约束，这些约束在所有制结构和产业结构上均表现得非常突出，产业结构调整缓慢，而且不合理。

思考题

1. 产业结构的演进分哪几个阶段？
2. 刘易斯二元经济模型四个基本假定是什么？
3. 刘易斯把发展中国家的经济发展过程划分为哪两个阶段？
4. 配第—克拉克定理理论的三个重要前提分别是什么？
5. 我国产业结构演变历程分为哪几个阶段？

参考文献

[1] 李丽萍, 左相国. 动态偏离-份额分析空间模型及湖北产业竞争力分析 [J]. 经济问题, 2010 (9): 119-124.

[2] 孙梦欣. 河南省农产品加工业的竞争力研究 [D]. 哈尔滨工业大学硕士学位论文, 2019.

[3] 耿华. 基于 Logistic 改进模型的产业集群共生演化研究 [D]. 扬州大学硕

士学位论文，2012.

　　[4] 于向宇，李跃，任一鑫. 基于 Logistic 模型的产业树演化机制研究 [J]. 数学的实践与认识，2019（12）：30-37.

　　[5] 彭雅言. 基于偏离—份额分析的湖南省文化产业结构与竞争力研究 [D]. 南昌大学硕士学位论文，2016.

　　[6] 黄由衡，段丽丽. 基于生命周期和 Logistic 模型的产业集群发展阶段识别——一个物流产业集群案例研究 [J]. 物流技术，2013（17）：143-146+157.

　　[7] 潘潇. 辽宁省制造业产业结构演化实证研究 [D]. 辽宁大学硕士学位论文，2018.

　　[8] 高翔. 中国二元经济结构的现状与发展研究 [D]. 厦门大学博士学位论文，2007.

　　[9] 吴杨. 生态城模式产业结构多目标优化模型及复杂性研究 [D]. 北京交通大学博士学位论文，2020.

　　[10] 甘和平，钟坚. 应用刘易斯模型分析我国二元经济的转化 [J]. 价值工程，2005（2）：23-27.

　　[11] 郭旭红，武力. 新中国产业结构演变述论（1949—2016）[J]. 中国经济史研究，2018（1）：135-144.

　　[12] 赖红清. 基于偏离—份额分析法的我国区域产业结构及竞争力差异的实证分析 [J]. 经济论坛，2011（6）：36-39.

　　[13] Nazara，S.，Hewings，G. Spatial Structure and Taxonomy of Decomposition in Shift-Share Analysis [J]. Growth and Change，2004.

　　[14] 约翰·利特尔，梅汝和，彭伟朗. 市场营销决策支持系统 [J]. 外国经济参考资料，1983（5）：17-20.

　　[15] Ahlberg，S.，Hrling，P.，Jred K.，et al. The IFD03 Information Fusion Demonstrator [J]. Proc. of the Seventh Int. conf. on Information Fusion，2004.

　　[16] 龚仰军. 产业经济学教程 [M]. 上海：上海财经大学出版社，2014.

第十章

产业结构优化模型及应用

本章学习产业结构优化的应用，主要包括产业结构优化的含义和内容、产业结构的效应、产业结构变动规律，以及影响产业结构状况和变化的因素等知识点，了解数据包络分析方法的数理原理以及如何利用 DEA 模型和 Malmquist 生产力指数测算产业发展效率，如何去衡量产业结构的优化程度以探究影响产业结构优化的深层因素。

第一节 产业结构优化概述

一、产业结构优化的含义与主要内容

1. 产业结构优化的含义

产业结构优化指通过产业调整，使产业间实现结构合理化和高度化的发展过程。政府主要根据产业技术经济关联的客观比例和产业结构的演化规律来制定有关产业政策，调整影响产业结构变化的供给结构和需求结构，实现资源优化配置与再配置，来推动产业结构的合理化和高度化的发展。

2. 产业结构优化的内容

产业结构优化的内容主要包括产业结构优化目标、产业结构优化对象、产业结构优化措施或手段、产业结构优化政策等。产业结构优化目标就是要实现产业结构的合理化和高度化，从而实现经济的高质量发展。产业结构优化对象主要包括以下几个方面：

一是供给结构的优化。供给结构，是指在一定价格条件下，作为生产要素的资本、劳动力、技术、自然资源等在国民经济各产业间可以供应的比例，以及以这种供给关系为联结纽带的产业关联关系。供给结构包括资金结构、劳动力供给结构、作为供应因素的投资结构以及资源禀赋、自然条件和资源供应结构等。产业结构优化就是对以上因素进行结构性调整。

二是需求结构的优化。需求结构，是指在一定的收入水平条件下，政府、企业、家庭或个人所能承担的对各产业产品或服务的需求比例，以及以这种需求为联结纽带的产业关联关系。需求结构既包括政府（公共）需求结构、企业需求结构、家庭需求结构或个人需求结构以及以上各种需求的比例；也包括中间产品需求结构、最终产品需求结构以及中间产品需求与最终产品需求的比例；还包括作为需求因素的消费结构、投资结构以及消费与投资的比例等。对以上这些因素进行结构调整同样属于产业结构优化。

三是国际贸易结构的优化。国际贸易结构，是指国民经济各产业产品或服务的进出口比例，以及以这种进出口关系为联结纽带的产业关联关系。国际贸易结构既包括不同产业间的进口结构和出口结构，也包括同一产业间的进出口结构（即进口和出口的比例）。产业结构优化是对国际贸易结构进行优化。

四是国际投资结构的优化。国际投资包括本国资本的流出，即本国企业在外国的投资（对外投资），以及外国资本的流入，即外国企业在本国的投资（外国投资或外来投资）。对外投资会导致本国产业的对外转移，外国投资则促使国外产业的对内转移。这两方面都会引起国内产业结构的变化。国际投资结构是指对外投资与外国投资的比例结构，以及对外投资在不同产业之间的比例和外国投资在本国不同产业之间的比例及其各种派生的结构指标。产业结构优化是对国际投资结构进行优化。

二、产业结构效应

产业结构效应，是指产业结构变化的作用对经济增长所产生的效果，即对经济增长发挥着一种特殊的作用。由于产业结构的特殊功能，产业结构的高变换率能够导致经济总量的高增长率。促进产业结构优化有利于发挥产业结构效应，推动和保持经济的增长率。

1. 产业的关联效应

美国经济学家阿尔伯特·赫希曼（Albert Hirschman）在他的《经济发展战略》（*The Strategy of Economic Development*）一书中详细分析了产业之间的关联效应[1]。产业关联效应是指一个产业的生产、产值、技术等方面的变化通过它的前向关联关系和后向并联关系对其他产业部门产生直接和间接的影响。前向关联效应是指一个产业在生产、产值、技术等方面的变化引起它为其供应投入品的部门在这些方面的变化，如导致新技术的出现、新产业部门的创建等；后向关联效应是指一个产业在生产、产值、技术等方面的变化引起为它提供投入品的部门在这些方面的变化，如由于该产业自身对投入品的需求增加或要求提高而引起提供这些投入品的供应部门扩大投资、提高产品质量、完善管理、加快技术进步等变化。

---

[1]　Hirschman, A O. The Strategy of Economic Development [M]. New Haven: Yale University Press, 1958.

2. 产业的扩散效应

美国经济学家华尔特·惠特曼·罗斯托（W. W. Rostow）在他的《从起飞进入持续增长的经济学》一书中阐述了主导产业的扩散效应概念。根据他的阐述，扩散效应是指某些产业部门在各个历史间歇的增长中"不合比例增长"的作用对其他关联产业产生的影响，具体表现在三个方面：回顾效应、前向效应和旁侧效应①。

回顾效应，是指主导部门的增长对那些向自己供应投入品的供应部门产生的影响。在主导部门或新部门处于高速增长阶段时，会对原材料和机器设备等投入品产生新的投入要求。这些投入反过来又要求现代设计观念和方法的发展，于是，便带动了为其提供投入品的产业的发展。

前向效应，是指主导部门的成长诱导了新兴工业部门，新技术、新原料、新材料、新能源的出现改善了自己供应给其他产业产品的质量；或者通过削减其他工业部门的投入成本，提供进一步开发新产品和服务的条件；或者产生一个瓶颈问题。这样，主导部门产生了一种刺激力，促进需要其供应品的产业的发展。

旁侧效应，是指主导部门的成长引起周围地区在经济和社会方面的一系列变化，这些变化趋向于在广泛的方面推进工业化进程。主导部门的成长，可以提供更多的就业机会，促使城市人口增加，甚至促进各种制度的变革。这样，新主导部门的出现常常改变了它所在的整个地区。

3. 产业结构的其他效应

在周振华的论著《现代经济增长中的结构效应》一书中，把产业结构效应分为结构关联效应、结构弹性效应、结构成长效应和结构开放效应②。他在分析这些结构效应时设定了一些假定条件。他按照"同质性"原则对产业进行定义，即一种产品由一个产业来生产，诸多产品和诸多产业处于一对一的对应关系中。当然，产业结构还存在一些其他的结构效应，如供给效应和需求效应等。

三、产业结构的合理化

1. 产业结构合理化的含义

产业结构合理化主要是指产业与产业之间协调能力的加强和关联水平的提升，是促进产业结构的动态均衡和产业素质提升的一种动态的过程。所谓产业结构合理化就是指产业结构由不合理向合理发展的过程。即：要求在一定的经济发展阶段上，根据消费需求和资源条件，对初始不理想的产业结构进行有关变量的调整，理顺结构，使资源在产业间得到合理配置和有效利用。产业结构是否合理的关键在于产业间由于内在的相互作用而产生的一种不同于各产业能力之和的整体能力。产业间的相互作用关系越是协调，结构的整体运行质量越高，产业结构就越合理；反之，产业结构就越不合理。

---

① 罗斯托. 从起飞进入持续增长的经济学 [M]. 成都：四川人民出版社，2000.
② 周振华. 现代经济增长中的结构效应 [M]. 上海：上海人民出版社，1995.

2. 产业结构合理化的基准

一个国家的国民经济能否协调发展从而形成经济的良性循环，取决于这个国家能否建立合理的产业结构。那么什么是合理的产业结构呢？综观经济学家们的理论研究和实证分析，合理的产业结构应符合以下主要判别基准。

一是充分有效地利用国内外两个市场和两种资源。一个国家在一定时期和一定的条件下，其各种资源总是有限的，为了实现资源的优化配置，必须建立有利于充分发挥本国资源优势的产业结构。同时，各国的生产力发展水平和空间分布是不均衡的，因此，国家间的取长补短、充分利用国内外两种市场和两种资源、通过对外经济交往克服各国国内需求与其资源不足的矛盾就成为各国生产力发展的客观要求。因此，合理的产业结构应当是开放型结构。

二是国民经济各部门协调发展，社会再生产顺畅进行。国民经济各个部门之间客观上存在着相互消耗产品的关系。在市场经济条件下，只有各部门按照社会必要的劳动消耗标准生产产品，将社会劳动总量按社会必要的比例分配在各个生产部门，才能保证全部产品价值的充分实现。因此，使国民经济各部门协调发展成为了产业结构合理化的重要基准。

三是产业结构与需求结构相适应。随着经济的发展和人民生活水平的提高，人们的需求结构会不断提升和变化，而供给结构很难及时完全适应需求结构的变化。为了满足需求结构不断变化的要求，必须通过调整供给结构实现两者的均衡。两者适应程度越高，则产业结构越合理，否则产业结构就不合理。

四是有利于科技进步和产业结构向高度化、现代化推进。在经济发展的不同阶段，由于受生产力发展水平、科技推动、需求拉动和竞争等因素的作用，产业结构总是向着更高一级演进。产业结构的合理化是产业结构高度化和现代化的基础。产业结构的合理化是一个不断调整产业间比例关系和提高产业间关联作用程度的过程，这一过程就是产业结构的成长过程。当今的国际竞争实质是以经济、科技为基础的综合国力的较量，为了提高一国的国际竞争力，必须使其产业结构逐步利用技术创新向高一级演进。

五是具有良好的经济效益，实现人口、资源和环境三者的可持续发展。前述的各部门的协调发展，仅反映生产过程的要求，并没有反映生产的目的和效益。人类生产的目的是满足人民日益增长的物质文化生活需要，因此要建立资源节约型和资源综合利用型的产业结构，充分考虑生态系统、社会系统和经济系统的内在联系和协调发展，以使经济系统耗用尽量少的自然资源和社会经济资源，对其进行综合而又合理的利用，生产出尽量多的满足人们需求的经济产品，同时产生尽量少的废物，对生态环境产生最小的损害以实现经济社会的可持续性发展。

3. 产业结构合理化的比较与测定

目前在识别和论证产业结构是否合理及产业结构的变化方向时，通常采用以下分析方法：

（1）国际比较法。国际比较法即以钱纳里的标准产业结构为基础，将某一国家的产业结构与相同国民生产总值下的标准产业结构加以比较，偏差较大时即认为此时的产业结构是不合理的①。前面已经说过，此种方法只能大致判断，而不能最后以此认定产业结构是否合理。

（2）影子价格分析法。按照西方经济学的理论，当各种产品的边际产出相等时，就表明资源得到了合理的配置、各种产品供需平衡、产业部门达到最佳组合。因此，可用各产业部门的影子价格与其整体影子价格平均值的偏离程度来衡量产业结构是否合理，偏离越小，产业结构就越趋于合理。

（3）需求判断法。需求判断法即判断各产业的实际生产能力与相应的对该产业产品的需求是否相符，若两者接近或大体接近，则目前的产业结构是较为合理的。

（4）需求适应性判断法。需求适应性判断法即判断产业结构能否随着需求结构的变化而自我调节，使产业结构与需求结构相适应，实现社会生产的目的。其判断方法为：分别计算每一产业产品的需求收入弹性和生产收入弹性，若两者相等，则说明此产业与社会需求有充分的适应性；若每一产业的需求收入弹性和生产收入弹性都相等，则说明整个产业结构与需求结构是相适应的，产业结构是合理的。

（5）结构效果法。结构效果法即以产业结构变化引起的国民经济总产出的变化来衡量产业结构是否在向合理的方向变动，若结构变化使国民经济总产出获得相对增长，则产业结构的变动方向是正确的。

4. 产业结构合理化的调整

（1）产业结构合理化调整的过程及其收益。从产业结构趋于合理化的调整过程来看，主要有如下两个过程：一是在部门、行业之间不断进行调整、协调，使之趋于均衡的过程；二是这种均衡被打破的过程。除去特殊情况不论，均衡被打破的原因主要来自两个方面：一是需求和需求结构发生变化，产业结构随之发生调整；二是由于技术进步，某些产业供给能力发生变化，则产业结构需要做出调整以适应相对不变的需求和需求结构。

在短期内技术水平不发生重大变化的情况下，产业结构由不合理向合理转变的过程中，其边际收益是递减的。这是由于结构调整的过程也是结构扭曲程度不断缩小的过程。随着产业结构逐渐趋于协调，产业结构扭曲所造成的经济损失也逐渐减少，从而纠正这一扭曲所获得的收益也将越来越少。然而，将整个产业结构的变化和发展放在较长时间段内考察，可以看出，由于技术进步而一次次进行的结构调整，其边际收益并不表现出递减的规律。技术的进步使满足一定需求所需的劳动力和各种物质生产要素得到节约，生产效率成倍提高，从而促使人类生活不断达到更高的水平。如果将由于技术进步造成的每一轮产业结构调整视为整体产业结构变化的"边际"，则边际收益并不是递减的。

（2）产业结构合理化调整的机制和动力。产业结构之所以从不合理向合理化的方向发展，其动力是结构调整过程中收益的存在。但在不同的结构调整机制中，结

---

① 毛林根. 产业经济学 [M]. 上海：上海人民出版社，1996.

构调整动力的表现形式是不同的。产业结构调整机制是一种根据现有产业结构状态，通过输入某种信号和能量，引起结构的变动，从而形成新的产业结构状态的作用过程。根据输入信号的性质和调整方式的类型，理论上可以把产业结构的调整机制分为市场机制和计划机制。

1）产业结构调整的市场机制。市场机制调整产业结构在很大程度上是一种经济系统的自我调整过程，即经济主体在市场信号的引导下，通过生产资源的重组和在产业部门间的流动，使产业结构尽可能适应需求结构变动的过程。由于种种原因，需求结构发生了变化，破坏了原有的供需结构，使某些产品供给大于需求，而某些产品需求大于供给，从而引起这些产品的价格发生相应的波动。当价格波动幅度大到一定程度，即大到部门间生产资源转移的临界点（转移后收益＝转移成本＋机会成本）时，产品价格下降部门的资源就会转移到产品价格上涨的部门，直到形成供给结构和需求结构之间新的平衡点为止。在这一产业结构调整过程中，产业结构变动的信号就是市场价格，动力是无数分散的经济主体对增加利润和避免损失的追求。

2）产业结构调整的计划机制。产业结构调整的计划机制是一种对经济系统的调控过程，即政府向经济系统输入某种信号，直接进行资源在产业间的配置，使产业结构得以变动的过程。政府机关根据现有产业结构的状况和对产业结构变动的预测，从经济发展的总体目标出发，通过纵向等级层次向经济主体发布指令，以调整产业部门间的供求关系。这些指令通常有两种类型：一类是直接对企业的生产数量加以要求；另一类是通过变动各部门的投资计划来调整资产增量在产业间的配置，从而变动产业结构。在这一产业结构调整过程中，结构变动的信号是政府的计划数量或指令，动力是政府对经济持续、稳定、协调增长的追求。

产业结构调整的市场机制和计划机制各有其优点及局限性：市场机制比较准确、稳妥，又比较灵敏，但却是事后调节，成本较大，时滞较长；计划机制具有事前主动性，调整成本较小，却欠准确，市场摩擦较大。因此，单独使用其中一种调节方式难以达到产业结构合理化的目的，只有把两者很好地结合起来，才能使产业结构向合理化的方向调整。目前，世界各国基本没有哪个国家采用单一的市场机制或计划机制，而是两种形式结合使用，只是侧重点有所不同。

四、产业结构的高度化

1. 产业结构高度化的含义

产业结构高度化主要是指产业结构从低水平状态向高水平状态的发展，是一个动态的过程。实际上，产业结构高度化是指随着产业结构的知识集约化和经济服务化，使产业具有更高的附加价值。产业结构高度化是一个相对概念，它是产业结构在需求拉动、科技推动、竞争、研发等因素作用下的演进过程中，在一定的经济发展阶段中针对现有的社会生产力水平，尤其是科学技术发展水平而言的。产业结构高度化是一个永不停息的过程，它使产业结构作为资源转换器在现有资源和技术条件下，通过自身不断高度化的构造，最充分地发挥其转换效力，使资源得到最有效的利用。产业结构高度化的实质就是随着科技发展和分工深化，产业结构不断向深加工度化、高附加值化发展，从而更充分、有效地利用资源，更好地满足社会发展需求的一种趋势。

产业结构的高度化过程有三个阶段：第一阶段是产业结构的重化工业化，是指在经济发展和工业化过程中，重化工业比重在轻重工业结构中不断增高的过程。第二阶段是高加工度化阶段，高加工度化一方面意味着加工组装工业的发展大大快于原材料工业发展；另一方面意味着工业体系以生产初级产品为主阶段向生产高级复杂产品为主阶段过渡。第三阶段是知识技术高度密集化阶段，即在高加工度化过程中，各工业部门越来越多地采用高级技术，导致以知识技术密集为特征的尖端工业的兴起。这个阶段产业结构的成长开始突破工业社会的框架，实现向"后工业社会"的产业结构转变。

一个国家要获得较快的经济增长就必须不断推进产业结构高度化，而产业结构高度化的关键是要有较强的产业结构转换能力。一般而言，一个国家的产业结构转换能力，一方面取决于经济体制与资源禀赋；另一方面取决于适宜的产业政策，包括产业结构政策、产业组织政策、产业技术政策、产业结构高级化政策等。

2. 创新对产业结构高度化的影响

在封闭经济条件下，产业结构的变化是需求结构变动和供给结构变动相互作用的结果。在开放经济条件下，应该再加上国际贸易和国际投资因素。因此，可以说需求结构、供给结构、国际贸易结构和国际投资结构这四种因素是决定产业结构变动的基本因素。然而，在这里起核心作用的是创新。按照熊彼特的观点，创新是指引入一种新的生产函数以提高社会潜在的产出能力。创新具体表现为三个方面：一是创造出新的商品和服务；二是在既定的劳动力和资金的情况下，提高原有商品和服务的产出数量；三是具有一种扩散效应的功能，这种扩散效应能促进经济的快速发展。因此，创新不仅可以提高生产商品和服务的能力，还可以增加品种；同时，创新的出现在产业结构效应的作用下引起关联产业的一系列的积极变化。创新对产业结构既有直接影响，也有间接影响。

（1）创新对产业结构的直接影响。在一个资源可以自由流动的社会里，当创新可以带来潜在产出能力的提高时，人们将面临这样一种选择，即是主要以增加本产业产出的形式来获得创新的收益呢？还是把本产业的资金、劳动力等要素转移到其他产业，以增加其他产业产出的形式来获得创新的收益呢？这主要取决于具体的创新方式。一般来说，当创新带来的是新产品开发或原有产品的改善时，由于新产品的需求弹性较大，会吸引生产要素流入该部门。这是因为新产品刚上市时，其价格对成本的反应、需求对价格的反应都比较敏感，从而使其产量的提高能获得较高的收益。当该部门能够获得高于一般产业部门平均水平的收益时，其他部门的生产要素就会向它转移。因而，这种方式的创新将倾向于该产业部门的扩张，如 20 世纪20 年代汽车工业的发展就是如此。与此相反，当创新仅仅是导致了原有产品的生产效率提高时，如果这些产品的需求弹性较小，那么这将促使该部门的生产要素向外流出。这是因为原有产品已趋于成熟，其价格对成本的反应、需求对价格的反应已不再特别敏感，从而其产量的大幅度提高将大幅度降低该产品的价格，使其收益下降。所以，这种方式的创新更倾向于使该产业部门收缩，尤其表现为该部门劳动力数量的锐减，如 20 世纪 50~60 年代农业的创新就是如此。由此可见，不论哪一种方式，创新都将引起生产要素在产业部门之间的转移，导致不同部门的扩张或收缩，从而促进产业结构的有序发展。

（2）创新对产业结构的间接影响。创新对产业结构变化的间接影响有两种方式：一是创新通过对生产要素相对收益的影响而间接影响产业结构的变化。经济学家希克斯认为，创新会通过改变各种生产要素，尤其是劳动和资本的相对边际生产率，来改变其收益率之间的平衡。当然，一项创新有可能以相同的比例同时提高劳动与资本的边际生产率。然而，这种情况是十分罕见的。更常见的是创新对它们的非平衡影响，即资本边际生产率的提高比劳动边际生产率的提高更快。在这种情况下，就会刺激生产要素之间的替代，即资本替代劳动或劳动替代资本。前者就是所谓的"劳动节约型创新"，后者就是"资本节约型创新"。显然，这种要素之间的替代会影响产业结构的变动。二是创新通过对生活条件和工作条件的改变而间接影响产业结构的变化。创新往往会创造新的或某些潜在的巨大需求（最终或中间需求），并且有可能通过连锁反应对需求产生更广泛的影响。当然，这些需求结构的变动无疑会影响产业结构的变化。

因此，可以说创新是产业结构高度化的动力。一个国家的创新活动和创新能力是其产业结构有序发展的核心动因。唯有创新，才能从根本上提高产业结构的转换能力，推进产业结构的高度化。

3. 产业结构高度化的机制

产业结构高度化是通过产业间优势地位的更迭来实现的，是各个产业变动的综合结果。它是以单个产业部门的变动为基础的，因为只有单个产业部门的变动才会引起并导致整个产业结构的变化。因此，我们首先从单个产业部门的变动入手，通过分析单个产业部门扩张与收缩的运动过程，来考察产业结构高度化的机制。

从单个产业部门的变动来看，一般会经历一个"兴起—扩张—减速—收缩"的运动过程。产业的兴起往往与新产品的开发相联系。随着新产品的优点逐渐被人们所认识，对它的需求将日益增大；同时创新又成功地大幅度降低了该产品的成本，使该产业迅速扩张，进入一个高速增长阶段。但是，当这种高速增长达到一定临界点之后，就会出现减速增长的趋势。库兹涅茨通过对大量资料的分析，发现了这种产业部门增长速度终究要减缓的现象，并且认为从长期看其存在着一定的规律性。正如他指出的那样，总生产中大多数部门的增长率过了一段时间后的确下降了，从而它们在全国总产值中所占的份额也随之下降了。因此，虽然对于总产值和人均产值来说，没有出现增长减速的趋势，这是典型的，但对一国经济中的许多部门来说，它就不是典型的。产出部门增长之所以会发生减速趋势一般是由于以下原因引起的：

（1）技术进步速度缓慢。

（2）增长较慢的产业对其增长的阻尼效应和增长较快的产业对其竞争的压制。

（3）随着产业增长，可利用的产业扩张资金的相对规模下降。

（4）受到新兴国家相同产业的竞争性影响①。

可见，从一个产业较长的生命周期看，任何一个产业部门的增长减速趋势都不是偶然的，或多或少显示出一定的规律性。我们再从影响产业部门变动的最主要因素——创新来看，由于创新使产业的产品成本大幅度下降，从而推动该产业迅速增长。但当产品价格已降至新的创新很难再使其成本下降时，换句话说，创新对于降低成本的潜力已趋枯竭时，便会发生创新减缓，因而迫使该产业增长速度降低下来。

既然任何一个产业部门的发展都与创新相联系，表现出扩张与收缩的规律性，那么一个国家的各个产业部门就可以依据其距离创新起源的远近来确定各自不同的相对地位。库兹涅茨经过研究发现，从较长的时间序列看，产业增长速度随着该产业成长、成熟到衰落而处于高速增长、均速增长和低速增长的变动中。如果从任何一个时点看，总会看到多种处于不同增长速度的产业，即低增长部门、高增长部门和潜在高增长部门同时存在。一般高增长部门由于距离创新起源更近而处于相对优势地位，在总产值中占有较大的份额并支撑着整个经济的增长。随着时间的推移，由于新的创新与创新的扩散，产业结构的变动呈现高增长优势产业间的更迭，这是一个连续变动的过程。当原有高增长产业因创新减缓而减速时，该产业便会被新的高增长产业所取代。在随后递进的发展过程中，潜在的高增长产业又会转化为现实的高增长产业，以代替原来高增长产业的位置。因此，我们可以得出这样的结论，即产业结构的变动是通过产业间优势地位的更迭实现的②。

衡量产业优势地位主要有三种标准：一是附加价值高低，附加价值高的产业就是具有优势地位的产业；二是产业产值，产值比重大的产业就是具有优势地位的产业；三是产业关联效应，受原材料供应影响较大的产业如果后向关联效应大就说明它是具有优势地位的产业，受最终需求影响较大的产业如果前向关联效应大就说明它是具有优势地位的产业。附加价值标准强调利润率的高低，产值标准强调产值规模的大小，关联效应标准强调产业的影响力。附加价值的提高、产值规模的扩大、产业影响力的增强都有赖于创新。也就是说，正是创新引起了附加价值、产值规模和产业影响力在不同产业间的变化。这种变化推动了产业结构的高度化。

产业结构的合理化与高度化之间有着密切的联系。产业结构的合理化为产业结构的高度化提供了基础，而高度化则推动产业结构在高层次上实现合理化。产业结构的合理化首先着眼于经济发展的近期利益，而高度化则更多地关注结构成长的未来，着眼于经济发展的长远利益。因此，在产业结构优化的全过程中，应把合理化与高度化问题有机结合起来，以产业结构合理化促进产业结构高度化，以产业结构高度化带动产业结构合理化。在产业结构合理化过程中实现产业结构高度化的发展，在产业结构

---

① 库兹涅茨. 各国的经济增长 ［M］. 北京：商务印书馆，1985.

② 周振华. 产业结构优化论 ［M］. 上海：上海人民出版社，1992.

高度化进程中实现产业结构合理化的调整。只有这样，才能实现产业结构优化。

五、主导产业的选择

1. 主导产业的作用

产业结构高度化与主导产业的转换有着特殊的关系。罗斯托（2000）认为，不论在任何时期，甚至在一个已经成熟并继续成长的经济中，经济发展的冲击力之所以能够保持，是由于为数不多的主要成长部门迅速扩张的结果，而且这些部门的扩张又产生了对其他产业部门来说具有重要意义的作用。他把主导产业的作用概括为如下三个方面：一是依靠科学技术进步，获得新的生产函数；二是形成持续高速增长的增长率；三是具有较强的扩散效应，对其他产业乃至所有产业的增长有决定性的影响。这三个作用反映了成为主导产业必备的条件，即它们是一个有机整体，缺一部分就成为不了主导产业。根据罗斯托的阐述，只有少数同时兼备创新和较强扩散效应的高增长产业才能成为主导产业。

罗斯托（2000）认为，正是主导产业扩散效应"不合比例增长"的作用推动着经济的发展。同时，这种扩散效应不局限于产业间技术经济联系的效果，还包含着对经济社会发展更为广泛的影响。当然，随着科学技术进步和生产力发展，特别是社会分工日益深化，带动整个产业发展的已不是单个主导产业，而是几个产业共同起作用。罗斯托将此称为"主导部门综合体"。他认为，主导部门综合体是由主导部门和与主导部门有较强后向关联、旁侧关联的部门共同组成的，如钢铁、机械、电力和化学工业共同构成了一个主导部门综合体。

2. 主导产业形成的条件

主导产业及其综合体的形成是与一国经济的发展阶段相适应的。在发达国家工业化各个阶段上明显地表现出主导产业及其综合体的有序转换。当然，由于各国地理条件、资源禀赋、市场需求、人文环境和经济政策等方面的差异对主导产业及其综合体的形成会有很大的影响，在历史上不同国家的主导产业及其综合体也不完全相同。但从产业发展的历史进程来看，在任何经济阶段的国家，其主导产业和综合体的形成、发展和转换都是推动整体经济发展的根本因素和动力。同时，主导产业的形成也是有一定条件的。罗斯托认为，主导产业的形成须具备如下条件：

（1）足够的资本积累。主导产业及其综合体的形成需要有足够的资本积累和投资。一国对主导产业的净投资率（投资额在国民生产总值中的比重）从 5%左右提高到 10%，同时要和鼓励储蓄、限制消费和引进外资结合起来。

（2）充足的市场需求。主导产业的形成要有充足的市场需求。这样，该产业才有可能不断扩大。

（3）创新（包括技术创新和制度创新）。只有创新，才能使本产业和其他产业不断节约成本，提高劳动生产率和产出，满足潜在的市场需求。同时，还要有制度创新，才能使一大批具有创新意识的企业家、工程师为企业的发展提供技术、制度、管理等方面的保证。

此外，罗斯托还提出了主导增长部门、辅助增长部门和派生增长部门三个概念。主导增长部门是指与技术进步相联系、能引入新的生产函数并在经济增长中真正起主导作用的产业，它对其他产业的增长具有较强的前向拉动和后向推动作用。辅助增长部门或派生增长部门都不能成为主导产业。

3. 主导产业的实现形式

从实践来看，主导产业的实现形式有如下两种：

（1）市场自发调节。采取这种形式的国家认为，市场竞争和供求关系足以促进具有竞争能力的产业的发展。产业结构的高度化也可以通过市场供求和价格机制来实现，并非一定要制定产业规划和为对某些主导产业进行扶持而制定产业政策。同时，政府对选择主导产业的认识不如市场力量更有权威性。过去的多个西方国家就是采取这种形式的。这些国家一般不追求产业结构的优化问题，而是强调产业的自我调节，只在经济发展过程中出现问题时，才被动地采取一些补救措施和制定一些相应的产业政策。但是在今天，许多国家都加强了对产业发展的干预。例如，美国从 20 世纪 90 年代开始就制定了一系列产业技术政策，加快高科技产业的发展。

（2）政府积极干预。采取这种方式的国家通过制定产业政策，选择主导产业和确定产业发展序列，不断促进产业结构的高度化。日本是比较早采用这种形式的国家，它没有沿袭欧美发达国家发展产业的经验，而是选择了一条超常规发展的道路。日本主要根据"收入弹性基准"和"生产率上升基准"选择主导产业和确定产业发展顺序。

近年来，越来越多的国家开始重视第二种形式。西方发达国家采取政府积极干预的形式促进主导产业（如信息产业）的发展。发展中国家由于市场经济不发达，对主导产业采取倾斜政策显得尤为重要。这样，它们可以使主导产业获得较快发展，并不断促进产业结构的高度化，从而实现"追赶型"国家"后发性利益"和持续、快速发展本国经济的目的。

4. 主导产业的转换和发展

实践表明，主导产业的转换和发展经过五个不同的历史发展阶段（见表10-1）。

表 10-1　主导产业发展的五个历史阶段

阶段	主导产业部门	主导产业群体或综合体
第一阶段	棉纺工业	纺织工业、冶炼工业、采煤工业、早期制造业和交通运输业
第二阶段	钢铁工业、铁路修建业	钢铁工业、采煤工业、造船工业、纺织工业、机器制造铁路、运输业、轮船运输业及其他工业
第三阶段	电力、汽车、化工和钢铁工业	电力工业、电器工业、机械制造业、化学工业、汽车工业，以及其他工业

阶段	主导产业部门	主导产业群体或综合体
第四阶段	汽车、石油、钢铁和耐用消费品工业	耐用消费品工业、宇航工业、计算机工业、原子能工业合成材料工业，以及其他耐用消费品工业
第五阶段	信息产业	新材料工业、新能源工业、生物工程、宇航工业等新兴产业，以及其他信息产业

资料来源：周振华. 产业结构优化论［M］. 上海：上海人民出版社，1992.

上述主导产业发展的五个历史阶段说明，在经济发展的历史长河中，产业结构的高度化是主导产业及其群体不断更替、转换的一个历史演进过程，是一个产业结构由低级到高级、由简单到复杂的渐进过程。在这个过程中，主体需要满足发展中不同阶段的不可逾越性，以及社会生产力发展中技术的不同阶段之间的不可间断性，决定了发展中国家在选择和确定主导产业及其群体以及进行主导产业及主导产业群的建设时，一方面必须循序渐进，另一方面也可以兼收并蓄，综合几次主导产业及其群体的优势，在整个产业的某些领域实现"跳跃式"发展，在起点低、发展时点晚的情况下，用较短的时间走完发达国家产业结构高度化所走过的近250年的历程，实现经济社会的现代化。

六、产业结构优化的机理

产业结构优化的最终目的是实现国民经济的持续快速增长。但是，从产业结构优化到国民经济的持续快速增长是如何转化的呢？以下就来分析产业结构优化的机理。

产业结构优化的机理就是通过四步过程实现国民经济的持续快速增长：调整影响产业结构的决定因素；产业结构得到优化；产业结构效应发挥作用；国民经济得到持续快速发展。

（1）调整影响产业结构的决定因素。这些决定因素从供求的角度来说包括供给因素和需求因素，从投入产出的角度来说包括投入结构和产出结构。调整产业结构的决定因素就是要调整供给结构和需求结构，也就是要调整投入结构和产出结构，其中包括调整国际贸易结构和国际投资结构，从而改变产业结构。

（2）产业结构得到优化。产业结构优化既是产业结构调整的目的，也是产业结构调整的结果。产业结构优化的结果一方面是产业结构的高度化，另一方面是产业结构的合理化。

（3）产业结构效应发挥作用。产业结构效应是指产业结构的变化对经济增长的影响程度。产业结构的优化必然对经济增长产生积极作用。

（4）国民经济得到持续快速发展。国民经济在产业结构效应的积极作用下取得比正常增长速度快得多的增长。

第二节 产业结构优化模型方法与应用

一、产业结构优化问题

产业结构优化是对产业结构进行调整使其更进一步满足社会需求。产业结构优化是每个国家的追求，对实现国家经济高质量发展、资源有效配置有着重要的意义。而产业结构优化研究主要是指一种产业结构的效率研究，可以采用数据包络分析法（Data Envelopment Analysis，DEA）对地方的产业结构效率进行评价分析。在此，第二节着重介绍 DEA 的常用模型，并运用实际案例进行分析。

二、产业结构优化模型

1. DEA 模型[①]

DEA（数据包络分析法）由 A. Charnes 和 W. W. Cooper 等提出，其理论和方法运用是以"相对效率评价"为基础，涵盖了运筹学、数学、计算机科学和管理科学四个领域。而该数据方法本质上是运用数学规划模型，先确定出多个决策单元（Decision Making Unit，DMU）即各输入研究对象或输出的单位，然后对其之间的相对有效性进行测定及评价。在对决策单元的相对效率运用 DEA 进行评价的过程中，首先要运用线性规划方法对所收集整理的各样本数据求出对应的效率前沿包络面，以体现其投入产出关系，然后对所选定的决策单元和前沿包络面的投入产出之间的差异进行评价，来测出被评价决策单元的效率。首先定义"生产可能性集合"，其意为在生产技术为一定的时候，所有可能获得的投入及产出的集合。通常可以通过看被研究和评价的决策单元的值是不是落在生产集的生产前沿边界上，来判断这个决策单元是不是能够达到 DEA 有效。如果发现某个 DMU 落在了生产集的生产前沿面上的话，便可以将这个 DMU 看成是 DEA 有效率的单位，相对应的是它的相对效率值等于 1。它具有的经济意义为：在其他条件不变时，该 DMU 不能增加产出或减少投入。如果 DMU 落在了生产集的生产前沿边界以内，那么我们便可以将该 DMU 看成是 DEA 无效率的单位，那么相对应的是它的相对效率值小于 1。

2. CCR 模型

Charnes、Cooper 和 Rhodes 在 1978 年提出了 CCR 模型。CCR 模型是以固定规模报酬不变的假设为基础，但在实际生产过程中，有的决策单元不一定能在最理想规

---

① 刘耀彬，白彩全. 计量经济模型与统计软件应用（Ⅱ）[M]. 北京：科学出版社，2015.

模下进行生产，可能会处于规模递增或者规模递减的变动规模报酬，所以在现实生产中要考虑变动规模报酬。

下面是对多投入多产出情况下的相对效率用线性模型进行评价的推导过程。假设现在有 n 个 DMU，每一个 DMU 投入有 m 种，产出有 s 种，各种投入产出如表 10-2 所示。

表 10-2　各个 DMU 的投入与产出

投入产出 DMU	1	2	...	j	...	n
投入 1	X_{11}	X_{12}		X_{1j}		X_{1n}
投入 2	X_{21}	X_{22}	...	X_{2j}	...	X_{2n}
⋮	⋮	⋮		⋮		⋮
投入 m	X_{m1}	X_{m2}		X_{mj}		X_{mn}
产出 1	Y_{11}	Y_{12}		Y_{1j}		Y_{1n}
产出 2	Y_{21}	Y_{22}	...	Y_{2j}	...	Y_{2n}
⋮	⋮	⋮		⋮		⋮
产出 s	Y_{s1}	Y_{s2}		Y_{sj}		Y_{sn}

表 10-2 中 X_{ij} 表示第 j 个 DMU_j 的第 i 种投入产量，Y_{rj} 表示第 j 个 DMU_j 的第 r 种产出总量（$i=1$, 2, $\cdots$, m；$j=1$, 2, $\cdots$, n；$r=1$, 2, $\cdots$, s）。现将各个 DMU 的各种投入以及各种产出用向量表示如下：

$$\boldsymbol{X}_j = (X_{1j},\ X_{2j},\ \cdots,\ X_{mj})^r, \qquad \boldsymbol{Y}_j = (Y_{1j},\ Y_{2j},\ \cdots,\ Y_{nj})^r$$

按照 DEA 方法的基本思路可以构造出一个分式规划的 CCR 模型，这是最初的 CCR 模型，它的形式为

$$\begin{cases} \max h_j = \dfrac{\sum \boldsymbol{u}^T \boldsymbol{Y}_0}{\sum \boldsymbol{v}^T \boldsymbol{X}_0} \\[2mm] \dfrac{\displaystyle\sum_{r=1}^{s} u_r Y_{rj}}{\displaystyle\sum_{i=1}^{m} v_i X_{ij}} \leqslant 1 \\[2mm] \boldsymbol{u} \geqslant 0,\ \boldsymbol{v} \geqslant 0 \\[1mm] j = 1,\ 2,\ \cdots,\ n;\ i = 1,\ 2,\ \cdots,\ m;\ r = 1,\ 2,\ \cdots,\ s \end{cases} \qquad (10-1)$$

式 10-1 中，X_0 表示 DMU（被决策单元）的投入量；Y_0 表示 DMU（被决策单元）的产出量；X_{ij} 表示第 j 个 DMU_j（决策单元）对第 i 种输入的投入量；Y_{rj} 表示第 j 个 DMU_j（决策单元）对第 r 种输入的产出量；v_i 表示第 i 种输入的权重；u_r 表示第 r 种输入的权重。

Charnes、Cooper 和 Rhodes 这三位学者将用于评价 DMU 决策单元效率值的权重

定义为 v 和 u。这种方法比赋值法使权重的选取方式更为合理客观。但是，非线性模型的分式规划也有个问题，那就是它的解有无穷多个，于是这三位学者把 CCR 模型的最初形式转换成了线性规划的形式 P_{C^2R}：

$$
\begin{cases}
\max X_{\mu,\,\omega}\,\boldsymbol{\mu}^T\boldsymbol{Y}_0 = h_j \\
\text{s. t.}\,\boldsymbol{\mu}^T\boldsymbol{Y}_j - \boldsymbol{\omega}^T\boldsymbol{X}_j \leqslant 0 \\
\boldsymbol{\omega}^T\boldsymbol{X}_j = 1 \\
\boldsymbol{\omega},\,\boldsymbol{\mu} \geqslant 0 \\
j = 1,\,2,\,\cdots,\,n \\
t = \dfrac{1}{v^T\boldsymbol{X}_j},\,\boldsymbol{\omega} = tv,\,\boldsymbol{\mu} = t\boldsymbol{\mu}
\end{cases}
\tag{10-2}
$$

然后再依据对偶理论转换成了对偶规划形式（D_{C^2R}）：

$$
\begin{cases}
\min h_j = \theta \\
\displaystyle\sum_{j=1}^{n} X_j\lambda_j + S^- = \theta X_0 \\
\displaystyle\sum_{j=1}^{n} Y_j\lambda_j - S^+ = Y_0 \\
\boldsymbol{\lambda} \geqslant \boldsymbol{0} \\
j = 1,\,2,\,\cdots,\,n \\
S^- \geqslant 0,\,S^+ \geqslant 0
\end{cases}
\tag{10-3}
$$

式 10 - 3 中，θ 是 DMU_j 的效率指数，代表了总技术效率值（Technical Efficiency，TE）为各决策单元的权重乘数；S^- 和 S^+ 为松弛变量。

由线性规划的对偶理论可知，P_{C^2R} 和 D_{C^2R} 都存在最优解，两者的最优解相等，且 DMU 的最优效率指数 $h_j \leqslant 1$。

CCR 模型的经济意义为：把所有的有效点全都连接起来，于是便形成了有效的生产前沿包络线，也叫有效生产前沿面，而不为零的过剩变量或者不足的变量将有效生产前沿面朝着垂直和水平的方向进行延伸，并和有效生产前沿一同形成了一个完整的包络面。

生产沿面达到了帕累托最优的状态，这时便可以称该决策单元 DMU 是 DEA 总技术有效的。而生产前沿有着规模报酬不变的特性，也就是说，每个生产单元都是处于最佳生产规模。换言之，若一个决策单元是 DEA 有效的（即 CCR），那么它既是技术有效，又是规模有效。

3. 超效率 DEA 模型

数据包络分析（DEA）可以通过特定数学规划模型来评估一组 DMU（决策单

元）相对效率。其基本原理是借助线性模型确定生产前沿面，通过比较各决策单元相对于生产前沿面的偏离程度，进而确定各决策单元的相对效率值。DEA 模型无需对变量间的函数关系进行假设，避免了主观因素影响，因此在效率评估研究中得到广泛应用。但传统 DEA 模型也存在部分缺陷，当多个 DMU 同处于生产前沿面时，其相对效率在数值上均为 1，无法对这些 DMU 的效率高低做进一步比较。为了弥补该缺陷，Andersen 和 Petersen（1993）在传统 DEA 模型原理的基础上，提出了投入导向的超效率 DEA 模型（SEDEA），对于未处在生产前沿的非有效 DMU，其测算结果与传统 DEA 模型相同；对于有效 DMU，生产前沿面后移使其相对效率值超过 1，进而可以实现若干有效 DMU 之间的效率比较。

4. Malmquist 生产力指数

传统 DEA 模型（CCR-DEA 模型和 BCC-DEA 模型）只能针对单一年度的各决策单元进行单期的横向比较，而无法对连续数年的效率做出分析，不能了解各决策单元不同时期的动态效率。Malmquist 模型可以用来评价各决策单元历年的生产率变动情况，并能进一步细分生产率变动的原因，主要用于不同时期决策单元的比较。因此，1992 年 Färe 等（1994）对 Caves 等 1982 年定义的 Malmquist 生产率变动指数进行了重新定义，通过计算第 t 期及第 $t+1$ 期生产率指数的几何平均数，衡量生产率的变动情况，并将 Malmquist 生产率变动指数分解为技术变动指数和技术效率变动指数的乘积。

Malmquist 生产率变动指数的模型为：

$$
\begin{aligned}
MI^{t,\ t+1} &= \left[\frac{D^t(x^{t+1},\ y^{t+1})}{D^t(x^t,\ y^t)} \frac{D^{t+1}(x^{t+1},\ y^{t+1})}{D^{t+1}(x^t,\ y^t)} \right]^{\frac{1}{2}} \\
&= \frac{D^{t+1}(x^{t+1},\ y^{t+1})}{D^t(x^t,\ y^t)} \left[\frac{D^t(x^t,\ y^t)}{D^{t+1}(x^t,\ y^t)} \frac{D^t(x^{t+1},\ y^{t+1})}{D^{t+1}(x^{t+1},\ y^{t+1})} \right]^{\frac{1}{2}} \\
&= EC^{t,\ t+1} \times TC^{t,\ t+1} = PEC^{t,\ t+1} \times SEC^{t,\ t+1} \times TC^{t,\ t+1}
\end{aligned}
\tag{10-4}
$$

式 10-4 中，$MI^{t,\ t+1} > 1$ 即代表 DMU 在 $t+1$ 期的要素生产率相较于 t 期有所提高，$EC^{t,\ t+1} > 1$ 说明 DMU 在 $t+1$ 期比 t 期与生产前沿更为接近，代表综合技术效率提高，$TC^{t,\ t+1} > 1$ 说明第 $t+1$ 期的生产前沿相较于 t 期有所推移，代表技术进步。

第三节　模型的应用

产业结构优化模型的应用：黑龙江省农业产业效率研究

1. 黑龙江省农业产业效率问题

农业产业结构的调整是社会主义"乡村振兴"战略的重要内容，是关系农业经济的长远发展和国民经济高质量发展的重大部署，而农业产业结构的调整是该项战略的基础。黑龙江省作为我国的农业大省之一，其农业产业结构的调整对于黑龙江经济持续增长至关重要。目前，农业产业结构不完善是制约黑龙江省许多地区经济社会发展的首要因素。在实现"乡村振兴"进程中，黑龙江省在农业产业优化方面投入巨大，农业产业效率和效益整体得到改善，但部分地区仍处于较低水平。在全面建成小康社会的大背景下，黑龙江省农业产业效率时空演变趋势如何？不同地区效率变动的内在驱动机制是什么？这些都是推进黑龙江乡村战略和实现农业经济高质量发展过程中需要回答的问题。基于上述背景，第三节结合 DEA 视窗分析方法的超效率 DEA 模型，利用基于数列距离的空间匹配度计算方法，对黑龙江农业产业效率评估进行研究。

2. 农业产业效率评价模型

（1）超效率 DEA 模型。

假设有 n 个决策单元，每个决策单元含有 m 项投入 X 和 s 项产出 Y，第 k 个决策单元的第 a 项投入表示为 x_{ak} （$a=1, 2, \cdots, m$; $k=1, 2, \cdots, n$），第 b 项产出表示为 y_{bk} （$b=1, 2, \cdots, s$; $k=1, 2, \cdots, n$），则不变规模报酬下投入为导向的超效率 DEA 模型可以表示为如下形式：

$$\min\theta$$

$$\text{s. t.} \begin{cases} \sum_{\substack{j=1 \\ j\neq k}}^{n} X_j\lambda_j \leqslant \theta X_k \\ \sum_{\substack{j=1 \\ j\neq k}}^{n} Y_j\lambda_j \geqslant \theta Y_k \\ \lambda_j \geqslant 0, \ j=1, \cdots, n \end{cases} \quad (10-5)$$

式 10-5 中，$X_k = (x_{1k}, x_{2k}, \cdots, x_{mk})$，$Y_k = (y_{1k}, y_{2k}, \cdots, y_{sk})$，$\theta$ 和 λ 分别为决策单元的相对效率值和权重，若 $\theta \geqslant 1$，则代表该决策单元处在生产前沿面，属于有效 DMU。

（2）Malmquist 生产力指数。

为了更深入分析黑龙江省 13 个城市农业产业效率演变规律，挖掘导致效率变动的深层次原因，采用 Malmquist 指数探究黑龙江省 13 个农业产业的全要素生产率。Malmquist 指数是用于动态衡量各决策单元全要素生产率变化情况的非参数指标。$t+1$ 期相较于 t 期生产效率变动的原因可分解为综合技术效率变化（EC）和技术进步变化（TC），综合技术效率变化又可分解为更深层次的纯技术效率变化（PEC）和规模效率变化（SEC）。

3. 数据来源与指标说明

（1）数据来源。

以 2009 年为研究起始年份，研究尺度为城市尺度，以黑龙江省 13 个城市为研究区域，通过对历年《中国统计年鉴》《黑龙江统计年鉴》以及黑龙江省统计局公布的相关数据的整理，得到所用原始数据，考虑到投入产出数据序列的完整性，最终选用 2009~2018 年 10 个研究年份的各指标数据。

（2）指标说明。

在应用数据包络分析模型时，投入产出指标选取的合理性将直接影响效率测算结果的准确性，构建一组全面且有效的投入产出指标尤为重要。农业产业效率基本思想是同时满足资源消耗最小化、生产价值最大化，在此思想指导下，选取投入指标和产出指标，选取结果如表 10-3 所示。

表 10-3　农业产业效率投入产出指标体系

类型	指标名称	说明
投入指标	农业固定资产投资额	反映资本要素投入
	农业从业人员数	反映人力资源投入
	农业机械总动力	反映生产技术投入
	农业用电总量	反映能源要素投入
	农业总播种面积	反映自然资源投入
产出指标	农业增加值	反映经济效益产出

其中，农业增加值和农业固定资产投资额均以 2008 年为基期通过 GDP 指数和固定资产投资价格指数进行处理，以消除价格影响。

4. 实证分析

（1）超效率 DEA 静态效率评价。

对超效率 DEA 运行结果进行整理得到 2009~2018 年黑龙江省 13 个城市农业产业效率值及排名（见表 10-4 和表 10-5）。

利用全新投入视角的 Super-SBM 模型测算黑龙江省 13 个城市 2009~2018 年的农业产业效率和每个城市 10 年的平均效率，结果如表 10-4 所示。

2010 年，达到 DEA 有效的城市下降到了 2 个城市，分别为鹤岗和大兴安岭。2011 年和 2012 年达到 DEA 有效的城市都为 3 个，在 2011 年，这 3 个城市分别为鹤岗、鸡西、大兴安岭；到了 2012 年由鸡西换为了伊春，鹤岗和大兴安岭仍在其中，这两年农业产业效率最低仍为齐齐哈尔，仅为 0.3。

表 10-4　2009~2018 年黑龙江省 13 个城市农业产业效率值

城市　　年份	2009	2010	2011	2012	2013	2014	2015	2016	2017	2018
哈尔滨	0.8	0.6	0.5	0.5	0.6	0.7	0.7	0.8	0.6	0.6
齐齐哈尔	0.3	0.3	0.3	0.3	0.3	0.3	0.3	0.3	0.3	0.3

城市＼年份	2009	2010	2011	2012	2013	2014	2015	2016	2017	2018
鸡西	1.1	0.7	2.0	0.7	0.8	0.8	0.9	0.9	0.8	0.9
鹤岗	2.3	2.1	1.7	1.5	2.1	1.2	1.1	1.0	1.3	1.1
双鸭山	0.9	0.9	0.9	0.9	1.0	1.2	1.2	1.0	1.2	1.4
大庆	0.4	0.4	0.4	0.4	0.5	0.6	0.6	0.6	0.6	0.6
伊春	1.0	0.9	0.9	1.0	1.0	1.2	1.2	1.1	1.4	1.4
佳木斯	0.6	0.5	0.5	0.4	0.5	0.5	0.5	0.5	0.8	0.7
七台河	0.5	0.5	0.4	0.4	0.4	0.5	0.5	0.4	0.5	0.5
牡丹江	0.7	0.7	0.7	0.7	0.7	0.7	0.8	0.8	0.6	0.6
黑河	0.6	0.5	0.5	0.5	0.6	0.6	0.6	0.6	0.6	0.6
绥化	0.7	0.7	0.7	0.7	0.9	0.6	0.7	0.6	0.6	0.5
大兴安岭	2.9	2.8	2.9	2.4	2.5	2.2	2.3	2.5	1.9	1.9

表 10-5　2009~2018 年黑龙江省 13 个城市农业产业效率均值

城市	哈尔滨	齐齐哈尔	鸡西	鹤岗	双鸭山	大庆	伊春	佳木斯	七台河	牡丹江	黑河	绥化	大兴安岭
均值	0.6	0.3	0.9	1.4	1.0	0.5	1.0	0.5	0.4	0.6	0.5	0.6	2.2

2013 年、2014 年、2015 年、2017 年、2018 年这五年中，达到 DEA 有效的地区一直为鹤岗、双鸭山、伊春、大兴安岭 4 个城市。其余 9 个城市均为非 DEA 有效，其中齐齐哈尔的农业产业效率值在这五年中一直处于最低，其效率水平处于 0.3。

将 2009~2018 年的农业产业效率值的平均值进行对比发现，只有鹤岗和大兴安岭 2 个城市处于生产前沿面。在这 10 年中，鹤岗和大兴安岭一直都达到了 DEA 有效，且大兴安岭位于这 13 个城市之首，说明鹤岗和大兴安岭以较少的资源环境和人力资本投入获得远超其他省份的经济产出，因此其农业产业效率在 10 年中均处于生产前沿面上，在研究时段内均为有效 DMU，但两者都以缓慢的速度呈下降的趋势。除以上两个城市外，其余城市均存在投入松弛变量，投入冗余较高，农业经济发展水平相对较低。齐齐哈尔 10 年间农业产业效率值均未超过 0.3 且稳定不变。双鸭山有 4 年的农业产业效率值都超过了 1，呈现增长的趋势。哈尔滨、鸡西、大庆、七台河、佳木斯、牡丹江、黑河、绥化围绕平均值小幅度上下波动，从农业产业效率值来看，13 个地区农业经济发展水平提升的整体协调性较差。

黑龙江省 13 个城市 10 年间农业产业效率呈现显著空间差异性。从不同地区角度分析，农业产业效率水平从高到低排名依次是大兴安岭、鹤岗、伊春、双鸭山、鸡西、牡丹江、绥化、哈尔滨、佳木斯、黑河、大庆、七台河、齐齐哈尔，大兴安岭和鹤岗是多年有效 DMU，农业产业效率水平相较于其他省份有突出优势，齐齐哈尔是唯一多年平均农业产业效率值为 0.3 的城市。从不同区域角度分析，黑龙江省各城市农业产业发展水平差异性较大且与地区经济社会发展水平分布特征基本并不一致，反而呈相反的趋势。这是因为经济发展较好的地区主要发展工业和服务业来带动经济增长。

（2）Malmquist 动态效率评价。

基于黑龙江省 2012~2018 年投入产出变量面板数据，运用 DEAP2.1 软件对黑龙江省 13 个地区农业产业进行 Malmquist 生产率指数测算，得到不同年份、不同城市的全要素生产率指数及其分解结果（见表 10-6、表 10-7）。

从表 10-6 结果来看，TFP 多年均值 1.022>1，说明 2009~2018 年 13 个地区农业产业效率整体呈升高趋势。为探究效率变动的内在原因，对全要素生产率分解结果进一步分析，其中，在多年规模绩效为 1、EC 多年平均值和 PEC 多年平均值相等且小于 1 的情况下，当技术进步（TC）大于 1 时，全要素生产率指数（TFP）也会大于 1。说明技术进步 TC 是推动全要素生产率提升的主导因素，而综合技术效率 EC 仅在个别年份起推动作用，但总体上制约着农业产业效率提升，需优化农业产业结构和农业产业管理模式以提升规模效率和纯技术效率。

表 10-6 各年份黑龙江省平均 Malmquist 指数及其分解

年份	综合技术 效率变化	技术进步	纯技术 效率变化	规模 效率变化	全要素 生产率指数
	EC	TC	PEC	SEC	TFP
2009~2010	0.90	1.17	0.98	0.93	1.05
2010~2011	0.99	1.34	1.00	1.00	1.34
2011~2012	0.99	0.90	1.01	0.98	0.89
2012~2013	1.12	0.87	0.99	1.13	0.98
2013~2014	0.98	0.98	1.06	0.93	0.96
2014~2015	1.04	1.01	1.01	1.04	1.05
2015~2016	0.99	0.99	0.98	1.01	0.98
2016~2017	1.00	0.95	0.97	1.04	0.95
2017~2018	0.96	1.04	0.99	0.97	1.00
均值	0.997	1.028	0.999	1.003	1.022

注：所有 Malmquist 指数平均值均为几何平均值。

从表10-7可以看出，黑龙江省13个地区中哈尔滨、齐齐哈尔、双鸭山、大庆、伊春、佳木斯、七台河地区TFP高于均值1.02，说明其农业产业效率水平提升较快，其中哈尔滨、齐齐哈尔、伊春地区农业产业效率的提升完全来自技术进步（TC）的推动，而双鸭山、佳木斯、大庆和七台河则同时受技术进步（TC）和综合技术效率（EC）双重推动作用。其余4个地区生产率水平提升缓慢，鸡西、鹤岗和大兴安岭由于受到技术进步（TC）的制约，与生产前沿面的距离逐渐增加。牡丹江、黑河和绥化由于受到综合技术效率（EC）的制约，未达到生产前沿。对EC进一步分解可以发现，黑河和绥化主要受规模效率（SEC）的影响，规模优化水平有待提升，而牡丹江主要受纯技术效率（PEC）的制约，需要着重加强农业产业的管理力度。

表10-7　2012~2018年黑龙江省多年平均Malmquist指数及其分解

城市	综合技术效率变化	技术进步	纯技术效率变化	规模效率变化	全要素生产率指数
	EC	TC	PEC	SEC	TFP
哈尔滨	0.96	1.07	1.00	0.96	1.03
齐齐哈尔	0.99	1.05	0.99	1.00	1.04
鸡西	0.99	0.95	0.99	1.00	0.94
鹤岗	1.00	0.98	1.00	1.00	0.98
双鸭山	1.02	1.03	1.00	1.02	1.04
大庆	1.03	1.07	1.02	1.01	1.10
伊春	1.00	1.05	1.00	1.00	1.05
佳木斯	1.02	1.03	1.00	1.02	1.05
七台河	1.00	1.03	1.00	1.00	1.03
牡丹江	0.97	1.05	0.95	1.02	1.02
黑河	1.00	1.02	1.00	1.00	1.01
绥化	0.97	1.01	1.00	0.97	0.98
大兴安岭	1.00	0.95	1.00	1.00	0.95
均值	1.00	1.02	1.00	1.00	1.02

5. 结论

利用Super-SBM模型对黑龙江省农业产业发展水平进行了13个城市的测算，并结合Malmquist指数的生产率分析理论对黑龙江农业现状进行探究，得到如下主要结论：

一是黑龙江省13个地区农业产业效率存在显著空间差异性，呈现黑龙江省北部农业行业高于南部的分布特征，农业产业发展水平提升的整体协调性较差。鹤岗和大兴安岭在 10 年中达到过生产前沿面，农业产业效率水平处在前列，齐齐哈尔、大庆和七台河地区农业产业效率水平相对较低，需加快推动落后产业结构调整，优化农业资源利用模式。

二是黑龙江省 13 个地区在乡村振兴进程中农业产业的 TFP 多年均值 1.02>1，说明总体农业产业效率呈升高趋势。但各地区间农业产业效率水平存在差距。技术进步（TC）是推动黑龙江省 13 个地区农业产业效率提升的主导因素，综合技术效率（EC）制约着农业产业效率的提升，规模效率（SEC）与纯技术效率（PEC）过低是导致 13 个地区生产率水平差距的主要原因。

三是黑龙江省 13 个地区农业产业效率水平与地区经济、社会发展程度具有随时间变化的阶段性特征，研究时段各地区间农业产业效率水平呈现较强空间差异。哈尔滨、齐齐哈尔、大庆地区农业产业与经济、社会发展均处于脱钩状态，动态协同性差，经济社会发展未能与农业产业发展实现良性解耦。需要在保证经济增长、加快城镇化进程的同时，加强科技创新与农业产业现代化管理，注重农业资源利用效率的提升。

思考题

1. 产业结构优化的内涵有哪些？
2. 产业结构优化和产业升级的区别是什么？
3. 如何理解产业结构合理化和高级化？
4. 我国产业结构不协调体现在哪些方面？
5. 结合我国经济发展，浅析应该如何推动产业结构优化？

参考文献

［1］Hirschman, A. O. The Strategy of Economic Development［M］. New Haven：Yale University Press，1958.

［2］罗斯托. 从起飞进入持续增长的经济学［M］. 成都：四川人民出版社，2000.

［3］周振华. 现代经济增长中的结构效应［M］. 上海：上海人民出版社，1995.

［4］毛林根. 产业经济学［M］. 上海：上海人民出版社，1996.

［5］库兹涅茨. 各国的经济增长［M］. 北京：商务印书馆，1985.

［6］周振华. 产业结构优化论［M］. 上海：上海人民出版社，1992.

［7］刘耀彬，白彩全. 计量经济模型与统计软件应用（Ⅱ）［M］. 北京：科学出版社，2015.

［8］Andersen, P., Petersen, N. C. A Procedure for Ranking Efficient Units in Data

Envelopment Analysis [J]. Management Science, 1993, 39 (10): 1197-1297.

[9] Färe, R., Grosskopf, S., Norris, M., Zhang, Z. Y. Productivity Growth, Technical Progress, and Efficiency Change in Industrialized Countries [J]. The American Economic Review, 1994, 84 (1): 66-83.

第十一章

产业关联模型及应用

本章提要

第十章从"质"的角度论述了产业间技术经济联系与联系方式的动态发展变化规律及其优化模型。本章介绍的产业关联模型及应用从"量"的角度，探讨经济中各产业部门之间静态的技术经济联系及其联系方式，即不同产业间的"投入"与"产出"的量化比例关系，主要包括产业关联、产业关联模型及其应用举例。

第一节 产业关联介绍

一、产业关联的含义

产业关联是指在现实经济活动中，不同产业之间以各种投入品和产出品为联系纽带的技术经济联系及其联系方式。这里的投入品和产出品既可以是有形的产品也可以是无形的产品。各产业部门间相互联系、相互制约，互为因果、互为市场，共同构成了整个国民经济这一有机整体。这里的技术经济联系和联系方式既可以是实物形态的联系和联系方式，也可以是价值形态的联系和联系方式。实物形态的联系和联系方式难以用统一的计量标准和方法准确衡量，而价值形态的联系和联系方式则可进行量化分析，因此在产业关联分析中通常是从价值形态的方面对不同产业间的技术经济联系和联系方式进行定量研究。其主要方法是运用投入产出模型，通过对一定时期内一国或地区的社会再生产中产业间的技术经济联系进行定量分析，来认识社会再生产中产业间的各类比例关系。

二、产业关联的内容

产业间的关联方式是产业间的投入产出关系，一个产业的正常运转需要投入其他产业的产品和服务，同时，其自身也要为其他相关产业提供其产品和服务。各产业在发展的过程中相互促进、相互制约。不同性质的产业的发展受到其他产业发展的影响、制约的程度不同。产业间的关联方式多种多样，而产业间的投入产出关系是其主要内容和方式，投入产出关系的发展变化会影响相关联部门的发展变化。产业关联的主要内容是对产业关联产生影响的投入品和产出品，这些要素构成了产业关联的实质性内容。

1. 产品或劳务关联

产品或劳务关联是指在社会再生产过程中，一些产业部门为另一些产业部门提供产品或劳务，或者不同的产业部门间相互提供产品或劳务。例如，农业部门为工业部门等提供各种原材料，而工业部门又为农业部门提供化肥、农药、机械设备等；电力部门向房地产业提供电力，钢铁部门向房地产业提供钢材，而房地产业又向电力部门和钢铁部门提供住房等，各部门在提供产品的同时还要提供相应的劳务。某一部门的产品结构、产品的技术含量、产品的生产方式、产业规模和劳务内容等方面发生变化，都会引起相应关联部门的产品结构、产品技术含量及生产方式、产业规模及劳务内容等方面发生变化。产品或劳务的关联是产业间最基本的联系。原因在于：第一，产业间的其他联系，如生产技术联系、价格联系、就业联系、投资联系等，都是在产品或劳务联系的基础上派生出来的关联联系，产品或劳务关联关系的发展变化一般都会引起这些联系发生相应的发展和变化；第二，各产业部门的协调发展本质上要求产业间相互提供的产品或劳务的数量比例均衡，且质量规格符合关联产业的需求；第三，产业结构优化升级的过程中，各关联产业相互提供的产品或劳务在质量、效率以及提供方式上往往也得到了优化升级；第四，社会劳动生产率和经济效益的提高离不开各关联产业间相互提供产品或劳务的质量提高和成本下降。

2. 生产技术关联

生产技术关联是指在生产过程中不同产业之间的技术具有相互影响、相互补充的关联性。在社会再生产过程中，不同产业部门的产品质量和技术性能不同，对生产技术的要求也不尽相同。生产技术关联强的产业部门要求各产业的技术层次处于大致相同的水平，这些要求是通过依照本产业部门的生产技术特点、产品结构特性、生产服务内容等，对所需的关联产业的产品或劳务提出工艺技术、产品生产技术标准、产品和服务质量标准等要求，以保证本产业部门的产品质量和技术性能。这一要求使各产业间的生产工艺、操作技能等方面存在着必然的关联关系。例如，技术密集型产业一般大量使用技术含量高的自动化的技术装备，而劳动密集型产业则使用较少。一般来说，产业间的生产技术关联与各产业间产品或劳务关联密切相关，生产技术作为产业间重要的关联关系，其发展变化不仅会直接影响各产业间产品或劳务的供求比例关系，而且还会影响不同产业间的依存度发生变化，或者依存度发生变化。例如，在工业化初期，纺织工业对棉花种植业的依赖程度很大，后者直接制约着前者的发展；而后随着技术进步、化纤产业的产生和发展，纺织业的相关关联产业中又加入了化纤业，这自然使纺织工业对棉花种植业的依存度降低了。因此，技术进步是推动产业关联因素发展变化的最活跃、最积极的因素。

3. 价格关联

价格关联的实质是各产业部门之间产品或劳务关联关系的价值量的货币体现。在现实经济活动中，每个产业部门的产品或劳务都是以货币为媒介按照等价交换的原则进行交易的，这是使用投入产出模型分析产业关联问题的前提和基础。所以说，产业间的价格关联意义重大。第一，价格关联使不同产业部门的产品或劳务能够按照统一的价格标准进行衡量和比较，为进一步建立产业关联模型奠定了基础。第二，产业间的价格关联能够将竞争机制引入产品或劳务市场，使各产业部门积极改进技术和管理方法，努力提高本产业部门产品或劳务的质量等级和技术水平，进而增强自身的竞争力，这有利于全社会的成本费用的节约和劳动生产率的提高。第三，产业间的价格关联使不同产业部门的发展变化能够进行量化对比分析，为优化产业结构提供参考依据。

4. 劳动就业关联

社会化再生产使参与国民经济的各产业部门相互联系、相互制约，某一产业的劳动就业发生变化都会使相关联的产业受到影响。一方面，由于不同的产业部门具有不同的经济技术特征，对劳动者的就业素质和能力提出了不同的要求，各产业在发展中往往伴随着相关劳动就业"质"的发展和变化，这会影响到关联产业劳动就业"质"的发展和变化。另一方面，在一国或地区内，由于技术进步，生产要素的变化，或者社会需求的改变，不同产业部门吸收劳动就业"量"的能力也会发生改变，这也将在一定程度上影响到其关联产业的劳动就业"量"的状况。某一产业的发展在对劳动者提出新要求的同时往往会带动更多的就业机会，而产业发展也会促进相关联产业的发展，使关联产业通过吸收更多的劳动就业人员得到发展，这样不同的产业之间存在着紧密的劳动就业关联。

5. 投资关联

经济的发展不能只依赖于某一产业部门的发展，各产业部门协调发展才是经济健康持续发展的最佳途径。这就要求各产业部门提供的产品或劳务按一定的比例关系满足相关产业的需求，从而使各产业间必然存在着投资关联。例如，为促进某一地区的发展，往往要通过突破一些瓶颈技术来投资关键产业部门优先发展，进而带动其他相关联产业的发展。当这些关键产业部门发展起来后，必然带动相关产业的大量投资活动，进而推动各关联产业协调发展，最终实现该地区经济的稳定健康发展。这种某一产业部门的直接投资引致相关产业部门大量投资的现象说明各产业间存在着投资关联关系。例如，某地区房地产业的投资会扩大其房地产市场，进而引起与其相关联的配套产业，如钢铁建材、物业管理、室内装潢等众多产业的投资发展。

三、产业关联的类型

各产业部门间由于产品或劳务、生产技术、价格、劳动就业以及投资等具体内容相互关联、相互促进，各产业部门之间按照关联方式的不同划分形成了不同的产业关联类型。

1. 单向关联与多向关联

根据产业间生产技术工艺的方向和特点不同，可将产业间关联类型分为单向关联和多向关联。

单项关联是指 A、B、C、D 等一系列产业部门间，先行产业部门为后续产业部门提供产品以供其生产时直接消耗，但后续产业部门的产品不再返回先行产业部门的生产过程。这样关联产品经过 A、B、C、D 等一系列产业部门一步步地生产加工，最终到达消费者手中。例如，棉花→棉纱→色布→服装这种产业间的关联关系即单向关联。

多向关联是指 A、B、C、D 等一系列产业部门间，先行产业部门为后续产业部门提供产品以作为后续产业部门生产消耗的投入品，而后续产业部门同时又为先行产业部门提供相关产品的生产过程。比如，石油←→石油机械，石油产业部门为石油机械部门提供燃料动力，而石油机械部门也为石油的开采提供机械装备，这是产业部门间的双向关联。再如，煤炭→钢铁→机械装备→煤炭，即煤炭产业为钢铁产业提供燃料动力，钢铁产业又为机械装备产业提供钢材作为生产原料，机械装备产业又为煤炭的开发利用提供机械装备，这是产业部门间的多向关联。

2. 顺向关联与逆向关联

产业间的顺向关联是指某些产业之间由于存在生产工序的先后顺序，前一产业部门生产的产品是后一产业部门的投入要素，这样一直延续到最后一个产业部门的产品，即最终形成产品进入市场为止。在现实经济活动中存在很多产业顺向关联关系，如采矿业→冶炼业→机械加工业→装备成品，从采矿业采矿到最终组装成装备成品进入市场，形成了一条完整的产业顺向关联联系。

产业间的逆向关联是指在一系列相关联的产业部门之间，存在后续产业部门为先行产业部门提供投入品作为其正常生产运转的生产要素。例如，冶炼业←机械加工业，冶炼业为机械加工业提供金属材料是顺向关联，而机械加工业又为冶炼业提供机械装备作为必要的生产工具即为一种逆向关联关系。可以看出，经济中各产业部门间的关联关系是复杂多样的。现实经济中很多产业部门间往往同时存在顺向关联与逆向关联关系，且有些产业部门之间还形成了蛛网式的关联关系。

3. 直接关联与间接关联

在现实社会再生产过程中，产业之间存在着大量的直接关联关系与间接关联关系。直接关联关系是指两个产业部门之间存在着直接地提供产品、提供技术的关系。例如，建筑业与房地产业之间就存在着直接关联关系。前述的相邻产业间的单向、多向以及顺向、逆向关联关系都属于直接关联关系。而间接关联关系是指两个产业部门本身不发生直接的生产技术联系，而是通过其他一些产业部门的中介才有联系。例如，汽车工业与采油设备制造业之间并无直接联系，但由于汽油作为汽车的互补品为汽车提供燃料动力，汽油又是由石油开采精炼得到，故实际上汽车工业与采油设备制造业之间仍存在着间接关联关系。汽车工业的发展会通过上述中介产业部门，最后影响到采油设备制造业的发展。

国民经济运行中产业间错综复杂的关联关系，一般可最终划分为上述几种类型，这样为产业间的关联分析提供了良好的出发点。

第二节　产业关联模型

一、投入产出的含义

投入产出是指国民经济中各产业部门间生产投入与产品分配的平衡关系。投入产出分析是应用数学方法和计算机来研究各产业部门间生产投入与产品分配这种平衡关系的一种现代管理方法。投入产出分析最早是由美国经济学家 W. 里昂惕夫于1936 年提出的，即产业关联分析方法。自 20 世纪 60 年代以来，投入产出分析法在西方很多发达国家得到了广泛应用，随后一些发展中国家也纷纷采用。我国早在 20 世纪 70 年代编制成了 1973 年 61 种主要产品的投入产出表，后来又编制成了 1979 年 21 部门的价值型投入产出表、1989 年 146 种产品的实物型投入产出表和 26 个部门的价值型投入产出表。投入产出分析在中国得到了较为广泛的应用，是目前最重要也是最常用的一种产业关联分析方法，故产业关联分析又称投入产出分析。

投入产出中的"投入"是指生产产品所消耗的原材料、燃料、动力、固定资产折旧以及劳动；"产出"是指产品生产出来后的分配去向或流向，即使用的方向和数量，又叫流量，例如用于生产消费、生活消费或积累。就应用于国民经济体系中的产业关联分析来说，投入产出法是通过编制棋盘式的投入产出表和建立相应的线性代数方程体系，构成一个模拟现实国民经济各产业部门产品的相互"流入"和"流出"的社会再生产过程的经济数学模型，来分析各产业间的各种重要比例关系。投入产出表由投入表和产出表交叉而成，前者反映各种产品的生产投入情况，如各种投入产品、劳动力等；后者反映各种产品的使用去向情况，包括中间产品和最终产品。运用投入产出分析是通过投入产出表、投入产出模型来对产业间"投入"与"产出"的数量比例关系进行分析。因此，投入产出表和投入产出模型是产业关联分析的基本工具，包括实物型和价值型两种类型，其中使用最广泛的是价值型分析工具。

二、投入产出分析的理论基础

投入产出分析作为一种定量分析方法，一般认为其理论基础是法国经济学家莱昂·瓦尔拉斯（Léon Walras，1834～1910）首创的一般均衡理论。该理论以边际效用价值论为基础，认为在各种产品和要素市场上，消费者和生产者的最大化行为能够通过影响供给和需求引起价格波动，进而使资本主义经济自发地均衡发展。里昂惕夫认为，投入产出分析是用新古典学派的一般均衡理论，对各种错综复杂的经济活动间在数量上的相互依赖关系进行经验研究。

一般均衡理论认为，在一国或地区的经济体系中存在着产品市场和生产要素市场，且各种经济现象都可表现为数量关系，这些数量之间存在着非常密切的联系。两大市场上所有产品及生产要素的价格与供求都是互相联系、互相影响、互相制约的。某种产品或生产要素的价格变动不仅受其自身供求关系的影响，还受其他产品和生产要素的供求及价格的影响。在完全竞争市场中，生产要素的供给函数、消费者的需求函数和企业的生产函数一经给定，所有生产要素和产品的价格及供求就能够自发调节，达到一个特定的、彼此相适应的稳定状态。一组既定的基本决定因素只能有一组确定的价格和供给的均衡量值与之相适应，这些因素的任何变化都会影响和改变整个经济体系的均衡状态。所以不能仅研究一种产品或生产要素、一个市场上的供求变化，必须同时研究全部产品和生产要素在全部市场上的供求变化。当一切市场都处于均衡状态时，即达到了一般均衡状态。

瓦尔拉斯假定国民经济中有 n 种生产要素，生产 m 种产品，通过联立方程组来证明市场上存在着一系列的各种生产要素和产品的均衡价格和数量，使经济体系中每个消费者、生产者以及生产要素的提供者最大化自己的效用或收益。尽管理论上可行，但由于方程数目众多，且现实中难以达到完全竞争的市场假定条件，瓦尔拉斯的一般均衡理论难以实际应用到经济活动中。里昂惕夫的投入产出分析是对一般均衡理论的简化，是"古典的一般均衡理论的简化版本"。这种简化主要包括以下几方面的内容：

第一，将经济主体按照一定的属性分为若干产业、家庭和其他部门，并假定每个产业只生产单一的同质产品。这样大大减少了一般均衡理论中需要处理的方程数量，且各产业之间的投入产出关系由物质技术因素决定，从而投入产出模型可以在实际中应用。

第二，假定各产业的经济活动相互独立，即单个产业的经济活动除了投入产出的联系外，不再有其他相关联系。任何产业的经济活动既不会给其他产业带来外部经济性，也不会带来外部不经济性，国民经济的总产出等于各产业部门的产出之和。每个产业产出的单一性和各产业的相互独立性保证了在构建数学模型时不同产业之间的无关性。

第三，假定生产的规模报酬不变。规模报酬不变是指对任何一个产业而言，在生产中所有投入品的投入量与产出品的产量成固定的比例关系。规模报酬不变使投入与产出之间存在线性关系，投入产出模型中的方程组简单化为线性方程组。

第四，假定各产业的生产技术在一定时期相对稳定。在投入产出分析中，生产技术相对稳定才能导出下文介绍的消耗系数，并在此基础上进行其他分析。

第五，假定国民经济中的价格体系公正合理。价格体系公正合理是指在编制价值型投入产出表时，价格体系能公正客观地反映各产业的供求状况和价值量，从而可以从价值上准确地揭示各产业间的投入与产出关系。

经过以上简化，里昂惕夫把一般均衡理论的复杂方程组转化成相对简单的线性方程组，投入产出模型成为描述国民经济均衡的可计量模型。

三、投入产出表

产业关联模型主要表现为投入产出表，又称产业关联表，是投入产出模型的一种实现形式。根据计量标准不同，投入产出表分为实物型投入产出表与价值型投入产出表。其中，使用最广泛的是价值型投入产出表。

1. 实物型投入产出表

实物型投入产出表是以产品的物理单位或实物单位计量的，用于显示国民经济各产业部门主要产品的投入与产出关系，即这些主要产品的生产、使用情况，以及它们之间在生产消耗上的相互联系和比例关系。在介绍投入产出表时，里昂惕夫列举了一个只有三个经济部门的简单例子。表11-1 即该简化的实物型投入产出表。表11-1 中第一行数字显示：农业部门该年的总产品是100 蒲式耳，其中农业部门本身消耗25 蒲式耳；提供给制造业20 蒲式耳，作为其投入品被消耗了；居民消费了55 蒲式耳。表11-1 第一列数字则表示：为生产100 蒲式耳的小麦，农业部门消耗了25 蒲式耳自己生产的产品、14 码的布和80 人年的劳动。

表 11-1 三部门经济的实物型投入产出表

	农业	制造业	居民	总产出
部门甲：农业（蒲式耳）	25	20	55	100
部门乙：制造业（码）	14	6	30	50
部门丙：居民（人年）	80	180	40	300

资料来源：杨公仆，夏大慰. 现代产业经济学 [M]. 上海：上海财经大学出版社，1999：115.

（1）实物型投入产出表的一般形式。表11-2 是一张简化的一般实物型投入产出表。假设国民经济是由 n 个生产单一产品的产业构成的，它们生产的产品被称为产品1，产品2，…，产品 n。任何一个产业在生产过程中都必须以其他产业的产品和本产业的产品作为投入品，任何一个产业生产的产品也都可以作为其他产业和本产业的投入品，并且还有部分作为最终产品用于满足社会的最终需求，包括消费需求、积累需求及出口需求。在表11-2 中，q_{ij} 是指第 j 种产品生产时所消耗的第 i 种产品的数量，或者是第 i 种产品提供给第 j 种产品生产时的需要量。例如，q_{12} 既表示生产第二种产品所需要的第一种产品的投入数量，又表示满足第二种产品生产所需要的第一种产品的产出数量。其中，Y_i 是指第 i 种产品用作最终使用的数量；Q_i 是指第 i 种产品的生产总量；L_j 是指第 j 部门生产产品的劳动力需要量；L 是指各种产品所需劳动量之和。表11-2 的横行反映了各类产品和劳动力的分配使用情况，其中包括作为中间产品的分配使用和作为最终产品的分配使用。表11-2 的纵列反映了各类产品在生产过程中所消耗的各种产品数量和劳动量，反映了整个社会主要最终产品的构成和各种产品的总量。由于采用实物计量标准，表11-2 的各纵列元素不能相加，也就不能反映产品的价值运动。

表 11-2　一般实物型投入产出表

投入 ＼ 产出		计量单位	中间产品					最终产品	总产品
			产品 1	产品 2	…	产品 n	合计		
物质投入	产品 1		q_{11}	q_{12}	…	q_{1n}	U_1	Y_1	Q_1
	产品 2		q_{21}	q_{22}	…	q_{2n}	U_2	Y_2	Q_2
	⋮		⋮	⋮	⋮	⋮	⋮	⋮	⋮
	产品 n		q_{n1}	q_{n2}	…	q_{nn}	U_n	Y_n	Q_n
劳动投入			L_1	L_2		L_{nn}	L	-	L

（2）实物型投入产出表中的平衡关系和平衡方程。实物型投入产出表中的平衡关系和平衡方程有两个。

1）总产品＝中间产品+最终产品。用公式表示为：

$$Q_i = \sum_{j=1}^{n} q_{ij} + Y_i (i = 1, 2, \cdots, n) \tag{11-1}$$

2）总劳动量＝各产品生产所需劳动量之和。用公式表示为：

$$L = \sum_{j=1}^{n} L_j (j = 1, 2, \cdots, n) \tag{11-2}$$

两个平衡方程式构成如下方程组：

$$\begin{cases} \sum_{j=1}^{n} q_{ij} + Y_i = Q_i (i = 1, 2, \cdots, n) \\ \sum_{j=1}^{n} L_j = L \end{cases} \tag{11-3}$$

总之，实物型投入产出表是一个把多种生产要素和产品有机联系起来的产品生产分配平衡表。

（3）实物型投入产出表的用途。实物型投入产出表从实物形态角度系统地反映了整个社会再生产的过程，可用其分析每类产品的简单再生产（中间产品的补偿和固定资产更新改造等）以及扩大再生产（积累）的比例关系，分析每类产品用于积累和消费的比例。实物型投入产出表中的各类产品是以实物量为标准计量的，能够避免价格变动与价格背离价值等因素的影响，因此能较准确地反映国民经济中各类产品生产过程中的技术经济关系。编制实物型投入产出表的主要目的是依靠它建立投入产出数学模型，进而用于计划编制工作。

2. 价值型投入产出表

价值型投入产出表是以货币为计量单位构建的，记录了全部的中间产品价值、最终产品价值、转移价值以及总价值，它是在实物型投入产出表基础上的自然扩充。

表 11-1 是以实物的形式来表示产品和服务在各部门间的流量。同理，也可以用价值的形式来反映产品和服务在各部门间的流量关系。例如，当小麦的价格为每蒲式耳 2 美元，布为每码 5 美元，而居民提供的劳务为每人年 1 美元时，里昂惕夫将表 11-1 变为表 11-3 的形式。

表 11-3　三部门经济的价值型投入产出表 单位：美元

	农业	制造业	居民	总产出
部门甲：农业	50	40	110	200
部门乙：制造业	70	30	150	250
部门丙：居民	80	180	40	300
总投入	200	250	300	750

资料来源：杨公仆，夏大慰. 现代产业经济学［M］. 上海：上海财经大学出版社，1999：116.

（1）价值型投入产出表的一般形式。常用的简化价值型投入产出表如表 11-4 所示。从表 11-4 可以看出，纵列数字是各产业的投入结构，即各产业为了进行生产，从包括本产业在内的各个产业购进了多少中间产品（原材料），以及为使用各种生产要素支付了多少费用，包括工资、利息等。因此，每一纵列反映了相应产业部门一定时期内的投入构成，其总计也即总投入。横行数字是各产业的产出结构，包括中间产品和最终产品的产出，并反映了这些产品的销路或分配去向。每一横行的总计即为相应产业部门一定时期内（一年）的总产出。

纵列包括物质消耗的价值转移和新创造价值两部分，反映了社会总产品的价值构成；横行包括中间产品和最终产品两大部分，反映了社会产品的分配和使用流向。纵横交叉，我们用相互垂直的双线把表 11-4 分成左上、右上、左下、右下四个部分，分别称为 Ⅰ、Ⅱ、Ⅲ、Ⅳ四个象限。

第 Ⅰ 象限是中间需求部分，又称内生部分，是投入产出表的核心部分。它反映在一定时期内（如一年）一个国家或地区社会再生产过程中各产业之间相互提供中间产品的依存和交易关系。因此，这一部分横向各产业和纵向各产业的排列是相互对应的。横向的数据表示某一产业向包括本产业在内的所有产业提供其产出的中间产品的状况，也就是所有产业生产中所需该产业产品的情况，即中间需求情况。例如，包括第 i 产业在内的所有产业生产中所需第 i 产业的中间产品的产出总量为 $\sum_{j=1}^{n} q_{ij}(i = 1, 2, \cdots, n)$。纵向的数据表示某一产业生产中向包括本产业在内的各产业购进中间产品的状况，也即所有产业向该产业的中间投入情况。例如，第 j 产业向包括本产业在内的所有产业"投入"中间产品的总量为 $\sum_{j=1}^{n} x_{ij}(j = 1, 2, \cdots, n)$。

表 11-4　简化的价值型投入产出表

投入＼产出		中间产品				最终产品					总产品
		部门1	部门2	…	部门j	小计	固定资产更新改造	消费	积累	净出口	小计	
中间投入	部门1	x_{11}	x_{12}	…	x_{1j}						Y_1	X_1
	部门2	x_{21}	x_{22}	…	x_{2j}						Y_2	X_2
	…				⋮						⋮	⋮
	部门i	x_{i1}	x_{i2}	…	x_{ij}						Y_i	X_i
	小计											
	固定资产折旧	D_1	D_2	…	D_j							
	合计											
新创造价值	劳动报酬	V_1	V_2	…	V_j							
	社会纯收入	M_1	M_2	…	M_j							
	小计	N_1	N_2	…	N_j							
总计：总产值（总投入）		X_1	X_2	…	X_j							

第Ⅱ象限是最终需求部分，又称外生部分。它反映各产业部门生产的产品或服务中成为最终产品的那部分的去向。最终产品的去向，即最终需求，大致分为三部分流向：一是消费部分，具体可分为个人消费与社会消费两部分，前者是指家庭消费的总和，后者是指公共福利、社会保障、政府行政性支出等各种社会性消费；二是投资部分，该部分由固定资产更新与新增固定资产两部分构成，其中新增固定资产又可分为生产性固定资产和非生产性固定资产；三是出口部分。

第Ⅲ象限是毛附加价值部分，也是一种外生部分。这部分包括两项内容：一是各产业部门计提的折旧；二是各产业部门在一定时期内，如一年内实现的净产值（附加价值），即新创造的价值。净产值又可分为劳动者的劳动报酬和社会纯收入两部分。因此，毛附加价值部分反映了各产业提取折旧准备金的价值及其创造的国民收入的价值构成，以及国民收入额在各产业部门间的分布比例。

第Ⅳ象限从性质上讲反映了国民收入的再分配过程，如非生产领域的员工工资、非生产性企事业单位的收入等。该象限的经济内容比前三个象限更加复杂，到目前为止，相关的研究较少，故在编制投入产出表时，常常把第Ⅳ象限略去不讨论。

表 11-4 中各元素的经济含义是：

x_{ij} 表示第 j 产业部门生产中所消耗的第 i 产业部门产品数量的价值；

X_i 表示第 i 产业部门的年产品价值总量；

Y_i 表示第 i 产业部门所提供的年最终产品的价值；

D_j 表示第 j 产业部门全年提取的折旧准备金；

N_j表示第j产业部门在一年内所创造的国民收入；

V_j表示第j产业部门劳动者在一年内获得的劳动报酬；

M_j表示第j产业部门劳动者在一年内创造的纯收入。

（2）价值型投入产出表中的平衡关系与平衡方程。价值型投入产出表中有如下几种平衡关系：

1）从表11-4的水平方向看，各行的平衡关系是：中间产品+最终产品=总产品，其平衡方程为：

$$\sum_{j=1}^{n} x_{ij} + Y_i = X_i (i = 1, 2, \cdots, n) \tag{11-4}$$

这些平衡关系反映了各产业部门产品的流向，即分配使用情况，被称为产品分配平衡方程组。

从表11-4的垂直方向看，各列的平衡关系是：生产资料转移价值+新创造价值=总产值，其平衡方程为：

$$\sum_{i=1}^{n} x_{ij} + D_j + N_j = X_j (j = 1, 2, \cdots, n) \tag{11-5}$$

各列的平衡关系表明了各产业部门的价值形成的产出过程，反映了每一产业部门的产出与各产业部门为之投入的平衡关系，被称为价值构成平衡方程组。

（3）价值型投入产出表与实物型投入产出表的比较。将价值型投入产出表与实物型投入产出表相比较，会发现两者在基本方面是相同的，但也存在差异：

1）价值型投入产出表的计量单位是统一的，都是货币单位；而实物型投入产出表中的计量单位为各产品的物理单位，一般各不相同。

2）价值型投入产出表既可按行相加，也可按列相加；而实物型投入产出表因产品的计量单位众多，只能按行相加得到总产量，不能按列相加。

3）价值型投入产出表中包括了全部物质生产部门的总产值，实物型投入产出表中一般只包括若干主要产品的总产量。这是因为国民经济中各产业部门生产的产品种类繁多，而投入产出表的规模却不能过分庞大，这样只能列出那些生产量大、原材料消耗量大或与其他许多中间产品在生产过程中相关联的产品。

四、投入产出模型

投入产出模型由系数、变量的函数关系组成的数学方程组构成。其模型建立一般分两步：一是先依据投入产出表计算各类系数；二是在此基础上，依据投入产出表的平衡关系，建立起投入产出的数学函数表达式，即投入产出模型。

1. 各类系数的计算与确定

（1）直接消耗系数。直接消耗系数又称投入系数，其经济含义是某产业部门在单位产品生产过程中对各部门产品的直接消耗数量。用投入产出表上各种产品的年总产量去除它对某种相应产品的消耗量，可以得到单位产品的消耗量，即直接消耗系数。直接消耗系数的计算公式为：

$$a_{ij} = \frac{x_{ij}}{X_j}(i, \ j = 1, \ 2, \ \cdots, \ n) \tag{11-6}$$

其中，a_{ij} 表示第 j 产业部门一个单位产品对第 i 产业部门产品的消耗量。

根据表 11-4，将 n 个部门的直接消耗系数用矩阵 A 表示为：

$$A = \begin{bmatrix} a_{11} & a_{12} & \cdots & a_{1n} \\ a_{21} & a_{22} & \cdots & a_{2n} \\ \vdots & \vdots & & \vdots \\ a_{n1} & a_{n2} & & a_{nn} \end{bmatrix} \tag{11-7}$$

矩阵 A 就是直接消耗系数矩阵，反映了投入产出表中各产业部门间技术经济联系和产品之间的技术联系。直接消耗系数是建立模型最重要、最基本的系数。

（2）直接折旧系数。直接折旧系数的经济含义是指某产业部门生产单位产品所提取的直接折旧费用的数额。其计算公式为：

$$a_{Dj} = \frac{D_j}{X_j}(j = 1, \ 2, \ \cdots, \ n) \tag{11-8}$$

其中，a_{Dj} 即第 j 产业部门单位产品所提取的折旧费。

（3）国民收入系数。国民收入系数亦称净产值系数，表示某产业部门生产单位产品所创造的国民收入或净产值的数额。其计算公式为：

$$a_{Nj} = \frac{N_j}{X_j}(j = 1, \ 2, \ \cdots, \ n) \tag{11-9}$$

其中，a_{Nj} 即第 j 产业部门生产单位产品所创造的国民收入数量。

（4）劳动报酬系数。劳动报酬系数是指某产业部门生产单位产品需支付的劳动报酬数量。其计算公式为：

$$a_{Vj} = \frac{V_j}{X_j}(j = 1, \ 2, \ \cdots, \ n) \tag{11-10}$$

其中，a_{Vj} 即第 j 产业部门生产单位产品所要支付的劳动报酬量。

（5）社会纯收入系数。社会纯收入系数是指某产业部门生产单位产品所能提供的社会纯收入数量。其计算公式为：

$$a_{Mj} = \frac{M_j}{X_j}(j = 1, \ 2, \ \cdots, \ n) \tag{11-11}$$

其中，a_{Mj} 即第 j 产业部门生产单位产品为社会创造的纯收入量。

上述五个系数均可根据价值型投入产出表（见表 11-4）计算而得，也可分别用矩阵形式来表示。

（6）直接劳动消耗系数。直接劳动消耗系数是表示某产业部门生产单位产品所需投入的劳动数量，它是依据实物型投入产出表计算得到的。其计算公式为：

$$a_{Lj} = \frac{L_j}{X_j}(j = 1, 2, \cdots, n) \tag{11-12}$$

（7）完全消耗系数。各产业的产品在生产过程中除了与相关产业有直接联系外，还与有关产业有间接联系，因此各产业的产品在生产中除了存在直接消耗外，还存在着间接消耗。例如，汽车产业生产汽车除了直接消耗电力外，还同时消耗钢铁、轮胎、塑料等产品，而生产这些产品也需要消耗电力，这是汽车对电力的第一次间接消耗。进一步分析，在炼钢、制造轮胎、合成塑料的过程中需要消耗生铁、焦炭、橡胶、工具和设备等产品，而生产这些产品也需要消耗电力，从而形成汽车对电力的第二次间接消耗。依次类推，还有第三次、第四次以至更多次的间接消耗。完全消耗系数就是这种直接消耗联系与间接消耗联系的全面反映。完全消耗系数在投入产出分析中起着重要的作用，它能深刻地反映一个部门的生产与本部门和其他部门发生的经济数量关系。故它比直接消耗系数更本质、更全面地反映部门内部和部门之间的技术经济联系，这对正确分析国民经济、产业结构十分重要。除此之外，它对经济预测和计划制订也有很大的作用。

完全消耗系数的经济含义是指某产业部门单位产品的生产，对各产业部门产品的直接消耗量和间接消耗量的总和。也就是说，完全消耗系数等于直接消耗系数与间接消耗系数之和。用公式表示为：

$$b_{ij} = a_{ij} + \sum_{k=1}^{n} b_{ik} a_{kj}(i, j = 1, 2, \cdots, n) \tag{11-13}$$

其中，b_{ij} 为完全消耗系数，表示生产单位 j 产品所直接和间接消耗 i 产品数量之和（$i = 1, 2, \cdots, n$）；a_{ij} 为直接消耗系数；$\sum_{k=1}^{n} b_{ik} a_{kj}$ 为间接消耗系数，其中 k 为中间产品部门，$\sum_{k=1}^{n} b_{ik} a_{kj}$ 表示通过 k 种中间产品而形成的生产单位 j 产品对 i 产品的全部间接消耗量。用矩阵可表示为：

$$B = (I - A)^{-1} - I \tag{11-14}$$

其中，$B = \begin{bmatrix} b_{11} & b_{12} & \cdots & b_{1n} \\ b_{21} & b_{22} & \cdots & b_{2n} \\ \vdots & \vdots & & \vdots \\ b_{n1} & b_{n2} & \cdots & b_{nn} \end{bmatrix}$；$I$ 为 n 阶单位矩阵；$(I - A)^{-1}$ 是 $(I - A)$ 的逆矩阵；A 与前述同。

上述系数的确立，为建立下面的投入产出模型做好了准备。

2. 投入产出的两个基本模型

（1）价值型投入产出行模型。由直接消耗系数 $a_{ij} = \dfrac{x_{ij}}{X_j}$，得到 $x_{ij} = a_{ij}X_j$，将其代入上文中按行建立的平衡关系式，得到如下投入产出模型：

$$\begin{cases} a_{11}X_1 + a_{12}X_2 + \cdots + a_{1n}X_n + Y_1 = X_1 \\ a_{21}X_1 + a_{22}X_2 + \cdots + a_{2n}X_n + Y_2 = X_2 \\ \qquad\qquad\qquad\vdots \\ a_{n1}X_1 + a_{n2}X_2 + \cdots + a_{nn}X_n + Y_n = X_n \end{cases} \qquad (11-15)$$

用矩阵表示，上述投入产出方程组模型可转换为：

$$(I - A)X = Y \qquad\qquad (11-16)$$

其转换过程为：

用和式符号表示上述方程组：

$$\sum_{j=1}^{n} a_{ij}X_j + Y_i = X_i (i = 1, 2, \cdots, n) \qquad\qquad (11-17)$$

由式 11-17 移项得

$$X_i - \sum_{j=1}^{n} a_{ij}X_j = Y_i (i = 1, 2, \cdots, n) \qquad\qquad (11-18)$$

再将式 11-18 变换成矩阵，则得：

$$(I - A)X = Y \qquad\qquad (11-19)$$

在式 11-19 中，

$$(I - A) = \begin{bmatrix} 1 - a_{11} & -a_{12} & \cdots & -a_{1n} \\ -a_{21} & 1 - a_{22} & \cdots & -a_{2n} \\ \vdots & \vdots & & \vdots \\ -a_{n1} & -a_{n2} & \cdots & 1 - a_{nn} \end{bmatrix}; \quad X = \begin{bmatrix} X_1 \\ X_2 \\ \vdots \\ X_n \end{bmatrix}; \quad Y = \begin{bmatrix} Y_1 \\ Y_2 \\ \vdots \\ Y_n \end{bmatrix};$$

$$I = \begin{bmatrix} 1 & 0 & \cdots & 0 \\ 0 & 1 & \cdots & 0 \\ \vdots & \vdots & & \vdots \\ 0 & 0 & \cdots & 1 \end{bmatrix}$$

A 与前述同。

$(I-A)$ 称为里昂惕夫矩阵，其经济含义是：矩阵中的纵列表明每种产品的投入与产出关系；每一列都说明某产业为生产一个单位产品所要投入各相应产业的产品数量；负号表示投入，正号表示产出，对角线上各元素则是各产业的产品扣除自身消耗后的净产出。显然，上述投入产出的变换矩阵式 11-19 通过矩阵（$I-A$）揭示了 X 与 Y 的关系，即揭示出总产品与最终产品之间的关联关系。

（2）价值型投入产出列模型。同理，将 $x_{ij} = a_{ij} X_j$ 代入按列建立的平衡关系方程，得到如下投入产出模型：

$$\begin{cases} a_{11} X_1 + a_{21} X_1 + \cdots + a_{n1} X_1 + D_1 + N_1 = X_1 \\ a_{12} X_2 + a_{22} X_2 + \cdots + a_{n2} X_2 + D_2 + N_2 = X_2 \\ \qquad\qquad\qquad\qquad \vdots \\ a_{1n} X_n + a_{2n} X_n + \cdots + a_{nn} X_n + D_n + N_n = X_n \end{cases} \qquad (11-20)$$

用矩阵可将该模型转换成：

$$(I - \widehat{C})X = N \qquad (11-21)$$

其转换过程为：

首先，将直接折旧系数公式得到的 $D_j = a_{Dj} X_j$ 代入上述方程组的求和符号表示的形式：$\sum\limits_{i=1}^{n} a_{ij} X_j + D_j + N_j = X_j (j = 1, 2, \cdots, n)$，则得：

$$\sum_{i=1}^{n} a_{ij} X_j + a_{Dj} X_j + N_j = X_j (j = 1, 2, \cdots, n) \qquad (11-22)$$

其次，将式 11-22 整理得：

$$\left(I - \sum_{i=1}^{n} a_{ij} - a_{Dj} \right) X_j = N_j (j = 1, 2, \cdots, n) \qquad (11-23)$$

最后，将式 11-23 写成矩阵形式得到：

$$(I - \widehat{C})X = N \qquad (11-24)$$

其中，I 为单位矩阵；X 矩阵同前所述。

$$\widehat{C} = \begin{bmatrix} \sum\limits_{i=1}^{n} a_{i1} + a_{D1} & 0 & \cdots & 0 \\ 0 & \sum\limits_{i=1}^{n} a_{i2} + a_{D2} & \cdots & 0 \\ \vdots & \vdots & & \vdots \\ 0 & 0 & \cdots & \sum\limits_{i=1}^{n} a_{in} + a_{Dn} \end{bmatrix}, \ N = \begin{bmatrix} N_1 \\ N_2 \\ \vdots \\ N_n \end{bmatrix}$$

$\widehat{C}$ 矩阵各元素描述了转移价值系数，即直接物质消耗系数加直接折旧系数；$(I - \widehat{C})$ 矩阵中的各元素则揭示了总产值与国民收入之间的函数关系。

上述两个模型是投入产出分析中最重要的基本模型，除此之外，还可以根据分析需要建立中间产品流量模型、劳动流量模型和国民生产总值流量模型。

【例 11-1】

请分析表 11-5 中各产业部门之间的关系，并计算出直接消耗系数和完全消耗系数。

表 11-5 价值型投入产出部门简表 单位：亿元

投入 \ 产出			中间产品					最终产品					总产品 (X)
			消耗部门					固定资产更新改造	生产性积累	非生产性积累	消费	小计 (Y)	
			农业	工业	交通运输业	服务业	小计						
生产资料转移价值	生产部门	农业	100	290	0	10	400	0	9	6	150	165	565
		工业	90	905	40	180	1215	80	110	90	800	1080	2295
		交通运输业	10	75	0	20	105	0	15	0	60	75	180
		服务业	20	105	0	15	140	110	120	100	170	500	640
		小计	220	1375	40	225	1860	190	254	196	1180	1820	3680
		固定资产折旧	45	110	25	30	190						
		物质消耗小计	265	1485	65	255	2050						
新创造价值		劳动报酬	200	350	60	170	750						
		社会纯收入	100	460	55	215	880						
		小计	300	810	115	385	1480						
		总投入	565	2295	180	640	3680						

1. 价值型投入产出表的形式

表 11-5 的横行说明了各产业部门产品按经济用途的分配使用情况。例如，农业产值为 565 亿元，用于农业本身消耗 100 亿元、工业消耗 290 亿元、服务业消耗 10 亿元，合计 400 亿元，这 400 亿元就是农业产品作为中间产品使用的部分。农业产品作为最终产品的使用部分为 165 亿元，其中生产性积累 9 亿元，非生产性积累 6 亿元，消费 150 亿元。可以看出，中间产品的产值与最终产品产值之和等于总产品产值，对于农业部门有 565 亿元（（100+290+10）+（9+6+150））。同理，工业、交通运输业和服务业部门也可以这样分析。

表 11-5 的纵列说明了各产业部门产品的价值构成。由表 11-5 的第一列可以看出：在农业生产的过程中，消耗 100 亿元的农业产品，消耗 90 亿元的工业产品，消耗 10 亿元的交通运输业产品或服务，消耗 20 亿元的服务业产品或服务，固定资产折旧 45 亿元，生产资料转移价值为 265 亿元（100+90+10+20+45）。农业生产过程中的劳动报酬为 200 亿元，社会纯收入为 100 亿元，新创造价值为 300 亿元（200+100）。生产资料转移价值与新创造价值之和等于总产品的价值，对于农业部门有

565 亿元（（100+90+10+20+45）+（200+100））。同理，工业、交通运输业和服务业部门也可以这样分析。

产业部门间流量 x_{ij}。在表 11-5 中，$x_{23}=40$ 表示纵列第三产业部门（交通运输业）生产产品或服务时消耗横行第二个产业部门（工业）的产品量为 40，或者说横行第二个产业部门分配给纵列第三个产业部门用于生产消费的产品量为 40，即 40 就是第二产业部门向第三产业部门的流量。

第Ⅱ象限和第Ⅲ象限从总量上来说相等：165+1080+75+500=（300+45）+（810+110）+（115+25）+（385+30）=1820。但就某个产业部门来说，最终产品的数量与该产业部门的新创造价值加固定资产折旧之和在数量上并不相等。例如，在表 11-5 中，农业部门所提供的最终产品 Y_1 为 565 亿元，而农业部门的新创造价值与固定资产折旧之和为 345 亿元（300+45）。

2. 直接消耗系数

在表 11-5 中，农业部门每年总产品价值为 565 亿元，而农业部门每年消耗工业部门 90 亿元的产品，那么农业部门每生产一单位价值的产品，直接消耗工业部门 0.1593 个单位价值（90÷565）的产品，这个比值 0.1593 就是农业部门对工业部门的直接消耗系数。对表 11-5 来说，有：

$a_{11}=x_{11}\div X_1=100\div 565=0.1770$

$a_{12}=x_{12}\div X_2=290\div 2295=0.1264$

$a_{13}=x_{13}\div X_3=0\div 180=0$

$a_{14}=x_{14}\div X_4=10\div 640=0.0156$

表 11-6 是根据表 11-5 计算得到的直接消耗系数表。

表 11-6　直接消耗系数表

产业部门	农业	工业	交通运输业	服务业
农业	0.1770	0.1264	0	0.0156
工业	0.1593	0.3943	0.2222	0.2813
交通运输业	0.0177	0.0327	0	0.0313
	0.0354	0.0458	0	0.0234

注：$a_{ij}=\dfrac{x_{ij}}{X_j}$。

因此，由表 11-6 可得以下平衡方程组：

$$\begin{cases} 0.1770X_1+0.1264X_2+0.0156X_4+Y_1=X_1 \\ 0.1593X_1+0.3943X_2+0.2222X_3+0.2813X_4+Y_2=X_2 \\ 0.0177X_1+0.0327X_2+0.0313X_4+Y_3=X_3 \\ 0.0354X_1+0.0458X_2+0.0234X_4+Y_4=X_4 \end{cases}$$

同理，可以计算出各产业部门的直接折旧系数 a_{Dj}、直接劳动报酬系数 a_{Vj} 以及直接社会纯收入系数 a_{Mj}：

农业部门的直接折旧系数 $a_{D1} = 45 \div 565 = 0.0796$

工业部门的直接折旧系数 $a_{D2} = 110 \div 2295 = 0.0479$

交通运输业部门的直接折旧系数 $a_{D3} = 25 \div 180 = 0.1389$

服务业部门的直接折旧系数 $a_{D4} = 30 \div 640 = 0.0469$

农业部门的直接劳动报酬系数 $a_{V1} = 200 \div 565 = 0.3540$

工业部门的直接劳动报酬系数 $a_{V2} = 350 \div 2295 = 0.1525$

交通运输业部门的直接劳动报酬系数 $a_{V3} = 60 \div 180 = 0.3333$

服务业部门的直接劳动报酬系数 $a_{V4} = 170 \div 640 = 0.2656$

农业部门的直接社会纯收入系数 $a_{M1} = 100 \div 565 = 0.1770$

工业部门的直接社会纯收入系数 $a_{M2} = 460 \div 2295 = 0.2004$

交通运输业部门的直接社会纯收入系数 $a_{M3} = 55 \div 180 = 0.3056$

服务业部门的直接社会纯收入系数 $a_{M4} = 215 \div 640 = 0.3359$

3. 完全消耗系数

在表 11-5 中，首先计算 $(I - A)^{-1}$，具体计算过程和结果如下：

$$(I - A)^{-1} = \left[\begin{pmatrix} 1 & 0 & 0 & 0 \\ 0 & 1 & 0 & 0 \\ 0 & 0 & 1 & 0 \\ 0 & 0 & 0 & 1 \end{pmatrix} - \begin{pmatrix} 0.1770 & 0.1264 & 0.0156 & 0 \\ 0.1593 & 0.3943 & 0.2222 & 0.2813 \\ 0.0177 & 0.0327 & 0 & 0.0313 \\ 0.0354 & 0.0458 & 0 & 0.0234 \end{pmatrix} \right]^{-1}$$

$$= \begin{bmatrix} 1.2744 & 0.2769 & 0.0615 & 0.1021 \\ 0.3784 & 1.7919 & 0.3982 & 0.5349 \\ 0.0369 & 0.0664 & 1.0148 & 0.0522 \\ 0.0639 & 0.0940 & 0.0209 & 1.0528 \end{bmatrix},$$

所以：

$$B = (I - A)^{-1} - I = \begin{bmatrix} 0.2744 & 0.2769 & 0.0615 & 0.1021 \\ 0.3784 & 0.7919 & 0.3982 & 0.5349 \\ 0.0369 & 0.0664 & 0.0148 & 0.0522 \\ 0.0639 & 0.0940 & 0.0209 & 0.0528 \end{bmatrix}。$$

上述矩阵 B 中的第一列，表明了农业部门每生产价值 1 亿元的可供最终使用的最终产品，在生产的过程中共直接与间接消耗了 0.2744 亿元的农业产品、0.3784 亿元的工业产品、0.0369 亿元的交通运输业产品以及 0.0639 亿元的服务业产品。由此可知，为了得到 1 亿元的农业产品作为最终产品使用，农业部门要生产 1.2744 亿元的产品，而为了得到 1 亿元的工业产品作为最终产品使用，工业部门要生产

1.7919 亿元的产品。

利用 $B^D = A^D(I - A)^{-1}$ 可计算出各产业部门的完全折旧系数 B^D：

$$B^D = A^D(I - A)^{-1}$$

$$= (0.0796,\ 0.0479,\ 0.1389,\ 0.0469) \begin{bmatrix} 1.2744 & 0.2769 & 0.0615 & 0.1021 \\ 0.3784 & 1.7919 & 0.3982 & 0.5349 \\ 0.0369 & 0.0664 & 1.0148 & 0.0522 \\ 0.0639 & 0.0940 & 0.0209 & 1.0528 \end{bmatrix}$$

$$= (0.1277,\ 0.1215,\ 0.1659,\ 0.0904)$$

利用 $B^V = A^V(I - A)^{-1}$ 可计算出各产业部门的完全劳动报酬系数 B^V：

$$B^V = A^V(I - A)^{-1}$$

$$= (0.3540,\ 0.1525,\ 0.3333,\ 0.2656) \begin{bmatrix} 1.2744 & 0.2769 & 0.0615 & 0.1021 \\ 0.3784 & 1.7919 & 0.3982 & 0.5349 \\ 0.0369 & 0.0664 & 1.0148 & 0.0522 \\ 0.0639 & 0.0940 & 0.0209 & 1.0528 \end{bmatrix}$$

$$= (0.5381,\ 0.4236,\ 0.4263,\ 0.4147)$$

利用 $B^M = A^M(I - A)^{-1}$ 可计算出各产业部门的完全社会纯收入系数 B^M：

$$B^M = A^M(I - A)^{-1}$$

$$= (0.1770,\ 0.2004,\ 0.3056,\ 0.3359) \begin{bmatrix} 1.2744 & 0.2769 & 0.0615 & 0.1021 \\ 0.3784 & 1.7919 & 0.3982 & 0.5349 \\ 0.0369 & 0.0664 & 1.0148 & 0.0522 \\ 0.0639 & 0.0940 & 0.0209 & 1.0528 \end{bmatrix}$$

$$= (0.3341,\ 0.4600,\ 0.4078,\ 0.4949)$$

第三节　模型的应用

一、结构分析

1. 分析各产业部门的投入结构和销路结构

在社会化大生产的过程中，各产业部门相互联系、相互依存、相互影响，任何一个产业部门的正常运转都离不开其他产业部门产品的"投入"而独立进行，这些其他产业部门产品的"投入"就形成了该产业部门的"投入结构"问题；同样，任何一个产业部门所生产的产品都不仅仅是供自己消费，还要以中间产品或最终产品的形式流向其他产业部门，这些流向其他产业部门的产品就形成了该产业部门的"销路结构"问题。对不同的产业部门来说，这两种结构往往是不同的。

（1）投入结构。在投入产出表中，投入结构是指纵列上的费用结构。它以中间产品的投入形式反映着各个产业部门之间的生产技术上的关联关系，用"投入系数"即前面所述的"直接消耗系数"进行衡量。通过这个投入系数，可以很容易地度量当某产业部门的产品实现某一程度的增长时，其他各相关产业的中间产品应相应增长到某一程度的"量化"数据；该投入系数还可以用来作为判断一国国民经济各产业部门当前的结构比例是否合理的判别准则，为一国产业结构比例的合理调整提供了依据，并进一步为一国制定经济计划提供了重要的经济参数。此外，动态地考察某一产业在不同时期的生产投入系数还能分析产业部门间生产技术关联关系的变化，进而反映出产业结构的相应变动。

（2）销路结构。在投入产出表中，销路结构是指横行中各产业部门产品的分配去向。销路结构是产业关联分析的重要方面，通过各产业部门产品的分配系数来度量。各产业部门产品的分配系数是指各产业部门的产品（流向）分配使用在本部门以及其他各产业部门的比例。该分配系数可以用 d_{ij} 来表示，计算公式为：

$$d_{ij} = \frac{x_{ij}}{X_i} \tag{11-25}$$

其中，d_{ij} 表示第 i 产业部门生产的产品 X_i 流向第 j 产业部门生产使用的比重；x_{ij} 表示第 j 产业部门购入使用的第 i 产业部门的产品量。分配系数 d_{ij} 清晰反映出第 i 产业部门所生产产品的流向及其比例结构，进而反映出某产业部门的发展受其他产业部门发展的不同影响和制约程度。

2. 分析产业间的比例关系

在社会化大生产中，国民经济可以根据一定的标准划分成各个产业部门，如根据马克思的两大部类分类法可将国民经济的生产部门分为生产资料部门和消费资料部门，根据农轻重产业分类法可将国民经济的生产部门分为农业、轻工业和重工业三大部门等。依据投入产出表中的数据，可以轻而易举地计算出各产业部门间的产值比例关系和各产业部门间的以净产值或最终产品为根据的产业比例关系。故投入产出表及其相关模型为以大类产业分类的产业比例关系提供了良好的数量分析基础，如可计算出两大部类的比例关系、农轻重的比例关系等。这种定量分析作为判断各产业部门之间比例是否协调、合理的重要依据，为产业结构的调整指明了方向。

3. 分析各产业部门的中间需求率和中间投入率

由于各产业部门在国民经济中所处的地位和作用不同，在产业结构优化调整的过程中可以依据投入产出表来计算各产业部门的"中间需求率"和"中间投入率"。这两个指标反映了国民经济中各产业部门之间相互联系、相互依存的关联关系。

（1）中间需求率。所谓中间需求率，就某个产业部门来说，是指各产业部门对其所生产的产品的中间需求之和，与整个国民经济对该产业部门产品的总需求之比。用公式可表示为：

$$G_i = \frac{\sum_{j=1}^{n} x_{ij}}{X_i} (i = 1, 2, \cdots, n) \tag{11-26}$$

其中，G_i 即各产业部门对第 i 产业部门产品的中间需求率；$X_i = \sum_{j=1}^{n} x_{ij}$ 表示各产业部门对第 i 产业部门产品的中间需求之和；$X_i = \sum_{j=1}^{n} x_{ij} + Y_i$ 表示第 i 产业部门的产品总产出；Y_i 表示第 i 产业部门产品中的最终需求部分。

中间需求率反映了各产业部门生产的总产品中有多少作为自身及其他产业部门的生产原料（中间需求）。一个产业部门的中间需求率越高，说明该产业部门就越带有原材料的基础产业的性质。由于一个产业部门的产品不是作为中间产品来满足中间需求，就是作为最终产品来满足最终需求，即存在恒等式"中间需求率＋最终需求率＝1"，所以若某个产业部门的中间需求率低，则其最终需求率必然高，该产业部门带有提供最终产品的性质。也就是说，该产业部门的产品更多地用于直接消费、投资消费或者出口等最终需求。依据投入产出表，可以通过计算中间需求率，来定量分析各产业部门所生产的产品用于生产投入和消费的比例关系，进而探讨各产业部门在国民经济中所处地位及其作用。

（2）中间投入率。所谓中间投入率，是指某产业部门一定时期（如一年）的生产过程中的全部中间投入与总投入之比。用公式可表示为：

$$F_j = \frac{\sum_{i=1}^{n} x_{ij}}{X_j} (i = 1, 2, \cdots, n) \tag{11-27}$$

其中，F_j 是指第 j 产业部门的中间投入率；$\sum_{i=1}^{n} x_{ij}$ 为各产业部门对第 j 产业部门生产的中间投入之和；$X_j = \sum_{i=1}^{n} x_{ij} + D_j + N_j$ 表示第 j 产业部门一定时期（一年）内生产产品的总投入；D_j 表示第 j 产业部门在一定时期内（一年）计提的折旧费；N_j 表示第 j 产业部门在一定时期内（一年）所创造的价值；x_{ij} 如前所述。

该指标反映了各产业部门在正常生产活动中，为生产单位产值的产品需要从其他产业部门购入的原材料在其总投入中所占的比重。由价值型投入产出表可以看出，某产业部门的总投入＝某产业部门的中间品投入＋折旧＋新价值创造＝某产业部门的总产值。由于某产业部门一定时期内的折旧与新价值创造之和为其附加价值，故有某产业部门的附加价值率＝附加价值／总投入，从而得到恒等关系式"中间投入率＋附加价值率＝1"。所以，某产业部门的中间投入率越高，其附加价值率就越低，中间投入率高的产业部门就是附加价值率低的产业部门，反之亦然。

中间需求率和中间投入率作为反映产业关联程度的重要指标，在产业关联分析中发挥了重要作用。

首先，根据中间需求率和中间投入率的大小可以划分出不同产业类别，并进一步确定其在国民经济中所处的地位。钱纳里、渡边等经济学家曾通过计算整理美国、意大利、日本、挪威等国的投入产出表，将国民经济中的产业部门根据中间需求率和中间投入率进行划分分类（见表11-7）。

表11-7 按照中间需求率、中间投入率的大小划分的产业群

	中间需求率小	中间需求率大
中间投入率大	Ⅲ. 最终需求型产业 日用杂货、造船、皮革及其制品、食品加工、粮食加工、运输设备、机械、木材及其加工、非金属矿物制品、其他制造业	Ⅱ. 中间产品型产业 钢铁、纸及其制品、石油化工、有色金属冶炼、化学、煤炭加工、橡胶制品、纺织、印刷及出版
中间投入率小	Ⅳ. 最终需求型基础产业 A. 渔业 B. 运输、商业、服务业	Ⅰ. 中间产品型基础产业 农业、林业、煤炭、金属采矿、石油及天然气、非金属采矿、电力

资料来源：杨治. 产业经济学导论［M］. 北京：中国人民大学出版社，1985.

如果按照三次产业分类的标准来看，可以从表11-7中观察到，若将矿业划分到第一产业，那么中间需求率大、中间投入率小的第Ⅰ类型产业群中大多为第一产业部门；而中间投入率大、中间需求率大或小的第Ⅱ、第Ⅲ类型产业群多为第二产业部门；中间需求率和中间投入率均小的第Ⅳ类型产业群则多属于第三产业部门。

这四种产业群在国民经济运行过程中形成了具有不同地位和作用的主体结构。第Ⅰ、第Ⅱ、第Ⅲ类产业群是国民经济的物质生产部门，提供中间物质产品和最终需求物质产品；而第Ⅰ类产业群具有明显的基础产业属性，且第Ⅰ、第Ⅱ类产业群属于中间产品生产部门，它们生产的产品都是为第Ⅲ类产业群生产最终产品服务的；第Ⅲ类型中的产业群加工来自第Ⅰ、第Ⅱ类型产业群的中间产品，然后再将其投入到最终需求中去；除渔业以外的第Ⅳ类型产业群是其他各类型产业群的产品流通的中介部门。

其次，还可以根据中间投入率和中间需求率的大小来分析国民经济中各产业部门之间的关联类型和关联程度。如前所述，根据产业间生产技术工艺的方向和特点不同，可将产业间关联类型分为单向关联和多向关联两种类型。我们可以按照中间投入率和中间需求率的大小重新排列国民经济的投入产出表中的各产业部门，如图11-1所示，横轴表示中间投入率，自左向右逐渐下降；纵轴表示中间需求率，自上而下逐渐上升。

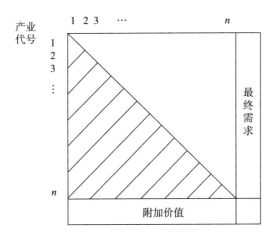

图 11-1　三角形配置投入产出

如果国民经济的各产业部门之间是单向联结关系，则这种调整过排列顺序的投入产出表中元素 x_{ij} 的数字只出现在图中对角线以下的阴影内，而对角线以上的三角形内就不会出现元素 x_{ij} 不为零的数字。由图 11-1 可以看出，产业 1 的产品的中间需求率为 0 而中间投入率为 1，其经济含义为国民经济对产业 1 的产品没有中间需求，产业 1 所生产的全部产品都作为最终产品来满足社会需求，此外产业 1 还从其他产业 2，3，⋯，n 的所有产业购进生产所需的各种原材料。对产业 2 来说，只有产业 1 对其有中间需求，其他产业部门都对其无中间需求，产业 2 生产的产品也大多作为最终产品，同时产业 2 要从产业 1 之外的其他产业购进产品投入生产使用。以此类推，直到产业 n。产业 n 的中间需求率为 1，中间投入率是 0，表明产业 n 所生产的产品全部作为其他产业部门的投入品使用，而且产业 n 不需要从其他产业部门购入任何产品作原材料。

当然，国民经济中的产业关系不可能都是单向联结，产业部门之间的联结还可能是多向循环的关联关系，但国外相关研究发现，很多国家的产业单向关联的交易量远超过多向循环关联的交易量。如对美国、意大利、挪威和日本等国的投入产出表表三角形排列的计算结果表明，在对角线上方出现由多向循环关联而发生的交易量占全部交易量的比重很低：意大利占 4.3%，挪威占 8.8%，日本占 11.6%，美国占 12.7%。[①]

最后，将国民经济各产业部门按照图 11-1 的规则排序后，能够清晰看出各产业部门间相互关联的紧密程度。这种紧密程度在政策制定中发挥着重要作用。各产业部门的协调发展存在一定的路径依赖关系，比如政府要制定促进某特定产业部门发展的政策，就必须弄清该产业部门的全部前向关联产业部门，并从基层产业部门着手制定政策推进实施，才能促进该特定产业部门的长期发展繁荣。结合表 11-7 和图 11-1 可观察到，表 11-7 中的第 I 类型产业群对应图 11-1 中阴影

① 赵玉林，汪芳. 产业经济学：原理及案例（第五版）[M]. 北京：中国人民大学出版社，2020：171.

三角形底部的产业部门，多为中间需求率大且中间投入率低的产业部门，这些产业部门在生产的过程中对其他产业部门的依存度较低，但其生产的产品大多作为其他产业部门生产的中间产品投入。这些产业部门为其他产业部门的发展提供各种原材料，是国民经济的基础，应该先行发展。所以，在国民经济的发展中要注重农业、采掘业以及能源等基础产业部门的优先发展。同理，在表 11-7 中的第 Ⅱ 类型产业群中，因中间需求率大，诸如钢铁、石油、有色金属冶炼、化学工业、煤炭加工、橡胶制品等产业部门对其他产业部门的发展也有较大的制约影响，也应相对较优先发展。

二、产业波及效果分析

由前面的投入产出表可以看出，国民经济中各产业部门通过供给和需求联系在一起，产业关联主要有两种基本形式：一是通过供给与其他产业部门发生联系，即投入产出表中横行直接分配系数的合计，反映某一产业部门对后向其他产业的依存程度；二是通过需求与其他产业部门发生联系，即投入产出表中纵列直接消耗系数的合计，反映某一产业部门的生产投入对其他前向产业部门的依赖程度。当某一产业部门的生产活动发生变动后，就会通过供给和需求影响到周围的关联产业部门。产业波及是指国民经济产业体系中，当某一产业部门发生变化时，这一变化会沿着不同的产业关联方式引起与之直接相关的产业部门的变化，并且这些相关产业部门的变化又会导致与其直接相关的其他产业部门发生变化，依次传递，影响力逐渐减弱，这一过程就是波及。这种波及对国民经济产业体系的影响就是产业波及效果。通过投入产出表中的数据来推算当某些数据发生变化而对其他数据产生影响，进而揭示出某些产业部门的发展如何影响其他关联产业部门的分析，这就是产业波及效果分析。

1. 基本分析工具

分析产业波及效果，除依据前述的投入产出表（主要为价值型）外，还要使用投入系数表与逆阵系数表两种基本工具。

（1）投入系数表。投入系数即前述直接消耗系数 a_{ij}，投入系数表用来揭示投入产出表的纵向费用结构（投入结构），反映了各产业部门直接在生产技术上的关联关系。当求出所有产业部门的 a_{ij} 后，便得到一张投入系数表：

$$a_{11} \quad a_{12} \quad \cdots \quad a_{1n}$$

$$a_{21} \quad a_{22} \quad \cdots \quad a_{2n}$$

$$\vdots \quad\quad \vdots \quad\quad\quad \vdots$$

$$a_{n1} \quad a_{n2} \quad \cdots \quad a_{nn}$$

通过投入系数表可以分析具体的产业波及效果分析。例如，假设某产业部门的最终需求增长了 10%，则该产业部门就要增加 10% 的产品产量。这样为生产该产品的所有原材料的投入量也需要增加 10%，而为满足该产业部门原材料增量新投入的需要，为该产业部门提供中间投入品的产业部门就要遵循投入系数的比例相应地增加生产。而这些产业部门生产的扩大又进一步引发为它们提供中间投入品的另一部分相关产业部门扩大生产，依次以减弱态势波及下去，直至该产业部门最终需求增长所引发的波及效果的连锁反应趋于消失。

通过投入系数表，能够清晰地得到各产业部门生产单位产品需要投入多少种原材料这个十分重要的经济信息。显然，某产业部门由最终需求变化引发的对各关联产业部门生产的波及影响，会通过投入系数这一工具的指示功能的指向逐层推进，并据此确定各产业部门产出的相应变化量，如图 11-2 所示。

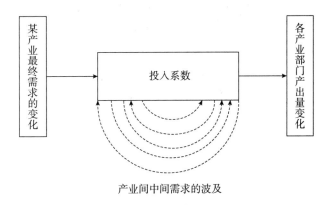

图 11-2　投入系数的功能

（2）逆阵系数表。投入系数表反映出某产业最终需求变化时对各关联产业的相应波及效果如何展开并持续波及下去。逆阵系数表是对这种波及效果总量的衡量。逆阵即前述里昂惕夫矩阵 $(I-A)$ 的逆矩阵 $(I-A)^{-1}$。逆阵系数表即：

$$(I-A)^{-1} = \begin{bmatrix} A_{11} & A_{12} & \cdots & A_{1n} \\ A_{21} & A_{22} & \cdots & A_{2n} \\ \vdots & \vdots & & \vdots \\ A_{n1} & A_{n2} & \cdots & A_{nn} \end{bmatrix}$$

这里的逆阵系数表是专门用来计算产业波及效果总量的系数表，矩阵 $(I-A)^{-1}$ 中的每个元素就是逆阵系数，其经济含义为当某一产业部门的生产发生一单位的变化，能够引发各产业部门直接或间接地使产出水平发生变化的总和。

投入产出表以及由投入产出表导出的投入表、逆阵系数表是产业波及效果分析的三大基本工具，在具体应用时须注意以下两个问题：

第一，数的时效性和稳定性问题。一般来说，投入产出表是依据过去一定时期内（一年）国民经济中各产业部门间的生产技术联系的数据编制的，它反映过去该时期内的产业联系，因此计算出的投入系数也只能反映过去该时期的产业投入状况。国民经济处在不断发展的动态过程之中，与此相应的投入产出表及投入系数必然也会发生变化，且会受到经济规模变化的影响。这些变化一般在短期内不大，而在较长时期则会有大的变化。根据过去的投入系数预测将来短期的产业波及效果所受影响不大，但若用于将来较长期的产业波及效果分析时，应对过去的投入系数进行修正和预测，以保证分析的有效性和准确性。修正时，尤其要注意某些发展变化迅速的产业部门，要根据技术变革的水平对其进行修正。

第二，产业波及效果存在时滞现象。某产业部门的最终需求发生变动时，往往不是导致其他产业部门立即做出反应调整生产，而是存在一定的滞后性。这是由于企业往往存有一定的"库存产品"，在需求波动的情况下，库存能起到"缓冲器"的作用，保障生产有序进行。这里滞后时间的长短在不同时期不同的产业部门中有不同的表现。库存的缓冲作用只表现在投入产出表的最终需求的库存栏里，不在中间需求和中间投入矩阵中反映。故在进行产业波及效果分析时，为避免得出错误的结论，应注意考虑波及时滞问题。

2. 产业的感应度系数和影响力系数

感应度系数和影响力系数是使用"逆阵系数表"来计算某产业部门的最终需求的变化最终使各产业部门的出发生多少变化的两个指标。

（1）感应度系数。当一个产业部门的生产变化时会通过各种关联关系波及到其他产业部门的生产活动。在这里，感应度系数是指某产业部门所受其他产业部门影响的程度，用来衡量某产业部门前向联系的广度和深度，又称前向关联系数。

$$\text{某产业的感应度系数} = \frac{\text{该产业横行逆阵系数的平均值}}{\text{全部产业横行系数均值的平均}} \qquad (11\text{-}28)$$

若用 S_i 表示第 i 产业部门的感应度系数，A_{ij} 为里昂惕夫逆矩阵 $(I-A)^{-1}$ 中第 i 行第 j 列的系数，则感应度系数用公式表示为：

$$S_i = \frac{\dfrac{1}{n}\sum_{j=1}^{n} A_{ij}}{\dfrac{1}{n^2}\sum_{i=1}^{n}\sum_{j=1}^{n} A_{ij}} (i, j = 1, 2, \cdots, n) \qquad (11\text{-}29)$$

根据计算结果，如果某产业部门的感应系数等于或大于1，则表明该产业部门的感应度在全部产业部门中处于平均或平均以上水平；如果小于1，则表明该产业部的感应度在全部产业部门中处于平均以下水平。

根据1970年日本的投入产出表计算，感应度较高的产业有纸浆和造纸、基础化工产品、炼钢和炼铁等基础产业部门。此外，日本商业的感应度系数也较高。

据有关学者对我国2012年投入产出表中相关数据的计算结果，2012年我国42个部门中有16个部门的感应度系数大于1，如表11-8所示。其中，化学工业、金属冶炼和压延加工业、电力等基础工业的感应度系数较高，农业、交通运输等产业部门的感应度系数也较高。

表 11-8　2012 年中国 42 个部门中感应度系数大于 1 的产业分布状况

产业部门	感应度系数
1. 化学工业	3.5414
2. 金属冶炼和压延加工业	2.9666
3. 电力、热力的生产和供应业	1.9823
4. 农林牧渔和服务业	1.7228
5. 通信设备、计算机和其他电子设备制造业	1.6661
6. 金融业	1.6378
7. 交通运输、仓储和邮政业	1.5693
8. 石油、炼焦和核燃料加工业	1.4967
9. 石油和天然气开采业	1.4467
10. 批发和零售业	1.3954
11. 食品和烟草加工业	1.3687
12 煤炭采选业	1.2650
13. 纺织业	1.2062
14. 租赁和商务服务业	1.1286
15. 电气机械和器材制造业	1.0938
16. 通用设备制造业	1.0374

资料来源：高志刚. 产业经济学（第二版）[M]. 北京：中国人民大学出版社，2020：170.

（2）影响力系数。影响力系数是指某产业部门所受其他产业部门影响的程度，用来衡量产业后向联系的广度和深度，又被称为后向关联系数。

$$某产业的影响力系数 = \frac{某产业逆阵系数纵列的平均值}{全部产业逆阵系数纵列均值的平均} \tag{11-30}$$

若用 T_j 表示第 j 产业部门的影响力系数，A_{ij} 为里昂惕夫逆矩阵 $(I-A)^{-1}$ 中第 i 行第 j 列的系数，则影响力系数用公式表示为：

$$T_j = \frac{\frac{1}{n}\sum_{i=1}^{n}A_{ij}}{\frac{1}{n^2}\sum_{i=1}^{n}\sum_{j=1}^{n}A_{ij}} (i,\ j=1,\ 2,\ \cdots,\ n) \tag{11-31}$$

根据计算结果，如果某产业部门的影响力系数等于或大于 1，则表明该产业部门的影响力在全部产业部门中处于平均或平均以上水平；如果小于 1，则表明该产业部的影响力在全部产业部门中处于平均以下水平。

日本经济学家曾计算得出，1970 年日本影响力系数较高的产业有肉和奶制品、服装服饰、皮革制品、化纤产品、纸浆和造纸、运输工具、工业机械和设备等属于或接近生产最终产品的产业部门（高志刚，2020）。

有关学者对我国 2012 年 42 个部门影响力系数的计算结果显示，影响力大于 1 的产业部门分布状况如表 11-9 所示。

表 11-9 2012 年中国 42 个部门影响力系数大于 1 的产业分布状况

产业部门	影响力系数
1. 通信设备、计算机和其他电子设备制造业	1.3748
2. 电气机械和器材制造业	1.3275
3. 交通运输设备制造业	1.2851
4. 通用设备制造业	1.2683
5. 金属制品、机械和设备修理服务业	1.2681
6. 仪器仪表制造业	1.2653
7. 专用设备制造业	1.2596
8. 金属制品制造业	1.2529
9. 化学工业	1.2194
10. 金属冶炼和压延加工业	1.2069
11. 其他制造业	1.1975
12. 纺织服装鞋帽皮革羽绒及其制品业	1.1923
13. 纺织业	1.1821
14. 木材加工和家具制造业	1.1591
15. 造纸印刷和文教体育用品制造业	1.1557
16. 建筑业	1.1532
17. 非金属矿物制品业	1.1237
18. 电力、热力的生产和供应业	1.0766
19. 租赁和商务服务业	1.0325
20. 科学研究和技术服务业	1.0109
21. 石油、炼焦和核燃料加工业	1.0023

资料来源：高志刚. 产业经济学（第二版）[M]. 北京：中国人民大学出版社，2020：171.

产业的感应度系数和影响力系数反映了产业部门之间的关联关系。从表 11-8 和表 11-9 中可以看出，化学工业、金属冶炼、各种制造业等产业关联程度最高，这些产业大多是重化工业或资源加工型产业。这说明，到 2012 年我国经济发展仍然有赖于重化工业或资源加工型产业。各国发展的历史表明，随着经济发展进步，各产业部门的感应度系数和影响力系数也处在发展变动之中。但存在一种趋势，一般多数重工业表现出感应度系数较高，而多数轻工业表现出影响力系数较高。所以，当经济增长率较高时，感应度系数较高的重工业往往发展较快，同时影响力系数较高的轻工业推动重工业即其他产业共同发展。有些产业部门的感应度系数和影响力系数都大于1，比如机械制造业，表明这类产业部门在经济发展中一般处于战略地位，是对经济增长速度最敏感的产业。目前，我国经济发展已由高速增长阶段转向高质量发展阶段，先进制造业的发展壮大有利于现代产业体系发展完善。

3. 生产诱发系数及最终依赖度

（1）生产诱发系数。生产诱发系数用于测算各产业部门的最终需求项目（消费、投资、出口等）对其生产的诱导作用程度。通过投入产出表计算得出的生产诱发系数表揭示了一国各最终需求项目对各产业部门生产诱导作用的大小程度。所谓生产诱发系数，是指某产业部门产品的各种最终需求项目的生产诱发额与相应的最终需求项目的合计之比。

若用 W_{iL} 表示第 i 产业部门的最终需求 L 项目的生产诱发系数，Z_{iL} 表示第 i 产业部门对最终需求 L 项目的生产诱发额，Y_L 表示各产业部门对最终需求 L 项目的合计数额，则生产诱发系数用公式表示为：

$$W_{iL} = \frac{Z_{iL}}{Y_L}(i,\ L = 1,\ 2,\ \cdots,\ n) \tag{11-32}$$

例如，从投入产出表中查得农业的消费需求为642，根据逆阵系数表计算其生产诱发额为1862，然后，再从投入产出表中查得各产业部门最终需求的消费项合计是21374，那么，农业的消费需求的生产诱发系数为 $W_{iL} = \dfrac{1862}{21374} = 0.0871$。它的经济含义是，当农产品总的消费需求增加1单位时，将诱发农业0.0871单位的生产。同理可计算出农业的投资生产诱发系数、出口诱发系数和农业各最终需求项目合计的生产诱发系数。通过求出每一产业部门某项目的最终需求的生产诱发系数，即可得到该最终需求项目的一张生产诱发系数表，以揭示最终需求项目对各产业部门的生产诱发作用大小。

（2）生产的最终依赖度。生产的最终依赖度是用来测算各产业部门的生产对最终需求项目（消费、投资、出口等）依赖程度大小的指标。该指标既包括某产业部门生产对某最终需求项目的直接依赖，也包括间接依赖。某产业部门生产的最终依赖度就是用该产业部门某最终需求项目的生产诱发额除该产业部门各最终需求项目的生产诱发额之和。

若用 Q_{iL} 表示第 i 产业部门生产对最终需求项目 L 的依赖度，Z_{iL} 表示第 i 产业部门最终需求项目的生产诱发额，则生产的最终依赖度用公式表示为：

$$Q_{iL} = \frac{Z_{iL}}{\sum_{i=1}^{n} Z_{iL}}(i,\ L = 1,\ 2,\ \cdots,\ n) \tag{11-33}$$

通过计算每个产业部门的生产对各个最终需求项目的生产依赖度，可得到各产业部门的生产依赖各最终需求项目的系数表，即生产的最终依赖度系数表。在对其进行归类、分析后可以发现，有些从直接关系上同消费似乎毫无关系的产业部门，最终通过间接关系，却有相当部分的生产量依赖于消费。比如，钢铁的生产中约有10%的产量间接依赖于消费。同时，还能通过该表分析得出某产业部门的生产最终依赖的是消费、投资或者出口，并进一步地将各产业部门划分成消费依赖型产业、投资依赖型产业和出口依赖型产业等。

4. 综合就业系数和综合资本系数

（1）综合就业系数。综合就业系数是指在现有的生产组织技术下，某产业部门为生产一单位的产品，需要在本产业部门和其他产业部门直接和间接吸收的就业人数总和。借助于逆阵系数表，综合就业系数的计算公式为：

某产业部门的综合就业系数＝该产业部门的就业系数×逆阵中的相关系数

其中，就业系数是指某产业部门生产单位产值所需的就业人数，用公式表示为：

某产业部门的就业系数＝该产业部门的就业人数÷该产业部门的总产值

（2）综合资本系数。综合资本系数是指在现有的生产组织技术下，某产业部门为生产一单位的产品，需要在本产业部门和其他产业部门直接和间接投入的资本总量。借助于逆阵系数表，综合资本系数的计算公式为：

某产业部门的综合资本系数＝该产业部门的资本系数×逆阵中的相关系数

其中，资本系数是指某产业部门生产单位产值所需的资本量，用公式表示为：

某产业部门的资本系数＝该产业部门的资本量÷该产业部门的总产值

5. 产业波及效果预测分析

（1）特定需求的波及效果预测分析。这里的特定需求是指对整个国民经济影响重大、波及效果强烈的一类最终需求，一般由特大型投资项目引起。例如，铁路、高速公路、大型钢铁基地以及大规模住宅建设等投资项目。这类大型投资对国民经济的影响较大，且一旦投资建成，就会引起大量需求，进而直接或间接地影响到其他产业部门。在兴建这些大型投资项目时，如果受其波及影响较大的关联产业部门没有得到相应的发展，则该大型投资往往会引起各种物资供应不足、价格上涨，甚至会导致成本拉动型通货膨胀，进而影响投资的预期效果。故在进行大型投资项目的可行性分析时，要注意分析该项目对各关联产业部门的波及效果。

一般来说，为分析某一特定需求的波及效果，先将某投资项目所需的最终产品按照产业分类进行分解；再运用前述方法，将这些需求作为各产业部门最终需求的增加量，计算出生产诱发额是多少。这些生产诱发额就是该投资项目特定需求对各产业部门的波及效果的预测值。例如，国家统计局曾运用该方法，预测分析我国1988年后实行经济适度紧缩政策、压缩基本建设投资的不同方案的波及效果（见表11-10、表11-11）。

表 11-10 1989 年压缩基建投资 100 亿元的波及效果 单位：亿元

波及产业部门	劳动报酬系数	每压缩 100 亿元固定资产投资	
		各产业部门产值减少	居民消费总额减少
农业	0.57598	7.56	4.35
轻工业	0.07775	19.35	1.50
重工业	0.10552	149.08	15.73
建筑业	0.21163	67.83	14.35
邮电运输业	0.19443	4.70	0.91
商业	0.33945	9.65	3.28
服务业	0.28498	7.12	2.03
合计		265.29	42.15

资料来源：国家统计局投入产出办公室．投入产出宏观经济分析［M］．北京：中国统计出版社，1993：39.

表 11-11 1989 年压缩基建投资不同方案的波及效果 单位：亿元，%

压缩固定资产投资方案	减少额				
	社会总产出	工业总产出	影响工业发展速度	居民消费总额	利税
300	795.87	505.29	2.08	126.48	107.14
500	1326.45	842.15	3.46	210.8	178.57
900	2387.61	1515.87	6.23	379.44	321.43
1300	3448.77	2189.59	9.00	547.95	464.27

资料来源：国家统计局投入产出办公室．投入产出宏观经济分析［M］．北京：中国统计出版社，1993：39.

（2）特定产业的波及效果预测分析。分析预测特定产业的波及效果，就是分析某产业部门的产生、发展壮大会如何波及影响其他产业部门生产活动，及其影响程度的大小。所以说，实际上是解决如何选择主导产业，应扶植、发展哪些产业为战略产业的问题。这种特定产业的波及效果分析不仅要包括投资本身的波及效果，还要包括投产以后因生产消费原材料而产生的波及效果。在具体分析时，要区分产业兴起和产业扩张两种情况分别讨论。

如果是分析新兴产业的波及效果，就要根据该产业可能达到的生产水平进行分析预测，先依据有关信息分解为投入各产业的产品，再将其作为最终需求放到模型中进行计算，从而算出该产业的兴起对原有各产业部门的波及效果。

如果分析原有产业在发展扩张过程中可能产生的波及效果，可根据原有投入产出表的逆阵系数表求解次逆阵系数，具体是用该产业的纵列各系数除该产业横行和纵列交叉点的系数，其各商值就是该产业生产一单位产品对各产业产生的波及效果。任何产业的扩张对其他产业的波及效果系数都可以采用这种方法测算。

（3）价格波及效果的预测分析。

1）价格波及效果的含义。价格波及效果有两方面的含义。首先，价格波及效果是指某产业的产品价格变动对其他产业产品价格变动所产生的全部直接影响和间接影响。由于各产业部门之间存在相互影响、相互依存、相互制约的关联关系，故当某一产业所生产的产品价格发生变动时，必然会通过供给和需求影响到与该产业直接关联的产业的产品价格变动。当这些直接关联产业的产品价格发生变动时，又会继续带动与之直接关联的其他产业的产品价格发生变动，如此持续波及影响下去，最终会影响到全部产业部门产品的价格变动。其次，由于工资、利润、折旧、税金等均是产品价格的重要组成部分，价格波及效果还指某产业的工资、利润、折旧、税金等变动对各产业部门产品价格变动所产生的全部影响。这些产品价格的变动又会进一步通过价格波及效果继续影响更多产业的产品价格，最终也会影响全部产业部门产品的价格变动。

2）某产业部门产品价格变动对其他产业部门产品价格影响的预测分析。假设国民经济中有 n 个产业部门，第 n 个产业部门的产品价格上升 ΔP_n，可通过式 11-34 计算其对其余 $n-1$ 个产业部门的产品价格的全面影响。

$$\begin{bmatrix} \Delta P_1 \\ \Delta P_2 \\ \vdots \\ \Delta P_{n-1} \end{bmatrix} = \begin{bmatrix} 1-a_{11} & -a_{12} & \cdots & -a_{1,n-1} \\ -a_{21} & 1-a_{22} & \cdots & -a_{2,n-1} \\ \vdots & \vdots & & \vdots \\ -a_{n-1,1} & -a_{n-1,2} & \cdots & 1-a_{n-1,n-1} \end{bmatrix}^{-1} \begin{bmatrix} a_{n1} \\ a_{n2} \\ \vdots \\ a_{n,n-1} \end{bmatrix} \Delta P_n = \begin{bmatrix} \dfrac{b_{n1}}{b_{nn}} \\ \dfrac{b_{n2}}{b_{nn}} \\ \vdots \\ \dfrac{b_{n,n-1}}{b_{nn}} \end{bmatrix} \Delta P_n \quad (11\text{-}34)$$

其中，$\begin{bmatrix} \Delta P_1 \\ \Delta P_2 \\ \vdots \\ \Delta P_{n-1} \end{bmatrix}$ 表示其他 n-1 个产业部门产品价格因第 n 个产业部门产品价格

上升 ΔP_n 而相应升高的幅度；$\begin{bmatrix} a_{n1} \\ a_{n2} \\ \vdots \\ a_{n,n-1} \end{bmatrix} \Delta P_n$ 是指由第 n 个产业部门产品价格升高 ΔP_n

而对其余 n-1 个产业部门产品价格的直接影响；再乘 $(I-A)^{-1}$，即表示该产品价格变动对其余 n-1 个产业部门产品价格的全部直接影响和间接影响。

【例 11-2】

基于【例 11-1】中的价值型投入产出部门简表（见表 11-5），试求：当农业部门产品的价格提高 20% 时，对其余产业部门产品价格的波及影响。

解：首先，由【例 11-1】中的计算可知：

$$(I-A)^{-1} = \begin{bmatrix} 1.2744 & 0.2769 & 0.0615 & 0.1021 \\ 0.3784 & 1.7919 & 0.3982 & 0.5349 \\ 0.0369 & 0.0664 & 1.0148 & 0.0522 \\ 0.0639 & 0.0940 & 0.0209 & 1.0528 \end{bmatrix}$$

其次，为求工业、交通运输业、服务业三部门产品价格受农业部门产品价格变动的波及影响，将上式中农业部门系数转至第四行、第四列得到表 11-12。

表 11-12　$(I-A)^{-1}$ 表

工业	交通运输业	服务业	农业
1.7919	0.3982	0.5349	0.3784
0.0664	1.0148	0.0522	0.0369
0.0940	0.0209	1.0528	0.0639
0.2769	0.0615	0.1021	1.2744

最后，再套用前面的公式可计算出对工业、交通运输业、服务业三部门产品价格的影响。

$$\begin{bmatrix} \Delta P_1 \\ \Delta P_2 \\ \Delta P_3 \end{bmatrix} = \begin{bmatrix} b_{41}/b_{44} \\ b_{42}/b_{44} \\ b_{43}/b_{44} \end{bmatrix} \Delta P_4 = \begin{bmatrix} 0.2769/1.2744 \\ 0.0615/1.2744 \\ 0.1021/1.2744 \end{bmatrix} \times 0.2 = \begin{bmatrix} 0.0435 \\ 0.0097 \\ 0.0160 \end{bmatrix}$$

由计算结果可知，当农业部门产品的价格提高 20% 时，工业产品价格将上升 4.35%，交通运输业产品价格将上升 0.97%，服务业产品价格将上升 1.6%。

【例 11-3】

仍基于表 11-5，在假定其他条件不变的情况下，如果农业部门和服务业部门的工资各提高 5%，试计算其对各产业部门价格产生的影响。

解： 首先，根据【例 11-1】中计算可知各产业部门的直接劳动报酬系数农业为 0.3540、工业为 0.1525、交通运输业为 0.3333、服务业为 0.2656，即 $A^V = (0.3540, 0.1525, 0.3333, 0.2656)$。

其次，利用 $B^V = A^V(I-A)^{-1}$ 可计算出各产业部门的完全劳动报酬系数 B^V，由【例 11-1】可知，

$$B^V = A^V(I-A)^{-1}$$

$$= (0.3540, 0.1525, 0.3333, 0.2656) \begin{bmatrix} 1.2744 & 0.2769 & 0.0615 & 0.1021 \\ 0.3784 & 1.7919 & 0.3982 & 0.5349 \\ 0.0369 & 0.0664 & 1.0148 & 0.0522 \\ 0.0639 & 0.0940 & 0.0209 & 1.0528 \end{bmatrix}$$

$$= (0.5381, 0.4184, 0.4263, 0.4147)$$

当农业部门和服务业部门的工资都提高5%时，其对应的直接劳动报酬系数变为0.3717和0.2789，由$B^V = A^V(I-A)^{-1}$可计算出各产业变动后的完全劳动报酬系数B^{V1}为：

$$B^{V1} = A^{V1}(I-A)^{-1}$$

$$= (0.3717, 0.1525, 0.3333, 0.2789)\begin{bmatrix} 1.2744 & 0.2769 & 0.0615 & 0.1021 \\ 0.3784 & 1.7919 & 0.3982 & 0.5349 \\ 0.0369 & 0.0664 & 1.0148 & 0.0522 \\ 0.0639 & 0.0940 & 0.0209 & 1.0528 \end{bmatrix}$$

$$= (0.5615, 0.4245, 0.4276, 0.4305)$$

所以，当农业部门和服务业部门的工资都提高5%时，农业、工业、交通运输业和服务业的完全劳动报酬系数分别为0.5615、0.4245、0.4276、0.4305。

农业部门产品价格的变动幅度为：$(0.5615-0.5381) \times 100\% = 2.34\%$；

工业部门产品价格的变动幅度为：$(0.4245-0.4184) \times 100\% = 0.61\%$；

交通运输业部门产品价格的变动幅度为：$(0.4276-0.4263) \times 100\% = 0.13\%$；

服务业部门产品价格的变动幅度为：$(0.4305-0.4147) \times 100\% = 1.58\%$。

此外，当某些产业部门的利润、折旧或者税费发生增减变化时，同理可计算出各种具体变化对各产业部门产品价格的波及影响。

三、投入产出效应分析：以我国互联网行业为例

1. 案例背景

自2015年国务院印发《关于积极推进"互联网+"行动的指导意见》以来，互联网逐渐渗透融入经济社会发展的各个领域，我国互联网行业保持平稳较快的发展趋势。互联网行业作为信息通信产业中的重要组成部分，主要提供互联网信息服务、互联网平台服务、互联网接入服务、互联网数据服务以及其他相关互联网服务。在国家和地方政策的扶持下，以庞大的网民数量为发展基础，互联网与各行业渗透融合的范围日益拓展、深度不断加强，推进了传统产业的网络化转型，在引领和支撑我国数字经济发展方面发挥着日趋重要的作用。

2. 案例分析

案例以国家统计局官方网站公布的2017年和2018年的《中国投入产出表》中的数据作为基础数据，通过测度直接消耗系数、完全消耗系数等指标分析中国互联网行业的产业关联效应；通过测度影响力系数、感应度系数等指标分析中国互联网行业的波及效应。

（1）前向关联分析和后向关联分析。

1）中国互联网行业的前向关联分析。产业前向关联分为前向直接关联和前向完全关联，使用直接消耗系数和完全消耗系数进行分析。

表11-13显示，互联网行业对各部门的前向直接关联系数均大于0，说明互联

网行业的产品直接提供给国民经济各部门作为中间使用,但分配给各部门生产使用的数量却存在明显差异。其中,互联网行业与信息传输、软件和信息技术服务业的前向直接关联程度最高,2018年互联网行业对信息传输、软件和信息技术服务业的直接消耗系数为0.1697,前者对后者的直接分配量占前者对所有部门的直接分配总量的20.81%。互联网行业与金融业具有较高的前向直接关联度,2018年前者对后者的直接消耗系数为0.1270,直接分配量所占的比重为15.58%。此外,互联网行业与建筑业,公共管理、社会保障和社会组织以及本部门存在较密切的前向直接关联,2018年互联网行业对这三个部门的直接消耗系数分别为0.1190、0.0912、0.0574。

表 11-13 2017 年、2018 年互联网行业与各部门的前向直接关联度(前 10 位)

单位:%

排名	2017 年	直接消耗系数	比重	2018 年	直接消耗系数	比重
1	信息传输、软件和信息技术服务	0.1836	21.32	信息传输、软件和信息技术服务	0.1697	20.81
2	金融	0.1369	15.90	金融	0.1270	15.58
3	建筑	0.1325	15.39	建筑	0.1190	14.60
4	公共管理、社会保障和社会组织	0.0837	9.72	公共管理、社会保障和社会组织	0.0912	11.19
5	交通运输、仓储和邮政	0.0597	6.93	互联网和相关服务	0.0574	7.04
6	互联网和相关服务	0.0513	5.96	交通运输、仓储和邮政	0.0531	6.51
7	卫生和社会工作	0.0271	3.15	科学研究和技术服务	0.0240	2.94
8	教育	0.0221	2.57	卫生和社会工作	0.0219	2.69
9	科学研究和技术服务	0.0215	2.50	教育	0.0214	2.62
10	租赁和商务服务	0.0182	2.11	租赁和商务服务	0.0189	2.32
	全部部门的合计	0.8612	100	全部部门的合计	0.8153	100

表 11-14 显示,互联网行业与各部门的前向完全关联度均明显高于前向直接关联度,说明互联网行业对各部门网络化发展具有明显的间接供给推动作用。其中,互联网行业对建筑业的完全分配系数最高,且与金融业、公共管理、社会保障等都有较密切的前向完全关联。对比 2017 年、2018 年可以发现,互联网行业与第二产业各部门的前向完全关联度均在前向直接关联度的 2 倍以上,说明从供给角度看,互联网行业对第二产业各部门的间接推动作用明显强于直接推动作用,从而使互联网行业对第二产业的供给推动作用以间接作用为主。

表 11-14　2017 年、2018 年互联网行业与各部门的前向完全关联度（前 10 位）

单位:%

排名	2017 年	完全分配系数	比重	2018 年	完全分配系数	比重
1	建筑	0.2631	13.86	建筑	0.2441	13.67
2	信息传输、软件和信息技术服务	0.2361	12.44	信息传输、软件和信息技术服务	0.2207	12.36
3	金融	0.1909	10.05	金融	0.1811	10.14
4	交通运输、仓储和邮政	0.1202	6.33	公共管理、社会保障和社会组织	0.1268	7.10
5	公共管理、社会保障和社会组织	0.114	6.00	交通运输、仓储和邮政	0.1083	6.06
6	通信设备、计算机和其他电子设备	0.072	3.79	互联网和相关服务	0.0763	4.27
7	化学产品	0.0715	3.77	通信设备、计算机和其他电子设备	0.0667	3.73
8	互联网和相关服务	0.0631	3.32	化学产品	0.0608	3.4
9	租赁和商务服务	0.0588	3.09	租赁和商务服务	0.0594	3.33
10	批发和零售	0.0549	2.89	批发和零售	0.0531	2.97
	全部部门的合计	1.8986	100	全部部门的合计	1.7859	100

2）中国互联网行业的后向关联分析。表 11-15 显示，互联网行业与社会经济大多数部门均存在后向直接关联。其中，互联网行业与信息传输、软件和信息技术服务业的后向直接关联度最高，2018 年互联网行业对信息传输、软件和信息技术服务业的直接消耗系数为 0.1670，前者在生产中对后者产品的直接消耗量占前者对所有部门的直接消耗总量的 31.17%。互联网行业与租赁和商务服务业具有较高的后向直接关联度，2018 年前者对后者的直接消耗系数为 0.0705，直接消耗量所占的比重为 13.16%。此外，互联网行业与本部门，通信设备、计算机和其他电子设备制造业以及房地产业存在较紧密的后向直接关联，2018 年互联网行业对这三个部门的直接消耗系数分别为 0.0574、0.0464、0.0400。

从表 11-16 来看，互联网行业对各部门的完全消耗系数均大于 0，说明互联网行业通过直接和间接的消耗，对所有部门的产品均产生了需求拉动作用，从而互联网行业与各部门均存在后向完全关联。其中，互联网行业与信息传输、软件和信息技术服务业具有最高的后向完全关联度，2018 年互联网行业对信息传输、软件和信息技术服务业的完全消耗系数为 0.2146，前者在生产中对后者产品的完全消耗量占前者对所有部门的完全消耗总量的 15.76%。互联网行业与通信设备、计算机和其他电子设备制造业的后向完全关联度较高,2018 年前者对后者的完全消耗系数为 0.1543,完全消耗量所占的比重为 11.33%。此外,互联网行业与租赁和商务服务业、房地产业以及交通运输、仓储和邮政业具有较紧密的后向完全关联,2018 年互联网行业对这三个部门的完全消耗系数分别为 0.1327、0.0770、0.0764。

表 11-15　2017 年、2018 年互联网行业与各部门的后向直接关联度（前 10 位）

单位:%

排名	2017 年	直接消耗系数	比重	2018 年	直接消耗系数	比重
1	信息传输、软件和信息技术服务	0.1581	30.29	信息传输、软件和信息技术服务	0.1670	31.17
2	租赁和商务服务	0.0689	13.2	租赁和商务服务	0.0705	13.16
3	通信设备、计算机和其他电子设备	0.0524	10.04	互联网和相关服务	0.0574	10.71
4	互联网和相关服务	0.0513	9.83	通信设备、计算机和其他电子设备	0.0464	8.66
5	房地产	0.0372	7.13	房地产	0.0400	7.47
6	交通运输、仓储和邮政	0.0305	5.84	交通运输、仓储和邮政	0.0314	5.86
7	电气机械和器材	0.0220	4.21	金融	0.0211	3.94
8	金融	0.0214	4.10	电气机械和器材	0.0201	3.75
9	电力、热力生产和供应	0.0146	2.80	电力、热力生产和供应	0.0153	2.86
10	批发和零售	0.0113	2.16	批发和零售	0.0115	2.15
	全部部门的合计	0.5220	100	全部部门的合计	0.5358	100

表 11-16　2017 年、2018 年互联网行业与各部门的后向完全关联度（前 10 位）

单位:%

排名	2017 年	直接消耗系数	比重	2018 年	直接消耗系数	比重
1	信息传输、软件和信息技术服务	0.2011	15.08	信息传输、软件和信息技术服务	0.2146	15.76
2	通信设备、计算机和其他电子设备	0.1648	12.35	通信设备、计算机和其他电子设备	0.1543	11.33
3	租赁和商务服务	0.1265	9.48	租赁和商务服务	0.1327	9.74
4	交通运输、仓储和邮政	0.0729	5.47	房地产	0.0770	5.65

排名	2017 年	直接消耗系数	比重	2018 年	直接消耗系数	比重
5	金融	0.0718	5.38	交通运输、仓储和邮政	0.0764	5.61
6	房地产	0.0711	5.33	互联网和相关服务	0.0763	5.60
7	互联网和相关服务	0.0631	4.73	金融	0.0726	5.33
8	化学产品	0.0628	4.71	化学产品	0.0602	4.42
9	电气机械和器材	0.0511	3.83	批发和零售	0.0517	3.80
10	批发和零售	0.0490	3.67	电气机械和器材	0.0480	3.52
	全部部门的合计	1.3339	100	全部部门的合计	1.3620	100

（2）互联网行业的波及效应分析。

1）影响力和影响力系数。表 11-17 显示，在 2017 年、2018 年，互联网行业的影响力分别为 2.3339、2.3620，即互联网行业每增加 1 元最终产品，将拉动国民经济总产出分别增加 2.3339 元、2.3620 元；互联网行业的影响力系数分别为 0.8623、0.8823，其数值均小于 1，说明互联网行业的影响力低于全部部门影响力的平均水平。对所有部门的影响力和影响力系数进行排名，发现互联网行业的排名稳定在 31 位，位次相对靠后，反映出互联网行业对国民经济发展的后向拉动能力较弱。

表 11-17 2017 年、2018 年影响力和影响力系数排名前 10 的部门和互联网行业

排名	2017 年	影响力	影响力系数	2018 年	影响力	影响力系数
1	通信设备、计算机和其他电子设备	3.9492	1.4591	通信设备、计算机和其他电子设备	3.9605	1.4794
2	电气机械和器材	3.5237	1.3018	电气机械和器材	3.4768	1.2987
3	纺织服装鞋帽皮革羽绒及其制品	3.4769	1.2846	纺织服装鞋帽皮革羽绒及其制品	3.4741	1.2977
4	仪器仪表	3.4461	1.2732	交通运输设备	3.4435	1.2863
5	交通运输设备	3.4368	1.2697	仪器仪表	3.4185	1.277
6	通用设备	3.4196	1.2634	通用设备	3.3551	1.2533
7	金属制品、机械和设备修理服务	3.4072	1.2588	金属制品、机械和设备修理服务	3.3339	1.2454
8	专用设备	3.392	1.2532	纺织品	3.3311	1.2443
9	纺织品	3.3627	1.2424	专用设备	3.2983	1.232
10	其他制造产品	3.2393	1.1968	其他制造产品	3.2116	1.1997
31	互联网和相关服务	2.3339	0.8623	互联网和相关服务	2.3620	0.8823

2）感应度和感应度系数。表 11-18 显示，在 2017 年、2018 年，互联网行业的感应度分别为 2.8986、2.7859，即互联网行业每增加 1 元初始投入，将推动国民经济产出分别增加 2.8986 元、2.7859 元；互联网行业的感应度系数分别为 0.9211、0.8923，说明互联网行业的感应度低于各部门感应度的平均水平。对所有部门的感应度和感应度系数进行排名，发现互联网行业的排名稳定在 22 位，位次位于中游，反映出互联网行业对国民经济的前向推动能力还较弱。近年来，我国数字经济快速发展，未来应进一步加强互联网在各行各业中融合应用的广度和深度，提升互联网行业对各行业网络化发展的推动力。

表 11-18 2017 年、2018 年感应度和感应度系数排名前 10 的部门与互联网行业

排名	2017 年	感应度	感应度系数	2018 年	感应度	感应度系数
1	石油和天然气开采产品	8.9854	2.8554	石油和天然气开采产品	9.9422	3.1844
2	金属矿采选产品	8.236	2.6172	金属矿采选产品	8.4568	2.7086
3	废弃资源和废旧材料回收加工品	5.6085	1.7822	废弃资源和废旧材料回收加工品	5.2856	1.6929
4	煤炭开采和洗选产品	5.2291	1.6617	煤炭开采和洗选产品	5.1848	1.6607
5	非金属矿和其他矿采选产品	4.8199	1.5316	非金属矿和其他矿采选产品	4.8041	1.5387
6	电力、热力生产和供应	4.3203	1.3729	电力、热力生产和供应	4.1405	1.3262
7	石油、炼焦产品和核燃料加工品	4.1212	1.3096	石油、炼焦产品和核燃料加工品	3.9683	1.2710
8	仪器仪表	4.0823	1.2973	仪器仪表	3.8548	1.2347
9	化学产品	3.9392	1.2518	化学产品	3.8366	1.2288
10	金属冶炼和压延加工品	3.8058	1.2094	金属冶炼和压延加工品	3.7467	1.2000
22	互联网和相关服务	2.8986	0.9211	互联网和相关服务	2.7859	0.8923

 思考题

1. 什么是产业关联？产业关联的类型有哪些？
2. 试举例说明不同的产业关联方式是如何影响产业关联效应的。
3. 基于表 11-5 中的价值型投入产出部门简表，试计算：
（1）假定其他条件不变，工业部门产品的价格提高 15% 对其余产业部门产品价格的波及影响。

（2）假定其他条件不变，交通运输业部门和服务业部门的工资同时提高5%会对各产业部门的产品价格产生哪些影响。

 参考文献

［1］苏东水. 产业经济学（第四版）［M］. 北京：高等教育出版社，2015：176-210.

［2］杨公仆，夏大慰. 现代产业经济学［M］. 上海：上海财经大学出版社，1999：115-116.

［3］干春晖. 产业经济学：教程与案例（第2版）［M］. 北京：机械工业出版社，2015：260.

［4］李悦. 产业经济学（第四版）［M］. 大连：东北财经大学出版社，2018：249-258.

［5］高志刚. 产业经济学（第二版）［M］. 北京：中国人民大学出版社，2020：170-171.

［6］国家统计局投入产出办公室. 投入产出宏观经济分析［M］. 北京：中国统计出版社，1993：39.

［7］赵玉林，汪芳. 产业经济学：原理及案例（第五版）［M］. 北京：中国人民大学出版社，2020：155.

［8］冯居易，魏修建. 基于投入产出法的中国互联网行业经济效应分析［J］. 统计与决策，2021，37（15）：123-127.

第十二章
产业布局模型及应用

本章学习产业布局的内容以及产业布局模型的实际应用，主要包括产业布局理论发展过程、产业布局具体内容、产业布局影响因素、全国性和地区性产业布局以及产业布局政策等知识点，了解引力模型与势能模型这两个产业布局模型的基本原理，通过两个具体案例了解引力模型和势能模型在产业布局方面的实际应用。

第一节　产业布局理论

一、产业布局的理论发展

产业布局是指某一地区或者某一国家的产业在一定区域空间上的分布和动态组合，它通过市场机制或政府引导实现资源在空间上的最优配置，是国民经济发展运动规律的具体表现。产业布局理论随着人类社会的进步和发展不断地充实进步和完善。

1. 产业布局理论

表 12-1　产业布局理论发展

产业布局理论发展		代表人物	提出理论
古典区位理论	农业区位理论	杜能	孤立国同农业圈层理论
	工业区位理论	韦伯	运费对工业布局有着决定性的作用
"二战"后的多种学派理论	成本学派理论	胡佛	转运点区位论
	市场学派理论	谢费尔、廖什、克里斯塔勒	利润最大的地方为企业布局最合理的区位
	成本—市场学派理论	艾萨德、俄林、雷蒙德·弗农	产业布局的一般化区位理论
	以后起国家为出发点的西方产业布局理论	佩鲁、缪尔达尔	增长极理论、点轴理论、地理性二元经济理论

2. 我国的产业布局

马克思主义经济学家在社会分工的基础上结合成本理论提出了劳动地域分工理论，该理论认为：地域的分工是在广阔的区域上的生产的专门化，这样一来就将生产部门固定在了一定区域；区域的分工是生产力发展到一定阶段的产物；将地域进行分工可以促进生产力的发展；地域的分工取决于当时的社会的生产方式。

我国产业布局的基本理论就是在马克思主义的劳动地域分工理论指导下完成的。新中国成立以前，我国的产业布局非常的不合理、不平衡，全国大部分以上的工业和交通运输业集中在我国东部沿海地区。新中国成立以后，我国以毛泽东同志提出的平衡工业发展布局为指导思想，将很多的基础建设资金投资于内地区域，促进了内地区域和西部区域的经济发展，使我国的产业布局初步改变了不合理、不平衡的状态。党的十一届三中全会以后，我国进一步对产业布局进行了调整，更加注重整体经济的发展和宏观的经济效益，充分利用了沿海区域的经济优势，加速了东部沿海地区的发展，并且带动了内地和西部地区的发展。改革开放后，我国依据增长极理论进行产业布局，在东部沿海地区建立一些增长极，设立了经济特区，以这些增长极的发展带动全国经济的发展，取得了明显的效果。有些经济学者认为，在我国的中部地区和西部地区同样可以实施增长极策略，通过多方位的增长极带动地区经济的发展。

当前我国产业布局的模式主要有两种，一种是以沿海和长江为轴线、以上海为首的包含轴线上主要城市的"T型模式"，另一种是以京沪线为弓、京广线为弦、长江为箭、上海为箭头的"弓箭型模式"。

二、产业布局内容

1. 产业布局层次

不同区域、不同层次的产业布局有着不同的规律规模和表现。我们需要研究的产业布局大致可以分为地区性的产业布局和全国性的产业布局。

2. 产业布局机制

产业布局机制有两种，一种是产业布局的市场机制，另一种是产业布局的计划机制。

随着资本主义制度的建立以及资本主义的急速扩张，产业布局的市场机制随之发展起来，这种机制的主要特点是：企业是产业布局的主体，它不会受到国家和区域产业政策以外的非经济因素的制约，自己选择企业所在的区位；企业选择产业布局的最终目的是实现企业利润的最大化，因此企业总是会去选择那些利润大而风险小的项目，选择最有利于企业利润最大化和发展的区位；产业布局主要受经济利益的导向，企业会根据市场的规律以及变动选择自己的区位，使企业的利润达到最大化。

苏联最先使用了产业布局的计划机制，后来在一些发展中国家流行起来。这种机制的特点是：政府对产业布局拥有绝对的话语权，政府有产业布局的决策权以及其他各项权利，产业的方方面面都由政府管理；产业布局的目的是国家的利益，国家利益至上，地区的利益次于国家利益；产业布局的手段是政府的行政命令，通过政府的命令进行产业布局。

3. 区域产业结构

经济结构反映着一个地区的生产力发展水平和经济发展水平，合理的产业布局要有与之匹配的产业结构。一个区域经济的增长会带来生产力水平的增长，必然会促进产业结构的调整和升级，推动产业向着更高的水平发展。产业结构演进的过程就是区域和产业发展的过程，它深刻地影响着产业的布局。

三、产业布局的影响因素

1. 自然因素：自然条件与自然资源

自然条件是指一个地区天然具有的没有经过人类改造的自然环境，包括气候、地形、土壤等条件，它对产业布局有着直接的影响。有些地区地势平坦开阔、交通发达便利，对于很多大型制造业和建筑业来说是最合理的区位，而有些地区地势崎岖、交通很不便利，这类地区就不适合那些需要大量运输的企业。

自然资源是指人们从大自然获取的可以用于生产生活的物质，包括矿物资源、水资源、生物资源、土地资源、风力资源等。农业的生产依赖于当地的自然资源，不同的农作物对土地以及自然条件的要求也不同，要根据当地的自然条件去合理选择适宜种植的农作物。工业中的采掘业、材料工业、以农产品为原料的食品加工业大多分布在自然资源丰富和聚集的地区。

2. 经济因素

一个地区的经济发展水平决定该地区需要怎样的产业。一个国家或地区的工业的发展往往是从轻工业开始的，主要是生产人们的生活必需品。当社会经济水平发展到一定阶段，随着人们对生活水平要求的提高，则需要更多的服务业和耐用品工业。

商品经济的发展使市场成为产业布局的一个重要影响因素，市场需求和市场竞争决定了产业的结构。市场的需求影响一个企业区位的布局，产业的布局要以市场的需求为直接前提，并且市场的需求量会影响产业布局的规模和结构。市场竞争会促进产业的合理聚集，使产业布局指向更加合理的区位。

3. 社会因素

一个地区的经济区位优势是随着历史的演进慢慢积累起来的，一个地区已经形成的经济基础对产业布局有着很大的影响。一个地区原有的经济基础好，产业布局就可以利用原来的经济基础设施，对产业布局有积极的促进；一个地区原有的经济基础比较薄弱，那么产业布局会受到很多的限制。

地区的人口结构，即人口数量、人口质量，对产业布局有着重要影响。劳动密集型产业对劳动力资源有着很大的需要，需要该地区有大量的劳动力，而有些地区人口数量很少，就无法适合劳动密集型产业的布局。人口质量水平与当地的生产力发展水平密不可分，拥有高质量人口的地区是发展技术密集型产业的基础。

一国或一个地区的正确积极的政策可以推动经济的发展和产业的合理布局，反之，则会对经济的发展起到相反的作用。同时，一个地区的经济发展必须有一个良好的环境，一个动荡不安、政局不稳的地区的经济很难发展起来，产业布局也就很难合理地进行。

4. 技术因素

技术的进步会提高产业布局的灵活性，改变产业的结构。

自然资源的开发需要技术，技术的进步可以提升自然资源开发的进度和水平，并且会提高自然资源的综合利用，使单一的产品市场成长为多方面的产品市场。加工技术、运输技术、与技术相关的生产要素供给等深刻地改变产业结构，进一步影响产业布局。

四、全国性和地区性产业布局

1. 全国性产业布局

一国产业布局的总目标是实现产业的合理配置和经济资源在空间上的有效配置，但从根本上讲，产业布局的目标可以分为两个，即效率目标和公平目标。一般来说，效率和公平是相对增长和下降的，但从长远来看，它们的目标是统一的。因此，国家在制定产业布局目标时，既要考虑效率，也要考虑公平，针对区域经济发展的不平衡状况制定合适的产业布局目标。

现代产业在空间布局上的演进过程是由两种力量相互作用形成的，即产业空间集聚过程和产业空间扩散过程。产业集聚与扩散的空间运动往往表现为：过度集聚往往成为促进扩散的契机。只有充分的扩散才能保证产业集聚的适度规模和结构优化，但在市场机制的自然作用框架内，往往导致过度集聚，而科技进步推动的产业结构调整往往是新一轮的产业扩散运动，扩散的结果是在更大的区域内形成新的产业集群。更大区域的产业集群就是一个密集型产业带。

密集型产业带是个巨大的区域空间系统，其形成和发展在国民经济中占有重要地位，它是国家全球发展规划的重要内容之一。密集型产业带的空间演化大致经历了以下几个阶段：第一阶段，由于国民经济的发展，伴随强烈的内部投资冲动，在一些区位较好的地区，建立一些有发展前景的产业部门，这些地区成为新的增长枢纽；第二阶段，由于部门之间的强大链接效应，一个经济中心将形成围绕主要相关部门和公司相互协作的生产体系；第三阶段，城市边缘成为一个快速变化的区域，郊区被合并为城市区域，附近的农业区成为新郊区，城市之间的专业分工越来越清晰，交通干线长轴点的产业体系开始形成，产业带集约化的雏形日趋成熟；第四阶段，集约化产业带建设趋于成熟，产业结构加速转型，内部产业体系趋于完善，外部影响力逐渐增强，金融信息和高新技术产品新孵化器的功能日益凸显，城市边界越来越模糊。

2. 地区性产业布局

地区性产业布局是区域产业空间运行的实现。主要研究区域经济发展不同阶段产业空间组合的最佳形式和一般规律，旨在合理利用当地资源，实现区域效益最大化。

经济发展与现有布局既有相似性又有互补性，区域产业布局不仅要从历史形成的社会分工特征入手，充分考虑区域经济发展现状（产业结构、发展水平等）。还必须要预见未来，考虑未来发展方向的一致性。区域经济发展水平的跃升是通过产业结构的转换来实现的，因此一般在产业结构水平转换的基础上规划区域经济发展的增长阶段。此外，经济中心是区域发展组织协调的核心，它可以凝聚区域各部门、地区和各级城市的经济活动，它决定了区域内产业的规模、水平和经济发展水平。

五、产业布局政策

产业布局政策是指政府部门根据经济技术特点、国情、产业结构特点，科学定位、合理调整各重要产业空间布局的意图和相关政策措施。产业布局政策是产业结构体系中不可或缺的重要内容，也是产业结构政策衍生的形式之一，同时产业布局政策是区域政策体系中非常重要的组成部分，但后者更注重建立和改善地区间的产业分工。

1. 内容

（1）形成国家产业布局战略，改善产业投资环境。制定国家产业布局战略，明确战略时期国家支持发展的主要领域，设计重点发展区域的经济发展模式和基本思路；通过国家直接投资支持关键发展领域的运输、能源、通信和其他基础设施，直至直接投资参与相关地方产业的发展；利用各种形式的经济杠杆刺激关键领域的发展，增强区域经济自我积累能力；通过不同的区域经济政策，使重点开发区的投资环境表现出一定的优势，进而引导更多的资本、劳动力等生产要素向区域发展。

在产业集中发展战略方面，一般可以采取的产业布局政策包括：以政府规划的形式建立特定产业的集中布局区，促进区域产业分工，在一定意义上与产业集中所凝聚的规模经济相匹配；建立相关产业开发区，将重点发展产业结构的产业集中到开发区。

（2）区域发展的主要产业选择政策。在经济欠发达阶段，政府普遍强调产业布局的不平衡，即优先发展一些地区，通过这些地区的非常规经济增长带动其他地区和全国的经济增长。政府倾向发展具有重要作用的产业（如出口加工业）和高科技产业，在一些地区设立开发区或实施特殊政策，并提高其对经济增长的贡献。

在经济比较发达的时候，政府强调区域经济的平衡以维护经济公平和社会稳定，因此，除了一些特殊行业（如严重阻碍环境保护的行业）外，政府不倾向于通过重点支持某一地区的经济发展来促进国民经济增长，而往往更多地支持欠发达地区的经济，甚至在一些经济发达地区或产业集中度高的地区实行一定程度的有限投入政策。

2. 目前我国产业布局的主要内容

在实现区域经济协调发展的总体目标下，我国现行产业布局政策建立了合理的区域分工。具体内容如下：

（1）在国家宏观调控框架内，充分发挥市场化配置资源的作用。中国未来产业布局政策的基本原则是坚持以效率为中心，产业在特定区域的分布规模是根据市场机制和经济效率水平来确定的。市场竞争所反映的若干地区特定行业的效率将被视为政府今后指导和支持相关行业设计的基础。

（2）区域分工的确定与区域比较优势紧密结合。区域比较优势既是国家制定区域经济发展和产业布局政策、促进社会经济资源空间配置合理化的前提，也是制定正确的发展战略和产业政策以实现区域经济健康发展的条件。"扬长避短，发挥优势"仍然是指导中国区域分工的基本原则。

在发达地区的经济发展政策方面，政府以技术进步和产业结构转型为导向，旨在参与大规模市场的国际竞争，使发达地区成为中国现代化的领导者。发达地区应继续坚持开放世界发展的基本战略，以充分利用其原始资源和发展潜在效益。由于发达地区未来的外向型经济，这些地区有义务相应放弃部分内部市场，为欠发达地区相关产业的发展创造更大的市场空间和更多的市场机会。政府对发达地区的产业政策将通过各种引导和支持措施，特别是高附加值产业的增长，加快其产业结构转型，这种产业结构的转型必然会推动中国经济再生过程中区域分工的不断深化和完善。

在欠发达地区的经济发展政策方面，政府以向发达地区转让产品和技术为主要手段，逐步加强欠发达地区重要矿产资源的开发，促进欠发达地区的合理开发。

（3）打破地区经济壁垒完善社会主义市场体系。我国通过建设和完善社会主义市场经济体制，迅速打破一些地区经济壁垒，为资源的自由流动创造条件，保证产业规划和政策的正确实施。我国的产业政策能够最终实现未来资源的有效配置，除了科学决策外，还必须理顺政策执行渠道，严格执行政策执行纪律，其中通过立法手段打破各种形式的区域经济壁垒十分重要。

（4）确定区域分工以满足经济国际化的要求。进入 21 世纪后，中国经济将继续走向国际化，沿海、沿江、沿边、沿路开始形成的从中国到境外的全方位、多层次的对外开放格局将日益完善。一些地区凭借其独特的区位优势，将扩大对外经贸交流，实现快速发展。

东部沿海地区将是中国对外开放的先锋，在 21 世纪，这些地区将继续面向国际市场，在中国对外经济发展中发挥主导作用。广大中西部地区需要改善投资环境，积极发展外向型经济，一方面要建设和改造一批主要运输通道，有选择地增加开放港口，加强和扩大沿江大中城市和铁路原木线的对外开放，积极吸收国外资金和技术，以自身优势产业和产品参与国际市场竞争；另一方面要重点规划建设北疆及其边境地区、珲春—图们江地区、滇南—昆明地区，积极发展与周边国家互补性强、附加值高的若干产业，使其成为中亚、西亚、东北亚和东南亚重要的出口贸易基地。

第二节　产业布局模型

一、引力模型

17世纪英国著名物理学家牛顿提出了万有引力定律，根据万有引力定律，任何两个物体之间的作用的大小与它们的质量成反比，与它们之间距离的平方成反比。

引力模型的基础是牛顿的万有引力公式。万有引力公式中含有质量和距离这两个因素，对于地区之间距离的表示，有的经济学者用两个地区之间的直接距离，有的经济学者用铁路旅程，无论用哪一种方式表达，都可以表示地区之间的距离。而对于质量的表达，地区并没有质量这一表达内容，因此需要用一个指标来替代质量这一因素。这个替代质量的指标要综合考虑地区中的各种要素，因此建立一个指标体系，运用评价方法计算地区的质量指数，公式表示为：

$$m_j = \sum u_i w_i \qquad (12-1)$$

其中，m_j 表示单个地区的质量，u_i 表示衡量地区质量的各个指标，w_i 表示权重。

于是，得到了基本的引力模型表达式：

$$I_{ij} = \frac{GM_i M_j}{d_{ij}} \qquad (12-2)$$

其中，I_{ij} 表示 i 和 j 两个地区之间的引力，M_i 表示 i 地区的经济实力，M_j 表示 j 地区的经济实力，d_{ij} 表示 i 地区和 j 地区之间的距离，G 为一个固定的参数。

二、势能模型

以往人们计算区域辐射范围只是通过简单的定量分析，而势能模型的出现改变了这种方法，势能模型通过地理信息系统方法和大量的计算去划分地区的辐射范围，使辐射范围的划分更加科学准确，它反映了各个地区空间上存在的一切物流、人流、信息流等因素的位置势差。在算法上，有基于矢量的 Voronoi 图生成法和基于栅格的最短路径划分法。基于矢量的 Voronoi 图生成法只是简单的图像分析，不关注交通因子。基于栅格的最短路径划分法是通过求解细小栅格到中心城市的交通时间成本反映中心城市的辐射范围，分值的大小与中心城市的规模成正比，与格栅到中心城市的距离成反比。一般的势能模型表达式为：

$$P_{ij} = \frac{\dfrac{M_j}{d_{ij}^a}}{\sum \left(\dfrac{M_j}{d_{ij}^a} \right)} \tag{12-3}$$

其中，P_{ij} 表示节点 i 归属节点 j 的概率，d_{ij} 表示节点 i 到节点 j 的时间距离，a 表示距离摩擦系数，M_j 表示节点 j 的人口或地区生产总值。

第三节　模型的应用

一、引力模型的应用：金华市中心镇空间联系测度研究[①]

1. 模型的改进

（1）引力模型改进。在引力模型的基本公式及其应用中，质量参数和距离参数的设定是影响模型适宜性的关键因素。本案例基于中心镇之间经济社会要素空间流动特征，对引力模型中城镇质量及城镇间距离的测度方法进行改进。

本案例引入中心镇的区位交通条件，将中心镇综合实力和其区位交通条件两个方面综合起来表征中心镇质量：对于中心镇综合实力，通过构建社会经济评价指标体系，运用主成分分析法获取中心镇综合实力指数；对于中心镇区位交通条件，通过综合分析中心镇区位条件及中心镇对外交通便捷程度测算其区位交通条件指数；在综合实力指数及区位交通条件指数的基础上，通过加权平均得到中心镇质量，力求更加客观、全面地反映中心镇在区域中的影响力。式 12-4 如下：

$$M_i = Q_i W_{qi} + L_i W_{li} \tag{12-4}$$

其中，M_i 为中心镇 i 质量；Q_i 为中心镇 i 综合实力；L_i 为中心镇 i 区位交通条件；W_{qi}、W_{li} 分别是中心镇 i 综合实力及其区位交通条件的权重。

基于中心镇之间经济社会要素空间流动以公路交通运输为主，绝大多数运输量均由公路承担，以公路交通运输时间及其费用的几何平均数来表征中心镇之间的交通距离。式 12-5 如下：

$$D_{ij} = \sqrt{C_{ij} T_{ij}} \tag{12-5}$$

其中，D_{ij} 为中心镇 i 与中心镇 j 之间的交通距离；C_{ij} 为中心镇 i 与中心镇 j 之间公路交通运输的费用；T_{ij} 为中心镇 i 与中心镇 j 之间公路交通运输时间。

改进后的引力模型为式 12-6：

---

① 李陈，靳相木. 基于引力模型的中心镇空间联系测度研究——以浙江省金华市 25 个中心镇为例 ［J］. 地理科学，2016，36（5）：724-732.

$$I_{ij} = \frac{(Q_i W_{qi} + L_i W_{li}) \times (Q_j W_{qj} + L_j W_{lj})}{C_{ij} T_{ij}} \tag{12-6}$$

其中，I_{ij} 为中心镇 i 与中心镇 j 之间空间联系强度；Q_i、Q_j 分别为中心镇 i、中心镇 j 的综合实力；L_i、L_j 分别为中心镇 i、中心镇 j 的区位交通条件；W_{qi}、W_{li} 分别为中心镇 i 综合实力及其区位交通条件的权重；W_{qj}、W_{lj} 分别为中心镇 j 综合实力及其区位交通条件的权重；C_{ij} 为中心镇 i 与中心镇 j 之间公路交通运输费用；T_{ij} 为中心镇 i 与中心镇 j 之间公路交通运输时间。

（2）断裂点公式改进。断裂点公式不仅被广泛应用于城镇吸引范围和城市经济区的划分，也被用于测度城镇空间联系的方向。断裂点公式实际应用中的一个重要局限性是以城镇人口表征城镇规模和影响力。为克服这一局限，本案例以式 12-4 中的中心镇质量 M_i 替换断裂点公式中的城镇人口。改进后的断裂点公式 12-7、式 12-8 为：

$$d_i = D_{ij} \Big/ \left(1 + \frac{M_j}{M_i}\right) \tag{12-7}$$

$$d_j = D_{ij} \Big/ \left(1 + \frac{M_i}{M_j}\right) \tag{12-8}$$

其中，d_i、d_j 分别为断裂点到中心镇 i 和中心镇 j 的距离；D_{ij} 为中心镇 i 与中心镇 j 之间的最短距离；M_i、M_j 分别为中心镇 i、中心镇 j 的质量。

（3）引力模型和断裂点公式的结合。本案例在引力模型分析的基础上，引入断裂点公式，进一步针对空间联系较强的中心镇，探索确定两两之间空间引力的断裂点，测度两两之间各中心镇引力的范围和界线，深化对中心镇空间联系的定量研究。

2. 金华市中心镇空间联系测度实例

（1）中心镇综合实力。中心镇综合实力由中心镇经济、社会、文化等多方面因素决定，本案例遵循数据可比性、可获得性和完备性等原则，借鉴城镇竞争力的评价指标体系，结合金华市中心镇实际，从城镇规模、经济和社会发展水平、体制与历史文化资源三个方面选取 16 个指标建立中心镇综合实力评价指标体系（见表 12-2）。对所选指标因子进行 Z-score 标准化后，利用 SPSS 软件进行主成分分析，以特征根大于 1 且累计贡献率大于 80% 为标准，提取能够保留 81.33% 原始指标信息的 4 个主成分，进而计算得到金华市 25 个中心镇的综合得分，综合得分反映中心镇之间综合实力的相对值，存在中心镇的综合得分为负值的情况，为此，采用"最小—最大标准化"法对中心镇综合得分进行线性变换，将其调整至 [1, 10] 范围内，得到各中心镇综合实力指数（见表 12-3）。

表 12-2 金华市中心镇综合实力评价指标体系

指标类型	具体指标
城镇规模	镇域面积（平方千米），建成区面积（平方千米），耕地面积（公顷）、全镇总人口（人），建成区人口（人）
经济与社会发展水平	财政总收入（万元），固定资产投资额（万元），规模以上工业企业数量（个），规模以上工业总产值（万元）、全镇从业人员（人），第三产业从业人员比重（%），农民人均纯收入（元）、人均道路面积（平方米），医院及卫生院床位数（张）
体制与历史文化资源	经济社会管理权限、历史文化资源

表 12-3 金华市中心镇质量测度结果

乡镇	综合实力测算结果		区位交通条件测算结果			质量	排名
	综合得分	综合实力指数	市域内区位条件	对外交通便捷程度	区位交通条件指数		
横店镇	6.16	10.00	69.38	49.71	8.07	9.32	1
佛堂镇	4.71	8.38	57.06	26.68	9.48	8.77	2
桐琴镇	1.34	4.63	71.16	32.69	8.38	5.94	4
白龙桥镇	1.63	1.95	64.63	24.05	9.04	6.38	3
古山镇	0.52	3.72	72.66	45.61	7.95	5.20	10
南马镇	0.99	4.24	64.09	53.88	8.32	5.67	6
苏溪镇	0.32	3.49	65.69	24.74	8.95	5.40	9
芝英镇	0.46	3.65	75.75	51.76	7.59	5.03	12
义亭镇	0.13	3.28	56.72	21.72	9.63	5.50	7
孝顺镇	0.57	3.77	57.81	24.81	9.48	5.77	5
上溪镇	-0.16	2.95	53.78	14.76	10.00	5.42	8
巍山镇	0.28	3.44	72.97	40.06	8.07	5.06	11
黄宅镇	-0.48	2.60	66.53	16.08	9.11	4.88	13
汤溪镇	-0.15	2.97	77.94	31.61	7.95	4.71	14
歌山镇	-1.51	1.45	74.19	37.40	8.06	3.76	18
曹宅镇	-1.17	1.83	54.84	22.82	9.73	4.59	15
龙山镇	-1.58	1.38	70.22	48.99	8.03	3.71	21
象珠镇	-1.66	1.29	69.44	38.24	8.35	3.76	19
游埠镇	-1.13	1.87	71.56	26.28	8.51	4.20	16
王宅镇	-1.19	1.81	83.88	43.73	7.24	3.71	20
郑宅镇	-1.64	1.30	70.88	22.45	8.65	3.88	17

乡镇	综合实力测算结果		区位交通条件测算结果			质量	排名
	综合得分	综合实力指数	市域内区位条件	对外交通便捷程度	区位交通条件指数		
柳城镇	-1.19	1.81	121.28	85.73	3.67	2.46	24
诸葛镇	-1.72	1.22	85.56	33.38	7.39	3.38	22
马涧镇	-1.59	1.37	93.03	45.85	6.50	3.16	23
尖山镇	-1.92	1.00	147.16	122.42	1.00	1.00	25

（2）中心镇区位交通条件。区位交通条件在城镇社会经济发展中起着巨大的作用，是影响城镇质量的重要空间因素。从中心镇在金华市域内部区位条件及中心镇对全华市域外部交通便捷程度两个方面，测度金华市25个中心镇区位交通条件。中心镇在金华市域内部区位条件表现为中心镇在市域范围内的可达性，以中心镇到其他中心镇、各县（市）城区的平均最短通行时间来表征式12-9；中心镇对金华市域外部交通便捷程度表现为各中心镇通过铁路运输、高速公路运输、航空运输等与金华市域外部进行人员、物资交流的便利程度，以中心镇到距离其最近的各火车站点、高速公路互通口、港口码头、机场的最短通行时间表征，并采用重力模型法测算式12-10。依据中心镇经济社会发展实际，中心镇在城镇体系中介于城市与一般乡镇之间，主要承担承接大中城市辐射、带动周边乡镇和农村发展的任务，中心镇在市域内部区位条件对其质量影响更为显著，故将中心镇在市域内部区位条件与中心镇对市域外部交通便捷程度各赋0.7、0.3的权重，将两项得分进行"逆向最小—最大标准化"消除数据量纲影响，最后加权求和，得到各中心镇区位交通条件指数（见表12-3）。

式12-9为：

$$A_i = \sum \frac{T_{ij}}{d} \tag{12-9}$$

其中，A_i 为中心镇 i 在市域内区位条件；T_{ij} 为中心镇 i 到达其他中心镇或县（市）城区 j 的最短通行时间；d 为其他中心镇或县（市）城区节点个数，取值为32，金华市域内8个县（市）城区及其他24个中心镇。

式12-10为：

$$B_i = \sum T_{ir} \times W_r \tag{12-10}$$

其中，B_i 为中心镇 i 对市域外交通便捷程度；T_{ir} 为中心镇 i 到达距离其最近的火车站、高速公路互通口、港口码头、机场的最短通行时间；W_r 为铁路运输、高速公路运输、内河航道运输及航空运输的权重，根据中心镇各类交通方式的客运量及货运量的实际数据，结合层次分析法（AHP），确定四类交通运输方式的权重分别为0.35、0.37、0.10、0.18。

（3）中心镇质量。中心镇质量受中心镇综合实力及区位交通条件共同影响，由金华市中心镇发展实际可知，中心镇综合实力对中心镇质量的影响更为显著，故将式 12-4 中 W_{qi}、W_{lj} 分别取值为 0.65、0.35，计算得到中心镇质量及其排名，计算分析结果如表 12-3 所示。

二、势能模型的应用：江苏省城市经济影响区格局变化[①]

1. 研究阶段划分

由于城市经济影响区的格局并不是一成不变的，在不同的区域经济发展阶段，城市经济影响区的格局会发生变化，为此需首先对区域经济发展阶段进行划分。虽然改革开放以来江苏省区域经济发展经历了多个阶段，但在各阶段的划分上存在一定主观性，为此本案例借用气候突变原理，采用 Mann-Kendall 方法对江苏省 1978~2004 年的经济发展阶段进行划分。

2. 中心等级城市确定

本案例选取 15 个与城市人口、经济、社会相关的指标（见表 12-4）构建指标体系，运用主成分分析法求出 1983 年、1997 年、2004 年三个突变点年份的城市中心性指数，并用聚类分析得出中心城市等级。数据来源于历年的《江苏省统计年鉴》以及各地统计公报，对于个别缺失数据，采用线性递推方法求出。

在研究单元的选取方面，考虑到改革开放后江苏省各县市行政区划调整较大，为保证各研究单元在时间上的一致性和可比性，本案例采用 2004 年的县市行政单元作为最小研究单元，共计 65 个。

3. 主要年份中心城市等级划分

对 1983 年的数据进行 z 分数标准化，运用主成分分析法，按照特征值大于 1 的原则，提取出 2 个主成分变量，这 2 个因子可以解释原 13 个变量总方差的 84.06%。根据原变量的因子载荷，将两个主成分命名为经济发展水平和城市发展规模（见表 12-4），并按其方差贡献占总方差的比例作为每个主成分的权重，则两个主成分因子权重分别为 0.63、0.37，加权求出 1983 年江苏省各县市的综合得分。为避免综合得分中可能出现负值，按照公式 $F=(F+1)\times100$ 进行线性扩大（F 为县市综合指数）。对线性化后的县市中心性指数进行 Q 型聚类分析，得到 1983 年江苏省中心城市等级。考虑到四级中心城市对划分城市经济影响区意义不大，本案例主要对前 3 级中心城市进行研究。运用相同方法求出 1997 年和 2004 年江苏省各县市中心性指数，得到中心城市等级聚类结果（见表 12-5）。

---

① 朱杰，管卫华，蒋志欣，甄峰. 江苏省城市经济影响区格局变化 [J]. 地理学报，2007（10）：1023-1033.

表 12-4　1983~2004 年江苏省发展水平指标旋转因子载荷矩阵

指标 \ 年份	1983		1997		2004	
解释因子	经济发展水平	城市发展规模	经济发展水平	城市发展规模	经济发展水平	城市发展规模
年末总人口	-0.099	0.936	-0.071	0.963	-0.054	0.962
年末从业人员数	0.452	0.889	0.030	0.965	0.097	0.943
人均国内生产总值	0.964	0.712	0.957	0.120	0.951	0.127
人均工农业总产值	0.938	0.153	0.913	0.040	0.909	0.092
工业总产值占工农业总产值比例	0.832	0.267	0.835	0.144	0.819	0.122
人均财政收入	0.913	0.243	0.869	0.395	0.927	0.299
人均居民储蓄存款余额	0.881	0.209	0.920	0.242	0.928	0.264
人均全社会固定资产投资总额	0.829	0.178	0.882	0.262	0.843	0.393
社会商品零售总额	0.314	0.933	0.408	0.888	0.382	0.898
旅客运输量	0.577	0.520	0.528	0.795	0.472	0.847
货物运输量	0.354	0.831	0.344	0.875	0.306	0.904
职工年平均工资	0.755	0.472	0.905	0.200	0.847	0.437
非农人口占总人口比例	0.885	0.221	0.655	0.408	0.588	0.434
人均邮电业务量			0.612	0.735	0.864	0.103
实际利用外资额			0.691	0.579	0.621	0.614

表 12-5　1983~2004 年江苏省中心城市等级划分

等级	1983 年中心城市	1997 年中心城市	2004 年中心城市
1	南京、徐州	南京	南京、苏州、无锡
2	南通、无锡、苏州	无锡、苏州、常州、南通、	昆山、常州、南通
3	常州、连云港、扬州、泰州、镇江	张家港、昆山、徐州、江阴、常熟、镇江、太仓、扬州、连云港、吴江、宜兴、泰州	张家港、江阴、常熟、太仓、镇江、徐州、扬州、吴江、连云港、泰州、宜兴

4. 城市经济影响区划分

（1）势能模型的修正。

理论分析法主要依据城市断裂点理论及由此引申的势能模型（Potential Model）来划分城市经济影响区。在算法的实现上，存在基于矢量的 Voronoi 图生成法和基于栅格的最短路径划分法。但一方面由于加权 Voronoi 图生成算法较为复杂，另一方面该算法并未考虑交通等实际因素，所以对于江苏这样一个交通网络发达的地区，其适用性仍然值得商榷。

相比之下，基于栅格的经济影响区划分方法更为成熟。该算法基于势能模型，式12-11为：

$$P_{ij} = \frac{M_j}{d_{ij}^a}(i \neq j) \qquad (12\text{-}11)$$

其中，P_{ij}代表中心城市j对i点的引力势能，M_j为中心城市j的规模，d_{ij}为点i距中心城市j的直线距离，a为距离摩擦系数。但由于式12-11求出的势能量纲难以确定，国内学者一般用胡佛概率模型对上述模型进行去量纲化，式12-12为：

$$P_{ij} = \frac{\left(\dfrac{M_j}{d_{ij}^a}\right)}{\sum\left(\dfrac{M_k}{d_{ik}^a}\right)} \qquad (12\text{-}12)$$

由此求出的P_{ij}就是i地点归属于中心城市j概率，P_{ij}与中心城市规模M_j成正比，与两者直线距离d_{ij}的a次方成反比。对于k个中心城市，比较出最大的P_{ik}就是i地点的归属。以往中心城市的权重M_j大多采用单一指标（如非农人口）来反映城市规模，d_{ij}也只计算两地间的直线距离。考虑到城市的引力势能是一个综合指标并受到区域交通因素的影响，本案例对势能模型做如下修正：用上文求出的城市中心性指数来代替城市规模指标M_j，用两地间的最短交通距离（交通时间成本）来优化直线距离，距离摩擦系数a取值为2。

（2）算法实现。

江苏省县级行政区地图从国家地理信息中心所提供的1∶400万中国电子地形图中提取。为了方便底图的栅格化，用Gauss-Kruger投影对其进行投影转换，将其转化为笛卡儿坐标。取各个县（市）域单元的几何中心作为城市点坐标，保证中心城市对各个方向的吸引力都比较平均。

算法的核心步骤：①首先用1平方千米的栅格网将原矢量底图栅格化。②对不同的栅格赋予不同的速度权重（见表12-6），赋值参照相关文献的速度指标。因为铁路和公路分属两种不同的交通系统，且铁路交通的时间、营运班次限制严格，故本案例只考虑公路交通对城市经济影响区划分的影响。而公路路况受天气、交通量等因素影响，实际行车速度会在设计速度基础上折减。这里取1983年的折减系数0.6，1997年和2004年的0.8。以2004年为例，有高速通过的栅格赋值96千米/小时，国道通过的栅格赋值80千米/小时，省道通过的栅格赋值64千米/小时，没有等级公路通过的栅格赋值24千米/小时，每个栅格赋值反映了该栅格的通达能力。③高速公路封闭性的实现。在以往通达性研究中，没有考虑高等级公路的封闭性，造成低等级公路和高速公路随时互通的局面，与实际明显不符。本案例对高等级公路通达性算法做出优化：定义高速公路500米缓冲区内栅格速度值为1，即基本不通过；但对高速公路互通口打通四个端点，并赋高值可以通过；低等级公路与高等级公路相交时，交点赋高值。这样，栅格只能通过高等级公路互通口或国道、省道与高速相连。④因为格网的长宽都是 1 千米，根据统计分析，有公路通过的栅格中公路长度一般是栅格宽度的 1.22 倍。这里用 1.22 除以栅格速度值，得到每个栅格的通达时间。利用 ArcGIS 求出每个栅格到所有中心城市的最短时间，即交通成本（势能模型的 d_{ij} 部分），再根据城市中心性指数比较所有中心城市相对于某一栅格的引力概率 P_{ij}，最大者即栅格所归属的中心城市，最终确定主要年份江苏省前三级中心城市经济影响区的范围。

表 12-6 各等级公路计算时速 单位：千米/小时

等级	高速公路	国道	省道	其他
设计时速	120	100	80	30
计算时速	96	80	64	24

思考题

1. 什么是产业布局？产业布局理论有哪些？
2. 举例说明产业布局的影响因素。
3. 我国的产业布局是什么样的？
4. 产业布局模型有哪些？分别是什么原理？
5. 运用案例说明产业布局模型的应用。

参考文献

［1］苏东水. 产业经济学［M］. 北京：高等教育出版社，2000：305-328.

［2］刘耀彬，姚成胜，白彩全. 产业经济学模型与案例分析［M］. 北京：科学出版社，2016：150-170.

［3］李陈，靳相木. 基于引力模型的中心镇空间联系测度研究——以浙江省金华市 25 个中心镇为例［J］. 地理科学，2016，36（5）：724-732.

［4］朱杰，管卫华，蒋志欣，甄峰. 江苏省城市经济影响区格局变化［J］. 地理学报，2007（10）：1023-1033.

第十三章

产业发展、经济增长模型及应用

<table>
<tr><td>本章提要</td><td>产业发展与经济增长是一个从低级到高级螺旋式上升的过程，既是经济发展的内在逻辑和客观规律，也是人们追求高质量生活的必然要求。本章从产业发展和经济增长的含义出发，分别论述产业发展与经济增长理论和模型的演化，研究产业发展和经济增长之间的联系和协同作用，并探讨产业未来发展趋势及我国产业发展和经济增长的途径。</td></tr>
</table>

第一节　产业发展理论

一、产业发展的含义

产业发展是产业产生、成长、进化的过程，既包括单个产业的进化过程，又包括产业总体，即整个国民经济的进化过程。产业的进化过程往往是指产业结构的优化和调整。需求激发了新产品的研发、制造和营销，进而形成该产品的产业链。需求的变化进一步影响产品的不断改进，以适应新的市场环境，也就是成长和优化。这种成长和优化不仅局限在产品本身，产业链上下游以及相关产业都会随之更新，进而提升产业结构的质量。从宏观来看，在产业结构演化的带动下，整个国民经济体系都会有质的飞跃。可以说，产业结构的演化是产业发展的核心，也是产业发展的方向。

产业发展一般伴随经济增长与经济发展。因为产业发展的核心是产业结构，而产业结构与经济增长之间存在内在联系。社会分工的复杂和细致程度日益扩大，生产要素在产业、部门之间的流动也越来越复杂，包括资本、劳动力、技术的流动。大量资本和劳动要素的投入是经济增长的必要条件，但更为重要的是要素在产业和部门之间的配置效率是否充分，是否存在帕累托改进。无论是传统的新古典经济增长理论，还是现在的新经济增长理论，都将要素的产出率或转换水平作为衡量经济增长的标准之一。由此可知，生产要素效率的提高连接着产业发展与经济增长。从经济发展的角度出发，经济发展包括经济结构的根本变化。宏观上表现为：一方面，国民生产总值中农业所占的比重下降，工业和服务业的比重逐渐上升，并且服务业比重高于工业；另一方面，城市人口百分比不断上升，居民消费结构发生显著变化。人们更倾向于对耐用消费品、休闲和服务的购买，而不再将大部分收入用于购买必需品。这种经济结构的变化也反映出产业结构的优化过程。所以，产业发展与经济发展也是共通的，经济发展的内容更加广泛，包含着人均收入的提高和经济结构的根本变化。无论是产业发展、经济增长还是经济发展，都有着内在的联系，三者之间并不是孤立的。发展是整体的概念，包含着增长；产业则是经济各个分支的体现，随着社会分工的深化而不断充实。当然，产业作为经济单位，虽联系着企业的经营活动和居民的消费行为，以及国民经济整体，但产业发展实际上是具有某些共同属性的企业组成的集合所产生的一系列行为方式，并不能将产业发展局限在企业和消费者，也不能扩大到整个宏观经济层面，其研究领域也就有了区分，集中在产业组织、结构、关联、布局、发展和政策制定方面。

二、产业发展理论

1. 产业生命周期理论的起源和发展

生命周期理论最初是在生物学中提及，主要是指生命体从新生到成长、成熟、衰退直至死亡的过程，随后逐渐被经济学、管理学、社会学等学科广泛应用。产业生命周期理论的起点是产品生命周期理论，由美国哈佛大学教授、经济学家雷蒙德·弗农（Raymond Vernon）在 1966 年提出，他通过研究美国跨国企业在产品周期中的国际投资和国际贸易行为发现美国劳动力成本过高导致企业更倾向于对产品创新，将产品大规模生产转移到其他劳动力价格较低的发展中国家，而转移时间则由产品的生命周期决定。

产业生命周期是产业从出现到退出市场的全过程动态演化，和产品生命周期演化保持相对一致性。产业的动态演化包括产业内企业数量、规模、竞争程度以及新技术应用变革，是企业具有阶段性和共同规律性的生产经营行为的改变过程。一般来说，产业生命周期的研究对象是产品部门整体形成的产业，针对某一产业演化规律进行分析，而不是对某一产品的生产销售规律及发展进行研究。不同于微观企业和宏观市场经济的研究层面，产业生命周期理论也成了产业组织理论、企业经营管理理论的重要内容。

产业生命周期理论以实证分析为主要方法研究产业的动态变化，众多学者基于不同的研究角度和领域，衍生出多种理论分支和流派，不断丰富其理论基础。20 世纪 70 年代，美国哈佛大学的艾伯纳西（Abernathy）和麻省理工学院厄特巴克（Utterback）最先以汽车制造产业为研究领域构建 A-U 生命周期理论，并提出了主导设计的概念。他们认为新产品在进入市场时的需求是不确定的，如果产品不符合市场需求便会退出市场。因此，新产品应以产品创新为核心进行主导设计，即赢得市场信赖的设计。主导设计会引起一系列的创新行为，随着产业初期众多小企业的加入，产品创新的差异化成为产业竞争的主要方式，从而进一步推动产业主导设计的形成与完善，最终在市场上形成少数企业垄断产品市场的格局。当然，这种产品创新是动态变化的，主导设计的产品也在随之改变。但也有很多学者对主导设计的概念提出质疑，因为消费者需求是多样化的，一个时期的主导产品并不能满足所有消费者的需求。这样的质疑在如今数字经济时代表现得尤为突出，大规模标准化产品供给明显已不能满足消费者差异化需求，生产成本上涨和人口红利的消失迫使产业创新寻找新的路径，技术创新、生产效率提高和产品个性化定制逐渐成为产业发展的新方向。

2. 产业生命周期阶段划分及特征

（1）产业生命周期阶段划分。基于前人的研究基础，20 世纪 80 年代，Gort 和 Klepper 建立了第一个产业层面的生命周期模型。他们将产业中的企业数量作为衡量指标，对 46 个产品进行 73 年的时间序列数据分析，提出了 G-K 模型，即在考虑了产品的产量、价格和销量的基础上，加入产业内企业数量作为参考因素，将产业生命周期分为引入、大量进入、稳定、大量退出（淘汰）和成熟五个阶段。企业数量指标的加入实现了研究对象从产品到产业的转换，使产品生命周期向产业生命周期演化。随后 Klepper 和 Graddy 在 1990 年进行了再次修正，以产业内企业数量为标准将产业生命周期分为成长、淘汰、稳定三个阶段。企业数量增长到峰值为成长阶段，企业数量开始下降为第二阶段，企业数量降至一定程度后趋于稳定为第三阶段。Agarwal 和 Gort 则在 G-K 模型的基础上考虑了企业在不同阶段面临风险程度的问题，认为早期进入市场的企业在淘汰阶段风险上升，并且所有企业在淘汰阶段风险均较高。Klepper 对产业生命周期的最终阶段，即寡头垄断产生的原因进行分析，认为在产业早期阶段进入的企业生产率最高，通过不断扩大规模、提升技术水平使后来企业进入市场较为困难，搭建起市场进入壁垒，因而导致了寡头垄断的市场格局。所以说，产业发展的动态演变与企业的竞争能力密切相关。

国内对产业生命周期阶段的划分较为一致，学者们认为各个产业都是以产品生产、销售为基础，产品生命周期和产业生命周期一脉相承，产品生命周期的动态变动在客观上决定了产业生命周期的走势。经过前人的探索，产业从兴起到灭亡主要分为四个时期：初创期、成长期、成熟期和衰退期。由于不同的产业投入要素、资源分配、需求大小、生产规模等方面均存在差异，其生命周期中的各个阶段经历的时间也有所不同，呈现的特点和形态也不一致。但若以时间为横轴，产值或销售额为纵轴来描绘产业发展曲线，基本为相似的 S 形，并依次经历四个时期。

在判断产业所处生命周期阶段的研究方面，主要有定性分析、定量分析、S 形生长曲线分析等方法。定性分析中，可从多个方面寻找多种因素定性刻画产业所处阶段，例如，从产业规模、产出增长率、利润率、产业集中度、创新活跃度、技术进步等方面选取具体指标。定量分析中，比较常见的是利用产业或行业代码增长数据测量产业生命周期。例如，以某一行业增加值与产业内所有行业增加值比率的变化衡量产业生命周期变化。当这一行业比其他行业增长速度更快时，便可以认定该行业处于生命周期的成长阶段；当增速小于所有行业平均增速时可被视为成熟行业。S形生长曲线则是根据产业生命周期各阶段产出率或销售率的增长规律来确定产业周期。一般来说，增长率符合从缓慢增长到快速增长再缓慢的特点，充分运用数学公式对产业进行时间序列拟合，判断产业增长走势和峰值，从而形成S形曲线趋势。我国学者针对产业的差异提出不同条件下产业发展的四个图示，同时运用逻辑表达式以便各行业测算产业未来走向。实践表明，S形曲线分析在我国钢铁、汽车等行业均有广泛应用。

（2）产业生命周期各阶段特征。

1）初创阶段。产业初创阶段往往是已有产品不能满足市场需求，企业利润持续降低，急需新的创新带动产业发展，因而进行新技术和新产品的研发。但此时由于产品不够成熟，是否能适应市场环境、符合市场需求得以生存还是未知，大部分企业和消费者对产品持观望态度。另外，新技术仍处于研发阶段，高研发强度导致产品成本较高，其他企业即便是有意愿进入市场也容易受到壁垒，形成大规模生产制造的可能性较小。因此，产业初创阶段的发展特征是产业规模和占比较小、市场集中度高、企业数量较少、产品产量和产值相对较低、产品种类单一、质量差距较大、缺乏市场主导产品。

2）成长阶段。产业成长阶段通常是产业中技术的变革、新产品的研发有了重大突破，或是新产品投入市场对原有产业结构产生一定影响和冲击。或者说新产品符合市场需求，可进一步扩大投入规模，带动产业发展。产品产量和企业数量在此阶段开始增长，产品成本逐渐下降、产业盈利水平呈上升趋势。产品在初始阶段便要以差异化和高质量为竞争策略，形成良性循环发展，产品创新和研发投入仍是产品发展的主要驱动力。此时，产业成长阶段的特点是市场需求高速增长、产品占比和规模扩大、大量企业进入市场，竞争开始显现、产品质量和产量迅速提升、技术不断更新、产品种类丰富，发展速度较快。

3）成熟阶段。产业成熟阶段的市场在不断发展，逐渐达到成熟状态。成长阶段新产品利润率的增长吸引更多的企业进入市场，企业数量不断增加的趋势在成熟阶段转变为进出市场的企业数量保持动态平衡，主导产品突出明显，销售数量规模较大，增长幅度变动较小，企业从最初的产品竞争转为价格竞争，产品同质化趋势明显，利润率有所降低，产业内竞争激烈，市场中的企业数量达到峰值后开始下降，产业整体销售数量降低，但市场竞争环境仍然激烈，企业若想在激烈的市场竞争中生存，其重点转变为技术和人才创新要保持竞争力。产业成熟阶段的特点是产业内部形成适度垄断、市场需求趋于饱和、产业增速放缓、大量企业退出市场或被大企业兼并、产品技术较为成熟、产品品质较高、产品间的替代性较强。

4）衰退阶段。产业衰退阶段是产业发展成熟后的必然走向。从销售规模上看，产业内主导产品的销量已不再增长，甚至出现下降，在市场上出现了更好的替代品。企业利润也开始下降，竞争力不强的企业逐渐退出市场，技术研发和新产品设计重新成为企业竞争的重点。在此阶段，产业内有发生技术创新的可能性，推动产业出现新一轮的发展周期。从总体上看，产业衰退阶段的特点是市场规模递减、产业竞争力下降、企业数量减少、产品和服务已无法满足市场需求。

产业生命周期在各阶段具有的不同特征对微观企业的经营活动和宏观经济均有影响。微观层面上，产业生命周期对企业融资、并购、经营绩效和创新决策均有影响。相关研究发现，处于成长阶段的企业融资能力较强，资本结构与成长阶段呈负相关关系；而在衰退阶段，由于企业财务战略的原因，资本结构与衰退阶段显著正相关。负债率方面，成长期时企业的长期负债率相对较高，成熟期时企业短期负债率相对成长期较高，但差别较小。经营绩效方面，随着产业生命周期的推移，企业非市场战略对企业绩效的促进作用逐渐降低。创新决策方面，当产业发展处于初创和成长阶段时，企业创新效率和程度较高，但进入成熟阶段后，企业创新投入和效率逐渐降低，产品趋向于大规模生产。宏观层面上，不同发展阶段的产业集聚效应各异，对经济发展的影响也有所不同。例如，地方化经济在成长阶段和衰退阶段对产业发展具有负向作用，但在成熟阶段具有正向作用；城市化经济在成长和衰退阶段产生正向作用，在成熟阶段无显著作用。

3. 产业演化理论

产业发展离不开产业演化。产业演化意味着产业部门之间结构的变化，是新产业出现引起原有产业的分化与重组。可见，产业演化本质上是产业结构的调整和优化，从而推动产业向创新、协调、绿色、开放、共享的方向发展。

创新的产生和扩散是产业演化的核心动力。创新主要依赖于产业技术的变革：一方面，技术变革在产业内部各企业之间形成新的竞争模式；另一方面，技术变革对与该产业有前后向关联的其他产业有直接和间接的影响。如果从时间序列的角度观察产业的动态均衡可以发现，产业发展过程中的每一个均衡环节都构成了产业演化，这其中包括产业的产生、选择、均衡和失衡的过程。英国经济学家马歇尔基于企业组织的多样性和异质性对产业演化进行了研究，发现产业发展的动力在于规模报酬递增和递减的交互作用。当产业组织的劳动和资本利用率提升时规模报酬递增，产生内部和外部经济性，其中内部经济来源于产业内部的企业经营和管理效率的改进，外部经济则主要是产业之间的关联或产业整体带来的发展。可以说，产业演化是产业内部企业变革和外部环境优化共同作用的结果。

产业演化理论将研究重点聚焦于微观企业组织的行为。通常来讲，企业组织对环境的适应速度不高，其主要原因在于企业变革的成本高昂、企业组织的有限理性和不完全信息、组织内部成员的变革意愿、外部环境和因素的压力等。企业组织的经营行为具有一定惯性，即对原有经营模式的依赖。不同企业组织具有不同的惯性，形成企业组织的差异性。所以说，创新是产业演化和发展的动力，企业组织的差异性和多样性是产业演化和发展的基础，而外部环境和市场的竞争程度也能促进或抑制产业的演化和发展。

产业发展理论的具体分类及对比如表 13-1 所示：

表 13-1 产业发展理论分类及特点

分类	特征
产业生命周期理论	初创阶段：新技术和新产品研发
	成长阶段：产品产量增长、成本降低、盈利水平上升
	成熟阶段：产业增速放缓，产品技术成熟、品质高、替代性强
	衰退阶段：产品销量、利润和竞争力下降，企业数量减少，市场规模递减
产业演化理论	以创新的生产和扩散为核心动力，促进产业结构调整和优化

资料来源：刘耀彬等. 产业经济学模型与案例分析 [M]. 北京：科学出版社，2016.

第二节 经济增长理论

一、经济增长的含义

1. 经济增长的定义

经济增长的传统表述是一个国家生产商品和劳务能力的扩大，主要表现为国民生产总值或国内生产总值的增量。所以，经济增长和经济发展在大部分文献中被区分开来，认为经济增长只是数值的增长，而经济发展在经济增长的基础上还需要经济结构的调整和优化。

但在实际的研究过程中，我们对经济增长含义的理解并没有局限在增量这一简单的指标上，而是在一个较长的时间跨度上分析增量是否能够持续的长期宏观问题。从我国经济发展的阶段性历程来看，经济长时间持续地增长包含着结构调整和优化，经济发展的核心内容也就是经济增长。所以，在对经济进行增长和发展的衡量时，也有学者认为二者是通用的。

2. 经济增长的影响因素

影响经济增长的因素可以分为直接因素和间接因素。直接因素是指劳动力和资源的利用效率，间接因素是指影响劳动力和资源利用效率的因素。一般情况下，直接因素和间接因素存在相互影响，两者的区分是相对的，在实际情况中，二者经常交织在一起，具体影响因素如图 13-1 所示。

（1）经济增长的直接影响因素。根据经济增长相关理论，经济增长的直接影响因素主要是各类生产要素，主要包括劳动力、自然资源和资本。

劳动力是经济活动的主体，影响经济增长。一方面，劳动力增长保证了经济发展充足的人员动力，对扩大产业生产规模、促进市场总需求的提高具有促进作用；另一方面，若劳动力增长速度过快，超过市场最大劳动力容量，容易导致人均收入

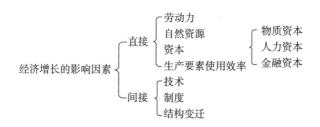

图13-1　经济增长的影响因素

资料来源：马春文，张东辉. 发展经济学［M］. 北京：高等教育出版社，2016.

和生活水平的下降，增加产品生产成本和个人家庭支出，就业形势恶化，失业人数增多，对经济增长产生消极的阻碍作用。另外，劳动力人口过多也容易导致生态失衡，资源配置饱和，不利于环境保护。所以，劳动力增长必须与生产资源相匹配，只有符合市场需求质量和数量，才能成为有效劳动力投入。

自然资源的稀缺对经济增长具有约束作用。一国的经济增长在最初主要由资源的比较优势决定，所以很多发展中国家凭借其丰富的自然资源参与到全球产业链之中，而资源相对贫瘠的发展中国家发展动力则稍显劣势。但由于自然资源的经济价值较低，发展中国家的发展水平和盈利能力并不高。自然资源是人们生活的必需品，是生产生活的必备要素。自然资源丰富的国家可以通过出口原材料，增加本国外汇储备和资金来源，同时也可以为本国的工业制造提供必需的原材料。另外，丰富的自然资源也能够带动国家和地区基础设施的建设，尤其是对交通通信的促进作用明显。但从各国发展的历史经验来看，一国经济发展初期依赖于自然资源的充足性，但从长远来看其并不能带来持续的发展动力。例如，日本的自然资源并不充足，但凭借其发达的科技水平，依旧跻身于发达国家之列。可见，随着科技与产业融合得更为紧密，自然资源对经济的支配作用在逐渐减弱，已不再是制约经济增长的根本因素。但不可否认的是，对稀缺的自然资源进行合理分配和有效利用，可以保证资源配置和社会福利的最大化。

资本是国家经济增长的重要动力，在马克思主义经济学中被认为是"能带来剩余价值的价值"，即资本的积累是一国实现现代化和工业化的核心驱动。资本一般被分为物质资本、金融资本和人力资本。

物质资本是指用来生产消费品和投资品的物品，如机器设备、运输工具和厂房等，代表着国家或地区的生产能力。物质资本主要依靠投资力度，所以在发展中国家，由于资金紧张或不足，物质资本并不会很充分，容易出现基础设施薄弱、农业初级产品占比较大、人民收入储蓄不足的问题。

人力资本是指人的知识和技能，是人们在经济活动中获取收益的能力，主要指劳动力质量。早在《国富论》中，亚当·斯密就将劳动者的能力看作是资本的一部分，英国经济学家马歇尔又重点分析了人力资本与物质资本的差异。美国经济学家舒尔茨则系统地阐述了人力资本理论，他认为经济发展的重点在于人的质量，而不是自然资源的丰瘠或资本存量的多少。人力资本的投入能够有效提高劳动者技能，其途径主要是教育和卫生医疗的保障。人力资本质量的提高有利于打破人们固有的观点，找到经济增长的突破点，创造新的领域。

金融是储蓄转化为投资和资本的必要手段，储蓄以金融机构为平台大量集中，再通过金融机构的投资和借贷行为投放到市场，使资金得到有效利用，促进经济的增长。另外，增加金融产品的种类、延长产品期限、丰富金融市场的多样性将增强资本的使用效率、优化金融资本结构，金融资产积累能力显著提高，也能够有力促进经济发展。

除此之外，生产要素的使用效率也是影响经济增长的直接影响因素。效率是生产要素投入和产出的比例，只有低投入和高产出才是高效率的生产方式，提升经济增长的可能性。

（2）经济增长的间接影响因素。间接因素是指影响生产要素数量、质量及使用效率的各种经济和非经济因素，其中最具代表性的因素有技术、制度和结构变迁。

技术在最初是指人类在经济和社会生活中运用科学知识所形成的物质改造能力、劳动经验、知识和操作的技巧。随着技术创新水平和应用能力的提高，技术还包括科学知识和经济活动结合所产生的更多物化形态和知识形态。可见，技术促进了生产过程中使用工具，如采用了新型机器设备、开发出新产品等。除此之外，技术对企业经营水平、管理理念、组织决策、资源配置也有显著的促进作用，例如，数据共享平台在信息交流中减少信息不对称和逆向选择，企业更为明确市场需求进而采取相应生产行动。技术总是在不断进步的，当技术发展到一定程度，就会引发生产要素质的飞跃，改变原有的生产方式和组织形式。产业之间的关联会将技术变革传导至各个产业，进而引起原有产业结构的变革，经济实现快速增长。从技术革命的发展进程可以发现，从农耕时代到以蒸汽机为标志的第一次工业革命，从大规模工业化生产到如今的数字信息化时代，都伴随一次又一次的技术革命，产业结构发生了巨大变化，工业快速发展，促进了经济飞速增长。所以说，技术进步和变革是经济增长的重要动力，技术进步节约了生产要素的用量，改变了原有的要素配置方式，通过提高生产要素的产出效率和管理水平实现经济的持续增长。

制度是对人们行为的约束，是经济持续健康发展的重要保障，包括正式约束和非正式约束。正式约束是人们有意识地制定的一系列规则，如法律条款、契约条例等，是必须遵守的制度；非正式约束是人们的行为习惯、传统观念、伦理道德和意识形态的外在表现，往往是人们自觉遵守的制度。经济社会中比较常见的是非正式约束，影响更为广泛，是正式约束的细化和延伸。正式约束带有强制性，受到一定的监督管理，而非正式约束大多是人们自愿遵守履行的，其作用效果优于正式约束。

制度的约束作用为人们社会交往提供秩序保证，保障经济稳定增长。首先，制度规范了人们的行为方式，能够一定程度上预测他人的行为，从而确定自己的行为。其次，制度减少了机会主义行为的发生，降低人们投机取巧的概率和损失。最后，制度避免了一些不必要的摩擦，使交易双方的合作更加协调，降低交易成本。当然，制度也不是一成不变的，而是随着社会环境和组织结构的改变不断丰富和修订，以符合适应新的经济形势。

结构变迁是每个国家和地区都会经历的农业化、工业化、现代化过程，代表了整个国民经济的进步和发展。结构的变迁包括经济各个方面，其中对经济增长最为直接的表现是将资源从生产效率低的部门转移到生产效率高的部门，促使经济增长加快。

二、经济增长方式及类型

经济增长方式是经济增长实现过程中不同要素的组合形式或是各种要素组合推动经济增长的方式，体现一个国家或地区经济增长的整体特征。不同的增长方式往往会产生不同的增长结果和经济效应，主要有粗放（外延）型经济增长和集约（内含）型经济增长两种方式。

粗放（外延）型经济增长主要是通过增加生产要素的投入量来实现生产规模的扩大和经济快速增长，例如，通过增加资源和资金的使用来提高产品生产数量。粗放（外延）型经济的特点是生产要素的质量、结构、使用效率和技术水平并不发生改变，生产要素的投入量增大是经济增长的核心动力。一般来说，当一国处于经济发展初期时，粗放型经济增长方式较为常见，原因是在经济发展层次不高的国家，生产方式、技术设施和技术水平低下，只能依赖于土地、劳动等自然资源的简单再生产保持经济增长。但随着经济发展层次的提高，资源稀缺程度增强，劳动力成本提高，原有的粗放型经济增长方式已不再适应经济环境，集约（内含）型经济增长方式逐渐被人们重视。

集约（内含）型经济增长方式是通过优化生产要素组合或是通过提高劳动者质量，提高资本、资源的使用效率和技术水平，实现全要素生产率提升，推动经济增长的方式。集约型经济增长方式的特点是不改变原有的生产规模，采用新技术、新设备、加大生产的科技含量来提高生产量。这种经济增长方式通过低成本和低消耗实现产品质量和利润效益的提高，符合目前的经济发展环境，也是可持续的经济增长方式。

从概念和特点上观察，集约型经济增长优于粗放型经济增长方式，但大多数国家都是在先经历粗放型增长后，再向集约型转变，这与所处的历史背景、技术水平、资源优势和制度结构有关。增长方式的选择都是在特定的经济环境中衡量，不能简单的对比经济增长方式的可取性。经济增长方式的转变是渐进的，是一个全局性过程。以我国为例，东部地区的经济水平远优于中西部地区，是典型的二元经济结构。因此，东部地区凭借其高技术优势、高质量劳动力和大量资本采取的是集约型增长方式；而中西部地区则是依赖于丰富的自然资源，先以粗放型增长积累经济实力，再不断提高生产效率和技术水平，转变为集约型增长。

经济增长方式的转变要遵循一定的原则。首先，方式转变必须有利于经济持续、协调增长；其次，有利于投入产出效率的提高；最后，有利于经济结构优化、社会福利改善和环境保护。在此基础上，通过提升技术水平、发展教育事业提高劳动者素质、完善市场竞争体系的途径实现经济增长方式的过渡和转变。

三、经济增长的波动性和阶段性

波动性和阶段性是经济增长的长期特征。从产业结构角度出发，产业结构调整和变迁的合理化和精进化程度对经济波动有不同的阶段性影响，产业结构的精进化必然引起经济波动，但产业结构的合理化能有效控制经济波动的幅度。

1. 经济增长的波动性

经济波动是在时间的推移过程中，经济变量所表现出的长期起伏运动。经济波动的测算指标主要为国民经济总量的增长率，包括实际测定的经济总产出增长率、投资总量增长率以及波动幅度，以便于测定经济总产出的波动幅度和经济波动总体趋势。一般来说，经济波动的幅度大小与经济运行的稳定程度成正比。经济波动越小，经济活动和运行的稳定性越强。经济波动主要有四种基本形态，分别为长期趋势、景气循环、季节波动和不规则波动。

（1）长期趋势。任何经济变量的变化趋势都是上升或下降交替进行的，从长期来看会向着某一个方向不断延伸。这种经济变量长期的变化趋势就可以看作是经济波动的长期趋势，代表了经济活动的基本方向。例如，我国商品零售额、GDP 总量除在个别年份略有下降外，基本呈现长期增长趋势。经济增长的长期趋势往往是由各产业的经济活动共同组成的。根据产业生命周期理论，产业在初创期和成长期的增长速度较快，在成熟期和衰退期的增长速度就会有所下降。每个产业的变化趋势相互交织，其增长和下降变动的叠加构成了经济总量的长期波动趋势。

（2）景气循环。景气循环是经济活动围绕着经济周期历经繁荣、衰退、萧条和复苏四个阶段，周而复始的运动过程。

经济波动一般分为古典型经济波动和增长型经济波动。古典型经济波动是指经济活动水平上升或下降的绝对数值；增长型经济波动是指经济水平上升或下降的变化率。在第二次世界大战之前，大多数西方国家的经济波动都属于古典型经济波动，当时的经济波动理论更倾向于对经济绝对水平升降的研究。"二战"之后，由于众多国家政府开始干预经济发展、制定经济政策，经济波动的绝对数值变动相比以往不再明显，因此经济波动理论的重点就转为对经济增长波动幅度，即经济水平变化率的研究。例如，我国经济波动从总体水平来看，除 1960~1962 年、1967~1968 年和 1976 年外，其余年份的经济波动数值并未发生明显升降，则属于增长型经济波动。可见，从古典型经济波动和增长型波动的角度出发，将景气循环定义为经济变量增长率从上升到下降、再到上升的过程是较为合理的，并且这种上升和下降并不是简单的循环往复，而是在变化中不断调整和优化产业结构，实现经济水平的稳定渐进式增长。

（3）季节波动。季节波动是指经济活动随季节变化而有规律地变动，这种变动往往与一年中每个月份的季节或是节假日的多少有关。例如，春节期间各行业交易量会显著上升，寒暑假期间旅游业经济增长迅速，每年 7~8 月天气炎热，空调等制冷设备销售量达到峰值。可见，每个产业和产品都有自己特殊的季节变化规律，这种变化与市场上消费者需求关联较大。

经济对季节变化的波动一般是有规律可循的，属于周期性波动。我们可以以年度或季度为研究节点，将每年同时段的经济趋势进行对比观测，当经济走势出现异常波动时，政府可进行及时的宏观调控。同时，由于季节波动是可预见的，波动内在动因的分析也较为简单，在刻画景气循环时便可将季节波动看作是一种干扰因素，有利于提高经济增长波动预测和分析的准确性。

（4）不规则波动。经济波动除了会受到自身内在机制的影响外，也会随时受到各种外生因素的影响和干扰，包括地震、水灾、干旱、政治或人为因素等。例如，新冠肺炎疫情的暴发对全球经济都产生了巨大的影响，企业不能按时复工，生产总量大幅下滑，失业率明显增长，或者某种产品突然成为爆款，产品销售量攀升，但一段时间后，流行趋势改变又导致产品大量滞销，这些情况都会造成经济大幅度波动。所以，不规则波动的特点是随机的、不可测的，我们要做的就是将这种波动控制在短期内，尽快恢复原有经济增长活力。

2. 经济增长的阶段性

经济增长在不同的历史阶段具有不同的特点，主要表现为生产要素的更新和演化。亚当·斯密第一次将社会的历史进程划分为"狩猎社会""畜牧社会"和"农业社会"。李斯特在此基础上，又增加了"农工业社会"和"农工商社会"。这种划分方法也体现了在不同阶段，占支配地位和引领作用的生产方式和主导产业的变化。因此，依据主导产业的替代轨迹，我们可以对经济增长阶段进行划分，对社会生产的动态过程和结果做出整体反应。

（1）罗斯托的经济增长六阶段理论。罗斯托认为，所有国家都必须经历从不发达到发达的一系列步骤和阶段。他在 1960 年出版的《经济增长的阶段》一书中将人类社会的发展分为了五个阶段：传统社会阶段、为起飞准备阶段、起飞阶段、成熟阶段和高额群众消费阶段。随后在 1970 年，罗斯托又补充了第六个阶段，即追求生活质量阶段。

传统社会阶段是在科学技术发明以前的社会。在这一阶段，生产效率非常低下，大部分资源和劳动力用于农业生产，消费水平很低，经济增长极其缓慢。为起飞准备阶段是传统社会阶段向成熟阶段演变的一个时期。这个时期的经济、文化都发生了重大变化，对风险、生产条件和方式都有了较大的转变，为起飞阶段创造了前提条件。起飞阶段是传统社会进入现代社会的分水岭，是社会变革质的飞跃。这个阶段的经济增长动力充足，工业化开始发展，生产率显著提高，新兴工业迅速扩大再生产，营业利润逐渐增多。起飞阶段经历了长时间的稳定增长，便走向了成熟阶段，该阶段技术运用的更为成熟。这时的先进技术已广泛深入各个产业，各经济部门基本实现了现代化生产，收入不断增加。随着经济的成熟，人们的消费能力和需求逐渐提高，经济增长过渡到高额群众消费阶段，生产开始从大规模同质化产品供给转变为满足个性化需求，更为注重社会福利的问题。最后，人们不仅会追求耐用消费品等物质产品，对生活的环境、舒适度、精神层面的享受也更加注重。此时，经济达到追求生活质量阶段。这一阶段服务业的供给尤为重要，包括教育、文化娱乐、市政建设等内容都是人们追求美好生活的方向，成为衡量社会发展水平的标志。

从西方发达国家的经济增长规律演化来看，大体上也是经历了这些阶段。第一阶段是在 1770 年以前，经济增长主要依赖于对自然资源的开发和利用，生产要素投入以自然资源为主，生产产出主要来源于农业，这一阶段是经济起飞前的阶段。第二阶段是 18 世纪后期到 19 世纪后期，大批量的机器生产代替了手工业，资本在这一阶段得以大量积累，成为推动经济增长的重要驱动，资本密集型的工业部门成为引领经济的主导产业。第三阶段是 1870～1970 年，技术进步和效率的提高开辟了新的经济增长路径，使西方国家不再主要依赖于资本和资源的投入，与服务业一体化的制造业及农业成为主导产业。第四阶段是 1970 年以后的经济信息化，新兴技术与实体经济的深度融合成为新的经济增长点，产业精细化分工和生产性服务业的出现加强了产业之间的联系，产业数字化和数字产业化成为新的经济发展方向。

罗斯托认为，不同经济发展阶段有不同的经济主导部门，反映了各阶段经济增长的核心驱动力，经济增长各阶段的更替表现为主导部门的变化。传统社会阶段的主导部门是农业；起飞前的准备阶段则是食品、烟草、水泥等工业部门；起飞阶段是非耐用消费品的生产部门和铁路运输业；成熟阶段是重工业和制造业；高额群众消费阶段是消费品工业，如汽车；追求生活质量阶段是服务业部门，如文化、教育、卫生等。目前，与发展中国家的经济增长关系最为密切的主要是前三个阶段。根据罗斯托的观点，起飞阶段是经济增长过程中具有决定性意义的转变，这一阶段标志着生产规模达到了关键水平，易引起向成熟阶段质的变化。我国目前正处于重要的经济转型期，技术创新和体制创新成为经济增长新的关键点。

（2）波特的竞争优势发展阶段理论。竞争优势发展阶段理论是美国哈佛大学教授迈克尔·波特在《国家竞争优势》一书中提出的。该理论将国家竞争发展分为四个阶段：要素驱动阶段、投资驱动阶段、创新驱动阶段和财富驱动阶段。要素驱动阶段是依靠基本的生产要素，如劳动力、土地及其他初级资源中汲取竞争优势。此时国家经济发展对经济周期和汇率的变动比较敏感，生产率持续增长的经济基础较为薄弱。投资驱动阶段以大规模投资为特征，国家和企业主动投资的愿意和能力较强、产品价格大幅度下降、市场规模不断扩大、人们收入水平提高、对消费需求日益多样化、教育水平开始大幅度提高、信息积累速度加快，但此时的国家经济基础依然不稳定。在创新驱动阶段，企业凭借高新技术和先进生产力获得了成本优势，并逐渐从国内竞争转为全球范围内的竞争。这一阶段的人力资本、知识资本高度积累，学术交流和应用广泛，国民教育回报率增加，能够抵御宏观经济波动的较强影响。从目前全球经济形势看，美国、德国等发达国家已进入这一阶段。当国家处于财富阶段时，投资和创新动力减弱，人们从生产性投资逐渐转向非生产性活动，生产率有所下降，推动经济发展的目的主要是保持财富，企业在低风险状态下进行扩张，经济增速放缓。波特认为，英国正处于这一阶段。

上述两种理论都是对经济增长阶段的不同划分方法。罗斯托侧重于从产业结构调整和更新的角度，波特则是从不同阶段驱动经济增长的要素改变角度进行划分。但两种方法并不完全独立，二者之间往往也会相互影响，不同的产业结构存在不同的主导生产要素，其都是经济增长的重要组成部分。

第三节　产业发展与经济增长模型

一、产业发展的生命周期模型

1. A-U 模型

A-U 模型以发达国家的技术创新为基础展开相关研究。美国哈佛大学的艾伯纳西（Abernathy）和麻省理工学院厄特巴克（Utterback）认为产品和技术创新存在相互促进的关系，并将这种发展状态分为流动、转换和专业化三个阶段。根据该模型的特点，各产业部门在流动阶段的产品创新和形成效率最高，但技术水平较低，可靠性不足。随着市场竞争的激烈，企业将创新重点从产品创新转移到技术创新，如何利用先进技术降低生产成本，提高产品性能和需求度成为市场竞争的重点，生产技术水平逐渐提高，这一阶段可看作是转换阶段。当市场竞争转为技术竞争后，产品生产的自动化和集约化开始显现，企业更加注重产品成本、产量和生产能力的协调性，产业总体的发展进程稳中有升。从世界经济范围看，除核心环节外的部分生产会从发达国家转移到发展中国家，在降低发达国家生产成本的同时也实现了技术的转移，为发展中国家从模仿创新到自主创新提供了新的契机。此时，可称为专业化阶段。

A-U 模型充分说明了产业技术创新的内在机理，为全球化新技术的产生、转移和成熟提供理论基础，明确了经济发展阶段之间的衔接过程。当技术应用逐渐成熟后又重新进入下一个流动阶段，从而形成更为先进和适应市场环境的新技术。所以，A-U 模型属于动态关系模型，一代产品技术生命周期的结束并不代表产业的结束，而是通过技术创新再一次推动生产要素的更迭和产业结构的优化，使产业得以高质量发展。

2. G-K 模型

美国学者 Gort 和 Klepper 在 1982 年将产业生命周期的研究重心转移到市场中企业数目的改变，通过对 46 个产品进行长达 73 年的时间序列分析，将产业发展周期划分为引入、大量进入、稳定、大量退出和成熟五个阶段，建立了产业经济学意义上第一个产业生命周期模型。如图 13-2 所示，第二阶段大量进入源自于外部的产品创新；第四阶段则是由于价格战、外部创新动能减少或生产效率下降导致部分规模较小的企业退出竞争；第五阶段产业衰退是由于产业技术有了重大变革或市场需求变化较大导致产品的更新换代，开始了产品新一轮的生命周期。

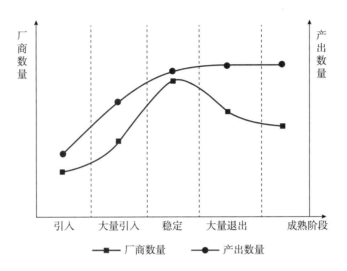

图13-2 厂商数量、产出数量变动趋势

资料来源：原毅军. 产业发展理论及应用［M］. 大连：大连理工大学出版社，2012.

二、经 济 增 长 模 型

现代经济增长理论的诞生标志是哈罗德—多马经济增长模型。1939年，英国学者哈罗德提出经济处于长期动态增长过程中，并将凯恩斯的理论动态化、长期化，并在1948年出版了《动态经济学导论》一书，系统论述了其经济增长理论与模型。同年，美国经济学家多马也提出了与哈罗德相同的理论和模型，发表了《资本扩张、增长率和就业》《扩张和就业》两篇论文，后来哈罗德和多马的经济增长理论被合称为哈罗德—多马经济增长模型。

在此基础上，索洛、斯旺等提出了新古典经济增长模型，罗宾逊、卡尔多等将收入分配与经济增长联系起来，提出了新剑桥经济增长模型，资本主义国家在20世纪五六十年代出现了经济高速增长，索洛、丹尼森等又提出了经济增长因素分析理论，库兹涅茨提出了经济增长的数量与结构分析理论。进入20世纪80年代后，知识和人力资本对产出的影响日益凸显，卢卡斯等将舒尔茨的人力资本与索洛的技术进步理念结合起来，提出了新经济增长理论。各学者提出的理论和模型均是从不同角度结合当时的资源、资本和技术水平，深入分析经济增长的影响因素，以解释一国的经济增长现状和问题。

1. 哈罗德—多马经济增长模型

哈罗德—多马经济增长模型以凯恩斯的有效需求不足理论为基础，尝试说明一国在长期内保持经济增长稳定所具备的条件。这一模型的基本假设是：①市场上生产的产品只有一种，这种产品可以是消费品，也可以是投资品；②产品生产只涉及两种生产要素，分别为劳动和资本，并且劳动和资本之间不能相互替代；③资本与产出的比例固定不变；④产品满足个人消费后的剩余产品可以转化为投资，用于继续投入生产，或者说储蓄能够有效地转为投资；⑤不考虑技术进步及资本折旧的影响。

哈罗德在上述假设的条件下，将经济增长抽象为三个变量之间的函数关系。

第一个变量是资本—产出比率 k。我们用 K 表示资本存量，Y 表示产出，则有：

$$k = K/Y \tag{13-1}$$

如果用 ΔY 和 ΔK 分别表示产出和资本的增量，则式 13-1 还可表示为：

$$k = \Delta K/\Delta Y \tag{13-2}$$

第二个变量是储蓄率 s。储蓄率是储蓄量 S 在国民收入或产出 Y 的比重，因此：

$$s = S/Y \tag{13-3}$$

宏观经济学观点认为储蓄 S 等于投资 I，而投资 I 又等于资本增量 ΔK，因此储蓄 S 等于资本增量 ΔK。

将式 13-2 两边同时除以 Y，可发现：

$$\Delta Y/Y = (\Delta K/Y)/k \tag{13-4}$$

其中 $\Delta Y/Y$ 即为产出增长率，用 g 表示。而 $\Delta K/Y$ 可用 S/Y 代替，所以可得：

$$g = s/k \tag{13-5}$$

式 13-5 即为第三个变量经济增长率，也是哈罗德—多马经济增长模型的基本关系式。

从式 13-5 中可以看出，一国的经济增长率与储蓄率成正比，与资本—产出率成反比。而经济若想实现稳定增长，就要保证储蓄率 s 及资本—产出率 k 的稳定性。

另外，哈罗德—多马经济增长模型将经济增长率具体划分为实际增长率、均衡增长率和自然增长率。实际增长率是经济增长实际达到的比率，但实际增长率并不能用哈罗德—多马经济增长模型来计算，因为经济实际增长情况并不符合储蓄全部转为投资的假设，或者说市场上的总供给和总需求并不一定相等。均衡增长率对应的便是哈罗德提出的储蓄率和资本—产出率的稳定增长，是我们希望的增长率。在均衡增长率的条件下，由于实现了充分就业，生产要素得到充分利用，产出则达到最优。自然增长率是在人口和技术都不发生改变时，一个国家能够达到的最大增长率。从劳动力角度来看，自然增长率取决于劳动力的增长和劳动生产率的增长，但模型假定不存在技术进步，因此哈罗德—多马经济增长模型认为自然增长率来自于劳动人口的增长。同时，模型假定资本与劳动、资本与产量的比例不变，每单位产量所需要的劳动力是既定的。因此，产量的增长率不可能超过劳动力增长率，容易出现失业现象。因此，劳动力生产率也是为适应劳动力增长情况，实现充分就业的增长率。

哈罗德认为，当实际增长率和均衡增长率发生偏差时，会产生短期的经济波动。

而当均衡增长率和自然增长率发生偏差时，则会导致经济长期波动。所以，对于国家经济管理者而言，在明确经济增长率目标的前提条件下，可以通过上述等式计算出所需的储蓄和投资水平；或者是先确定储蓄和投资预期，再计算可达到的经济增长率，并且这种方法不仅可应用于整个国民经济，还可单独运用在某一行业或某一产业。

哈罗德—多马经济增长模型也有不足之处。例如，哈罗德认为稳定的经济增长要实现实际增长率等于均衡增长率等于自然增长率，但实际上这一条件几乎不能满足。当出现非均衡的情况时，该模型也无法解决非均衡的问题，因为储蓄率、资本—产出率都是不容易控制的外生变量。所以，当不均衡出现时，哈罗德—多马经济增长模型本身不具备调节能力，只能任由其发展。

2. 索洛模型

索洛模型是现代经济增长理论的基石，又称为新古典经济增长模型、外生经济增长模型，是索洛、斯旺等对哈罗德—多马经济增长模型的修正和补充。索洛认为，哈罗德—多马经济增长模型描述的是一种"刀刃平衡"，因为储蓄率、资本—产出率和劳动力增长率的数值稍有偏离，就容易导致失业或长期通货膨胀，哈罗德—多马经济增长模型的主要缺陷在于劳动和资本之间的不可替代性并不符合实际。基于这一思路，索洛和斯旺利用柯布—道格拉斯生产函数解决了哈罗德—多马经济增长模型中经济增长率与劳动力增长率不能自发相等的问题。

索洛模型保留了哈罗德—多马经济增长模型的部分假设。例如，社会只生产一种复合型产品、生产规模报酬不变、储蓄全部转化为投资、技术效率不变。在此基础上又提出了新的假设：①资本与劳动存在替代关系，并且资本—劳动比率可变；②产出增长主要取决于资本和劳动两个生产要素，资本和劳动的边际生产力递减，或者是投资的边际收益递减，即投资的规模收益是常数。

索洛模型提出了总量生产函数，即：

$$Y = F(K, L) \tag{13-6}$$

其中，Y 代表产出，K 和 L 分别代表资本和劳动。总量生产函数说明产出是资本和劳动的函数，即产出水平决定于资本和劳动投入的数量。如果在生产函数两边同除以劳动 L，则可得人均生产函数：

$$y = F(k, 1) = f(k) \tag{13-7}$$

其中，$y = Y/L$ 表示人均产出；$k = K/L$ 表示人均资本。

如果考察产出增加量 ΔY，则式 13-6 也可表示为：

$$\Delta Y = \Delta K \cdot MP_k + \Delta L \cdot MP_L \tag{13-8}$$

其中，ΔK 为资本增长量，ΔL 为劳动力增长量，MP_K 和 MP_L 分别代表资本和劳动的边际生产力。再将式 13-8 两边同除以 Y，则得到产出增长率：

$$\Delta Y/Y = (\Delta K \cdot MP_K)/Y + (\Delta L \cdot MP_L)/Y \tag{13-9}$$

令 $a = (K \cdot MP_K)/Y$，$b = (L \cdot MP_L)/Y$，则式 13-9 也可表示为：

$$\Delta Y / Y = a \cdot (\Delta K / K) + b \cdot (\Delta L / L) \tag{13-10}$$

式 13-10 即为索洛模型的基本公式，也是新古典经济增长理论的基本关系式。其中，a 和 b 分别代表资本和劳动对产出增长率的贡献份额。索洛模型说明，通过调节资本和劳动的投入比例，或者说通过改变资本—产出比率可以实现经济的均衡增长。资本和劳动的相互替代使得经济增长在出现波动时具有调整能力，从而使索洛模型更接近于经济实际情况。国家经济政策的制定者也可通过调整资本和劳动调控市场。例如，在资本稀缺的发展中国家，可以更多地开发劳动密集型产业，而在资本相对充足的发达国家，就可以发展资本密集型或知识密集型产业。当劳动和资本的市场价格变化时，例如，劳动力成本上升，生产者就可减少使用劳动力，转而投入更多资本。

根据式 13-7 可知，资本积累的变化会影响经济增长。一般来说，资本积累变化的原因有两个：一是投资的变动；二是原有资本的损耗，即折旧。投资增加时，资本固然积累；原有资本的折旧也必然减少资本存量。若用 δ 代表折旧率（$0 < \delta < 1$），则有：

$$K = \Delta K = I - \delta K = S - \delta K = sY - \delta K \tag{13-11}$$

其中，$\Delta K = K$，二者均表示资本积累的增量。

资本积累在不同的水平上，对应不同的投资和折旧。资本存量增多时，储蓄和投资增长，但折旧量也在上涨。所以，在某一个资本存量水平上，投资和折旧相等。如果经济处于该资本存量不再变化，投资和折旧也会处于平衡。此时的资本存量状态称为资本的稳态。稳态既是经济的长期均衡，也是最终走向。如果初始资本存量低于稳态水平，投资大于折旧，则资本存量会增加，直到稳态水平；如果资本存量高于稳态水平，投资小于折旧，资本折旧高于资本积累的速度，则资本存量会减少，同样会回到稳定状态。

储蓄率同样会引起资本存量的变动。当储蓄率上升时，投资增加且逐渐超过折旧。此时资本存量大量积累，驱动经济进入新的稳态，资本存量和产出水平均高于原有稳态。可见，索洛模型表明储蓄率是影响资本存量是否稳定的关键因素，但储蓄率并不会永远保持高增长率，其往往是短期内的上升引起经济增长，随后会保持在新的经济发展水平。

若考虑人均资本增量，式 13-11 两边同除以 L，可得：

$$\Delta K / L = sY / L - \delta K / L = sy - \delta k = sf(k) - \delta k \tag{13-12}$$

另外，由于 $k = K / L$，对该式关于时间求导，可得：

$$k = K / L - (L / L) \cdot (K / L) \tag{13-13}$$

假设人口增长率为 n，即 $\Delta L / L = n$ 或 $L / L = n$，可得：

$$k = sf(k) - \delta k - nk = sf(k) - (\delta + n)k \tag{13-14}$$

式 13-14 也是新古典增长模型的基本方程，通过该式可以分析出，人均资本的变化取决于人均储蓄和必要的投资。为了防止人均资本下降，需要用一部分投资弥补折旧。另外，由于劳动力数量也在增长，也需要一部分投资。所以，资本存量必须以 $(\delta+n)k$ 的速度增长，以保证人均资本的稳定性。$(\delta+n)k$ 数量的投资被称为资本广化，当人均储蓄 $sf(k)$ 大于必要的投资 $(\delta+n)k$ 时，人均资本将上升，此时的经济正在经历资本深化。

索洛模型假定资本和产出比率可变，从而克服了哈罗德—多马经济增长模型的经济发展偏离问题，提出了经济增长的新思路。但最初的索洛模型忽略了技术进步对经济增长的巨大贡献，这一不足导致索洛模型的实用性大打折扣。因此，索洛和米德在后续研究中将技术进步引进模型，在总量生产函数中加入技术变化这一新的独立变量。同时，索洛提出新的假设，即技术变化是中性的，技术进步虽提高产量，但并不影响资本和劳动的边际替代率，资本与劳动的比例也不随技术进步而变化。生产要素资本和劳动的价格取决于其边际生产率，通过资本—产出比率的调整，可改变资本和劳动的价格。因此，总量生产函数仍是线性的，可表示为：

$$Y = A \cdot F(K, L) \tag{13-15}$$

其中 A 代表技术进步，并随着时间推移，技术水平提高。式 13-15 可以看出，索洛模型认为技术进步是外生变量，技术进步增长率与生产函数中的其他变量无关。

对式 13-15 关于时间求导，并在等式两边同除以 Y，可得：

$$Y/Y = A/A + A \cdot \partial F/\partial K \cdot K/Y + A \cdot \partial F/\partial L \cdot L/Y \tag{13-16}$$

由于 $\partial Y/\partial K = A \cdot \partial F/\partial K$，$\partial Y/\partial L = A \cdot \partial F/\partial L$，则令：

$$\omega K = \partial Y/\partial K \cdot K/Y,\ \omega L = \partial Y/\partial L \cdot L/Y$$

其中，ωK 和 ωL 分别代表资本和劳动的相对收入占比，则式 13-16 可转换为：

$$Y/Y = A/A + \omega K \cdot K/K + \omega L \cdot L/L \tag{13-17}$$

式 13-17 即是索洛模型在考虑技术进步条件下的基本关系式。我们可以将其与式 13-10 对比，可发现：

由于 $Y/Y = \Delta Y/Y$，$A/A = \Delta A/A$，$\omega K = a$，$\omega K = b$，$K/K = \Delta K/K$，$L/L = \Delta L/L$，则式 13-17 可转换为：

$$\Delta Y/Y = a \cdot (\Delta K/K) + b \cdot (\Delta L/L) + \Delta A/A \tag{13-18}$$

由式 13-18 可知，产出增长率由资本、劳动的增长率及各自的产出弹性、技术进步增长率决定，与式 13-10 的区别在于增加了技术进步对产量的影响，可以看作是索洛—斯旺模型的拓展，也是简化了的索洛—米德模型。该模型突破了以往资本和劳动是经济增长核心因素的观点，提出了技术进步对经济发展的重要性。由于储蓄率并不会持续高速增长，所以投资及资本积累对经济的增长难以为经济增长提供长期动力。所以，经济长期增长主要由技术进步决定，包括劳动力质量、教育水平的提高，并且经济会随时间向稳态增长路径收敛，在稳态下，每个变量的增长率都为常数。

但索洛—米德模型也并非完美。索洛并没有将投资函数引入基本关系式中，因为投资以及企业家的预期易导致模型的不稳定。资本、劳动价格的可变性也给经济稳态的路径增添了障碍，例如，由于存在流动性陷阱，利率并不一定会下降到一定水平，相应的资本—产出比率也不能提高到实现稳态所必需的数值。最重要的是，索洛—米德模型将技术进步作为外生变量，但实际上技术进步对资本和劳动的生产效率、相互替代比例、价格等方面都会产生影响，可以说技术实际是从直接和间接两个方面推动产量及经济的增长，经济发展现实可能会与模型结论有一定差距，不能很好地解释说明经济发展问题。

3. 新经济增长模型

由于索洛模型认为经济长期增长依赖于技术进步的速度，并且技术进步是外生的。因此可以推断，如果每个国家都采用相同的技术，则各国的经济增长速度应该是一致的。当然，每个国家所处的增长阶段有所不同，刚刚进入持续增长的国家经济增速比已持续增长一段时间的国家的经济增速要快，人口、储蓄、气候等条件也会对经济增速产生一定的影响。但在长时间后，各国的经济增速应该是趋同的，事实上这种趋同并未在所有国家出现。这一现象促使经济学家们展开了新的思考，是否经济增长率应该是内生的。

20 世纪 80 年代中后期，以罗默、卢卡斯等为代表的经济学家在舒尔茨的人力资本理论基础上，将人力资本作为变量引入经济增长模型，并完全颠覆了新古典生产函数。不同于传统经济增长理论的资本边际产出递减，新经济增长理论认为生产规模具有递增趋势，肯定了经济外部性的存在，并且经济增长是由经济系统的内生变量决定的，而非将单一的物质资本及技术进步作为外生变量所产生的经济效益。

新经济增长理论的重点是将新古典经济增长模型中劳动的范畴扩大到人力资本投资，包括劳动力的数量、受教育程度、技能掌握情况及经济技术水平。罗默提出了收益递增的长期增长模型，将技术进步作为知识积累和人力资本增长的结果，是经济增长的内生变量。技术进步不仅能通过自身推动经济增长，而且能够对物质资本等因素起到正外部性，从而产生收益递增，实现经济的长期增长。美国经济学家卢卡斯强调了经济理论和模型应该能够解释一个国家的长期经济增长和各国经济发展的差异性问题，而新古典经济模型忽略了各国之间的贸易联系，是一个封闭性模型，其研究方法并不符合全球范围内经济增长的事实。卢卡斯将成本优势和资源优势等物质资本优势理论发展成人力资本优势理论，提出各国应该集中有限的资源出口具有人力资本优势的产品，吸引更多的国际资本，促进人力资本的新一轮积累，带动贸易关联方实现经济协同增长。发展中国家通过贸易往来也可以吸收发达国家的先进技术和人力资本，节约大量科研成本和开发费用，促进本国的知识和人力资本积累，可以更快地跟上发达国家发展的步伐，缩小与发达国家的差距。

总之，新经济增长模型突出了人力资本的作用和地位，在索洛模型提出长期经济增长来源于技术进步的基础上，解释了技术进步来自于人力资本持续增长的积累，对各国经济增长实际情况更具有指导意义，也是目前经济增长理论中的主流学派和观点。

（1）"干中学"模型与经济增长。"干中学"的概念是由阿罗于 1962 年在《干中学的经济含义》中提出的，也叫做学习效应。"干中学"是指人们在生产产品和提供服务的同时积累了大量经验，并从经验中获得知识。知识总量的增加有助于企业乃至整个产业生产效率的提高，体现了知识积累的正外部性。另外，知识逐渐会成为公共品，后进入的企业可以低成本甚至是无成本地获得知识，进而外溢到整个经济范围内，即经济外溢。罗默便继承了阿罗的思想，假定知识具有正外部性，知识溢出足以抵消固定生产要素存在引起的知识资本边际产品递减的趋势，从而使知识投资的社会收益率保持不变或递增。

（2）人力资本与经济增长。人力资本是一种非物质资本，体现为劳动力的知识技能、文化水平等。人力资本的提高能增加产品的附加价值，并且随着产品产量的上升呈现边际成本递减的趋势。人力资本创新性强，能够有效配置资源、调整企业迅速适应市场变化的能力，对经济增长具有更高的贡献率。

人力资本最初是舒尔茨在 1960 年美国经济学年会上阐述的，研究了人力资本形成方法和途径，对人力资本的教育投资收益率以及教育对经济增长的贡献作了定量研究，建立了比较完整的人力资本理论。该理论的主要观点是：一方面，人力资本对经济增长的推动作用大于物质资本；另一方面，教育投资和劳动力质量是人力资本的核心。随后，贝克尔又从微观层面对舒尔茨的人力资本理论进行弥补，研究了人力资本与个人收入分配的关系，也有学者对舒尔茨提出的教育投入与经济增长的关联性进行修正，将经济增长的内在机制划分为规模经济效应、资源配置和组织管理改善、知识应用效应的延时及资本和劳动力质量本身的提高等。另外，教育不应该局限于劳动力进入市场前的阶段性投入，之后的在职培训和继续教育也对人力资本的形成做出了贡献。总之，人力资本理论已经成为经济学的重要分支，对如今企业的人力资本管理、员工激励机制等方面产生了重要作用，有助于企业形成更为完善的企业治理结构。

人力资本理论的核心内容是人力资本是一种投资行为，而教育是提高人力资本的重要手段。作为生产要素的人力资本可进一步分解为具有不同知识技术含量的人力资源，而高技术水平的人力资源所带来的产出效率明显高于低技术水平的人力。人力资本理论改变了原有物质资本是推动经济增长的主要因素的观点，将资本细分为人力资本和物质资本，其中物质资本划分为机器、设备、原材料、货币及有价证券等可物化的资本，人力资本划分为对劳动力进行普通教育、职业培训支出或者在接受教育时的机会成本的价值在劳动力自身的凝结，具体表现为劳动力知识、管理技能和健康素质的存量总和。

人力资本的积累和增长远比物质资本和劳动力数量的增长重要得多。以美国为例，美国在 1990 年的人均社会财富大约为 42.1 万美元，其中人力资本占 59%，其他国家如德国、日本的人力资本占比也较高。而对比我国同时期，劳动力数量增长的贡献率略低于劳动力质量的贡献率，但差距不大。但在 20 世纪末，在劳动力增长率和人力资本增长率都有所下降的时候，人力资本对经济增长的贡献率并未显著波动，并且成为了推动经济增长的主要方式。全国的人力资源亟须转变为人力资本，提高劳动力素质，对人力资本的积累也提出了更高要求以适应经济增长模式的转变，同时也可以引入发达国家的先进知识和技术，使我国从人口大国迈向人力资本强国，完善经济增长体系。

（3）技术进步与经济增长。技术进步是技术不断更新、完善以及替代旧技术的过程，技术进步引入人力资本一定程度上解决了要素报酬递减和经济持续增长的问题。有部分学者认为，包括人力资本在内的资本整体的单一作用不足以支持经济长期增长，技术进步的内生化可以避免要素报酬递减，罗默提出的技术变迁模型便是从这一角度进行分析的。技术进步可以看作是研究与开发过程中有意识的代入行为，表现为产品种类和消费购买力的协调上升。但新技术的开发者在最初具有一定的垄断优势和市场力量，只有在新技术得到广泛应用时，才会趋向于完全竞争状态。

技术进步的途径主要有三个，分别是技术创新、技术扩散、技术转移与引进。以发展中国家为例，首先，通过技术转移和引进加快本国的技术进步，提高生产效率和质量，促进产业结构升级和经济增长；其次，扩大技术的应用范围和技术研发投入，利用技术进步对要素资源的有效配置进一步提升产业结构打破发达国家的技术垄断；最后，实现技术的自主研发，尤其是注重高新技术产业的发展，为实现技术竞争优势和赶超提供动力来源。

技术可以说是经济社会的主要经济资源，几乎渗透到了所有的知识经济领域。技术作为低投入、低成本、高产出、高效益的知识型产品，成了经济增长的战略资源。如今技术进步带动了知识的大量产生，创新效率的不断提高，也间接缩短了产业生命周期及产品更新换代的时间。

（4）内生增长模型。在新古典经济增长模型不能充分解释经济增长的实际后，内生增长模型放宽了新古典增长模型的假设，并将生产要素变量内生化，提出经济不依赖于外在因素仍能实现持续增长，强调技术进步是保证经济持续增长的决定性因素，否定了完全竞争的假设，接受不完全竞争和收益递增。

简单的内生增长模型是 AK 模型，其生产函数表示为：

$$Y = AK \tag{13-19}$$

其中，Y 代表产出，A 代表生产技术水平，K 代表包括物质资本和人力资本的广义资本。A 作为资本边际产出和平均产出，都是正常数，不存在资本边际收益递减的问题。

将 AK 模型转化为人均产量的形式，可得：

$$y = Ak \tag{13-20}$$

其中，y 为人均产量，k 为人均资本。

基于前面对索洛模型的分析，由式 13-14 可得人均资本存量的增长率为：

$$\lambda_k = k/k = (s \cdot f(k)/k) - (n + \delta) \tag{13-21}$$

将式 13-20 代入式 13-21 中可得：

$$\lambda_k = k/k = (s \cdot f(k)/k) - (n + \delta) = s \cdot A - (n + \delta) \tag{13-22}$$

式 13-22 表明，当 $s \cdot A > (n + \delta)$ 时，无论技术是外生还是内生变量，都能够实现经济的持续增长。人均资本存量的增长率 λ_k 实际上就是 $s \cdot A$ 与 $(n+\delta)$ 之间的垂直距离，并且 λ_k 的数量变化与 k 无关，总是以 $s \cdot A - (n + \delta)$ 的速度增长或下降。

AK 模型描述了如果技术水平固定，在消除报酬递减后如何导致内生增长。根据 AK 模型，经济的增长率取决于储蓄率和人口增长率，储蓄率的增加和人口增长率的下降会导致经济长期增长，技术水平的提高也有利于经济增长率的进一步增长。但 AK 模型也有其不足之处，首先是模型过于简单，直接忽略了资本报酬递减是否符合实际；其次是要明确是否将知识作为一种资本，如果把知识看作是资本，和一般的资本相比，知识所表现出来的收益递增和一般资本的收益递减便存在矛盾，所以模型假定了资本边际报酬不变。但总体而言，AK 模型提供了经济增长的内生化路径，为政府政策的制定提供依据。

新经济增长理论中无论是阿罗提出的"干中学"概念，还是罗默提出的技术内生化理论，都认为经济增长的原动力是知识积累或是技术进步，而物质资本的积累并不是经济增长的关键。新经济增长理论认为人力资本具有规模报酬递增的性质，投资可以促进知识的积累，知识的大量积累又能反过来推动投资的良性循环。因此，知识积累和投资循环促进了高新技术的变革，知识和技术进步成为了经济增长的主导力量。

从宏观经济调控来看，新经济增长理论也总结出一套维持经济长期持续增长的政策体系。根据上述理论和模型，政府可以从技术进步、资本形成、制度完善等方面影响经济增长。首先，政府政策的目的仍应聚焦于鼓励技术进步，如专利制度保护了技术发明人的知识产权，并赋予其规定年限内排他性的垄断权力进而获得利润。同时激励企业和技术人员创新积极性，加快产学研的融合研究。另外，扩大受教育范围及改善教育条件也有利于组建高素质的研究开发团队，提高技术进步和创新的成功率。其次，资本是持续生产的要素，资本积累有利于经济增长。当有效资本大量积累时，便能够生产更多的产品和服务。而新经济增长理论告诉我们，资本存量的积累依赖于储蓄率和投资的上升，所以政府可鼓励社会和市场增加储蓄和投资，促进经济增长，国民消费水平和生活质量也明显提高。资本也包括人力资本，与物质资本一样，人力资本的积累也能够提高生产能力，导致各地区甚至各国之间经济水平的差异。政府政策便可以倾向于如何提供良好的教育和培训环境，使劳动力有更多的机会提高自己。最后，为维护经济和社会秩序，政府也需要制定相关制度支配和管理企业和个人的行为，保护技术开发及知识的所有权，防止因所得收益过低或知识的盗用而打消技术开发和进步的积极性，必要时也可采取立法的方式维护技术所有权和经济增长的持续性和稳定性。

第四节　模型的应用

一、生命周期模型的应用：临安竹产业①

临安位于浙江西北部，具有中国竹子之乡、江南最大菜竹园的美称。竹产业也是临安农业农村经济中的重要支柱产业。改革开放后，随着家庭联产承包责任制和林业"三定"政策的实施，临安针对山区资源实际发展竹产业，自 1983 年开始不断调整竹产业发展战略，竹林种植面积不断扩大，竹产品产量波动性明显。

临安竹产业生命周期的阶段性划分如下所示：

（1）初创期。临安竹产业的初创期时间较长，产业的产量、产品类型、竞争力以及在市场的占比都比较小。在发展的最初，临安凭借得天独厚的竹林资源重点发展竹林经济，政府虽大力支持和帮助农民开展竹林经营和培育，但在粗放式的生产经营方式和山区落后的基础设施条件下，农民收入和经济效益的增长都只是暂时的。但不可否认的是，竹产业已经开始起步，其发展战略也在不断摸索的过程中。

（2）成长期。处于成长期的产业，其市场往往能够迅速扩张，产品需求逐渐旺盛，产业在市场中占比大幅度提升，企业规模和技术水平有效推进，产品质量及种类有所上升。在此阶段，无论是政府政策、资源利用、组织管理角度，竹产业都有较大提升。例如，政府和科技人员积极推进竹品种种植技术，同时鼓励农民开发新土地，扩大竹林种植面积，随着竹产业生产技术的提高和竹品种生长周期的缩短，竹产品产量和农民收入大幅增加。组织管理的专业化也促使了规范化交易市场的出现，加速了竹产业加工企业的迅速发展。高收益的市场回报又进一步激励了农民继续经营的信心，尤其是竹产业销售价格和产量的持续增长，整个市场的收益相当可观，竹产业发展活力旺盛。

（3）成熟期。当产业周期处于成熟期时，往往意味着生产技术达到了一定水平，市场需求也趋于稳定，产品质量和产量已达到较高水平。此时的竹产业重心已从农业转移到工业化发展阶段，竹加工产品的收益占比逐渐提高，产值迅速增长。无论是政府政策、资源利用，还是组织管理都有了进一步的提升，达到了新的高度。临安竹产业的产业链、供应链也愈发完善，销售拓展到全国各地。同时，竹产业合作社也建立起来，日常管理更加规范，通过培训指导农民种植技术，也提高了人力资本质量。

（4）成熟至衰退期。技术的提高推动了产品的更新换代，尤其是当原有的产品

---

①　方秋爽. 基于产业生命周期的临安竹产业发展阶段及其影响因素分析［D］. 浙江农林大学硕士学位论文，2018.

和服务已不能满足市场需求时，产品市场严重萎缩，企业销售数量、竞争力急剧下降，表明该企业正在进入衰退期。因此，利用先进技术创新产品和服务，为产业发展注入新的动力、减缓产业衰退速度，促使产业进入新一轮的生命周期势在必行。临安竹产业自 2013 年起也进入了衰退期。政府政策、资源利用和组织管理的整体规划开始重新布局。例如，政府加大对生态环境的保护和制约力度，对个别高污染的竹笋加工企业规范整改，列为重点整治对象；对超出最大承载种植密度或产量交易开始下降的竹笋退化土地进行修复，不再以扩大种植面积为增加收益的主要手段；在加工生产环节鼓励用机器设备代替低端劳动力，以差异化竹笋产品种类代替大规模同质化产品生产，以满足市场消费者的多样化需求。

可见，临安竹产业已经进入了重要转型期，产品适应性、人力成本、生态退化等问题严重制约了竹产业的健康持续发展。面对产业结构、资源、市场等多方面的矛盾，分析竹产业不同阶段的发展特点、把握临安竹产业的发展阶段对于政府有针对性地制定和完善竹产业发展、快速进入新产业生命周期具有指导性作用。

二、生命周期模型的应用：北京 798 艺术产业园区[①]

北京 798 艺术区位于北京市朝阳区，聚集了众多美术馆、艺术设计工作室、时尚品牌馆、咖啡酒吧等文化机构及相关商业机构。由于 798 艺术区邻近中央美术学院等艺术院校，为 798 艺术区的发展提供源源不断的艺术资源和理论支撑，保持园区的新鲜活力，同时周边国外使馆集聚，大量的外国艺术特色也在园区内得以体现，影响和丰富了中国当代艺术。

北京 798 艺术区生命周期阶段分析如下：

（1）初创期。北京 798 艺术区是在 20 世纪 80 年代到 90 年代期间，从工业社会转型到后工业社会期间出现的艺术现象。798 艺术区的前身是国营华北无线电联合器材厂，是由国外设计团队牵头援建的大型国际项目，其建筑特色也自然富有外国艺术气息。

（2）成长期。在 20 世纪初，798 艺术区最初还是艺术家们自发聚集，处于自由发展的状态。不可否认的是，798 艺术区在建立时便具有历史认同感，加上空间设计合理、宽敞，租金不高，交通便利的优势，大量艺术家开始集聚于此，但当时的业态还比较单一，艺术家们和 798 艺术区管理者只是简单的租赁关系。2002 年可以看作是 798 艺术区功能转折的关键一年，多家媒体、著名艺术家、设计师将公司和艺术机构迁入 798 艺术区内，建成著名的 798 东京画廊、举办各类展览，798 艺术区迅速形成艺术氛围，产业集聚效果明显。在此之后，798 艺术区的工作室和艺术家队伍数量呈指数型增长，配套设施如商场、餐饮、酒店等生活商圈为园区人员提供大量便利，组织机构和策划更具规模，不断扩大了 798 艺术区的艺术影响力，其园区管理者、艺术机构、政府等主体开始介入园区发展，798 艺术区的未来发展方

---

① 韩宗保. 艺术产业园区生命周期研究 [D]. 中央美术学院硕士学位论文，2020.

向凸显。

798艺术园区在成长过程中也曾遭遇危机。2003年，798艺术区要改建为电子城，并限期在年底完成拆迁。但很多艺术家们并没有妥协或是撤离，而是希望继续扩大798艺术区的艺术影响力，延续其独特的美学价值、历史价值和文化价值，将798艺术区打造成中国当代艺术区，并通过向大众开放有组织的艺术项目策划和展览，让政府和相关部门看到798艺术区巨大的艺术价值和潜力，使得798艺术区得到公众、政府乃至世界的认同，从而免于拆迁的命运。随后，政府发布了相关文件明确了建设798文化旅游消费区的意图，与798艺术区管理者一同制定园区规划和发展方向，798园区的合法地位得以确定。至此，园区内入驻的艺术家数量剧增，举办了多场有影响力的展览，798艺术园区的发展开始进入新阶段。

（3）成熟期。政府和相关部门的介入使798艺术区由无序发展状态快速向规范发展演进，798园区的发展进入成熟期。得益于当代艺术市场的蓬勃发展和进步，798艺术区的艺术家们无论是收益方面还是名誉方面都得到不小的收获，园区的房租自然随之上涨。但相比798巨大的品牌影响力和艺术水准，仍有不少的艺术机构进驻，798艺术区逐渐成为拥有国际背景的美术馆级别的艺术机构战略基地，相关服务业如酒吧、餐饮、时尚精品店等行业也呈现不断升级的态势。2008年的金融危机也影响了798艺术区的平衡，大量艺术家由于不能承担上涨的房租而搬离艺术区，798从之前的艺术家聚集区开始转向画廊聚集区。

（4）衰退期。2008年的金融危机让原本一片繁荣景象的798艺术园区进入了寒冬期，中国艺术品市场遭受严重冲击，无论是艺术品交易量还是资本投入都在逐渐减少以节约成本。国外的艺术画廊开始撤离，或者是在798艺术园区附近寻找资金低廉的店面继续经营。因此，从2009年起，798艺术园区的画廊数量开始下降，不断有画廊迁入或迁出，园区内的画廊总量在总数上保持在一个相对稳定的水平。面对如此局面，政府加大了对798艺术园区的资金投入，改善园区内的基础设施和文化环境；园区管理者在招商方面也更倾向于营利性的文化机构去承担较高的租金，在管理模式上采用了政府引导、企业主导、园区方共同参与的新模式，根据环境变化重新明确发展方向，制定相关战略，使园区业态得以改善，再次焕发艺术活力，形成了强大的集聚效应。

 思考题

1. 什么是产业发展？
2. 简述产业生命周期理论的发展周期及阶段。
3. 试分析产业演化理论的核心动力。
4. 试论述哈罗德—多马经济增长模型、索洛模型、新经济增长模型的理论观点及内容。
5. 根据经济增长理论相关内容，试分析如何促进我国经济增长？

 **参考文献**

［1］方秋爽.基于产业生命周期的临安竹产业发展阶段及其影响因素分析［D］.浙江农林大学硕士学位论文，2018.

［2］韩宗保.艺术产业园区生命周期研究［D］.中央美术学院硕士学位论文，2020.

［3］张宗庆.A—U模型与技术创新过程分析［J］.东南大学学报（哲学社会科学版），2003（6）：48-52.

［4］郑飞.产业生命周期、市场集中与经济绩效［D］.江西财经大学博士学位论文，2018.

［5］闫文.基于核心能力的中国产业结构变迁对经济增长和波动影响研究［J］.财经界，2020（12）：13.

［6］干春晖，郑若谷，余典范.中国产业结构变迁对经济增长和波动的影响［J］.经济研究，2011，46（5）：4-16，31.

第十四章

数字经济与产业经济的融合

本章提要

数字化有望进一步助力产业形态重构，形成新的产业生态圈。数字经济是继农业经济、工业经济以来，未来经济发展的主要方向和方式。本章主要给大家介绍数字经济概念、数字经济的应用场景与数字经济和产业经济的融合等内容。数字经济是以数据资源为关键要素的新经济形态，不仅打破了产业与产业之间的边界，而且打破了实体经济跟资本市场的界限。笔者希望通过本章的学习能让大家对数字经济和产业经济的融合与发展有更深的认识。

第一节　数字经济概述

一、数字经济的发展脉络

数字经济发展由信息经济社会发展演变而来，是信息经济社会发展的最高级层次。20世纪中叶，随着微电子工艺和集成电路技术水平的提高，加之数据储存技术的突破，以及第二代晶体管电子计算机的出现，大大增强了数据与资料的储存功能。20世纪50年代，数字信息技术已拓展至多个应用领域，在其他产业的应用与融合过程中，对产业结构和经济社会发展产生了深远影响。彼得·格鲁克将数字经济称为信息经济，丹尼尔贝尔将数字经济称为超工业社会。1962年，马克卢普根据美国20世纪50年代的数字社会背景，开始阐述了信息经济社会的基本观点，把面向市场供应信息商品或信息产品服务的公司看作最主要的信息经营部门，并明确提出"第一信息部门"的观点。该技术的应用随着数字信息技术对社会经济的渗透而被逐渐接受，技术的含义也得到了不断丰富。20世纪七八十年代，在集成电路的规模化、微处理器的问世等情况下，数字技术与其他产业部门的融合进入加速阶段，新现象的出现进一步丰富了信息部门的内涵。于是，在1987年，马克波拉特又提出了"第二信息部门"的新定义，指出除了直接向市场供应信息商品和服务以外的第一信息部门，还同时存在将信息劳动和信息人力资本只视为投入，而不是信息直接流向市场的第二信息部门，将信息部门的外延范围逐步扩展至融合了信息商品和服务以外的其他经济部门。此时，数字经济与其他经济部门出现融合趋势，进一步深化对经济社会的影响。同年，对信息经济的理论研究更加丰富，除理论概念的创新，还建立了信息经济的测算体系。经济学者波拉特1977年撰写了《信息经济》一书，基于会计方法建立信息经济测算模型，定义了主要信息部门和次要信息部门，发现十年前美国46%的国民经济活动与信息活动相关，信息活动创造的相关就业人数接近50%。该研究表明，在工业经济时代，信息已经成为重要的生产要素，能够促进生产力的进步与发展，信息经济的研究开始受到重视。20世纪八九十年代，网络信息技术日趋完善，产生了世界规模的大量数据，对原来依靠分散的终端完成信息处理的方式产生了巨大冲击，由此导致了数字信息技术新功能的出现。20世纪末，大数据、云计算等新型数字技术发展极快，带动数字技术从信息产业的外溢，在促进传统产业数字化的同时，也催生了新的产业和新的经济运行模式。数字化产业和产业数字化的现象已经突破了以往美国学术界所认为的"第一信息部门"和"第二信息部门"范围，尼葛洛庞帝根据这些历史背景，前瞻性地在其发表的《数字化生存》一书中明确提出"数字化"。1996年有"数字经济之父"称号的唐·塔斯考特（Don Tapscott）在《网络智能时代的希望与威胁》一书中明确提出数字经济理念，前瞻性地指出国家信息技术高速发展以后将形成新的经济体系，预示数字经济时代的来临。1998~2000年，美国商务部连续三年发表了名为《浮现中的数字经济》和《数字经济》的市场调研报告。步入21世纪，数据经济学的理念也日益推广，被社会普遍认可与应用。OECD的相关研究报告开始使用数字经济展望取代了之前的通信展望、互联网经济展望和ICT展望。信息经济概念逐步演进到数字经济概念的使用，体现数字经济的发展演化过程，在数字技术在经济部门内更加广泛的渗透、应用及融合的背景下，数字经济将以更广泛、更深入、更高级的方式为经济社会的发展带来更为深刻的变革。

二、数字经济的内涵

数字经济的概念自1996年由唐·塔斯考特首次提出以来，一直受到学界和政府的关注，他认为互联网会对经济的发展产生影响，而电子商务是数字经济的未来，他认为数字经济是由信息通信行业以及企业和个人的电子商务组成的。尼葛洛庞帝将数字经济的意识形态描述为"原子到比特的转换"，他还认为数字经济的现代形态将是一个把信息连接、互动和娱乐世界联系在一起的数字网络。日本将数字经济定义为不需要人力、货物和资金移动就能完成交易的，合同签订、费用支付可以使用电子手段的电子商务，其中信息技术将得到高速的发展，数字化将渗透到生活中的每一个方面。早期的数字经济定义一般都是围绕着电子商务展开的，这也是当时认识的局限性所在。自从数字经济被写入党的十九大报告，明确提出要推动数字经济和新兴产业的发展之后，数字经济便成为理论界普遍关心的研究问题。许多学者都基于不同的理论视角和关注点就数字经济内涵提出自己的观点，主要可以归纳为三类：

第一，狭义视角看将数字经济界定为单独的经济部门，如信息通信产业。有学者认为，数字经济就是商品和服务的代名词，而商品和服务的开发、生产、销售和供应都离不开数字经济，信息经济不同于数字经济，信息经济不仅包含了所有信息产品和服务，还包含了多种形式。他还提出了数字经济包含着以下四个方面：高度数字化的商品和服务、混合的数字化产品和技术、信息技术密集型生产、信息技术密集型服务生产。第二，以信息技术整合、利用数字信息的新范式及其对经济作用的视角界定了数字经济的基本含义，首先提出了数字经济是通过网络技术，通信技术与计算机之间的信息技术结合，并指出数字经济成长的原动力是由信息技术、计算机与通信技术之间的技术整合所带来的，融合过程导致组织变革和经济社会的广泛变革。第三，从更广义的经济形态视角探究了数字经济的真正含义，人们对数字经济的认识已经冲破了数字技术与电子商务之间的局限，而将其定义为一种新的经济形态，数字信息技术在经济社会的应用既产生了社会经济效应也产生了社会非经济效应，为经济社会带来前所未有的革命。总体来说，数字经济社会又被叫做新经济社会、信息经济社会、互联网经济社会或电子商务经济社会，但数字经济更加广泛，不仅包括网络空间上的生产经营活动，还包括信息技术在经济领域和日常生活中日益广泛的应用。

三、数字经济的特征

1. 数据成为新的生产要素

历次经济形态的变迁必然伴随新生产要素的出现。农耕经济时代产生的新生产要素是耕地和劳动力，工业经济时代产生的新生产要素则是资金和工艺等，而数字经济时代产生的新生产要素则是计算机。一方面，将大量数据作为经济过程的基本元素。相对单一的物质数据而言，在数字经济基础下的数字信号为数据的形成、传播和应用提供了具有优越性的环境，通过数字经济的技术平台，社会经济行为的市场主体也普遍加入到了数字经济过程中，企业作为数据提供传播和应用的市场主体，所开展的各种贸易、生产、组织和活动中的经营行为，以及经济过程所带来的经营结果包括产品、货币、信息等逐步地由原子化发展为数字化，数据也渗入经济社会的方方面面。另一方面，数据是企业项目可持续开展的重要因素。数据迅速成长，已成为市场经济基础性的重要资产。由数字要素所形成的这些特殊禀赋，如易于获取、再生产方便，甚至可以进行无限供给，已冲破了传统单一因素的供给约束条件，为市场经济的可持续增长与发展提供了保障，已成为数字经济时代的重要产出因素。

2. 数字经济基础产业成为新的基础产业

每一次新范式引起产业革命和经济变迁时，都会产生新的主导产业，这些产业成为经济中最活跃、最具有创新性的部门，在促进自身快速成长的同时，通过外溢效应引领其他部门的变革与发展，成为新经济形态下的基础产业。在数字经济的社会背景下，数字经济基础行业已成为这类基础性行业的杰出代表。首先，数字生产和服务内容凝聚了大量创新的劳动与科技，它通过新科技和劳动的更新与积累创造出市场经济中的新商品和新业务内容，在经济运行过程中，又反过来进一步推动新科学技术和劳动知识积累，从而产生了新的生产、服务内容和商品需求，吸引大批的新兴公司持续进入，公司数量的增多将带来老旧行业结构的调整，巩固新兴行业的蓬勃发展。而数字经济发展基础行业则在数字科学技术的推动下，通过早期投资迅速壮大，目前已快速发展为一国经济社会的重要战略基础部分。全球大部分发达国家从 1987 年开始，数字经济基础产业所占据的国民经济总额的比例就持续增加。特别是近年来，数字经济基础产业增长率和 GDP 的增长率基本一致，甚至增速还高于 GDP 的增长率。其次，将数字经济产业的输出转化成了其余国民经济产业部门的主要生产要素，从而提高其他产业和部门的生产效率、产品和服务质量，促进其他产业和部门的改造升级。

3. 数字技术所促进的产业融合，成为经济增长的新驱动力

由于互联网信息的发展和完善，一方面，将产生以大数据信息通信领域为基础的，与大数据领域相互结合的信息经济基础领域；另一方面，大数据将促进企业跨部门整合、跨领域整合，将广泛扩展至商务、制造、消费、公共管理等领域，最后产生数字化农业、数字化制造业、数字化服务业，并促进行业信息数字化。以上两部分产业融合，极大地促进了效率的提升和产出的增长，全面拓展了人类认知空间，成为推动经济社会发展的主要驱动力。从经济社会的几次变迁历程来看，新经济形态下的先导性部门在国民经济总量的占比总体呈下降趋势，而先导部门与其他部门的产业融合是拉动经济的主要动力。在蒸汽革命期间，英国的纺织业和纺织制造业等新兴产业成为当时国家的先导产业，产业产值占英国生产总值的比例超过 40%。在能源革命期间，美国的石化工业成为当时国家的新兴主导产业，该产业产值占美国生产总值的比例下降至约 20%。全球发展进入数字工业革命阶段，全球大部分发达国家的数字经济基础工业的核心领域在国民经济规模的份额占 6% 以下。一方面，在数字技术发展的背景下，产业整合对企业成长的推动水平不断提升与加强。另一方面，数字产业不断加快对传统工业的渗透，数字经济基础企业不断增加对传统工业的投资，孕育一系列创新方式与新兴产业。另外，随着传统工业的数字化速度持续提高，利用数字信息技术推动了传统工业的效率水平和生产率水平的提升，通过数字技术范式不断改变传统产业，创造了经济社会发展新动力。

四、数字经济已成为全球经济发展的最新方向

1. 数字经济已成为全球经济增长的全新阶段

数字技术推动数据要素化和数据产业化，重构经济社会的物质基础，人类经济正在沿着技术创新、业态重构、集成创新和系统更新的方向发展，逐渐实现工业经济向数字经济形式的发展过渡，数字经济是全球经济发展的又一新时期。从生产力和技术发展的过程来看，蒸汽革命突破了手工生产的局限性，促进世界经济从农业经济向工业经济的变迁；电力革命突破了前一次革命的物质局限性，工业取代农业

成为宏观经济的主导产业，世界经济形成工业经济格局；能源革命提供的廉价能源和大规模制造技术再次突破了前一次革命的物质局限性，宏观经济中第二产业结构开始调整，第三产业成为三产中占国民经济比重的最高部分，世界经济进入后工业经济时代。后工业经济发展时期的重要特点是环境和对自身资源制约加重，中国人口增长红利逐步消失，对全球经济社会的产业结构转换与升级需要也就更加迫切。数字经济则变成了解决这些困难的途径。第一，数字技术新范式的产生既突破了传统生产要素在有限供应下对增长的束缚，也冲破了生产要素在时间与空间上的局限性。在这个阶段中，由于脱离了生产者和传统制造的环节间的必然联系，而改变了传统的生产制造和物质本身价值实现之间的关系，由个体单位和总部门之间依靠技术创新获取巨大利益，从而造成了物质生产与价值、实物经济与虚拟经济之间的分流，为数字经济在与上述价值分离的差额中获得巨大利润创造条件，从而推动了全球经济由传统工业经济向数字经济的新格局转变。第二，利用数字经济扩展未来的经济增长空间。数字技术所产生的社会经济资源的增加和社会经济潜能的释放，形成了未来经济的核心动力。利用新一代信息技术所带来的社会经济能力，通过调整产品结构，提高社会生产力和质量，对社会生产结构与发展模式产生深远影响，进一步改变了经济社会的生产结构和经营模式，将在比较长的时间里对社会各方面的经济结构、经济运行方式、生产活动形式、微观经济行为等产生全面变化，从而形成新产业革命的未来经济范式。第三，开展数字经济可以促进全球经济社会由高投资、高能耗、重环境污染的传统发展模式，走向高效、节约、低碳的集约型经济发展管理模式，进一步推动产业结构优化和升级，从而为整个世界经济社会可持续发展提出强力保障，并形成全球经济社会增长的新态势。

2. 数字经济为世界经济运行带来新变化

从经济成本看。首先，个人信息获取的成本费用得到大幅度降低。数字技术彻底改变了获得信息的单一途径，各国政府积极实施的信息提速减免等措施，大大减少了经济活动主体信息获取的成本费用。其次，匹配个人信息的成本费用大幅度降低。数字技术由于能够处理信息不对称的重要性问题，就可以大大减少企业寻找个人信息、签订契约和进行质量监督监管的成本费用。再次，专用型资产成本明显地降低。大数据有效克服了专用型资产，包括固定资产、人力资本等不适合于其他解决途径的经济性困难。最后，制度性交易成本的减少变为可能。数字技术为减少企业在遵守全球各地政府有关制度、法律等方面所支出的成本费用，提出了有效措施。

从经济效益看。首先，专业化分工程度的提高可以推动中小企业运营效能的提升。专业化分工程度由专业带来的效能和交易费用所决定。由于数字经济可以把传统经营形式中的公司内部分工，以"众包"的形态外包给其他经营主体，从而促进企业专业化划分的细致化和精确化，有效推进生产模块细分、产品细分、服务产品细分和行业细分，减少交易成本，提升中小企业运营效能。其次，通过提升经济主体之间的协作生产水平提升中小企业运营效能。数字经济可以把分散的生产主体联合起来，或者经过协作配合实现单个市场主体所无法实现的经济活动，又或者实现经济活动的最大经济效益。最后，利用提升市场供需的配合程度提高公司运行效能。

数字经济所产生的信息传递快速、简单、有效和廉价等特点，可以促进信息在供给侧和需求侧的相互传导，从而增加供求的配合程度。

从新经济形态来看。数字化的基础设施将成为中国经济增长的新支撑。随着数字互联网向高速度方面演变，如日益更新换代的高速公路光纤网、无线网络，以及移动5G和超宽带技术的研究大大提高了未来互联网基础设施技术水平，更多的各种终端和设备可以连接互联网。另外，将数字互联网和实物互联网融合，如中国传统的铁道网、高速公路网和电网等逐渐融为一体，构成一体化的物联网基础建设，推动整体社会经济活动的互联网和数字化，提高社会经济运行的整体效率和现代化水平，并成为经济社会发展的新型的关键基础建设。互联网范式的建立，促进了对原有经济形式的再造，并推动人类经济社会走向了数字经济时代。数字技术范式下，经济活动已逐渐由产品的单物质生产变为对商品和服务的数字处理等活动，而数字化活动在国民经济和就业中的比例也日益增加。数字经济基础产品通过与数字技术和其他行业以及其他部门深度融合，促进了传统产业的科技进步和业态创新，颠覆了传统产业的理念、市场模式、组织形式、经营管理方式和体制模式，从而推动了新型业态的出现与发展，并重塑了国民经济内部结构。

第二节　数字经济应用场景

一、互联网：数字经济的基石

1. 互联网

互联网是一个巨大的软件应用和计算设备的互联系统，支持信息交换、生产、服务、交易等一切经济活动（Greenstein，2020）。所需的基础设施有服务器、光纤、宽带线路、网络交换机和路由器、内容交付网络、蜂窝塔等。互联网技术是新兴数字技术最为关键的底层技术，是数字经济的基石。

2. 移动互联网

移动通信技术与互联网技术的结合造就了移动互联网的诞生。移动互联网打破了传统互联网在时空维度的限制，用户可以通过各类移动终端随时随地上网，极大地增加了人们的上网时长。移动互联网与以智能手机为代表的各类移动终端的发展相互促进，迎来了互联网的繁荣期。相比于个人电脑，智能手机降低了上网的门槛，网络用户激增。原来基于个人电脑的传统互联网内容服务全面迁移到各类移动终端，以智能手机为代表的移动终端具有定位、触摸屏、遥控等功能，从而产生出很多新的应用程序，如网约车、外卖、点评等各种 App。

3. 物联网

物联网（Internnet of Things，IoT）是在互联网基础上实现万物智能互联的数字技术，它使得互联网从根本上突破了虚拟网络边界，将人们的生活与生产方式的智能化、互联化与融合化提升到一个新阶段。物联网是由物理现象（所谓的"物"）组成的网络，这些物理对象嵌入了传感器、软件和其他技术，以便可以通过互联网与其他设备和系统建立连接并交换数据。IBM 公司通过互联网连接一切设备与用户的巨大网络，并且能够基于这个网络收集并分享相关设备、用户以及周围环境的数据。

物联网技术包含感知层、网络层和应用层三个层次。感知层包含了各种识别技术和大量的传感器，用于识别和感知物理世界的各种信息，如二维码和射频识别技术。网络层包含各种类型的网络，用来传输数据，如互联网、移动互联网、卫星通信网络。应用层则直接面向用户，满足各种应用需求，如环保检测、智能家居、智慧医疗等。物联网平台通过各种感知识别技术和设备获得庞大的数据，并主动筛选、分析、处理，最终集成有意义的数据，满足用户的各种需求。落实在智能交通方面，如掌上公交 App。应用在智能家居方面，如物联网平台通过搜集航班信息、天气和交通信息，分析出新的起床时间，并反馈到智能家居设备端等。

4. 互联网上的经济活动

（1）消费互联网——面向个人。互联网上针对个人的经济活动主要有基础应用类、商务交易类、网络娱乐三大类型。一些应用和举例如表 14-1 所示：

表 14-1　互联网的应用举例

类别	应用	举例
基础应用类	即时通信	微信、QQ
	搜索引擎	百度、谷歌
	网络新闻	新浪、今日头条
	社交应用	微博、小红书
	网络支付	支付宝
商务交易类	网络购物	淘宝、京东
	网上外卖	美团、饿了么
	旅行预订	携程、智行
	网约车	滴滴、飞猪
	在线教育	学而思网校
网络娱乐	网络音乐	QQ 音乐、网易云音乐
	网络文学	天涯
	网络游戏	王者荣耀、刺激战场
	网络视频	哔哩哔哩、腾讯视频
	网络直播	真人秀直播、抖音

（2）工业互联网——面向企业。中国信通院在《2020 年工业互联网产业经济发展报告》中界定了工业互联网目前的五大核心产业：工业数字化装备产业、工业互联自动化产业、工业互联网网络产业、工业互联网安全产业、工业互联网平台与工业软件产业。其中，工业数字化装备产业是在传统工业装备基本功能以外，具有数字通信、数字控制、智能分析等附加功能的设备模块或装置，通常具有数字化感知、分析、推理、决策、控制能力，是先进制造技术、信息技术和智能技术的集成和深度融合。工业互联自动化产业包含工业控制、工业传感器、边缘计算网关等提供数字化感知、控制、执行等能力的产品与解决方案。工业互联网网络产业是构建工业环境下人、机、物全面互联的网络基础设施。工业互联网安全是工业生产运行过程中的信息安全、功能安全与物理安全的统称。工业互联网安全产业涉及工业互联网领域各个环节，通过监测预警、应急响应、检测评估、攻防测试等手段确保工业互联网健康有序发展。工业互联网平台与工业软件产业指应用于工业领域或工业场景下的各类工业互联网平台和软件，涵盖研发设计、生产执行、经营管理等软件应用，以及实现边缘连接、生产优化、资源配置等功能的工业互联网平台。

5. 互联网的经济效应

（1）微观层面的经济效应。在工作方面，互联网的发展增加了信息的传播渠道、提高了信息的传播速度，使得人与人之间的沟通更加便捷，使远程办公成为可能。远程办公保证了即时通信和业务处理，人们可以在家里完成自己的工作任务，在学习方面，学生可以通过在线教育平台听课学习。在消费方式方面，天猫、京东等电商平台将零售产品全面搬上网络，让消费者可以足不出户在网上反复比较大量的产品与供应商，搜索成本的下降，大大提高了消费者的福利水平。外卖、网约车等各种消费平台改变了人们的日常生活习惯。在社交与娱乐方面，好友可以微信建群闲聊，工作小组可以建群讨论，各类认识的、不认识的人只要兴趣相投都可以在微博、知乎等平台评论探讨。人们可以随时在网上听音乐、看小说、打游戏、看新闻、看视频，不用再像电视时代一样，守着电视机等待喜欢的节目。在企业生产组织模式变革方面，智能制造以工业互联网为基础，从设计、生产、销售、服务等诸多环节实施动态优化方案，提升企业的决策效率，提升产品与服务质量。企业可以与上下游企业形成新型协作网络，进一步降低生产成本，提高生产效率。同时也让企业管理模式由金字塔向扁平化转变，互联网上的消费需求变化快速，企业需要分散决策来建立快速响应机制。智能制造的发展使得很多企业不仅以消费者需求为导向，还让消费者参与产品设计。不仅传统的直接面对消费者的营销部门，其他很多部门也都需要直接面对消费者，收集分析消费者需求、参与产品设计、创新与生产，因此扁平化的管理模式更能顺应互联网发展对企业的管理要求。

（2）市场层面的经济效应。一是市场搜寻成本减少，匹配效率提升。通过各类电商平台，消费者可以花费更少的时间和金钱成本来获取更加丰富的商品信息，低搜寻成本便利了市场双方的信息交流，为供需双方创造了大量潜在的匹配机会，提高了市场双方参与者的匹配质量。特别是基于线上交易的数据分析，可以主动挖掘消费者的需求并定向推送广告，节约了双方搜寻并匹配成功的时间，减少了匹配过程中不必要的经济损耗和摩擦成本，从而极大地提高了双边市场中供需双方的匹配效率。二是形成长尾市场。在线市场上，消费者能够获取丰富的商品信息，使得不同商品的维度划分更加精细，消费者的类型划分更加准确，从而使实现商品定位的个性化成为可能。通过互联网和其他数字技术准确地捕捉市场上的尾端需求，即使个性化商品的单一需求远低于企业盈利的经济极限水平，但仍可以汇聚个性化商品，聚少成多。三是促进线上统一大市场的形成。线下市场存在因空间距离等物理因素而形成的自然性市场分割和因劳动者素质差异等因素而形成的技术性市场分割，还存在因各个地方政府为了本地区的利益，通过行政管制等手段限制外地资源进入本地市场或者限制本地资源流向外地的制度性市场分割。基于互联网的电子商务等交易方式不再需要固定的交易场所，突破了交易的空间限制，自然性市场分割大大减弱。地方政府难以在线上渠道限制商品进入本地区。跨境电子商务平台促进了国家间的直接贸易，也正在促进全球统一大市场的形成。

（3）产业层面的经济效应。一是促使平台经济的形成，企业通过互联网上的平台将不同的群体聚集起来，不仅提供供需匹配的信息和交易规则，还促进用户间的互动形成平台市场，最终实现供需双方在平台上的交易。网络外部性使平台聚集的用户数量越多，越有利于平台上互动的数量和质量，也更容易促使交易达成。平台为了在更大的地域范围之内实现更多人际之间的交易往来，通过互补创新来扩展平台的功能。例如，微信为第三方应用程序开放了自己的平台，允许其他人提供基于该平台核心的各种新服务，围绕微信社交网络蓬勃发展的生态系统不断扩展，增强了网络效应。二是容易形成市场垄断，互联网技术上的创新可以使平台以更低的成本提供更好的产品与服务而很快占领市场。数字产品与服务的边际成本非常低，随着产品销量或服务用户的逐渐增加，平台企业的总成本会不断降低，边际收益逐渐增加，实现了规模经济。另外，平台企业能够提供更多信息和资源，从而吸引更多用户集聚，在网络效应和锁定效应的共同作用下，形成更多用户的集聚。

（4）宏观层面的经济效应。一是互联网技术在促进全要素生产率提升的同时提升生产要素的更优化配置，促进了国民经济的增长。一方面，互联网企业的诞生与发展，催生出众多商业模式创新，平台经济、共享经济、众包、众创等，促进了市场的扩大、国民经济的增长。另一方面，互联网为传统经济的转型升级提供全方位的支撑，随着它与国民经济第一、第二、第三产业的结合日趋紧密，智慧农业、智能制造、电子商务等快速发展，国民经济的各个领域都因不同程度的在线化而快速增长。二是互联网降低了找工作的搜寻成本，可以让人才和岗位得到更好的匹配。互联网促进居民创业。它能够扩大创业者经营的市场范围，提高创业者的创业预期收益。它作为信息渠道，成本较低且传播迅速，能够帮助创业者更好地挖掘商业机会和进行创业决策。电子商务对农村居民创业行为也起到了促进作用。互联网使就业结构发生变化，一方面，对高技能劳动者产生新的需求，低技能劳动岗位被替代；另一方面，新的低技能就业岗位被创造出来。三是加大收入差距问题，学术研究得到的普遍结论是互联网会产生显著的工资溢价，也就是说越需要依赖互联网的岗位，其员工的工资也越高。高技能劳动者更能适应互联网技术进步而获益更多，这就导致了高低技能劳动者之间的收入差距扩大。四是互联网技术是物联网、大数据、云计算、区块链、人工智能等新兴技术的底层技术，是这些技术进步能够发挥经济效应的基础，已经很难区分是互联网的经济效应还是其他数字技术的影响。

二、大数据：海量信息宝藏

1. 大数据的定义、类型及 4V 特点

维基百科、高德纳和麦肯锡全球研究所对大数据分别给出了不同的定义。归纳来看，大数据通常指大量数据的集合，其数据量大到目前主流的分析方法以及数据分析软件在合理时间内无法进行有效的获取、管理以及处理，但这些信息又迫切需要整理成能够帮助个人、企业或政府部门进行决策的有效信息。根据开放程度，大数据可以分为开放数据和内部数据。所有人可见的公开数据为开放数据，如很多网站和 App 上的信息数据。只为某些特定机构或企业掌握的数据为内部数据，如政府掌握的征信、户籍、犯罪记录等数据，阿里巴巴的用户注册及消费数据、腾讯的社交数据、滴滴的出行数据等被企业掌握的数据，以及第三方咨询机构的调查数据等。根据结构化程度，大数据可以分为结构化数据、非结构化数据和半结构化数据。结构化数据是指能够用数字或统一的结构加以表示的数据，如地理位置数据、财务系统数据等。非结构化数据是指无法用数字或统一的结构表示的数据，如文本、视频等。半结构化数据则是介于两者之间，具有一定的结构性，但是结构变化很大，如HTML 文档、邮件、网页等。

大数据具有四大特点：规模性（Volume），规模量巨大；多样性（Variety），数据来源多、类型繁多和数据之间关联多；高速性（Velocity），数据处理速度快；价值性（Value），数据潜在价值巨大。

2. 大数据技术

数据库采集和文件采集是较为传统的采集方式。网络采集比较新颖，是一种借助网络爬虫或网站公开的应用程序编程接口，从网页获取非结构化或半结构化数据，并将其统一结构化为本地数据的数据采集方式。大数据预处理是指在进行数据分析之前，先对采集到的原始数据所进行的，如"清洗、填补、平滑、合并、规格化、一致性检验"等一系列操作，旨在提高数据质量，为后期分析工作奠定基础。

数据处理程序包括数据清理、数据集成、数据转换、数据规约四个步骤，其中数据清理包括缺失数据插补以及噪声数据剔除；数据集成是指将不同数据源中的数据，合并存放到统一数据库的存储方法，着重解决三个问题（模式匹配、数据冗余、数据值冲突检测与处理）；数据转换是指对所抽取出来的数据中存在的不一致进行处理的过程，它同时包含了数据清洗的工作，即根据业务规则对噪声数据进行清洗，以保证后续分析结果准确性；数据规约主要指保持原貌，精简数据。

大数据存储，指用存储器，以数据库的形式，存储采集到数据的过程。基于大规模并行处理架构的新型数据库集群，主要是通过列存储、粗粒度索引等多项大数据处理技术，重点面向行业大数据所展开的数据存储方式。具有低成本、高性能、高扩展性等特点，在企业分析类应用领域有着广泛的应用。基于分布式系统基础架构的技术扩展和封装。大数据一体机是一种专为大数据的分析处理而设计的软、硬件结合的产品，由一组集成的服务器、存储设备、操作系统、数据库管理系统，以及为数据查询、处理、分析而预安装和优化的软件组成，具有良好的稳定性和纵向扩展性。数据的可视化分析是指借助图形化语言，清晰并有效传达与沟通信息的分析手段。主要应用于海量数据关联分析，即借助可视化数据分析平台，对分散异构数据进行关联分析，并做出完整分析图表，具有简单明了、清晰直观、易于接受的特点。数据挖掘分析，即通过创建数据挖掘模型对数据进行试探和计算的数据分析手段。它是大数据分析的理论核心。不同算法基于不同的数据类型和格式，会呈现出不同的数据特点。但一般创建模型的过程是相似的，即首先分析用户提供的数据，然后针对特定类型的模式和趋势进行查找，用分析结果定义创建挖掘模型的最佳参数，并将这些参数应用于整个数据集，以提取可行模式和详细统计信息。其中，被广泛运用的是机器学习算法与深度学习算法。

3. 云计算

云计算就是通过网络提供分布式数据存储、计算能力和其他 IT 资源，采用按需支付定价模式。云计算的关键技术有虚拟化、分布式存储、分布式计算、多租户技术等。云计算作为底层计算资源和存储资源，支撑着上层的大数据平台，而大数据的发展为云计算的落地找到了更多的实际运用。亚马逊推出的在线存储服务（S3）和弹性计算云（EC2）、美国的 GCP（Google 云平台）、中国的阿里云等就是云计算的具体应用。

4. 大数据的经济学分析

竞争性（Rivalry）是指一个人使用一种物品将减少其他人对该物品的使用的特性；非竞争性（Nonrivalry）是指一个人使用一种物品不减少其他人对该物品的使用的特性。

排他性（Exclusive）是指一种物品具有的可以阻止他人使用该物品的特性；非排他性（Nonexclusive）则是指不能排除他人对该物品的使用，或者排除他人使用的成本很高。

数据具有非竞争性。现存数据可以被任何一个公司或个人使用而不减少，从技术上讲，数据是无限可用的。比如，收集了地理信息的地图数据、人类基因组数据、国家统计局的人口普查数据、收集到的车辆行驶记录、电商平台的消费数据等，任何数量的公司或个人通过机器学习算法可以使用这些数据而不减少其他人可以使用的数据量。数据作为资产进入生活和服务。生产商通过这些数据可以了解市场的需求信息，从而更好地制定产品与定价决策。平台企业利用这些数据可以了解供求双方的信息，从而更好地制定治理决策。政府利用这些数据可以了解数字经济运行情况，从而更好地制定相关的法律法规与经济政策。这些数据对于从事数字经济的研究人员来说，更是至关重要。不同于实物资产，具有非竞争性特点的数据资产可以更广泛地运用，在有效的监管下，这种广泛运用能给社会带来更大的收益。

数据具有一定程度的非排他性。如果没有法律的保护，个人或企业可以从各种网页上爬取，数据一旦公开就很难排除他人的使用。而有些私有的数据，如阿里巴巴、京东等电商平台上的数据被企业收集，其他个人或企业很难获取，因此具有一定的排他性。非排他性使得数据所有权难以得到清晰的界定直接导致了大数据难以交易，大数据产业发展受到制约。因此，法律制定需要兼顾效率与公平。区块链技术正被积极应用于大数据确权。大数据的特性如表 14-2 所示：

表 14-2　大数据的特性

	排他性	非排他性
竞争性	私人物品：如食物、鞋子、私有池塘里养的鱼等	公共资源：如森林、矿产、公有湖或海里的鱼
非竞争性	俱乐部产品：如卫星电视、室内音乐会、私家公园等	公共物品：如国防、空气、阳光、新闻、露天音乐会等

外部性（Externality）是指一个人的行为对他人福利的无补偿的影响。正外部性是指某个经济行为主体的活动使他人或社会受益，而受益者又无须花费代价。负外部性是指某个经济行为主体的活动使他人或社会受损，而造成负外部性的主体却没有为此承担成本。

社会性数据（Social Data）加剧了消费者隐私泄露的风险。从个人捕获的数据不仅对其本人有预测作用，对其他相关的人、有相似特征或行为的人也具有预测作用。数据的社会性产生了数据外部性，其符号和大小取决于数据的结构和所获得信息的使用情况。好的方面是减少了消费者搜索成本，使交易匹配得更加精准，不好的方面在于差别定价策略对于支付意愿高于均衡价格的消费者来说，福利减少。其中，Facebook 隐私泄露事件就是典型案例。

5. 大数据的应用

（1）个人层面的应用。在交通方面，由于大数据等数字技术的应用，辅助驾驶、无人驾驶、智慧交通、智慧停车等理念可以全面提升出行安全，并使得出行更加便捷。利用卫星定位、移动通信、高性能计算、地理信息等技术，深度整合实时数据，及时、准确地展现城市道路交通状况，通过手机导航对驾驶行为进行实时感应和分析，从而实现高效地出行。在医疗方面，AI 无人问诊就是大数据在医疗方面的一个应用。大数据在新冠肺炎疫情防控中发挥了重要的作用，大数据技术追踪个体移动数据，可以用于追踪被感染者的疾病传播路径、定位感染源，配合关系图谱更可锁定被感染者曾经接触过的人群，以便及时采取隔离、治疗等防控措施，避免疫情更大范围的扩散。

（2）企业层面的应用。大规模定制成为可能，即把产品的定制生产问题全部或部分转化为批量生产，以大规模生产的成本和速度，为单个客户或小批量多品种市场定制任意数量的产品。为服务型企业提供数据分析，如滴滴和顺丰，等等。为金融企业提供风险管理，比如，对于企业信贷风险，通过收集和分析相关企业的交易数据，判断其经营状况、业务范畴、行业发展趋势等，并以此做出放贷决策，以控制风险。

（3）市场层面的应用。企业可以通过大数据分析实现精准营销与精准广告，精准、及时、有效地将广告呈现在广告接收对象面前，以期获得预期的转化效果。例如，利用特征关键词对用户进行分类，再与广告主产品的特征进行关联、匹配和排序，即可实现较为精准的广告投放，比如抖音、今日头条等软件都会根据用户的使用兴趣习惯推送新闻或视频。降低搜索成本，增加市场的匹配效率。

三、人工智能：精准决策的新工具

1. 人工智能基础

什么是人工智能？对于人工智能（Artificial Intelligence，AI）的直观理解是通过赋予计算机一定自主学习的能力，使之能够像人一样思考和判断，做原来只有人才能做的事情。人工智能从以人为主体的研发模式转为以"机器学习"（Machine Learning）"深度学习"（Deep Learning）为标志的以机器为主体的研发模式改变。随着移动互联网、大数据、云计算、物联网等数字技术的不断发展，人工智能已经渗入到人们日常生活的方方面面。马特·泰迪将一个特定人工智能系统分解为三个主要的组成要件，即人工智能 = 域结构 + 数据生成 + 机器学习。其中，域结构（Domain Structure）是指借助业务专家，厘清这一问题背后具体的规则是什么，从而可以基于这些规则将一个复杂的问题分解成可被人工智能系统所理解的任务结构；数据生成（Data Generation）既包括人工智能系统设计者将已有数据输入系统中，也包括系统本身利用特定的策略主动将新的、有用的信息流输入复合学习算法；机器学习（Machine Learning）是通过特定的算法实现从复杂数据中建立可靠的预测，也就是通过对数据的分析寻找客观世界的规律。

2. 人工智能对经济学的影响

（1）大数据与人工智能促进各产业生产效率的提升，实现产业融合发展。

1）人工智能在农业中的应用，能够实现农业精准化发展，在节约资源投入的基础上提升农业生产效率，为农业生产提供专业的在线指导，有效促进农业产业链的延伸，并提升农业产业价值。

2）人工智能应用在制造业，制造业对于市场的依赖性比较明显，通过人工智能，制造业能及时掌握市场信息，并借助人工智能的精准分析和决策实现生产的智能化，第一时间占领市场、节约资源、提高生产效率。

3）消费者需要的是有温度和贴心的服务，服务产业能利用大数据和人工智能的数据收集和分析能力及时掌握消费者的消费心理和习惯，并提供一定的服务产品，精准服务目标群体，使消费者在消费服务时获得良好的服务体验，显著提升服务劳动效率，促进服务产业的发展。

（2）技术的进步在推进生产率提升的同时，会带来"技术性失业"，人工智能也不例外。与以往的历次技术革命相比，"人工智能革命"对就业的冲击范围将更广，力度将更大，持续时间也将更久。目前，人工智能对就业的可能冲击已经成为了重要的政策话题，有不少文献对此进行了探讨。需要指出的是，在讨论人工智能对就业和收入分配的影响时，通常把人工智能作为一种强化版的自动化来处理。

（3）自动化对低技能劳动形成了替代，而对高技能劳动则形成了互补。自动化消灭某些就业岗位的同时，也会创造出更具有比较优势的新就业岗位。在长期均衡中，自动化对于就业的影响取决于资本和劳动的使用成本，如果资本的使用成本相对于工资足够的低，那么所有职业都将被自动化。反之，自动化对于就业的影响便存在一定的界限。此外，如果劳动本身是异质性的，那么自动化还会加大劳动者的内部收入差距。

（4）人工智能可能通过多个渠道对收入分配产生影响。

1）人工智能是一种偏向性的技术，因此会对不同群体的边际产出产生不同作用，进而影响他们的收入状况。这种效应体现在两个层次上：第一个层次是在不同要素之间，这主要会影响不同要素回报的分配比例；第二个层次是在劳动者内部，这主要影响不同技能水平的劳动者的收入分配。

2）人工智能的使用还会改变市场结构，让一些企业获得更高的市场力量，进而让企业拥有者获得更多的剩余收入。当市场结构不是完全竞争时，市场中的企业就可能拥有一定的市场势力而获得经济利润，而经济利润的高低则和企业的市场力量密切相关。人工智能作为一种重要的新技术很可能强化这一效应。

3）要素回报的差异是造成收入分配差别的最主要原因之一。而人工智能技术的应用，则可能强化这种要素收益的不平等。它的普及将会减少市场上对劳动力的需求，进而降低劳动力的回报率。作为一种资本密集型技术，人工智能可以让资本回报率大为提升，在这两方面因素的作用下，资本和劳动这两种要素的回报率差别会继续扩大，这会引发收入不平等的进一步攀升。

4）技术的偏向性不仅体现在不同生产要素之间，还体现在劳动者群体内部，不同技能劳动者在面临技术进步后，其收入变化会有很大差异。由于人工智能的技术偏向性，它对于不同就业岗位的冲击并不相同。在现阶段，遭受自动化冲击较为严重的主要是那些以程式化任务为主、对技能要求较低的职业。自动化对那些非程式化、对技能要求较高的职业，则主要起到了强化和辅助作用。随着人工智能技术的发展，很多程式化较低、对技能要求很高的职业，如医生、律师也面临着自动化的冲击。如果自动化是对低技能劳动进行替代，那么它将会扩大工资的不平等。而如果自动化是对高技能劳动进行替代，那么它或许将有助于缩小收入不平等。

5）除了改变要素的边际收益外，人工智能还可能会通过另一条间接渠道——改变市场势力（Market Power）来对收入分配产生影响。当市场结构不是完全竞争时，市场中的企业就可能拥有一定的市场势力而获得经济利润，而经济利润的高低则和企业的市场力量密切相关。世界各国的市场结构都呈现出了集中的趋势，大量占据高市场份额的"超级明星企业"（Superstar Firms）开始出现，并凭借巨大的市场力量获得巨额利润。不少学者认为，高技术的使用是导致"超级明星企业"的一个重要原因，而人工智能作为一种重要的新技术显然会强化这一趋势。

（5）人工智能技术的发展将对产业组织和市场竞争产生极为显著的影响。它将通过影响市场结构、企业行为，进而影响到经济绩效。所有的这些现象都将对传统的规制和竞争政策提出新的挑战。

（6）人工智能也对市场结构产生影响。人工智能可以通过两个渠道对市场结构产生影响。第一个渠道是技术的直接影响，使用人工智能技术的企业可以获得生产率的跃升，这将使它们更容易在激烈的市场竞争中胜出。同时，由于人工智能技术需要投入较高的固定成本，但边际成本却较低，这就能让使用人工智能的企业具有较高的进入门槛。第二个渠道是技术引发的企业形式变革。在人工智能技术的冲击下，平台型组织正在成为数字经济中企业组织的一种重要形式。由于平台经济中的网络效应所产生的正反馈机制，使得互联网平台企业可以迅速扩张规模而占领巨大的市场份额，形成一家独大的现象。

（7）人工智能对企业行为存在影响。算法歧视（Algorithmic Discrimination，又称大数据杀熟）在传统的经济学中，由于企业的信息受限，一级价格歧视只在理论上出现。而在人工智能时代，借用大数据和机器学习，企业将有可能对每个客户精确画像，并有针对性地进行索价。实现一级价格歧视，甚至能够获得几乎全部的消费者剩余。即使企业不进行一级价格歧视，人工智能技术也能够帮助他们更好地进行二级或三级价格歧视，从而更好地攫取消费者剩余。算法合谋（Algorithmic Collusion）一直是产业组织理论和反垄断法关注的一个重要问题。企业可以通过合谋来瓜分市场，从而提升企业利润。在传统的经济条件下，由于存在信息交流困难及囚徒困境等问题，合谋的维系十分困难。人工智能技术的发展使得过去很难达成的合谋变成可能。企业之间的合谋只要通过某种定价算法就可以实现。此时，企业数量、产业性质等影响合谋难度的因素都变得不再重要，在任何条件下企业都可以顺利进行合谋。人工智能技术的发展还会引发很多新的竞争问题。例如，平台企业可以借助搜索引擎影响人们的决策，或者通过算法来影响人们在平台市场上的匹配结果等。

四、区块链：分布式共识的新机制

1. 比特币与区块链

（1）比特币与区块链的诞生。2008 年，美国的次贷危机所引发的全球金融海啸对世界经济造成了巨大的冲击。在同一年，还发生了另外一件事，对人类社会的未来发展带来更加深远的影响，这件事就是比特币（Bitcoin）以及支撑比特币的关键技术——区块链（Blockchain）的横空出世。2008 年 11 月 1 日，一位化名为中本聪（SatoshiNakamoto）的人在密码学邮件组中发表了一篇论文：《比特币：一种点对点的电子现金系统》。这篇论文第一次系统性地构建了一个数字加密货币体系，即论文题目中的核心词——比特币。

（2）比特币的六个基本原则。

1）一个纯粹的点对点（peer-to-peer）电子现金系统，使得在线支付能够直接由一方发起并支付给另外一方，中间不需要通过任何金融机构。

2）不需要授信的第三方支持就能防止"双重支付"（double-spending）。

3）点对点的网络环境是解决"双重支付难题"的一种方案。

4）对全部交易加上时间戳（Timestamps），将它们合并入一个不断延展的基于哈希算法（Hashing）的工作量证明（Proof-of-Work，PoW）的链条并作为交易记录。除非重新完成全部的工作量证明，否则形成的交易记录将不可更改。

5）最长的链条不仅将作为被观察到的事件序列的证明，而且会被看作是来自CPU计算能力最大的算力池。只要大多数CPU的计算能力不是被合作攻击的节点所控制，那么将会生成最长的、超过攻击者的链条。

6）这个系统本身需要的基础设施非常少。信息尽最大努力在全网传播即可，节点可以随时离开和重新加入网络，并将最长的工作量证明作为在该节点离线期间发生的交易证明。

（3）区块链的定义。区块链有狭义与广义的定义，尽管人们对于"区块链"的定义各不相同，但大致上讲，这些定义可以分为狭义和广义两个层次。区块链的狭义定义指的是一种数据结构。它按照时间顺序将数据区块以链条的方式进行组合，并以密码学方式保证其不可篡改和伪造，从而形成一个去中心化的共享账簿。区块链的广义定义是一种去中心化的基础架构和计算范式。它利用上述的加密链式区块结构来验证与存储数据，利用分布式节点共识算法来生成和更新数据，利用自动化脚本代码（智能合约）来对数据进行编程和操作。

（4）区块链的特征。

1）区块链具有去中心化的核心特征。区块链数据的验证、记账、存储、维护和传输过程都是基于分布式系统结构。采用纯数学算法而非中心机构在分布式节点之间建立信任关系，实现基于去中心化的点对点交易、协调与协作，解决了中心化系统普遍存在的高成本、低效率和数据存储不安全等问题。

2）去信任化，信任化区块链技术用其规则创建信用，将契约机制转化为由参与者共同维护的共识机制，英国的《经济学人》杂志将区块链技术称为"信任机器"，其含义为区块链可以像机器生产产品一样，自动化地生产人对数据的客观信任。

3）极难篡改，区块链技术能够让网络上的全部节点参与记账，共同参与交易信息的记录和存储，共同维护交易数据库。数据一旦写入区块链，任何人都极难对数据进行修改。

4）可追溯性，区块链采用了带有时间戳的链式区块结构存储数据，为数据增加了时间维度，具有很强的可验证性和可追溯性。

5）数据安全性，区块链采用非对称密码学技术对交易各方的敏感信息进行加密，仅有权限节点才能访问或使用。同时，区块链借助零知识证明、同态加密等密码学工具，以及分布式节点的共识算法形成的强大算力来抵御外部攻击，可以保证数据具有较强的安全性。

6）信息透明性。区块链数据对参与者公开，数据信息高度透明，所有的数据操作行为都是可见、可追踪的。

7）交易匿名性。区块链不要求交易主体之间公开身份，从而让用户的信息可以得到良好的保证。

8）可编程性。区块链技术提供灵活的脚本代码系统，支持用户创建高级的智能合约或其他去中心化应用，用户可以通过建立智能合约将预定义的规则和条款转化为可以自动执行的计算机程序，从而解决传统合同中存在的高执行成本问题。

（5）区块链的分类。根据网络范围以及参与节点的特性不同，区块链可以划分为公有链、联盟链和私有链三类。

1）公有链（Public Blockchain）也称公开链（Open Blockchain）、无许可链（Permission Less Blockchain）。其主要特点是公有性和开放性，世界上任何主体只要合法便可以参与其中，并且可以自由使用区块链中的信息进行交易、决定链条的形成过程，也就是公有链中的任何节点都可以参与记录与维护。

2）私有链（Public Blockchain）不对外开放，其参与者仅限于个体或者机构内部，并且私有链中包括记账在内的各类权限都会加以严格控制，只有被授权的节点才能参与、查看数据。因此，私有链是一种隐蔽性极强的中心化的机制。但由于其参与节点有限且可控，在私有链上的交易通常具有速度快、隐私保护度高、过程透明度好、全程可追溯的特点。目前，金融交易中的身份验证就是私有链的典型应用场景。

3）联盟链（Consortium Blockchain）也称许可链（Permissioned Blockchain）。是由企业或者团体联合参与的、具有准入机制的链条。对于联盟链，联盟成员需要预先协商设置一些记账节点：这些节点作为中心节点，区别于其他仅参与交易的节点。因此，联盟链有预先确定的节点参与记录与维护。联盟链不像公有链那样数据完全开放，因此弱化了去中心化这一特点。但是，联盟链的节点能够管理较大规模的用户信息，在不同组织与不同行业间进行数据资源交易时，可以精简部分节点。因此，联盟链中的节点数目较为固定，并且节点的接入管理较为严格。联盟链在表现形式上介于公有链和私有链之间，因此兼具安全、效率与成本三方面的优势。区块链三种类型的比较如表 14-3 所示。

表 14-3 区块链三种类型的比较

维度	公有链	私有链	联盟链
参与人	任何人自由进出	个体或公司内部	联盟成员
共识机制	PoW/PoS/DPoS 等	分布式一致性算法	分布式一致性算法
记账人	所有参与人	自定义	联盟成员协商确定
激励机制	需要	可选	可选

维度	公有链	私有链	联盟链
中心化程度	去中心化	多中心化	多中心化
突出特点	信用的自建立	透明和可追溯	效率和成本优化
承载能力	3~20 笔/秒	1000~20 万笔/秒	1000~1 万笔/秒
典型场景	加密数字货币、存证	审计、发行	支付、清算、公益

2. 区块链在现实经济中的具体应用

（1）区块链在农业领域的应用。

1）通过将区块链技术运用于农产品的信息追溯，不仅有效地降低了农产品检查的成本，还在各参与主体间实现了信任共享。首先，在数据采集、传输阶段，不需要人工介入，机器就可以完成，密码算法的应用也让数据传输安全可靠；其次，区块链的分布式存储可以实现节点间信息共享，让企业和消费者能够正向跟踪和逆向溯源；最后，在出现农产品安全问题时，监管部门也可以据此进行逆向追责。农产品安全的监管体系由单一的中心化监管升级到监管部门、企业和消费者的协同监管。例如，2017 年顺丰科技区块链研发团队利用"区块链+物联网"技术，联合顺丰速运、第三方质检机构、农业部门建立起了农产品数据联盟链——顺丰丰溯溯源平台。

2）提升农产品供应链治理效能。首先，区块链技术应用到农产品供应链可以让农产品的生产运输、销售等链条更加透明化，有利于加强供应链中各主体成员间的诚信合作。2017 年，中南建设和北大荒集团合作，共同搭建了世界上第一个区块链大农场"善粮味道"。其次，区块链运用于农产品供应链可以防止链上的信息被篡改，预防恶性竞争。因为区块链技术的分布式记账，所有消费者、农户和采购商等成员在同步记账，而各主体之间的利益并不相同，数据的真实性从而得到保障。2017 年，众安科技推出了"步步鸡"项目，该项目结合区块链、物联网和防伪技术，将鸡的养殖过程中的全部信息记录在区块链上。此外，区块链技术的应用可以加强运送安全保障，进一步降低农产品供应链的物流成本。区块链上记录了农产品运送的物流信息，一方面可以加强安全保障，另一方面可以方便买家和卖家之间核实信息，减少人工干预的环节和成本，提高交易效率。

3）基于区块链技术的农产品生产决策信息系统。因为农产品市场信息较为复杂且往往存在一定的迟滞性，生产者难以获得准确的信息并据此安排生产，信息不对称容易带来经济损失。该系统整合了三个平台，包括物流信息反馈平台、市场信息服务平台和库存信息反馈平台，并利用区块链技术和区块链数据库采集、整理和输出各类信息。该系统有利于打破信息不对称的局限，农产品生产者可以据此正确决策，合理安排生产，增加收入。

4）区块链技术在农村土地流转中的应用。运用区块链技术搭建土地流转的大数据平台，这个平台的主体不仅包括县级以上的农村行政管理部门，还包含了土地承向经营权确权服务公司、土地托管服务公司、信用社与担保公司以及农户等。

2017 年，格鲁吉亚和 BitFury 公司合作，利用区块链技术进行土地和房地产登记交易。该项目的成功推进，让土地确权和土地信息共享变得更加高效、便捷。

（2）区块链在工业领域的应用。

1）区块链所具有的防伪造、防篡改、可追溯的技术特性，有利于解决制造业中的设备管理、数据共享、多方协作、安全控制等问题。区块链技术可以在工业控制、工业物流运输管理、提高工业生产效率、帮助制造业转型升级方面具有广阔的应用前景。总的来看，要将区块链技术与现有工业体系融合发展，真正发挥助力工业快速发展的作用，还存在一系列技术、制度上的障碍。

2）我国工业和信息化部作为行业管理部门，正在推动区块链在工业互联网平台的创新应用，研究探索区块链在工业领域的应用。工业互联网平台实现的是"云"生产，将原本由一个大型公司生产线上生产的产品改为由多个公司共同完成。工业互联网平台还有助于实现生产个性化、定制化，实现制造业转型升级，帮助解决随之而来的个性化工业数据安全保护问题。例如，北航承担的"工业互联网平台公共支撑体系建设"项目，采用元一代币（Seele）提供的技术框架，解决工业互联网数据节点的异构与规模庞大，以及数据调用的实时性要求高的痛点。2018 年 11月，阿里云 SupET 工业互联网平台发布，该平台通过区块链提供制造质量可追溯性和供应链管理服务。2019 年 4 月，全链通有限公司提出工业制造业供应链协同应用，建立基于区块链合同签订、履约跟踪企业信息机制、质量保障机制和履约综合能力认证应用，实现供应链透明化管理等。我国中化集团则率先在石化行业应用区块链技术，实现了基于区块链的石油国际贸易。

（3）区块链在金融领域的应用。

1）支付清算。将区块链技术应用到支付清算系统的建设中，可以在很大程度上解决传统支付清算系统存在的问题。因为区块链的去中心化和不可篡改等特点，建立在区块链之上的支付清算系统不再需要引入第三方信用中介。而且，由于区块链系统上的每个交易链条都保留了完整的记录，可以同时正向追踪和逆向回溯资金的流向与用途。即便有黑客对支付清算系统进行攻击，也只会损害个别区块，并不会因为"多米诺骨牌效应"影响到整个系统。

2）数字直接融资平台。2018 年 9 月，交通银行已经通过区块链技术发行"交盈"2018 年第一期个人住房抵押贷款资产支持证券，总规模达到 93 亿元，实现了区块链技术发行有价证券的重要创新。在股权数字众筹平台上，首先，弱中心化和不可篡改的特性可以对借款人的各项信息进行识别和记录；其次，区块链技术还方便了投资人对借款人及其项目运作进行实时有效的监督，大大降低了众筹项目的信用风险。

3）风险管理。在数字征信系统方面，利用区块链技术搭建数字征信系统，在借款人信息的收集、录入上都更加高效透明，且信息不可篡改，使得征信系统更加完备。商业银行可以不用再过度依赖央行的征信系统，还可以掌握借款人全面的信用记录。在数字票据系统方面，不可篡改的公共分布式账本可以有效防范企业信用风险。去中心化的系统架构不再需要中央服务器存储数据，显著降低了系统搭建和维系的成本，从而有效控制了相应风险。监管机构可以利用该系统建立起更有效的监管，可以正向跟踪和逆向追责，全面实时监管企业的不诚信行为。在数字审计和内控系统方面，区块链技术的分布式存储可以保障数据的完整性和真实性，还可以立刻识别出数据造假行为。

4）数字化认证。在资产电子确权方面，区块链可以提高财产确权的效率，扩展低收入群体可以使用的正规金融担保品的范围，实现更高程度的普惠金融。在鉴定方面，区块链也可用于奢侈品和艺术品的鉴定，避免售假等欺诈行为。例如，艺术品信息创业公司 Verisart 利用区块链技术保证艺术品的真实性；英国区块链初创公司 Everledger 在其构建的区块链系统记录了 83 万颗钻石的信息。

第三节　数字经济与产业经济

一、数字经济对产业经济的影响机制

1. 数字经济影响产业经济的直接效应
（1）数字经济赋予产业经济增速新动能。

1）数字信息技术的广泛应用大大提高了产业制造质量。首先，大数据、人工智能等技术的应用可以快速整合信息、精准分配生产任务、智能化加工制造，在研发、生产、流通和交易等环节全面提高产业生产效率和经济社会运行效率，推动产业向智能化、数字化转型。并且，数字经济的高渗透性促进产业融合创新发展，提高产业创新效率。其次，数字技术促进新产品智能化、多样化和个性化发展。在产品质量提升的同时拥有了更高的附加值和衍生价值，为后续产品价值和产业价值增值提供丰富空间。最后，数字经济会创新产业模式。数字经济带来线上线下融合、互联网直播等新型商业模式，推动了跨业态、产品多样化、产业融合和行业生态创新的发展，催生经济新模式新产业，并最终助力中国产业结构升级和产业经济增长。

2）利用数字经济推动行业价值链分工的提升。智能化、数字化信息平台的高效运用，能够迅速完成供给者和需求者之间的互动融合，消除信息不对称性，提高决策信息透明度，简化价值链分配链条，有效减少流动与交易成本，提升交易速率。同时，数字经济颠覆了传统价值链分配的微笑收益曲线模型，有效推动了价值链分配向扁平化过渡，为市场主体参与价值链分配提供了更宽容的市场环境和更平等的利润分配机会，增强了中小企业参与价值链分配的经济实力，有效促进了中小企业价值链分工提升，实现了技术领域的自主可控发展，为中国产业结构转型升级提供强大动力，为产业经济增速提供动能。

3）数字经济为产业经济增长提供内需支撑。数字技术及其衍生的数字消费和数字金融服务等新兴产业，将带来更好的数字化服务，更符合消费者的消费需要，进而重塑需求端，为相关数字行业的发展提供更重要的市场需求，推动数字行业的健康发展，并推动产业结构向更高层次的方面拓展。数字经济通过转变居民消费生产方式，革新居民消费模式，为中国庞大的消费市场催生出新的消费热点，从而进一步优化商品供给质量，促使需求扩大、促进消费提升，居民消费升级成为强劲动能促进了产业经济发展。

4）数字经济为产业经济增长提供政策支持。数字经济的发展推动各产业的发展，从而激发产业政策的不断创新与完善，政策的支持推动高新技术产业、战略性新兴产业的发展，为产业经济增长提供了有力支撑。

（2）数字经济加速产业结构合理化。发展数字经济离不开网络设施建设，技术型人才为数字创新提供了保障，通过基础设施的建设和创新要素的投入，可以提高产业生产效率，使产业结构向更高级形态演进。数字技术的发展能加速三次产业的融合发展，衍生新兴产业，调整三次产业结构比例，从而实现产业结构合理化。因此，数字经济对产业结构优化升级有积极的影响效应。

基础设施建设成为支撑经济转型发展的战略基石。在市场经济中，我们把消费、投入和出口视为促进国民经济发展的"三驾马车"，而在消费和出口不足的情况下，投资尤为重要。在2020年暴发新冠肺炎疫情后，对人员聚集性有要求的消费行业的需求显著下滑，为了拉动经济增长，政府开始发展5G、人工智能等新一代信息基础支柱型产业。这些产业的发展颠覆了传统的盈利模式，数据也成为了新的生产要素。数字经济社会的生产要素大多在"网"上流动，数据信息的传输要求网络越发达越好，新基建以数字化和智能信息技术为支撑，改造原有基础建设，为数字经济发展水平提供必要的设施基础和技术基础，数字基础设施的建设为数据传输、存储提供了支撑，加快了数字化进程，为数字化发展铺设一条"信息高速公路"，促进了实体经济发展和数字经济发展的结合，推动了新兴产业的发展与成长，为产业改造提升和经济发展夯实了基础。

数字技术创新为经济进一步发展提供了思路。数字经济是一种新的发展经济的模式，它是一种知识和技术密集型经济，城市创新能力和创新影响力决定了这座城市的数字经济竞争力水平。在这个中美贸易摩擦不断升级的阶段，技术创新为如今中国的发展提供了新的思路。美国以"国家安全危机"遏制了华为、中兴等技术型公司的发展，但技术的创新和优化能打破这一限制，为自己谋求新发展的同时也会带动国家经济发展。中国虽然是制造大国，但是掌握的核心制造技术却很少。数字经济的发展给我国带来了较多好的机会，突破各项数字经济阻碍，掌握关键核心技术，离不开技术的创新。一系列技术创新、模式创新会进一步深化数字经济与传统实体经济的创新融合，会对整体经济结构和产出效率产生积极影响。数字经济的发展也大幅度降低了创新门槛。首先，数字经济加快了共享速度，实现数字信息资源共享。数字时代，数据即资源。掌握大量数据的企业公开数据，共享数据资源，市场会逐步实现创新需要的基础条件贡献、人力资源共享乃至设备共享，大大降低了企业创新成本，能催生企业研发新技术。其次，数字经济能推动平台经济诞生，提供创新资金支持。在基于互联网的新型经济体内，各种资金平台应运而生。对于中小型企业，融资渠道拓宽，更能促进企业内部发展与创新，实现企业技术进步。除此之外，数字经济能推动大众创业的发展，创业者有更多渠道获得资金支持，降低创业门槛，催生的新兴产业增加了用人需求，提供了就业机会，拉动就业需求向新产业发展，促进了经济高质量发展。

2. 数字经济影响产业经济的间接效应

数字经济通过优化要素配置结构，减少生产要素的错配水平，提高生产要素市场配置规模和效益水平，使市场机制在生产要素的分配和价值产生过程中起决定性作用，推动要素市场化进程进而推动产业结构升级，影响产业经济增长。下面分别从资本、全要素生产率、劳动力、技术市场化四条路径来分析。

（1）加快资本流入市场。数字经济推动资本市场高质量发展，从生产端和消费端两个方面推动产业结构升级。在生产端，通过云计算、大数据等数字技术的应用，解决了资本市场的融资问题。资金供需双方利用网络动态互联冲破空间束缚，有效提升了资金要素的配置效能和资金融通速度，进一步拓展了融资途径，以资本供给或技术外溢的方式在一定程度上解决了高科技产业和小微公司贷款困难的问题，为新兴产业发展带来了资本保障，进而促进了产业结构提升。此外，数字经济发展创造了较为完善和透明的市场平台，有效克服了信息不对称问题，有效促进了资本市场规范化，减少了投资市场的交易成本和投资风险，有效提升了资源配置效率，促进了普惠金融发展。在消费端，市场的数字化转型带动了互联网消费金融市场的蓬勃发展，增强了消费者消费能力，进一步提高了消费者对高科技和优质商品的要求。通过改变消费需求与结构，实现消费升级，从而作用于产业结构升级，促进产业经济发展。

（2）提升全要素生产率。企业生产率是指一个企业技术升级、管理完善、生产质量提高、组织架构提升的整体能力，所有现实的生产率其实都是全要素生产率。数字经济在企业中的发展，对全要素生产率的提高有积极影响。一是提高了企业技术升级，改善生产产品质量。数字经济的发展倒逼企业技术升级。在数字化时代，数据技术更新快，海量的数据不断产生，这就要求企业在各种数据中抓取有用信息，对企业的技术要求不断提高，企业只有不断加强自我创新实现技术升级，积极主动淘汰旧产品，投入大量资金研发，开发新一代产品，迫使技术更新，才能在纷繁复杂的行业生存。二是改变企业管理模式。信息网络的发展和普及，使互联网传输更快，形式内容更多样，促进了电子商务、网上交易的发展，一系列在线办公和交流软件更迫使企业改变管理方式。产业组织模式由金字塔制转向云端制，金字塔型的组织形式过度依赖高层决策不能及时适应经济变化，无法快速、有效地和消费者互动，也不能应对多变的现代社会。而钉钉、企业微信等平台转变了企业内部沟通方式，使得信息传递得到保障，沟通交流更加顺畅，促使企业实现更好管理，促进企业生产效率提高。公司技术升级、服务质量改善以及企业模式的转变，均有助于提升企业的全要素生产率。全要素生产率就是生产力，而全要素生产率的提升就是指产业升级和生产力的发展，进而促进产业经济增长。

（3）重塑劳动力资源配置。数字经济对于劳动力市场化的影响日渐突出。数字经济将重塑传统劳动力市场与新就业市场，以提升劳动力资源配置效益。数字经济突破了中国传统劳动力市场的禁锢，增加了就业机会与选择市场的灵活性和多元性，并重塑了劳动力资源配置的新形态，进一步提升了劳动力资源配置效率。所以，数字经济通过推动劳动市场化来影响产业结构升级的途径有两方面：一是数字技术的兴起拓宽了就业领域，扩大了就业。首先，数字技术带动新兴产业的发展，促进新兴产业收入水平不断提升，高技术人才的收入也随之提高，有效解决劳动力价格扭曲问题，并且高收入带来了用户对产品和服务的高追求，推动产品和服务的高质量发展。其次，为适应人民对高收入的渴望应当加强培育高科技人才的能力，为优化新兴产业的结构配置应当加强对高科技人才的需求、转变市场的消费结构、推动创新企业的高质量发展。二是新数字经济通过推进城市与乡村劳动力的市场化进程，鼓励劳动者在城市与乡村间随意流转，改变劳动力供给方式，以提升劳动力资源配置效能。随着配置效率的提升和数字经济的发展，对高科技人才的需求与日俱增，从而推动知识技术密集型产业的发展，并且劳动力要素的自由流动，促使高技术人才通过技术溢出效应促进低技术产业生产效率的提升，进而推动产业结构升级，促进产业经济增长。

（4）推动技术之间相互融合。数字经济的蓬勃发展推动社会技术要素顺畅流转与有效分配，技术要素的流动和创新的发展，促进了技术要素市场化。数字经济通过推动技术市场化来推动产业结构升级的途径如下：一是数字经济通过推动技术要素市场化，引导市场资源流向技术创新领域，优化技术要素市场化配置，促进实体经济和技术创新加速融合、相辅相成，推动产业向以创新驱动引领发展的生产模式转型。二是发展数字经济可以促进技术要素市场化，增加技术要素供应，提高科技创新，提升技术创新质量，从而促进新型业态的成长，进而推动产业结构升级。三是数字经济通过推动技术要素市场化，加强了创新主体的联系，促进创新成果的共享，带来了技术创新和产品创新的蓬勃发展。随着企业技术创新步伐的加速，企业技术含量与价值得以提升，进而推动产业结构的提高。四是数字经济通过推动技术要素市场化，完善知识产权保护体制，提升科技成果转化率，促进产学研融合发展，为产业结构升级注入新动能、提供新支撑，促进产业经济增长。

二、数字经济促进产业经济增长的对策建议

（1）完善基础设施建设，提高数字经济行业发展水平。基础设施建设是地区经济发展的重要保障，只有打好这个地基，区域经济才能更好地发展，才能带动区域各产业发展。数字基础设施建设对数字经济的发展具有较大的影响。另外，基础设施工程完成后将长期、正面地促进地区发展，产生积极影响，对于发展区域数字经济，建立好区域数字互联网基础设施将非常关键。首先，要加强建设传统设施。基础设施是发展的重要基石和必备条件，传统基础设施建设可以为后续发展提供源源不断的能量。在数字经济发展之前，要强化当地的基础设施建设，通过政策倾斜吸引投资，促进地区基础设施水平。同时，基础设施工程完成后也会产生正面影响，

能带动中国数字经济的发展。其次，要加强现代化建设，提高网络能力。随着社会数字化进程，传统的网络设施已不能满足现代互联网发展对网络的要求，因此亟待建立符合目前中国社会智能化、数字化发展趋势的新型网络安全体系。因此，必须大力推动5G、物联网、人工智能和大数据中心等新技术的建立与广泛应用，提高网络传输速度，扩大数据存储空间，完善数据运营平台建设，为各产业发展提供扎实的基础设施，促进行业间的融合发展。另外，新型基础设施建设和传统基础设施建设比较，新型基础设施建设的内容更丰富，涉及的范畴也更广，也就更能推进数字经济发展，推动中国经济转型升级，加速推进产业优化，使其向高端化、智能化发展。最后，要全方位统筹数字基础设施建设。在兴建基础设施中，不要单纯地着眼于传统基础设施项目，或者为了适应社会对网速的高要求，只抓新基建。传统基建和新基建是相辅相成的，应该齐头并进两手抓，共同促进数字经济发展。此外，为避免区域之间基础设施水平相差较大，降低区域之间的差异，应加强顶层设计，统筹区域协调发展，避免区域基础设施建设不平衡发展。

（2）加强推进网络、信息化等新生产工具和实物经济发展结合的力量，进一步激活产业经济创新活力。众所周知，一个国家经济社会的发展必然离不开实体经济的发展，而实体经济又牢牢掌控着国家的经济命脉，是该国经济运行的根本保证。而5G网络、大数据分析以及人工智能等新型数字科技在近年的疯狂兴起与井喷式发展，极大地推动了数字经济和虚拟经济的发展，数字经济发展也可以说是迎来了发展史上的最佳时机。因为错过了第一次工业革命、第二次工业革命和大工业时期，中国实体经济的发展相对于全球其他国家的底子来说还很单薄，但进入第三次工业革命后，经济发展又迎来数字经济时期，中国数字经济的发展在许多方面反而迈向了全球首位，包括互联网支付、物联网等，数字经济的兴起也给中国经济社会的整体发展带来了巨大的活力和能量。在数字经济的发展中，也面临着背离实体经济规律、与实体经济的蓬勃发展无法产生有效合力等一系列困难问题，这就要求我们进一步加快数字经济和实体经济改革的发展，并推动二者深入融合发展，从而实现以数字经济的迅速蓬勃发展推动实体经济的稳步发展的目的。同时，通过数字经济的蓬勃发展提升实体经济的产出效益，实体经济改革又反过来推动了数字经济，从而进一步的实现二者有机融合，共同助力我国的经济社会蓬勃发展。

（3）依靠数字经济激活要素市场创新活力，为经济社会发展赋能，推进要素市场化配置改革，畅通国内要素流通。关于资本市场化改革，要完善多层次的资本市场制度，促进资产要素市场化分配。关于劳动力市场化改革，要加快户籍制度改革，引导劳动力要素合理配置，并推动其自由畅通地流转。关于技术要市场化，要加强技术成果导向，做大科技创新市场规模，同时要优化创新资源配置机制，推动技术研究部门和技术转化机构的建立和高科技人才的培养，加大国内外的技术交流和合作，促进技术要素和资本要素的结合。另外，还要加速发展数据要素市场，引导企业建立数据交易市场，通过数字要素的渗透不断提升要素市场化水平，实现要素价格市场决定、要素流动自主有序、要素配置效率最优，使其成为数字经济驱动产业结构转型升级的中介渠道。通过发挥市场的主体活力，促进供给面和需求面之间在更深层次更高水平上的相互适配值和动态平衡，实现国内大循环的相互贯通，从而推动国内国际双循环发展格局的建立。适当地引导重要生产要素协同向先进技术生产力聚集。由于东部地区和中西部地区在经济市场化水平和要素禀赋等方面具有很大差距，因此应当制定异质性经济发展政策措施和地方协调发展政策等措施。各地方政府应当以其优势区为基点，根据各自特点开展深修试点，并对数字经济社会的要素市场流动制度、要素资源配置机制、数字文化产业集聚发展模式等方面进行创新性研究。而中心地区和重点发展区域则应当充分发挥其辐射带动功能，以形成并促进区域间优势互补融通合作的经济发展新格局。

（4）推进数字经济和产业经济深度结合发展，通过提升、改造、发展激活产业经济新动力。随着第三次工业革命的深入展开，网络、大数据和数字技术发展，为人们提供了前所未有的新体验，不但给日常生活带来了诸多方便，而且还变革着人类经济社会的运作模式。由此所形成的数字经济也发展极快，现已深入到我们生活的方方面面，使得我们现在的生活离不开各类数据。国家对数字经济的开发日益重视，数字经济创造的产品增加值在当前国内生产总值中的份额也连年上升，现已成为我国经济增长的重要部分之一。不同于数字经济的腾飞，中国传统产业的发展也急需更深层次的技术变革，一些产业的创新能力转化和提升需求更加迫切，而数字经济的蓬勃发展则为中国传统产业的变革指明了新方向和新道路。所以，要把数字经济的发展更好地融入传统产业的发展中，用数字经济更好地发展信息技术、更为方便的数据处理手段等优势，促进传统产业实现产品技术升级、产业布局优化配置、资源要素更为合理配置等根本性转变，给传统产业的发展带来新活力，从而更好地推动传统产业的发展。为了更好地实现数字产业和传统产业的互动融合，从而形成促进我国产业提升、经济社会发展的巨大合力，就一定要实现数字产业化和传统产业数字化。前者是指通过将数字信息技术等新技术加以产业化改造和提升，使数字真正地转变成产业增加值；后者则是指传统产业的发展更加依靠网络、大数据等数字信息技术实现产业升级，以进一步提高产业生产的智能化程度，从而突破传统生产壁垒，进一步提升产品附加值。二者将有机地融合在一起，协同推动共同发展，加速中国传统产业经济转变创新，提升生产力的脚步，从而创造出新动力，让中国通过数字经济和传统产业经济的交融，在世界上产生更大的综合竞争力。

 思考题

1. 数字经济具有哪些特征？
2. 如何从经济学的角度理解互联网？
3. 大数据如何影响个人决策以及经济预测？
4. 人工智能将替代哪些领域的就业？
5. 如何应用区块链更好地实现数据确权与数据交易？
6. 结合实际，请你提出数字经济对产业经济增长的建议。

[1] 阿格拉瓦尔，甘斯，戈德法布. AI 极简经济学 [M]. 长沙：湖南科学技术出版社，2018.

[2] 阿格拉瓦尔. 人工智能经济学 [M]. 北京：中国财政经济出版社，2021.

[3] 陈永伟. 区块链通识：关于区块链的 111 个问题 [M]. 上海：格致出版社，2020.

[4] 陈永伟. 人工智能与经济学：关于近期文献的一个综述 [J]. 东北财经大学学报，2018（3）：8-23.

[5] 迟明园，石雅楠. 数字经济促进产业结构优化升级的影响机制及对策 [J]. 经济纵横，2022（4）：128-134.

[6] 郭东杰，周立宏，陈林. 数字经济对产业升级与就业调整的影响 [J]. 中国人口科学，2022（3）：101-112，130.

[7] 雷心恬. 新时期数字经济激发产业经济新活力创新实践——评《数字经济》[J]. 科技管理研究，2021（20）：246.

[8] 刘昌用，胡森森，钟廷勇，袁俊. 区块链：密码共识原理、产业与应用 [M]. 北京：电子工业出版社，2018.

[9] 刘洋，陈晓东. 中国数字经济发展对产业结构升级的影响 [J]. 经济与管理研究，2021（8）：16-30.

[10] 陆岷峰. 经济发展新格局背景下数字经济产业的特点、问题与对策 [J]. 兰州学刊，2021（4）：55-65.

[11] 马晓君，李艺婵，傅治，刘淑敏. 空间效应视角下数字经济对产业结构升级的影响 [J]. 统计与信息论坛，2022（11）：15-26.

[12] 唐·塔普斯科特，亚历克斯·塔普斯科特. 区块链革命 [M]. 北京：中信出版社，2016.

[13] 袁勇，王飞跃. 区块链技术发展现状与展望 [J]. 自动化学报，2016（4）：3-16.

[14] 袁勇，王飞跃. 区块链：理论与方法 [M]. 北京：清华大学出版社，2019.

[15] Abadi J., Brunnermeier M. Blockchain Economics [R]. Working Paper, 2021.

[16] Chen L., Cong L W., and Xiao Y. A Brief Introduction of Blockchain Economics [R]. Working Paper, 2019.

[17] Donohue N. The Truth Machine：The Blockchain and the Future of Everything [R]. American Library Association，Chicago，2018.

[18] Goodfellow I., Bengio, Y., and Courville, A. Deep Learning [M]. The MIT Press，2016.

［19］Lecun Y., Bengio, Y., and Hinton, G. Deep Learning ［J］. Nature, 2015, 521 (7553): 436-444.

［20］Taddy M. The Technological Elements of Artificial Intelligence ［R］. NBER Working Papers, 2018.

后 记

　　《中级产业经济学：模型及应用》是笔者在哈尔滨商业大学经济学院任教期间的研究成果，这本书缘起于我在讲授研究生课程"中级产业经济学"时，意识到新时代、新形势下产业经济学的教学需求发生了较大的变化，为了满足教学需求，提高学生理论联系实际的能力，特编写本书。

　　经济学模型从最大程度上简化经济世界的现象，帮助我们探究经济现象之间存在的规律与共性，本书对产业经济学的主要理论进行了梳理，并系统介绍了产业经济学的常用模型，辅之以具体实例来分析模型的应用，为读者们提供了一个全面而深入的视角，使他们更容易地掌握相关产业经济学模型，提高分析问题和解决问题的能力。同时，本书为了展现新时代背景下产业经济学的新变化，特加入了"数字经济与产业经济的融合"一章，让读者更好地理解产业经济学的未来发展趋势。希望本书能够成为产业经济学教学工作的一个重要贡献，为其他学界同仁提供有益的借鉴和思考。

　　在此，特别感谢在本书编写过程中给予我帮助的研究团队：张伟、孙晴协助策划总纲。内文合作分工如下：常歆（绥化学院）第一章第一节，赵志华第一章第二节，张美娇第一章第三节，孙晴第一章第四节，田思思第二章第一节，张伟第二章第二节、第三节，石佳钰第三章第一节，孙晴第三章第二节、第三节、第四节，王宜祯第四章第一节，张伟第四章第二节，张佳佳第四章第三节，王晓玲第五章第一节、第二节，荆梦第五章第三节，常歆（绥化学院）第六章第一节，时昭昀第六章第二节，李英杰第六章第三节，孙晴第七章第一节，牟彩凤第七章第二节，张伟第七章第三节，张宇第八章第一节、第二节，王菁彤第八章第三节，张勇智第九章第一节，许晓霞第九章第二节，孙晴第九章第三节，王艳第十章第一节，孙晴第十章第二节，周紫鱼第十章第三节，何婷婷第十一章第一节，张伟第十一章第二节、第三节，宋韩琪第十二章第一节，常歆（绥化学院）第十二章第二节，于守谦第十二章第三节，马玉飞第十三章第一节，常歆（绥化学院）第十三章第二节、第三节、第四节，李娇第十四章第一节，常歆（绥化学院）第十四章第二节，张伟第十四章第三节，没有他们的辛勤付出和无私帮助，也就没有本书的问世！

　　感谢经济管理出版社的编辑和校对人员在本书出版过程中倾注了大量心血和汗水，他们细致、严谨的工作态度和为读者、作者负责的精神，让我钦佩不已！

此外，此书在编写过程中参阅到的各位专家、学者的成果，在此表示感谢，并致以最崇高的敬意！

由于时间和精力有限，书中难免有疏漏之处，恳请广大读者批评指正！

韩平

2023 年 6 月